KB071650

Rethinking Marx and Marxisms
by Marcello Musto

경상대학교 사회과학연구원 사회과학연구총서 40

마르크스와 마르크스주의들을 다시 생각한다

마르셀로 무스토 지음 하태규 옮김

한울
아카데미

이 도서의 국립중앙도서관 출판시도서목록(CIP)은 서지정보유통지원시스템 홈페이지(http://seo-ji.nl.go.kr)와 국가자료공동목록시스템(http://www.nl.go.kr/kolisnet)에서 이용하실 수 있습니다. (CIP제어번호: CIP2013014228)

이 책은 2010년도 정부재원(교육과학기술부 사회과학연구지원사업비)으로 한국연구재단의 지원을 받아 수행되었습니다. (NRF-2010-413-B00027)

Rethinking Marx and Marxisms

Marcello Musto

Rethinking Marx and Marxisms
by Marcello Musto

차례

<big>1</big>

마르크스의 지적 생애에 관한 새로운 전기

1
어린 시절, 청소년 시절 그리고 청년 시절 연구

1. 랍비가 될 수도 있었던 마르크스

　마르크스Karl Marx는 독일에서 제일 오래된 도시, 트리어에서 1818년 5월 5일 태어났다. 기원전 16년 아우구스타 트레베로룸Augusta Treverorum이란 이름의 로마 식민지로 건설된 트리어는 중요한 군사 요새로서 여러 황제들이 거주한 저택이 있었다. 서기 300년에는 인구가 8만 명에 달했고, 계속해서 갈리아 속주의 주도로서 서로마제국의 주요 행정 중심지들의 하나가 되었다. 중세에 트리어는 오랫동안 대주교 관구의 수도였고 그래서 찬란한 종교적 과거를 간직하고 있었다. 1792년에 트리어를 방문했던 괴테Goethe는 이 도시를 "특별하고 놀라운 도시"로서 다음과 같이 묘사했다. "성 안은 교회, 예배당, 수도원, 수녀원, 대학 그리고 기타 기사도 시대의 건물들로 꽉 차다 못해 압도당할 정도이고 성 밖은 대수도원, 종교적 건물, 카르투지오Carthusian 수도원들로 포위되어 있다"(Goethe, 1849: 178~179). 그럼에도 17세기 이후 계속된 트리어의 쇠퇴로 마르크스가 태어났을 무렵의 인구는 1만 1,400명에 지나지 않았다(Trierische Kronik, 1818: 85).

독일과 프랑스 국경에 인접한 트리어의 위치(1795~1814년에 프랑스에 속했다) 때문에 트리어 거주자들은 나폴레옹 민법과 후기 계몽주의의 문화적 풍토가 창출하는 정치경제적 개혁의 혜택을 입을 수 있었다. 농민들은 봉건 의무로부터 해방되었고 지식인들은 기독교의 제약으로부터 해방되었으며 부르주아지는 그들의 발전에 필요한 자유주의 법을 승인받을 수 있었다. 1815년 이후 프러시아 왕국의 라인 주the Prussian Rhineland 남쪽 지역—북쪽의 발달된 금속산업과 면화산업 지역과는 매우 다른 지역—에 속하게 된 트리어는 기본적으로 농업 중심지였고 소농의 소토지 소유가 표준이었으며 프롤레타리아가 거의 없었다.[1] 그럼에도 만연한 빈곤 때문에 프랑스 유토피아 사회주의 이론이 나타난 독일 최초의 도시들 중 하나가 되었는데, 이는 루드비히 갈Ludwig Gall에 의한 것이었다.

마르크스는 오래된 유대인 가문 출신으로 그의 가계도를 조사해보면 랍비가 수백 년 동안 계승되어왔음을 알 수 있는데 이는 놀라운 사실이다(McLellan, 1972: 42f.). 삼촌 자무엘Samuel은 1827년까지 트리어에서 랍비였고 자무엘의 아버지, 즉 마르크스의 할아버지 레비 모르데하이Levi Mordechai(나중에 성을 마르크스로 변경했다)는 죽을 때까지 랍비 자리를 지켰으며 그 할아버지의 선조 중에는 랍비가 여러 명 있었다. 레비의 부인, 즉 마르크스의 할머니 에바Eva 르보프는 트리어의 랍비였던 모제스Moses 르보프의 딸이었으며, 모제스는 유대인 공동체의 지도적 인물이었던 그의 아버지 헤셸Heschel 르보프와 동일하게 유대인 공동체의 지도적 인물이었고 할아버지 아론Aron 르보프와 마찬가지로 폴란드의 르보프Lwow 태생이었다. 르보프 집안이 폴란드로 이민 가기 전에 그들의 조상은 헤세(독일 중부의 주)에 살았으며 그 이전에는 15세기 중엽 경에 이탈리아에서 살았다. 사실

---

1   이 시절 이 도시에 관한 상세한 정보는 Emil Zenz, *Geschichte der Stadt Trier im 19 Jahrhundert* (Trier: Spee, 1979) 참조. 마르크스에 대한 영향을 보기 위해서는 Heinz Monz, *Karl Marx. Grundlagen der Entwicklung zu Leben und Werk*(Trier: NCO, 1973) 참조.

아브라함 하-레비 민츠Abraham Ha-Levi Minz(마르크스 할머니의 조상)는 유대인 박해 때문에 독일에서 이탈리아 파도바로 이민을 가야 했다. 민츠는 그곳에서 랍비가 되었으며 그의 딸인 마이어 카체넬렌보겐Mayer Katzenellenbogen은 탈무드 대학의 총장이 되었다(Horowitz, 1928: 487~499).[2]

마르크스 가계의 어머니 쪽도 랍비 혈통이었다. 비록 정보가 부족하지만, 마르크스의 어머니 헨리테Henriette는 네이메헌(네덜란드 동남부의 도시)의 랍비였던 아이작Isaac 프레스부르크의 딸이었다. 그녀의 조상은 박해를 피해 네덜란드로 이민 갔던 헝가리 유대인이었으며 그곳의 이름인 프레스부르크Pressburg(오늘날 슬로바키아의 브라티슬라바)에서 성을 땄다.[3] 떠도는 동안 프레스부르크 집안도 또한 파비아 대학의 교수였던 에우다 벤 엘리제 하-레비 민츠Jehuda ben Eliezer ha Levy Minz의 고장, 이탈리아에서 일정 시간을 보냈다. 마르크스의 막내딸 엘레아노Eleanor가 적었던 대로 이 집안도 "남성 자손들이 수백 년 동안 랍비였다"(Liebknecht, 1896: 92).

이런 배경에서 마르크스가 형제들 중 살아남은 유일한 남자 아이였던 것에 비추어 볼 때 그의 조상들과 같은 길을 가는 것이 당연했다. 따라서 우리는 마르크스를 랍비가 될 수도 있었지만, 환경이 그를 다른 운명으로 이끌었다고 할 수도 있다. 마르크스의 아버지 히르셸Hirschel은 기독교인의 적대감 속에서 바깥 세계와 담을 쌓고 내부의 변화를 막으면서 살았던 별도의 공동체라는 제약을 떨쳐냈던 젊은 유대인 세대(하이네Heinrich Heine[4]와 간스Eduard Gans도 이 시절에 같은 선택을

---

2 마르크스 가계에 대해 더욱 상세한 내용은 Mannfred Schöncke(ed.), *Karl und Heinrich Marx und ihre Geschwister*(Bonn: Pahl-Rugenstean Nachfolger, 1993) 참조.

3 the letter from Eleanor Marx to Henri Polak, 31 October 1893, published in Werner Blumenberg, 'Ein unbekanntes Kapitel aus Marx' Leben: Briefe an die holländischen Verwandten', *International Review of Social History*, vol. I(1956), n.1, p.56. 참조.

4 일생 동안 마르크스는 하이네를 잘 알게 되고 친한 친구가 되었다. Walter Victor, *Marx und Heine*(Berlin: Bruno Henschel und Sohn, 1951) 참조.

했다)의 일원이었다(Berlin, 1963: 26). 게다가 당시에 유대교를 포기하는 것은 직업을 보장받을 뿐 아니라 하이네가 지적했던 대로 지식인에게 유럽 문명에 대한 입장권을 보장하는 것이기도 했다(Cornu, 1962: 71).

히르셸은 복잡한 어린 시절과 어려운 가족 관계를 겪은 후 트리어의 항소법원에서 법률고문으로 순조로운 출발을 할 수 있었다. 그러나 프러시아가 1815년에 라인란트를 합병한 뒤 모든 공직에서 유대인을 추방하는 일이 벌어졌다. 직업을 그만두는 것과 조상의 믿음 사이에서 선택을 강요받은 히르셸은 그때 개종해 세례를 받고 이름을 하인리히Heinrich로 고쳤다. 비록 트리어는 가톨릭이 다수였지만 그는 더욱 진보적 자유주의로 유명했던, 300명의 작은 프로테스탄트 공동체에 가입하기로 결정했다. (마르크스를 포함한) 자식들이 1824년 8월에 개종했고, 부인은 다음 해에 개종했다(McLellan, 2006: 4; Cornu, 1962: 67~75). 개종과 집안에 항상 넘쳤던 계몽주의 풍조에도 마르크스 가족은 유대인 관습과 행동유형에 익숙했다. 그 영향은 마르크스의 유년기와 청소년기를 논할 때 과소평가되어서는 안 되는 것이었다.

마르크스 생애의 초창기에 대해 알려진 특별한 것은 거의 없다. 그는 부르주아 가족의 조용하고 교양 있는 분위기에서 즐겁게 성장했으며 미래에 대한 밝은 희망을 간직한, 특별히 재능 있는 어린이였던 것으로 보인다. 12세까지 가정에서 교육받았던 마르크스는 그의 발전에 심대한 영향을 미친 아버지의 합리주의를 물려받았다. 고등교육을 받았던 하인리히는 계몽주의 이론에 심취했었고 볼테르Voltaire, 루소Rousseau, 레싱Lessing에 대해 잘 알고 있었다(Nikolaevsky and Maenchen-Helfen, 1976: 52; Cornu, 1962: 69). 종교적 편견에서 자유롭고 정치적 자유주의 경향을 지지했던 하인리히는 아들을 현대적 교육원리에 따라 양육했다. 아버지에 대한 깊은 애정을 간직했던 마르크스는 "아버지에 대해 이야기하는 것을 결코 싫증내지 않았고 은판 사진법으로 찍었던 오래된 아버지의 사진을 항상 간직했다".[5]

다른 한편 마르크스의 어머니 헨리테는 결혼 후 네이메헨에서 이사 왔다. 그녀는 너무 교육이 부족해서 독일어에 숙달하는 것도 불가능했다. 가정에 헌신했으며 천성적으로 불안해하고 우려하는 성격이었던 헨리테는 아들의 지적인 발전에 아무 역할을 못했으며 아들의 열망도 이해할 수 없었다. 둘 사이의 관계는 그녀의 남은 생애 동안 밀접하지 못했고 자주 갈등을 빚었으며 어떤 면에서는 유산에 대한 금전적 논란에 전적으로 집중되었다. 세 자매들과 마르크스의 관계도 또한 간헐적이었으며 그의 생애에 아무런 중요성도 없었다. 마르크스는 아홉 남매 중 셋째로 어린 시절부터 세 자매들 사이에 홀로 남겨졌다. 5명의 남동생이 결핵으로 죽었기 때문이다. 어린 시절 마르크스를 "공포의 폭군"이라고 말해야 할 약간의 이야기들이 있다. 마르크스는 자매들에게 "트리어의 마르쿠스베르크 거리를 말처럼 질주하도록 강요"하고 "더러운 자신의 손으로 만든 밀가루 반죽 케이크"를 먹도록 강요했다. 그럼에도 자매들은 마르크스가 "멋진 이야기"를 들려주었기 때문에 그가 이런 일들을 해도 눈감아주었다[Enzensberger(ed.), 1973: 1].

2. 트리어의 중등학교

1830년에서 1835년까지 마르크스는 트리어의 프리드리히 빌헬름 김나지움에 다녔다. 16세기에 예수회에 의해 설립되고 프러시아가 라인란트를 합병한 뒤 교육적으로 구조 조정된 이 중등학교는 훌륭한 교사진을 갖추고 합리주의적 자유주의 교육을 제공할 수 있었다. 마르크스가 이곳에서 받은 교육은 그가 아

---

5   엘레아노의 증언이 Hans Magnus Enzensberger(ed.), *Gespräche mit Marx und Engels*, vol.1 (Frankfurt/Main: insel taschenbuch, 1973), p.268에 있다.

버지로부터 받은 것과 함께 그의 어린 시절을 만들었다.

그러나 당시 프러시아에는 검열과 시민 자유에 대한 억압이 횡행했다. 사람들은 모든 반대 의견의 표현들을 억눌렀던 법령에 대응해 1832년 함바흐^{Hambach}에서 언론 자유를 위한 시위로 응답했다. 이에 따라, 정치적 위험 집단 제거를 위한 특별위원회가 트리어도 주목했고 마르크스의 학교에서도 조사가 진행되어 몇몇 교사들이 학생들에게 나쁜 영향을 미쳤다는 혐의로 고발되었다. 이 고발은 열렬한 계몽주의 정신의 소유자였던 주임 교사 비텐바흐^{Hugo Wyttenbach}에게도 미쳐서, 부주임으로 로어스^{Vitus Loers}라는 보수주의자가 임명되는 것으로 귀결되었다. 이에 마르크스는 학업이 끝난 뒤 당시 관행이었던 개인적 작별 인사를 거절함으로써 로어스에 대한 혐오를 표시했다.

정부의 특별위원회는 또한 트리어의 진보적 시민들의 집회 장소이고 자유주의 반대파의 핵심이었던 카지노 문학협회를 목표로 삼았다. 1834년 그 협회의 건물에서 라인란트 주의회^{Rhineland Diet}에 파견되는 지역 자유주의 대표단을 기념한 만찬―하인리히는 여기서 온건한 헌정체제를 지지하는 연설을 했다―이 있었고, 참석자들이 라 마르세예즈를 부르고 프랑스 삼색기를 게양하는 집회를 개최함에 따라 경찰의 감시망 아래 놓였다(Cornu, 1962: 72~73).

이런 사건들이 당시 마르크스 생활의 배경을 이루었다. 그는 학급에서 가장 어린 학생이었고 전교에서 몇 안 되는 비非가톨릭이었다. 이 두 가지 요소가 아마도 그가 친한 친구를 사귀지 못한 요인이었겠지만 그래도 학교 친구들이 "마르크스가 자신의 적대자들에 대한 풍자적 시를 쉽게 짓는 것"을 존경했다는 증거가 있다.[6]

마르크스의 성적은 좋았지만 특별히 뛰어나지는 않았다. 이 학교에 다니는 동안 연말 학생표창 행사에서 그의 이름은 단 두 번 호명되었다. 한 번은 고전 언

---

[6] 마르크스에 대한 엘레아노의 회상이 David Rjazanov(ed.), *Karl Marx als Denker*(Frankfurt/Main: Makol, 1971), p.27에 인용되었다.

어지식에 대한 표창이고, 다른 한 번은 독일어 작문에 대한 표창이었다. 마르크스는 졸업 시험도 만족스럽게 치렀지만 이것도 진정으로 뛰어났던 것은 아니었다. 졸업증명서를 보면 독일어 작문과 문법 지식은 "아주 우수"했고 라틴어와 그리스어에서 쉬운 구절들을 능숙하고 정확하게 번역하고 설명할 수 있었으며 주제를 사려 깊고 깊은 통찰력으로 쓸 수 있고 상당히 유창하게 말할 수 있었다. 그는 역사와 지리에 "일반적으로 매우 능숙"했고 일부 도움을 통해 어려운 프랑스어도 읽을 수 있었으며 수학에 "좋은" 이해가 있었고 물리학에는 "보통"이었다. 또 기독교의 원리와 도덕에서 "매우 명확하고 기초가 튼튼"했고 "기독교 교회의 역사에도 일정 정도" 그랬다. 따라서 시험위원회는 그를 합격시키고 "그가 재능을 발휘할 기대가 잘 충족되기를 소중하게 희망했다"(MECW 1, 1975: 643).

마르크스가 1835년에 치른 졸업 시험에서 종교, 라틴어, 독일어 성적은 그의 초창기 지적 형성에 대한 최초의 직접적인 단서를 제공한다.[7] 마르크스의 독일어 작문, [직업 선택에 관한 청년의 성찰]은 특히 흥미롭다. 비록 당시 독일에 지배적이었던 인문주의적 계몽주의의 전형이라 해도(McLellan, 1972: 54), 이 텍스트는 직업을 선택하는 어려운 결정에서 각 개인의 책임성에 대한 마르크스의 생각을 요약하고 있기 때문에 다양한 연구자들이 주목했다. 마르크스의 관점에 의하면 이 결정에서 주요한 지침은 인류에게 선이 되는 것이어야 했으며, 역사가 진실로 위대하다고 생각하는 사람들은 보편적인 것을 위해 복무해야 했다. 그리고 다음처럼 결론 내렸다.

우리가 인생에서 거의 모든 노력을 인류를 위해 한다는 선택을 한다면 이것

---

7   마르크스의 학교 성적에 관해서는 Carl Grünberg, 'Marx als Abiturient', *Archiv für die Ges chichte des Sozialismus und der Arbeiterbewegung*, vol. XI(1925), pp. 424~433; varii, *Der unbekannte junge Marx*(Mainz: Institut für staatsbürgerliche Bildung in Rheinland-Pfalz, 1973), pp. 9~146; Marco Duichin, *Il primo Marx*(Rome: Cadmo, 1982), pp. 45~67 참조.

은 모두를 위한 희생이기 때문에 우리에게 아무런 부담도 추가되지 않을 것이다. 그렇게 되면 우리는 작고 제한적이며 이기적인 기쁨을 누리는 것이 아니라 우리의 행복은 수백 만 명에 속하게 되고, 우리의 행동은 조용하지만 영원히 작동할 것이며, 우리의 유골에 대해 고귀한 사람들이 뜨거운 눈물을 흘리게 될 것이다(MECW 1, 1975: 9).

이 글에는 마르크스 해석자들 사이에 논쟁을 일으킨 또 다른 구절이 포함되어 있다. "그러나 우리는 바람직하다고 믿는 선택을 항상 할 수는 없다. 사회에서 우리의 관계는 우리가 그 관계를 선택할 수 있기 전에 이미 어느 정도 확립되어 있다"(MECW 1, 1975: 6). 마르크스의 사상이 정치경제학에 대한 장기간의 심오한 연구를 하기 전에 이미 형성되었다고 생각하는 일부 마르크스주의자들은 이 구절을 마르크스의 역사에 대한 유물론적 구상의 최초 설명으로 보기도 한다. 그러나 현실은 간단하다. 당시 겨우 18세였던 마르크스는 어떠한 사람의 직업 선택은 객관적인 환경에 속박된다는 것을 주장했던 것이다.[8]

3. 본의 법학도

김나지움을 졸업한 후 젊은 마르크스는 법조계 계통의 직업을 구하기 바란 아버지의 희망에 따라 그쪽으로 특별히 이끌리지 않았지만 1835년 10월 트리어에서 가장 가까운 대학이며 라인란트에서 주요한 지성의 중심지인 본Bonn 대학

---

8   이런 잘못을 범한 2명의 권위자는 메링(Franz Mehring)―"그 생각의 발전과 완성이 그 사람에 대한 불멸의 기여가 될 …… 그런 생각의 최초의 발광"―과 코뉴(Auguste Cornu)―"이 구절의 중요성을 과장하지 말 것"을 독자에게 요구했지만 "여기서 마르크스는 최초로 인간의 삶을 구성하는 사회적 관계의 기능을 강조한다"고 적는다― 였다.

의 법학부에 등록했다.

본은 인구 4만 명의, 트리어보다 조금 더 큰 도시였지만 훨씬 더 생동적이었고 그래서 이 도시는 마르크스에게 의심의 여지없는 매력거리였다. 수많은 활동들이 본 대학 주변에 집중되었는데, 이 대학은 대략 700여 명의 학생과 60명의 교직원으로 구성되어 있었다. 명망 높은 철학자 슐레겔August W. Schlegel을 포함한 교수진은 도시 전반의 문화적 분위기를 좌우했는데, 그 분위기는 당시 셸링 Friedrich W. J. Schelling의 이론과 관련된 낭만주의에 지배되었다. 상당한 자유를 누렸던 학생들은 사회의 가장 열정적인 요소였고 여러 가지 정치적 활동들을 주도했다.

그러나 1833년에 커다란 변화가 발생했다. 일단의 학생들이 연방의회the Federal Diet를9 해산시키고 독립 라인란트 정부를 수립하고자 시도했으며 이 반란이 신속히 진압된 후 학생 조직들에 대한 탄압이 뒤따랐다. 특히 학생자유주의협회라는 조직은 공식적으로 해산되었으며 그 회원들은 추방되거나 체포되었다. 마르크스가 본에 도착했을 때(1835년 10월) 탄압은 아직 절정에 달해 있었으며 경찰은 정보망을 통해 모든 혐의자를 제거하려 했다. 이 같은 제재의 두려움 때문에 학생 대부분이 더 이상의 정치 활동을 중단하고 술 마시고 노는 데 몰두했다. 유일하게 허가받은 단체는 귀족의 자제로 구성된 학생 단체와 각 지역 향우회였다. 마르크스는 학생 30여 명으로 구성된 트리어향우회에 가입하고 열성회원으로 활동해 곧 5명 회장단의 일원이 되었다(Cornu, 1962: 82~87).

당시 마르크스가 부모에게 보냈던 편지가 분실되었으므로 아버지가 부친 편

9　연방의회는 1815년 당시의 독립 왕국이었던 오스트리아, 프로이센(나폴레옹에게서 라인란트를 합병한), 라인동맹이 결합하여 만든 독일연방의 연방의회로서 프랑크푸르트에 설치되어 있었다. 여기서 저자가 말하는 연방의회는 각 군주국, 자유 도시들별로 구성된 연방의회의 단위별 대표를 의미하는 것으로서, 라인란트에도 연방의회에 파견하는 단위가 있었던 것으로 보인다.
　　— 옮긴이 주

지는 이 시기 마르크스의 삶을 재구성하는 데 매우 소중하며, 사실 유일한 직접적인 정보 원천이다. 하인리히는 이 법학도에게 사려 깊은 충고를 해주었으며[10] 아들의 장래에 대한 희망을 표했다. "너의 선의와 성실을 믿어 의심치 않는다. 또 위대한 일을 하겠다는 굳센 의지에 대해서도 마찬가지이다."

마르크스는 매우 열심히 공부했다. 배움에 대한 의지가 대단해서 첫 겨울 학기에 아홉 개 강의를 등록했다가 아버지의 충고—"아홉 과목은 너무 많아 보인다. 네 몸과 마음이 견딜 수 있는 것 이상을 하지 않았으면 좋겠다."[11]—를 받아들여 6개로 줄이면서 물리학과 화학 분야를 포기했다. 마르크스는 법학, 법제도, 로마법의 역사뿐 아니라 그리스·로마 신화, 현대미술의 역사 그리고 호머론(슐레겔의 직접 강의였다)까지 모든 강의를 열심히 수강했다. 이런 강의 선택은 이 청년의 관심 분야들이 광범위했을 뿐만 아니라 시에 대해서도 거대한 열정을 느꼈다는 것을 보여준다. 이때 마르크스는 시를 짓기 시작했고[12] 시인 클럽의 회원이 되었다.

우리는 하인리히의 편지와 송금을 통해 마르크스가 많은 책, 특히 주로 역사책을 구입했다는 것을 알 수 있다.[13] 마르크스는 매우 열심히 공부했으며 아버지의 만류에도—"너의 마음에 확고하고 건강한 양식을 제공하기 위해 이 비참한 세계에서 항상 몸이 따라야 한다는 것을 잊지 마라. 몸은 전체의 안녕을 규정한다. …… 따라서 건강이 허용하는 한도를 넘어 공부하지 마라."[14]— 본에서 몇 개월을 보낸 뒤 과도한 공부로 인해 건강에 문제가 생겨버렸다.

---

10 Heinrich Marx to Karl Marx, 19 March 1836, MECW 1, pp.652~653.

11 Heinrich Marx to Karl Marx, 18~29 November 1835, MECW 1, p.645.

12 마르크스는 학창 시절에 이미 짧은 시를 지었고 그것들은 여동생 소피(Sophie)에 의해 기록되고 보존되었다. 그중 1833년 작품의 하나인 [사를마뉴에게는 학생주임 비텐바흐에게 받은 영향을 보여주는 작품으로서 남아 있는 것들 중 가장 오래된 것이다. Karl Marx, *Gedichte. Aus einem Notizbuch von Sophie Marx*, in MEGA² I/1(Berlin: Dietz, 1975), pp.760~763 참조.

13 Heinrich Marx to Karl Marx, beginning of 1836 [February or early March], MECW 1, p.649.

14 Heinrich Marx to Karl Marx, 18~29 November 1835, MECW 1, p.647.

아버지는 편지에서 반복해서 충고했다. "나는 네가 안 좋은 경험을 통해 건강에 더욱 유의해야 한다는 것을 깨달았으면 좋겠다. ······ 이런 경우에 과도한 공부는 미친 짓이다. ······ 아픈 학자보다 더 비참한 존재는 없단다."[15] 그래서 마르크스는 여름 학기 동안 독일법의 역사, 유럽 국제법, 자연법, 프로페티우스의 애가Elegies 네 과목 외에는 슐레겔이 했던 강의도 들을 수 없었다. 누적된 피로 외에도 이런 축소의 이유는 이 당시 그가 학생 생활의 현란함에 빠졌기 때문이었다. 그는 돈을 많이 썼고 빚을 졌으며 그래서 그의 아버지가 종종 추가로 송금을 해야 했다. 그는 또한 권총을 구입했으며 경찰에 발각되었을 때 불법 무기를 소지한 혐의로 조사를 받았고 "야간 소란과 음주"(MECW 1, 1975: 658)로 체포되어 하루 동안 구금당하기도 했으며, 다른 학생과 결투를 벌여 왼쪽 눈 부위에 약간의 상처도 입었다.

본에서의 이 해는 모든 것을 감안할 때 기대에 미치지 못했기 때문에 마르크스의 아버지는 마르크스를 베를린 대학으로 보낼 결심을 했다. 프러시아의 수도로 떠나기 전에 마르크스는 트리어에서 여름방학을 보내면서 일생의 동반자가 될 예니 폰 베스트팔렌Jenny von Westphalen과 약혼을 하게 되었다. 그녀는 아름다움과 사회적 지위를 추구했던 야심찬 소녀였다. 베스트팔렌가에서 이들의 약혼—마르크스는 이제 막 18세가 넘은 유대인 출신의 평범한 부르주아였고 예니보다 네 살이나 어렸다(이 당시에는 거의 있을 수 없던 일이다)—을 거부할 것을 우려해 예니와 마르크스는 애초에 가족 몰래 약혼했다.

예니는 사실 완전히 다른 세상에 속해 있었다. 그녀는 저명한 정부 관리이자, 교양 있으며 자유주의 성향의 독일 상류계급을 대표했던 루드비히 폰 베스트팔렌Ludwig von Westphalen 남작의 딸이었다. 남작은 영어를 완벽히 구사하며 고대 라틴어와 그리스어, 이탈리아어, 프랑스어, 스페인어를 읽을 수 있는 매력적이고

---

15 Heinrich Marx to Karl Marx, beginning of 1836 [February or early March], MECW 1, pp.649, 651.

개방적인 성격의 소유자였고 그래서 청년 마르크스와 아주 잘 어울렸고 그의 지적 활기를 높이 평가했다. 그러나 루드비히가 선호했던 책은 프랑스 합리주의자나 고전주의 저작보다는 낭만파의 저작이었다. 그래서 "[마르크스]의 아버지가 볼테르와 라신Racine을 마르크스에게 읽어주었다면, 남작은 항상 가장 좋아했던 호머Homer와 셰익스피어Shakespeare를 암송하고는 했다"(Marx, 1883: 441). 루드비히는 또한 사회적 문제에도 관심이 많았으며 마르크스에게 일찍이 생-시몽Louis de Saint-Simon에 대한 관심을 불러일으켰다(Marx, 1965: 394; Cornu, 1962: 82). 대체로 루드비히는 마르크스에게 가족이나 학교가 제공할 수 없었던 자극들을 주었으며 마르크스는 항상 그에게 감사와 존경의 감정을 보냈다. 그가 몇 년 뒤 박사 논문을 남작에게 헌정한 데는 충분한 이유가 있었다.

4. 적의 품으로

인구 32만 명의 베를린은 빈에 이어 독일어권 제2의 도시였다. 프러시아 관료제의 심장이었던 베를린은 또한 활기찬 지성의 중심이자 마르크스가 친숙해진 최초의 대도시이기도 했다.

1810년에 설립된 프리드리히 빌헬름 대학[16]에는 당시 학생 2,100명이 있었다. 이 대학은 동시대의 가장 저명한 학자 다수를 수용했고—헤겔Georg Wilhelm Friedrich Hegel도 1818년부터 1831년 죽을 때까지 여기서 강의했다— 마르크스가 진지한 학업을 하기에 가장 적합한 장소였다. 포이어바흐Ludwig Feuerbach 또한 이곳에서 공부했다. 그는 1820년대에 "다른 대학들은 이 학문의 전당에 비하면 쓰레기 폐기장 수준으로 보인다"고 했다.[17]

---

16 1948년에 훔볼트 대학으로 이름을 변경했다.

이런 새로운 사정과 약혼에 따른 책임감에 의해 마르크스는 본에서의 두 번째 학기 때의 태도를 버리고 새로운 열정과 근면으로 공부에 열중했다. 그러나 대학에 대한 그의 태도는 변해서, 학술적 강의에는 더 적게 관심을 보여 베를린에서의 아홉 학기 동안은 단 열세 과목을 등록했으며 두 학기는 아무 강의도 듣지 않았다. 마르크스는 1836~1837년 겨울 학기에 유스티니아누스 법전학, 형법학과 인류학을 수강했다. 그가 매우 열심히 들은 앞의 두 과목은 당시의 가장 위대한 법학자들이 분담했다. 역사법학파의 창시자이자 주요 이론가였던 사비니 Friedrich C. von Savigny가 과거에 대한 낭만파적인 격찬과 정치적 보수주의를 제안했다면, 헤겔과 생-시몽의 제자이며 베를린의 모든 진보주의자의 아이돌이자 정치적 급진 자유주의자였던 간스는 마르크스에게 정치적 급진주의 성향과 헤겔에 대한 관심을 발전시키는 데 기여했다.

마르크스가 학교 과정에 참여한 것에 대한 설명만으로는 그의 지적 노력의 한 측면만 너무 강조하게 된다. 교회법, 민사소송, 프러시아 민사소송, 형사소송, 상속법 등 시험 대상인 의무 과목들을 별도로 하면(Miller and Sawadzki, 1956: 113; Nikolaevsky and Maenchen-Helfen, 1976: 35f.), 그는 학교 과정 참여를 논리학, 지리학, 이사야서Book of Isaiah와 에우리피데스 네 과목에 한정했다. 그러나 마르크스는 자신의 방에 틀어박혀서 그가 수강한 과목을 훨씬 넘어서는 분야의 지식을 매우 빨리 습득할 수 있게 하는 엄청난 규모의 독립적인 연구를 수행했다.

마르크스의 학습 과정은 1837년 11월에 아버지에게 보냈던, 베를린 대학 시절 당시 남은 유일한 편지이자 이곳에서의 첫해에 관한 귀중한 문서를 통해 재구성할 수 있다. 마르크스는 약혼자에 대한 불타는 사랑과 여전히 공식적으로 결합하지 못한 운명에 대한 불안감으로 특히 시에 몰두했다. 1836년 10월에서

---

17 Ludwig Feuerbach to his father, 6 July 1824, in Karl Grün(ed.), *Ludwig Feuerbach, Sein Brief-wechsel und Nachlass*(Leipzig, 1874), p.183.

12월까지 [사랑의 책] 두 권과 [사랑의 노래] 한 권에 달하는 시를 짓고 이것을 "내 사랑, 영원한 연인 예니 폰 페스트팔렌에게"(Marx, 1975a: 479) 보냈다. 이 시들에서 나타나는 비극적 사랑에 대한 관례적인 주제와 무겁고 어색한 서정시 형식으로 볼 때 마르크스는 시에 대한 특별한 재능은 없었다(Cornu, 1962: 89~90).[18]

그렇지만 마르크스에게 "시는 유일한 위안거리accompaniment일 수 있었고 이어야 했다." 그는 늘 "철학과 씨름하고 싶은 충동"을 훨씬 더 강하게 느꼈지만 법학을 공부해야 할 의무가 있었다. 그는 사실 독일 법학자 하이네키우스Johann G. Heineccius와 티보F. J. Thibaut를 읽기 시작했고 유스티니아누스 법전의 첫 두 권을 번역했으며 "법의 전 분야를 아우르는 법철학을 구성하려 했다".[19] 마르크스는 법과 철학 두 가지를 서로 연결시키고 싶은 바람에 이끌려 법의 판례적인 측면에 대한 연구로부터 법학으로, 또 법학으로부터 철학 일반으로 이동했다(Mészáros, 1978: 122~123). 이런 식으로 그는 '법 형이상학'과 '법철학'의 두 부분으로 구성되는 약 300쪽 분량의 연구 결과를 작성했지만 완성하지 못했고 나중에 분실

---

18 마르크스의 둘째 딸 라우라(Laura)의 의견은 다음과 같다. "아버지가 이 시들을 매우 천대했다는 것을 말해야겠다. 부모님은 이것들에 대해 말할 때 언제나 그런 젊은 날의 어리석음을 마음껏 비웃고는 했다." Franz Mehring, 'Einleitung', in Mehring(ed.), *Aus dem literarischen Nachlass von Karl Marx, Friedrich Engels und Ferdinand Lassalle*, vol.1(Dietz, Stuttgart 1902), pp.25~26. 메링이 다른 어디선가 언급했던 대로 마르크스는 "시적 재능은 타고나지 않았다"(*Karl Marx: The Story of His Life*, 1975a: 11). 시를 지은 지 단 1년 뒤인 1837년 11월 아버지에게 보낸 편지에서 마르크스는 자신의 시를 매우 매몰차게 평가했다. "예니에게 보냈던 첫 세 권의 시집에 있는 모든 시들은 우리의 시대에 대한 비난, 산만하고 막 떠오른 감정, 전혀 자연스럽지 않은 것, 모두가 달빛 아래 만들어진 것, 존재와 당위 간의 완전한 대립, 시적 사유를 대신한 수사적 묘사에 지나지 않았지만 그럼에도 시적 열정에 대한 느낌과 추구의 열의는 아마도 지녔던 것 같다. 한없는 갈망이 이 시들에서 수없이 다양한 형식으로 표현되었고 시적 '구성'을 '산만함'으로 바꾸었다. 'Letter from Karl to His Father in Trier,' MECW 1, p.11. 마르크스는 그의 시를 ≪독일시인연감(Deutscher Musenalmanach)≫에도 보냈으나 이 잡지는 그 시를 출판할 가치를 느끼지 못했다.

19 'Letter to His Father', MECW 1, pp.11~12.

했다. 비록 완성하지는 못했지만 마르크스는 이 저술 작업을 통해 법형이상학과 법철학에 대한 일반적 관점을 획득할 수 있었고 이를 좋아하게 되었다. 그는 "모든 것의 거짓됨, 그 기본적 구상은 칸트의 구상과 연결되는 것"을 볼 수 있었고, "철학이 없이는 전진이 있을 수 없다"는 것을 확신하게 되었다. 따라서 그는 "형이상학 원리들의 새로운 체계의 초안을 작성했다". 그러나 이 초안 끝에서 "다시 한 번 이 초안이 다른 모든 나의 이전 노력들처럼 잘못된 것임을 인식할 수밖에 없었다".

차츰차츰 철학이 법 연구를 대체했으며 마르크스는 아버지가 제시한 법조계 경력보다 학문적 연구의 삶을 더 바라보게 되었다. 동시에 그는 다른 여러 방향에 관심이 생겼다. 그는 "읽었던 모든 책에서 발췌록을 작성하고 …… 그에 따른 자신의 성찰들을 적어두는 습관"[20]—그가 일생 동안 간직했던, 작고도 거의 알아볼 수 없는 필체로 적었던—이 생겼다. 마르크스는 발췌 노트를 레싱Gotthold E. Lessing의 『라오콘』, 졸거Karl W. F. Solger의 『에어빈』, 빈켈만Johann J. Winckelmann의 『고대예술의 역사』, 루덴Heinrich Luden의 『독일 사람들의 역사』로 시작했다.[21] 같은 시기에 그는 2개의 라틴 고전(타키투스의 『게르마니아Germania』와 오비디우스의 『비가Tristia』)을 번역하고 영어와 이탈리아어 문법을 공부하기 시작했으며 클라인Ernst F. Klein의 프러시아 형법과 연감 연구를 읽었으며 적어도 훑어보더라도 '모든 현대 문학작품'을 읽었다.

아버지가 "공부를 너무 과도하게 하지 말 것"과 자신을 "소진시키지 말 것"을 반복적으로 당부했음에도[22] 마르크스는 계속 맹렬하게 공부했다. 마르크스가

---

20 'Letter to His Father', MECW 1, p.12, 15.

21 이 발췌록들은 소실되고 없다.

22 Heinrich Marx to Karl Marx, 9 November 1836, MECW 1, p.662. 이 편지는 다음과 같이 계속된다. "별일이 없는 한 네 자신과 우리 가족 그리고 내 짐작이 틀리지 않는다면 인류 전체의 행복을 위해 네가 살아야 할 날이 아직 많단다."

아버지의 60세 생일을 기념해 바친 또 다른 시집에는 시적 환상의 희곡 [울안엠 Oulanem] 1막, 유머러스한 연애소설 [전갈과 펠릭스Scorpion and Felix]의 몇 개 장 그리고 베를린 속물들을 마음껏 경멸하려던 잘 수행되지 못한 시도가 포함되어 있었다. 더 흥미로운 것은 같은 노트에 있던 몇 개의 간단한 [풍자시들Epigrams]인데, 이 시들은 당시 마르크스의 헤겔에 대한 비판적 태도를 담고 있다. 마지막으로 마르크스는 연극과 문학 문제에 커다란 관심이 있어 1837년부터 비록 19세밖에 되지 않았지만 문학비평 잡지를 만들 계획을 세웠다.[23]

결국 법, 철학, 예술, 문학, 언어, 시에서의 강도 높고 정서적으로 소진적인 작업[24] 뒤에 마르크스는 병이 나서 의사의 충고에 따라 시골로 요양을 갔다.[25] 그곳은 대학에서 1시간 정도 거리에 있는 슈트랄로브Stralow[26]라는 어촌이었다.

이 요양은 마르크스에게 휴식을 제공했을 뿐 아니라 그의 지적 진화에도 또한 중요한 단계가 되었다. "(지성소를 나머지 예배 장소와 구분하는 ─ 옮긴이) 휘장은 떨어졌고 나의 지성소holy of holies(모세 시대 이스라엘인들의 예배 장소에서 가장 안쪽의 금박 상자가 놓인 특별한 장소 ─ 옮긴이)는 산산조각이 났으며 새로운 구세주가 와야 했다." 내적으로 깊은 갈등 뒤에 그는 낭만주의에 작별을 고했고 칸트Kant와 피히테Fichte의 관념론과 거리를 두면서 "현실 자체에서 발상을 찾으려는

---

23 이 계획은 마르크스의 아버지가 보낸 편지에서 추적할 수 있다. Heinrich Marx to Karl Marx, 16 September 1837, MECW 1, pp.679~683.

24 "저는 인생을 일반적으로 과학, 예술 그리고 사적인 문제에서 모든 방향으로 발전하는 지적인 활동의 표현으로 봅니다." 'Letter to His Father', MECW 1, p.11.

25 "이런 다양한 작업으로 바빴기 때문에 저는 첫 학기에 많은 밤을 새우며 수많은 전투를 치렀고 안팎으로 흥분된 일이 지속되었습니다. 그럼에도 저는 결국 그렇게 풍부해지지도 못했고 더욱 이 자연, 예술, 세계를 소홀히 했고 친구들에게 문을 닫았습니다. 이런 밤샘과 흥분으로 인해 발생했던 소홀함들과 마음의 폐쇄에 대한 판단은 몸이 먼저 깨달았던 것 같습니다. 의사가 시골로 요양을 가라고 합니다." 'Letter to His Father', MECW 1, p.15.

26 오늘날 베를린 근교의 슈트랄라우.

순간에 도달했다". 그때까지 그는 단지 '헤겔 철학의 단편들', 그에게는 호소력이 없었던 괴상하고 울퉁불퉁한 멜로디만 들었을 뿐이었다. 슈트랄로브에서 마르크스는 "헤겔을, 그의 대부분의 제자들을 포함해 처음부터 끝까지 알게 되었다". 그렇지만 그의 헤겔주의로의 전환은 결코 즉각적인 것은 아니었다. 그가 구상한 생각들을 자신의 것으로 분명히 하기 위해 마르크스는 [클리안테스Clean-thes, 철학의 출발점이자 필연적인 지속]이라는 '인쇄용 전지 24장'²⁷의 대화록 초안을 작성했다. 역시 분실된 이 초안은 '예술과 과학'을 통일하려고 시도했다. 역사, 과학 그리고 셸링의 저작 연구에 대한 결실을 위해 마르크스는 "그의 두뇌를 끝없이 쥐어짜야 했다". 그리고 최종 결과는 결국 마르크스를 낙담시켰다. "이 저작, 달빛 아래서 키운 나의 가장 사랑스러운 아들은 마치 가짜 사이렌같이 적진의 품으로 나를 데려가는구나." 즉, 헤겔 철학의 품으로.

마르크스는 자신이 결국 도달하게 된 처지 때문에 이성을 잃고 "며칠 동안 생각을 할 수 없었다".²⁸ 그 뒤 그는 철학을 제쳐두고 사비니의 『재산법』, 포이어바흐Anselm R. Feuerbach의 『형법편람』, 그로암Karl von Groham의 『형법학의 근본원리』, 크라머Andreas G. Cramer의 『유스티니아누스 법전 제목에서 낱말의 중요성』, 베닝-잉엔하임Johann N. von Wenning-Ingenheim의 『일반민법편람』, 밀렌브루흐Christian F. Müh-lenbruch의 『유스티니아누스 법전학』, 그라티아누스Gratian의 『교회법의 조화』, 란셀로티Lancellotti의 『교회법의 기관』 등 법학 공부에 몰두했다. 그는 또한 베이컨Francis Bacon의 『학문의 진보』, 라이마루스Hermann S. Reimarus의 동물의 예술적 본능에 관한 책 그리고 아리스토텔레스Aristotle의 『수사학』의 번역된 부분을 읽었다.²⁹

결국 "헛되고 결실 없는 지적 노동"과 "싫어하던 관점(헤겔의 철학)을 우상으로

---

27 마르크스에게 인쇄용 전지(druckbogen)는 16쪽을 뜻했으므로 이 저작은 300쪽이 넘는 빽빽한 것이었으리라.

28 'Letter to His Father', MECW 1, pp. 16~17.

29 'Letter to His Father', MECW 1, p. 17.

만들어야 했던 데서 계속된 짜증" 때문에 마르크스는 신경쇠약에 걸렸다. 그는
회복되자 그때까지 썼던 "모든 시와 이야기의 개요 등"을 불태워버렸다.[30] 그의
연구는 아직도 긴 여행을 해야 했다.

5. 베를린의 청년 헤겔주의자

　1837년에 루텐베르크Adolf Rutenberg(당시 가장 친한 친구)의 소개로 박사 클럽에
가입한 마르크스는 베를린의 헤겔 좌파 저자, 강사 그리고 학생들로 이루어진
이 서클을 자주 출입하기 시작했다. 같은 해에 바우어Bruno Bauer, 쾨펜Carl Friedrich
Köoppen, 오펜하임Heinrich Bernhard Oppenheim, 부울Ludwig Buhl이 회원이 되었다(Miller
and Sawadzki, 1956: 68~75). 이들 덕분에 마르크스는 "탈출하고 싶었던 현대 세계
철학에 더욱더 확고히 간히게" 되었다. 이제 그도 집중적으로 연구하고 쓰기를
계속했고 11월에 아버지에게 다음과 같이 편지했다. "저는 『방문The Visit』(이것은
마르크스 자신이 작성한 아주 초창기의 문학 작품으로서 출판되지 않았다 ― 옮긴이)과
같은 몇몇의 나쁜 저작들을 통해 현대성과 현대 과학에 대한 전망을 획득해야
쉴 수 있습니다."[31] 그러나 아버지의 반응은 심각했다. 마르크스의 연구 방식에
큰 우려를 표하면서 당시 그의 주요한 관심 영역에 대해 탐탁찮아했다.

　통탄할 일이구나! 무질서, 지식의 온갖 분야들에 대한 기웃거림, 희미한 등
　불 아래의 퀴퀴한 되새김, …… 그리고 여기 이런 무의미하고 부당한 학식
　의 작업장에서 너와 네가 사랑하는 사람이 생기를 되찾게 해줄 과일들이 숙

30　'Letter to His Father', MECW 1, p. 17.
31　'Letter to His Father', MECW 1, p. 17.

성하고 네가 신성한 의무들을 수행하는 데 기여할 곡식들이 축적되겠느냐? …… [이것은] 단지 네가 어떻게 괴물들을 만들기 위해 너의 재능을 낭비하며 밤을 보내는지, 스스로도 알아들을 수 없도록 자신의 말들을 왜곡하는 비도덕주의자들의 발자국을 따라가는지를 증명할 뿐이다.[32]

얼마 지나지 않아 하인리히는 이미 나빴던 건강이 더욱 악화되어 1838년 5월 결핵으로 죽었다. 그러자 마르크스와 가족을 묶고 있던 연결 고리가 매우 느슨해졌고, 그는 아버지의 비판적인 시선—이 시선은 아마 시간이 흐르면서 서로의 갈등을 낳도록 강화되었을 것이다(Cornu, 1962: 126)— 없이 자신의 길을 더욱 빠른 행보로 갈 수 있었다.[33]

박사 클럽은 마르크스를 형성하는 중심이 되었고 그의 모든 행동의 자극제였다. 정확히 이 시점에 발생했던 헤겔 좌파와 우파의 분열 이후 보수주의에 반대하고 자유주의의 편에 서서 투쟁에 참가한 프러시아의 가장 진보적 성향의 소유자들 중 일부는 베를린의 이 클럽에 결집했다. 비록 마르크스가 이곳을 처음 방문했을 때는 단지 20세에 지나지 않았지만 눈부신 개성으로 모든 회원들에게—

---

32 Heinrich Marx to Karl Marx, 9 December 1837, MECW 1, pp.685~691. Cf. Ernst Bloch, *On Karl Marx*(New York: Herder & Herder, 1971).

33 하인리히의 죽음으로 마르크스의 이 대학 시절에 관해 말해주는 소중한 서신도 끝이 났다. 마르크스의 막내딸 엘레아노에 따르면 이 편지들은 "성숙 중인 청년 마르크스, 청소년기에 있는 미래의 어른을 보여준다. 어떤 사람은 이미 마르크스의 전 생애를 통해 드러나는 작업에 대한 비상한 능력과 열정을 볼 수도 있을 것이다. 어떠한 과업도 그에게는 힘들지 않았고 그의 저술은 긴장을 늦추거나 소홀함을 띠는 경우가 없었다. …… 그의 목표는 자신의 내부를 투명하게 보는 것이었고 여기서 또 그가 자신과 그의 작업을 비판하는 것을 관찰하게 된다. …… 여기서 이미 나중처럼 한 분야에 자신을 폐쇄시키지 않고 법, 역사, 시, 예술 등 모든 것을 취하고 집어삼킬 듯이 읽는 독서가를 볼 수 있다. 그의 방안에 들어와서 찧기지 않는 곡식이 없다. 그는 하는 모든 일에 완전히 몰두했다." Eleanor Marx, *Marx' Briefe an seinen Vater*, *Die Neue Zeit*, vol.16(1898), no.1, pp.4~12.

평균 열 살이 많았지만— 동등하게 대접받았을 뿐 아니라 그들에게 거대한 지적 영향을 미쳤고 종종 토론의 의제도 만들었다(Cornu, 1962: 151).

1839년 초부터 마르크스는 점점 더 바우어와 친밀해졌고 바우어는 마르크스에게 빨리 대학을 마치라고 반복해서 촉구했다. 따라서 마르크스는 에피쿠로스를 깊이 연구했고 1840년 초까지 [데모크리토스와 에피쿠로스 자연철학의 차이]라는 제목이 붙을, 그리스 철학에 관한 논문을 위한 준비 작업으로 일곱 권의 노트를 작성했다.[34] 이 작업은 일생 동안 작성했던 것 중 엄밀하게 철학적인 유일한 작업일 것이다(Rubel, 1982: 6). 아마도 마르크스는 이것을 고대 철학에 대한 더 큰 작업의 일부분으로 의도했을 텐데, 그것은 1840년 하반기와 1941년 봄 사이에 쓰였다. 이것은 서문과 5개 장들로 된 2편—1편의 4장과 5장은 분실되었다 —, 그리고 부록: 플루타르코스의 에피쿠로스에 대한 비판으로 구성되었는데, 이 부록도 약간의 기록을 제외하고는 분실되었다(Cingoli, 2001; Finelli, 2004: 40~74).

마르크스가 그 작업에 보낸 많은 시간은 그의 극단적인 꼼꼼함과 모든 그의 사고를 종속시켰던 엄격한 자기비판 때문이었다(Cornu, 1962: 225). 그는 헤겔 좌파의 정치적 투쟁에 참여하려는 바람도 매우 컸지만 연구를 계속하는 것이 더 유용하다고 자각하고 세계에 대한 지식을 심화시키고 이해를 명확히 했다. 에피쿠로스는 그가 연구한 수많은 저자들 중 1명에 지나지 않았다. 1840년 상반기에 아리스토텔레스의 『영혼론De anima』에서 발췌한 부분을 읽기 시작하면서 트렌델렌부르크Friedrich Adolf Trendelenburg의 『논리적 연구』에 대한 비판을 작성할 계획이었다. 또한 신학적 헤르메스Georg Hermes에 반대하고 피셔 박사Karl Ph. Fischer의 『신성 관념The Idea of Divinity』에 대해 논박하는 책을 출판할 계획도 있었다(Cornu,

---

34 이 노트 일곱 권은 박사 논문을 위한 예비 작업의 일부만 포함했을 가능성이 높다. Maximilien Rubel, 'Philosophie Éicurienne. Notice', in Karl Marx, *OEuvres III. Philosophie*(ed. Maximilien Rubel)(Paris: Gallimard, 1982), p.786. 이른바 '에피쿠로스 철학에 대한 노트'는 MECW 1, pp.403~516에 있다.

1962: 225). 그러나 이 중 아무것도 성취되지 않았다.

마르크스가 다른 논문들과 꼼꼼한 연구에 자신의 에너지를 쓰겠다는 결심을 했다는 것(Rossi, 1977: 164)을 증명하는 것은 1841년 1월과 4월 사이—즉, 박사 논문의 마지막 부분을 쓰는 동안과 그 이후— 그가 라이프니츠Leibniz의 서신과 저작, 흄David Hum의 『인간 본성에 관하여』, 스피노자Spinoza의 『신학정치론』 그리고 로젠크란츠Karl Rosenkranz의 『칸트철학의 역사』로부터의 발췌 노트 일곱 권을 편집하면서 필사 전문가에게 비용을 주고 맡겨 필사했다는 사실이다.[35] 이 자료는 근대 철학자들에 관련되었고 따라서 박사 논문과 별도의 것으로, 그 목적은 대학 교수 지위를 얻겠다는 희망에서 지식을 넓히려는 의도에 따른 것이었다(Bongiovanni, 841: 36~38). 그러나 마르크스는 1841년 4월 예나 대학(베를린 대학보다 더 자유주의적이다)에 학위 논문을 제출하고[36] 철학 박사를 받고서야 새로운 정치적 지형이 그에게 문을 열어주지 않는다는 것을 알았다. 프리드리히 빌헬름 4세가 취임한 후 낭만주의적·기독교적 반동의 강력한 물결이 프러시아 전역에 넘쳤고 헤겔 철학—그때까지 국가의 지지를 받았다—은 학계에서 금지되었다.

그동안 마르크스는 1841년 초에 시 두 편을 ≪아테노임Athenäum≫(낭만주의 문예지)에 싣는 데 성공했지만 이미 그의 문학적 야망을 버린 후였다.[37] 따라서 그는 본으로 가서 친구 바우어와 결합하기로 결심했다. 이미 둘은 함께, 특히 종교 문제에 대한 비판적 관점을 제공하는 ≪무신론의 문서고Archiv des Atheismus≫를 만

---

35 이 발췌들은 아리스토텔레스의 『영혼론』에서의 발췌와 함께 Karl Marx and Friedrich Engels, *Exzerpte und Notizen bis 1842*(Berlin: Dietz, 1976), MEGA² IV/1, pp.153~288에서 볼 수 있다. 스피노자로부터의 발췌 모음은 이탈리아어로 출간되었다[Karl Marx, *Quaderno Spinoza(1841)*, ed. by Bruno Bongiovanni(Turin: Bollati Boringhieri, 1987)].

36 Karl Marx to Carl Friedrich Bachmann, 6 April 1841, and Karl Marx to Oskar Ludwig Bernhard Wolff, 7 April 1841, in MECW 1, pp.379~381.

37 이 시들은 이 독일 정간물의 4호에 실렸다. 영어 번역은 'The Fiddler' and 'Nocturnal Love', in MECW 1, pp.22~23을 참조.

들기로 했었다. 이 시기 동안 마르크스는 새로운 발췌를, 무엇보다 브로세Charles de Brosse의 『물신숭배Du culte des dieux fétiches』, 마이너스Christoph Meiners의 『종교의 일반적인 비판적 역사General Critical History of Religion』 그리고 콘스탄트Benjamin Constant의 『종교에 관하여On Religion』에서 진행했다.[38] 그러나 잡지 프로젝트는 실패했으며 바우어와는 정치적 문제에 대한 차이로 거리가 멀어졌고[39] 결국 이 종교 분야에서 더 심화된 연구를 포기했다.

법, 역사, 문학 그리고 철학에 대한 집중적인 학문적 연구 기간들의 종점에서 아버지가 권유했던 법적 전문직은 포기했지만 대학에서 지위를 확보하는 것이 불가능하다는 것을 알고 난 뒤, 마르크스는 저널리즘에 헌신할 결심을 했다. 1842년 5월 그는 쾰른의 일간지 《라인신문Rheinische Zeitung》에 첫 번째 논설을 썼고 그 해 10월에서 1843년 3월까지 극히 젊은 편집장으로 활동했다.

그러나 곧 그는 정치경제학―프러시아에서 이제 막 시작된 학문―을 파악할, 그리고 정치에 더욱 직접적으로 개입할 필요를 느꼈다. 이미 영국에서 정치경제학 연구를 완료했던 엥겔스Friedrich Engels와의 만남은 모제스의 저술의 영향(Rosen, 2003: 121~166)과 부단한 사회적 소요의 지역인 파리에서 보냈던 한 해 남짓한 시기와 마찬가지로 이 방향으로의 결심을 확정하는 데 매우 중요했다. 약 5년 전만 해도 독일 변방의 유대인 가족의 중등학생이었던 이가 프랑스 수도에서 대부분의 급진적 그룹과 접촉하는 젊은 혁명가가 되었다. 그의 궤적은 급진적이고 광폭했지만 곧 닥쳐올 미래에 비하면 빛이 바랜 것이었다.

---

38 본 시기 발췌는 MEGA^2 IV/1(1976: 289~381)에서 볼 수 있다.

39 마르크스와 바우어의 관계에 관해서는 Zvi Rosen, *Bruno Bauer and Karl Marx*(The Hague: Martinus Nijhoff, 1977), esp. 223~240 on their dispute; and, above all, the more recent David Leopold, *The Young Karl Marx*(Cambridge: Cambridge University Press, 2007) 참조.

2
1844년 수고와 발췌 노트들

[1844년 경제학·철학 수고][1]는 세상에서 가장 잘 알려진 마르크스의 저작 중 하나다. 이 수고는 마르크스의 사상을 총체적으로 해석하는 데 매우 중요하고, 또 매우 많이 토론되었지만, 그에 비해 이 수고가 지닌 문헌학적 문제들은 거의 주목받지 못했다. 이런 사실은 1932년 첫 판본의 출판으로 시작된 이론적·정치적 논쟁을 따라 많은 논평자들이 마르크스의 청년기에서 가장 중요한 텍스트로 간주하는 이 저작에 대한 잘못된 해석을 낳는 데 기여했다.

여기서는 마르크스가 파리에서 체류할 동안의 지적 풍토와 그곳에서 시작한 경제학 연구를 간략히 묘사한 다음에, [1844년 경제학·철학 수고]와 병행했던 정치경제학자들의 저작에 대한 마르크스의 발췌 노트들 간의 밀접한 관계뿐 아니라 그가 자신의 중대한 발전 시기에 이룩한 철학적·정치적 성숙에 관해서도 검토할 것이다. 마지막으로 마르크스가 1843년 가을에서 1845년 1월까지 파리

---

1   이 책에서 마르크스의 미완성 수고에 편집자들이 붙인 제목에 대해서는 겹낫표(『   』) 대신 대괄
      호([   ])로 표시한다.

에서 작성한 수고와 발췌 노트들의 연대기적 순서를 재구성한 표를 제시하겠다.

1. 파리, 19세기의 수도

파리는 "하나의 가공할 경이로움, 하나의 운동, 기계 그리고 견해들의 믿기 어려운 조합, 천 가지 로맨스들의 도시, 세계의 중심thinking box"이다(Balzac, 1972: 33). 이것이 발자크Honoré de Balzac가 그의 어느 소설에서 파리를 전혀 모르는 사람들에게 그 거대 도시의 느낌을 묘사했던 방법이다.

1848년 혁명 이전의 여러 해 동안, 이 도시에는 끊임없이 정치적 소요를 일으키는 장인과 노동자들이 거주하고 있었다. 망명자, 혁명가, 작가와 예술가들 그리고 광범위한 사회적 소요의 집단이 파리를 다른 시대에는 보기 어려운 격렬함을 지닌 곳으로 만들었다. 다재다능한 남녀들이 책, 잡지와 신문을 출간하고, 시를 쓰고, 집회에서 연설하고, 그리고 카페, 거리와 공원의 벤치에서 끝없이 토론했다. 이들은 가까이 살았기 때문에 서로 지속적인 영향을 주고받고 있었다(Berlin, 1963: 81f.).

바쿠닌Michail Bakunin은 라인 강을 건너기로 결심한 뒤, 갑자기 자신이 "정치적 견해들이 사회의 모든 계층 사이에서 유포되는" 풍토에, "독일에서는 아직 출현하지 않은 새로운 요소 속에" 있다는 것을 발견했다(Bakunin, 1982: 482). 슈타인Lorenz von Stein은 "대중의 삶 자체가 새 결사체를 만들고 새로운 혁명을 상상하기 시작하고 있다"고 적었다(Stein, 1848: 509). 루게Arnold Ruge는 "파리에서 우리는 승리와 패배를 거두며 살 것이다"라고 보았다(Ruge, 1975: 59). 요약하면 파리는 역사상 가장 특별한 시기에 있는 장소였다.

발자크에게 "파리의 거리들은 우리가 도저히 저항할 수 없는 인상들을 남기기 때문에 인간적 특징들과 인간의 얼굴 모습을 지닌다"(Balzac, 1972: 31). 이런 많은 인상들은 25세의 나이로 1843년 10월 이곳에 온 마르크스에게도 영향을 미쳤다. 그 인상들은 파리에 체류하는 동안 결정적으로 성숙했던 그의 지적 발전에 심오한 흔적을 남겼다.

마르크스에게 ≪라인신문≫에서 언론가로서 경험 이후 헤겔주의적·이성적 국가와 이와 관련된 민주적 급진주의의 개념적 지평의 포기는 그가 이론적 가변성disponibilité을 지닌 채 프랑스의 수도에 도착했다는 것을 의미했다. 이런 이론적 가변성은 이제 프롤레타리아트의 가시적 모습에 의해 충격을 받았다. 새로운 사회경제적 현실의 급속한 강화를 반영했던 당대의 문제적 분위기가 야기한 불확실성은 마르크스가 이론적으로나 경험적으로 파리의 노동계급과 그들의 생활과 노동조건을 접하자마자 소멸되었다.

프롤레타리아트의 발견과 이들을 통한 혁명의 발견, 여전히 불명확하게 정의되었고 반쯤은 공상적이지만 공산주의에 대한 새로운 헌신, 헤겔의 사변철학과 헤겔 좌파에 대한 비판 그리고 역사의 유물론적 이해에 관한 최초의 개요와 정치경제학 비판의 시작, 이런 것들이 마르크스가 이 시기 동안 발전시킬 기본적 주제였다.

이하에서는 마르크스가 파리에 체류하는 동안 작성한, 이른바 [1844년 경제학·철학 수고라는 유명한 초기 텍스트에 대한 비판적 해석은 의도적으로 삼가고 주로 문헌학적 문제에 집중한다.

2. 정치경제학과의 만남

마르크스는 ≪라인신문≫에서 일할 때 이미 특정한 경제적 문제들과 씨름했지만, 항상 법적 혹은 정치적 관점에서였다. 그 후에 마르크스는 1843년 크로이츠나흐에서 발전시켰던 견해―시민사회를 정치적 국가의 진정한 토대로 보았던 「헤겔 법철학 비판」의 원천—에서 최초로 사회적 관계에서 경제적 요소의 중요성을 정식화했다. 그러나 마르크스가 "정치경제학에 대한 꼼꼼한 비판적 연구"(Marx, 1975d: 231)를 시작한 것은 오직 파리에 이르러서였는데, 법과 정치의 모순은 자체 영역 내에서 풀 수도 없고, 법과 정치 둘 다 사회적 문제에 해결책을 제공할 수도 없다는 것에서 결정적 자극을 받았기 때문이다. 엥겔스의 「정치경제학 비판 개요」(≪독불연보Deutsch-Französische Jahrbücher≫의 1권이자 유일한 간행본에 실린 2개의 논문 중 하나)도 이 시기의 마르크스에게 결정적인 영향을 미쳤다. 당시 주로 철학적·정치적·역사적이던 마르크스의 연구는 과학적 관심사의 중심이자 결코 포기하지 않을, 새로운 지평이 될 분야로 전환되었다(Rubel, 1968: liv~lv).

헤스Moses Hess의 『화폐본질론』과 그의 사변으로부터 사회경제적 지평으로의 소외 개념의 전환의 영향 아래 마르크스는 먼저 인간 본질의 실현에 대한 장벽으로서 화폐의 경제적 매개에 대한 비판에 집중했다. 그리고 바우어의 『유대인 문제』를 논박하며 유대인 문제를 자본주의 문명 전체의 철학적·사회역사적 전제 조건을 대표하는 사회적 문제로 간주했다. 유대인은 **한마디로** 자본주의와 동의어가 된 세속적 인물, 자본주의 문명이 생산한 관계의 은유이자 역사의 전위대였다(Tuchscheerer, 1968: 56).

그 이후에 바로 마르크스는 이 새로운 연구 분야에서 방대한 양의 독서를 시작했으며, 늘 그렇듯이 독서 자료에서 엮어낸 수고와 발췌 그리고 주석 노트들에, 몇 가지 실례가 증명하듯이, 비판적 논평들을 간간이 넣었다. 그가 수행하는 작업의 가닥은 정치경제학의 가장 거대한 신화인 정치경제학의 범주들이 모든 시기와 모든 장소에서 유효하다는 견해의 베일을 벗기고 반대하는 데 있었다. 마르크스는 당시의 경제적 조건을 자연적 사실로 표현함으로써 이 조건의 비인간성을 숨기고 정당화하려 했던 경제학자들의 맹목성과 역사의식의 부재에 깊은 충격을 받았다. 세이Jean Baptiste Say의 한 저작에 대한 논평에서 마르크스는 다음과 같이 말했다. "사적 소유는 그 형성이 정치경제학과 상관없지만(정치경제학

이 사적 소유의 형성을 문제 삼지 않지만 - 옮긴이) 그럼에도 그것은 정치경제학의 토대인 사실이다. …… 따라서 정치경제학 전체는 필연성이 결여된 사실에 근거한다"(Marx, 1981: 316). 마르크스는 [1844년 경제학·철학 수고]에서 유사한 논평을 되풀이하며 다음을 강조한다. "정치경제학은 사적 소유라는 사실에서 시작하며 사적 소유를 우리에게 설명하지 않는다. …… 경제학자는 추론해 설명해야 하는 것을 사건이나 사실의 형태로 가정한다"(Marx, 1975d: 270~271).

따라서 정치경제학은 사적 소유체제와 이와 연관된 생산양식과 이에 조응하는 경제적 범주들을 영원불변한 것으로 취급한다. 부르주아 사회의 인간은 마치 자연 발생적 인간인 것처럼 나타난다. 요약하면 "사람들은 사적 소유에 대해 말할 때, 인간에게 영원한 것을 다루는 것으로 생각한다"(Marx, 1975d: 281). 마르크스가 이런 존재론적 전환을 거부하는 것은 너무나 분명했다.

마르크스는 역사에 대한 깊은 연구를 통해 사회구조의 시간적 진화라는 첫 번째 실마리를 얻었으며, 또한 그가 프루동Pierre Joseph Proudhon의 최고의 통찰로 보았던, 사적 소유를 자연적 권리로 보는 견해에 대한 비판(Proudhon, 1890: 44f.)도 흡수했다. 이런 버팀목들을 통해 마르크스는 역사의 일시적 성격이라는 핵심적인 인식론적 파악을 성취할 수 있었다. 부르주아 경제학자들은 자본주의 생산양식의 법칙을 인간 사회의 영원한 법칙으로 표현했다. 대조적으로 마르크스는 당대의 특정한 관계, "산업이라는 분열된 세계"(Marx, 1975d: 292)를 연구의 배타적이고 명확한 주제로 삼았다. 그는 역사에 의해 생성된 한 단계로서 당대의 일시성을 강조하며, 자본주의가 낳고 자본주의를 폐지로 이끌 모순을 탐구하기 시작했다.

이런 사회적 관계에 대한 이전과 다른 이해 방식이 낳은 중요한 결과 중에 으뜸이 소외된alienated 노동 개념에 관한 것이었다. 소외된 노동이 자연스럽고 불변하는 사회적 조건이었던 경제학자들이나 헤겔과 달리, 마르크스는 소외에 대한 인류학적 차원의 이해를 거부하고 특정 생산구조와 사회적 관계에 역사적으로

뿌리내린 소외 이해—산업적 노동의 조건 내에서의 인간의 소외estrangement—로 나아
가기 시작했다.

　마르크스는 밀James Mill에 대한 발췌와 이에 따른 논평에서 어떻게 "정치경제
학이 사회적 교류의 소외된 형태die entfremdete Form des geselligen Verkehrs를 인간 본성
에 조응하는 본질적이고 원초적 형태로 정의하는지"를 강조한다. 마르크스에게
소외된 노동은 대상화의, 노동자의 생산의 불변의 조건이기는커녕 인간을 "기
계적 도구로 바꾸고 …… 인간을 정신적·육체적 괴물로 변형시키는" 현재의 노
동 분업의 제약 내에 있는 노동의 사회적 성격의 표현이었다(Marx, 1975c: 217, 220).

　개인적 노동 활동에서 개인의 특수성, 개인에게 고유한 필요의 활성화는 긍
정된다. 그러나 "이런 노동의 실현은 노동자에게 탈실현Entwirklichung으로 나타난다"
(Marx, 1975d: 272). 노동은 인간의 긍정, 자유로운 창조 활동이 될 수 있지만 "사
적 소유를 전제하면, 나의 개성은 너무 소외되어 이런 활동은 정말 나에게 혐오
스러운 수준, 고통 그리고 사이비 활동이 된다. 따라서 노동은 또한 오직 강제된
활동erzwungene Thätigkeit이며 오직 외적인 우연적 필요를 통해서만 나에게 부과되
는 활동이다"(Marx, 1975c: 228).

　마르크스는 경제학의 유력한 이론들을 섭렵하고 그 구성적 요소들을 비판하
며 그 결론들을 전도시켜서 이런 결론들에 도달했다. 그는 이 작업에 매우 집중
적이고 부단한 노력을 쏟았다. 읽을거리에 몹시 굶주렸던 파리 시민 마르크스
는 주야로 독서했다. 마르크스는 열정과 프로젝트로 충만한 사람으로서, 그 작
업 계획들이 너무나 방대해 결코 완수할 수 없었지만 탐구의 대상에 관련된 문
서들은 하나도 남김없이 연구했다. 그는 번개같이 빨리 자신의 지식을 발전시
키고 당분간 그를 사로잡았다가 새로운 지평으로 이동하는 관심 사항들, 새로운
결심들, 더욱더 많은 연구 분야들에 몰두했다.[2]

2　루게의 체험적 증언을 보라. "그는 많이 읽고, 비상한 집중도로 연구했다. …… 그러나 어떤 것

셴 강의 왼쪽 강변에서 마르크스는 헤겔 법철학 비판에 대한 원고를 계획했으며 국민공회의 역사를 서술하기 위해 프랑스 혁명의 연구에 착수했고 기존 사회주의와 공산주의 원리들에 대한 비판을 제기했다. 그다음 그는 미친 사람처럼 정치경제학에 몰두했는데, 이 정치경제학은 갑자기 독일의 바우어 등의 초월적 비판주의 영역을 최종 청산하는 과제를 우선하게 되었다. 그러다 갑자기 이를 중단하고 최초의 완성 저작인『신성 가족The Holy Family』을 작성했다. 그러고는 또 다른 100개의 프로젝트들을 추구했다. 만약 비판을 수행한다면, 이것은 그의 머리와 펜을 통해 수행되었다. 그렇지만 헤겔 좌파 중에서 가장 많이 작성했던 이 청년은 나머지 사람들보다 더 적게 출판했다. 마르크스의 모든 작업에서 나타나는 미완성이라는 특징은 이미 파리의 작업에서도 드러났다. 열 가지 상이한 방식으로 증명할 수 없다면 한 줄의 문장도 쓰지 않는 마르크스의 꼼꼼함은 믿기 어려울 정도였다.[3] 마르크스는 정보가 부족하고 판단이 미숙하다고 생각하면 자신이 착수했던 연구의 대부분을 출판하지 않았고, 그래서 그 연구들은

도 끝을 보지 않았고, 항상 중도에서 남기고 끝없는 책들의 바다에 곤두박질하듯이 뛰어들었다." 그는 "거의 병이 들 정도로 밤이면 밤마다 서너 시까지 자지 않고" 작업했다. A. Ruge to L. Feuer bach, May 15, 1844, quoted and translated from Enzensberger, 1973, p. 23~24. "만약 마르크스가 무절제, 자부심, 매우 필사적인 작업으로 자신을 죽이지 않는다면, 만약 공산주의적 극단이 마르크스에게서 형식의 단순성과 고귀함에 대한 감수성을 제거하지 않는다면, 그의 끝없는 독서와 더욱이 거리낌 없는 변증법에서 어떤 것이 나올 것이라고 기대된다. …… 마르크스는 항상 방금 끝낸 독서에 대해 쓰기를 원하지만, 그다음에 항상 다시 읽고 논평하기 시작한다. 그렇지만 내가 생각하기에 조만간 그는 축적해왔던 모든 것을 쏟아부어 매우 길고도 난해한 작업을 완성하는 데 성공할 것이다." A. Ruge to M. Duncker, August 29, 1844, quoted and translated from Enzensberger, 1973, p. 28.

3 1844년 가을경에 엥겔스가 말한 것에 대한 라파르그(Paul Lafargue)의 기록을 보라. "엥겔스와 마르크스는 함께 작업하는 습관이 있었다. 엥겔스는 그 자신도 극단적으로 정확했지만, 마르크스의 꼼꼼한 태도와 그가 열 가지 상이한 방식으로 증명할 수 없다면 한 줄의 문장도 쓰기를 거절하는 데 대해서는 재삼 인내심을 잃었다." quoted and translated from Enzensberger, 1973, p. 29.

개요와 단편의 형태로만 남았다. 따라서 마르크스의 노트들은 극히 소중하다. 이 노트들은 그의 연구 범위를 가늠할 수 있게 해주며 그의 일정한 성찰을 포함하고 있기 때문에 그의 전 작품oeuvre의 통합적 일부분으로 간주되어야 한다. 이 것은 파리 시절에도 마찬가지로 해당되는데, 당시 마르크스의 수고와 독서 노트는 그가 직접 썼던 것과 다른 이의 저작에 대한 논평으로 썼던 것 사이에 분리할 수 없는 밀접한 연결 고리가 있음을 증명해준다.[4]

3. 수고와 발췌 노트들: 1844년의 원고들

[1844년 경제학·철학 수고]가 미완성작이고 단편적임에도, 이 수고에 대한 거의 대부분의 독해는 문헌학적 문제를 무시하거나 중요하지 않게 취급한다 (Rojahn, 1983: 20). 이 수고는 1932년에서야 처음으로 온전히, 또한 2개의 상이한 판본으로 출판되었다. 사회민주당 학자 란트슈트Siegfried Landshut와 마이어Jacob Peter Mayer에 의해 『역사유물론』이란 제목의 모음집에서 [국민경제학과 철학Natio-nalökonomie und Philosophie]이라는 소제목으로 출판되었다면(Marx, 1932a: 283~375), 『MEGAMarx-Engels-Gesamtausgabe』에서는 [1844년 경제학·철학 수고]라는 제목이었다 (Marx, 1932b: 29~172). 이 둘은 제목뿐 아니라 내용도 달랐고, 편제도 크게 차이가 났다. 원전에 대한 빈약한 독해 때문에 실수가 가득한 란트슈트-마이어 판본은 이른바 제1수고, 첫 번째 원고 모음을 포함하지 않았으며, 사실상 헤겔『정신현상학』의 축약인 제4수고를 마르크스의 것으로 잘못 이해하기도 했다. 하지

---

4   이 복합적 관계에 대해서는 David Ryazanov, "Einleitung," to MEGA I/1.2.(Berlin, Germnay: Marx-Engels-Verlag, 1929), p.xix 참조. 이 서문(Einleitung)은 여기서 최초로, 단순한 발췌 노트들과 진정한 예비 수고로 간주되어야 할 노트들 사이에 정확한 경계를 짓는 것이 얼마나 어려운지를 지적했다.

만 제1 MEGA의 편집자들도 수고의 제목을 선정하고 문두에 서문—이 서문은 실제로 제3수고의 일부였다—을 배치하고 전체 원고를 그들의 방식으로 편집함으로써, 마르크스의 저술 의도가 항상 정치경제학의 비판에 있고 원래 모든 원고가 여러 장으로 나눠졌다고 사람들이 생각하도록 만든 잘못을 저질렀다는 사실은 거의 고려되지 않았다(Rojahn, 2002: 33).

더욱이 마르크스가 오직 정치경제학 저작들을 읽고 발췌들을 모은 후 이 텍스트를 작성했다고 가정되었지만[5], 사실은 작성 과정에서 상이한 수고 모음들이 섞여 있었고, 대응하는 발췌들도 《독불연보》의 논문에서부터 『신성 가족』까지, 파리 시절의 전 기간을 망라하는 것이었다.

이 명백한 형식의 문제, 상이한 판본들의 출판에 따른 혼란, 그리고 무엇보다 제2수고(가장 중요하지만 또한 가장 흩어져 있는)의 대부분이 전체에서 사라졌다는 것을 알았음에도 비판적 해석자들이나 새로운 판본의 편집자들 중 아무도 원전을 재검토하지 않았다. 그렇지만 그런 작업은 마르크스에 대한 다양한 해석들 간 논쟁들에서 너무나 큰 비중을 차지하는 이 텍스트를 위해서 꼭 필요했다.

5월과 8월 사이에 쓰인 [1844년 경제학·철학 수고]는 체계적이거나 미리 계획된 방식으로 전개된 저작이 아니다. 이 수고에 하나의 정해진 방향이 부여되었다고 보는 모든 견해—마르크스 사상이 완성되었다고 보는 견해뿐 아니라 과학적 성숙과는 정반대로 보는 견해[6]—는 면밀한 문헌학적 검토에 의해 반박되었다. 동질적

---

5 예를 들면 맥렐란이 이런 실수를 했다. David McLellan, *Marx Before Marxism*, Revised ed. Harmondsworth(England: Penguin, 1972), pp.210~211 참조.

6 독자들은 마르크스의 텍스트에 관한 결코 끝없는 논쟁을 따라가지 않더라도, 이 각각의 입장들을 제시하는 가장 중요한 저작 두 가지를 참조할 수 있다. 란트슈트와 마이어는 이 텍스트를 "어떤 의미에서 마르크스의 중심적 저작 …… 전체적인 개념적 발전에서의 마디 지점"으로 해석하는 첫 번째 논자들로서, [1844년 경제학·철학 수고]는 **간단히** 말해 이미 자본론을 선취" [Karl Marx, *Der historische Materialismus. Die Frühschriften*, ed. Siegfried Landshut and Jacob Peter Mayer(Leipzig, Germany: Alfred Kröner, 1932a), pp.xiii and v]하는 것으로 보았던 반면, 두

이지도 심지어는 구성 부분들 간에 밀접히 상호 관련되지도 않기 때문에, 이 수고는 변화하고 있는 관점에 대한 명백한 표현이다. 200쪽이 넘는 발췌와 논평들로 이루어진 아홉 권의 발췌 노트를 면밀히 검토하면 마르크스가 논평과 발췌를 낳았던 독서 자료들을 흡수하고 이용하는 방법을 알 수 있다.

[파리 노트]는 마르크스가 정치경제학을 접했던 흔적과 초기에 경제 이론을 고심해 만드는 과정을 보여준다. 출판되었든 안 되었든 이 시기의 모든 저술을 비교 검토하면 마르크스 사상의 발전에서 독서의 결정적인 중요성을 확인할 수 있다. 발췌한 정치경제학자들의 목록에만 세이Say, 쉬츠Schüz, 리스트List, 오시안더Osiander, 스미스Smith, 스카벡Skarbek, 리카도Ricardo, 밀Mill, 맥클로흐MacCulloch, 프레보Prevost, 데스튀트 드 트라시Destutt de Tracy, 뷔레Buret, 부아기유베르Boisguillebert, 로Law, 로더데일Lauderdale의 텍스트들이 포함된다.[7] [1844년 경제학·철학 수고]와 당시 마르크스의 논문 및 편지들에서는 프루동Proudhon, 슐츠Schulz, 피케르Pecquer, 루동Loudon, 시스몽디Sismondi, 가닐Ganihl, 슈발리에Chevalier, 맬서스Malthus, 폼페리Pompery, 벤담Bentham에 관한 언급을 찾을 수 있다.

마르크스는 세이의 『정치경제학 개론』에서 첫 번째 발췌를 했는데, 경제학의 기초 지식을 습득하면서 모든 편을 옮겨 썼다. 유일한 논평은 해당 지면의 오른쪽 측면에 나중에 추가되었는데, 이곳은 대개 이런 논평 용도로 남겨둔 공간이었다. 후속의 스미스Adam Smith 『국부론』에서의 발췌도 유사하게 마르크스가 경제학의 기초 개념들에 친숙해지는 목표에 봉사했다. 이 발췌는 가장 광범위한 발췌지만 사실 논평을 포함하고 있지 않다. 그럼에도 마르크스의 사상은 문장들의 짜깁기에서, 그리고 다른 곳에서도 종종 그러하듯이 여러 경제학자들의

번째 입장은 알튀세르의 유명한 "인식론적 단절"이라는 명제에서 표현된다. Louis Althusser, *For Marx*(Harmondsworth, England: Penguin, 1969) pp.33f.

7   이 시기에 마르크스는 영어권 경제학자들의 저서를 프랑스어 번역본으로 읽었다.

다양한 명제들을 조합하는 방법에서 명확하게 드러난다. 그렇지만 리카도의 『정치경제학과 과세의 원리』 경우에는 상황이 변해서 마르크스 자신의 최초의, 특히 아직은 완벽히 일치하는 것으로 상정되는 가치와 가격의 개념에 관한 견해가 모습을 드러낸다. 마르크스 초기의 견해인 상품 가치와 가격의 동일화는 경쟁에 의해 산출된 교환가치에만 오직 실재성을 부여하고 자연 가격은 순수한 환상으로서 추상의 영역에 놓아두었다. 연구들이 진척되자 마르크스의 비판적 논평들은 더 이상 간헐적이지 않고 요약들 사이에 문장 구두점을 찍듯이 끼어들었으며 이 저자에서 저 저자로 옮겨감에 따라 그의 지식과 더불어 확장되었다. 개별적 문장들, 더 길어진 표현들, 마지막에는—제임스 밀의 『정치경제학 요강』과 관련해— 인간에 대한 사물의 완전한 지배를 표현하는 것으로서의 화폐 매개에 대한 대폭 늘어난 긴 비판적 논평이 있었다. 여기서 발췌문들과 마르크스 자신의 텍스트 간의 관계가 완전히 역전되어 논평문들에 간격을 두며 끼어드는 것이 발췌문이 되었다.

다시 한 번 더 발췌문들의 중요성을 강조하자면, 이 기록들이 마르크스가 작성했을 때나 이후에 모두 그에게 얼마나 유용했던가를 이해해야 한다. 1844년에 이들 중 일부가 파리의 독일인 이민자들을 위한 격주간지 ≪전진!Vorwärts!≫에 독자들의 지적 교육을 위한 기고로 실렸다(Grandjonc, 1974: 61~62). 무엇보다 마르크스에게는 자신의 기록들을 재독서하는 습관이 있었기 때문에 이 철저하게 기록된 자료들을 [그룬트리세Grundrisse]뿐 아니라, 『잉여가치학설사』로 더 잘 알려진 1861~1863년 경제학 수고와 『자본론』 제1권에서도 사용할 수 있었다.

결론은 다음과 같다. 마르크스는 자신의 견해를 [1844년 경제학·철학 수고]와 독서 발췌 노트 양쪽에서 함께 발전시켰다. 이 수고가 거의 직접적인 인용들로 채워져 있다면, 발췌 노트는 대부분 당시에 읽었던 텍스트에 집중되었지만 그의 논평들도 동반되어 있다. 이 수고와 발췌 노트 양쪽의 내용, 지면을 세로 단으로 나눈 형식, 페이지 매김 및 작성 시기를 볼 때, [1844년 경제학·철학 수고는 홀로 설 수 있는 저작이 아니라 오히려 마르크스의 비판적 생산의 한 부분으로 간주되어야 한다. 그렇다면 이런 비판적 생산은 마르크스가 연구한 텍스트들로부터의 발췌와 그 텍스트들에 대한 비판적 성찰, 단독적 형태로나 더욱 깊이 있게 사고한 형태로 그가 지면에 작성한 초고들로 구성되어 있다. 따라서 수고를 나머지와 분리하고 맥락과 분리시켜 추론하는 것은 해석의 오류를 초래할지도 모른다.

이 기록들은 마르크스의 두뇌에서 어떻게 무르익었는지에 관한 역사적 재구성과 함께 총체로 간주되어야만, 고도로 집중적이었던 파리에서의 연구 시기 동안에 그의 사상의 여정과 복합성을 진정으로 보여줄 수 있다(Rojahn, 2002: 45).

4. 철학 비판과 정치학 비판

마지막으로, 마르크스의 사상이 발전한 환경과 그의 사상이 이론적·실천적 수준에서 행사한 영향력에 대해 간단히 검토해보겠다. 당시는 거대한 경제적·사회적 변화의 시기였고, 특히 프롤레타리아트의 숫자가 엄청나게 증가한 시기였다. 프롤레타리아트의 발견과 함께 마르크스는 헤겔주의 시민사회 개념을 계급 개념으로 분해할 수 있었다. 또한 마르크스는 프롤레타리아트의 빈곤이 노동 조건에서 유래하기 때문에, 프롤레타리아트가 "빈민"과는 다른 새로운 계급이라는 인식을 획득했다. 과제는 부르주아 사회의 주요 모순 중 하나―"노동자는 더욱 빈곤해질수록 더 많은 부를 생산하고, 생산력과 생산 규모가 더욱 증대한다"(Marx, 1975d: 271~272)―를 증명하는 것이었다.

1844년 6월 슐레지엔 직공의 반란은 마르크스의 사상을 발전시킬 최신의 기회였다. ≪전진!≫에 실린 「프러시아 왕과 사회 개혁. 한 프러시아인에 의한'이라는 논문에 대한 난외의 비판적 논평」에서, 마르크스는 루게와 슐레지엔 직공의 반란이 정치적 정신이 결여된 것으로 보았던 루게의 이전 논문에 관한 비판을 통해 국가를 일반 이익의 유일한 대표자로 만들고 시민사회의 어떠한 운동도 부분적 이익의 사적 영역으로 격하시키는 헤겔의 이해로부터 멀리 벗어났다(Lö-wy, 2003: 29~30). 반대로, 마르크스는 "사회 혁명에는 **전체**의 관점이 반영된다는 것을 발견하고"(Marx, 1975c: 205) 중대하고 명시적인 혁명적 성격을 띤 슐레지엔 사건에 고무받아 사회악의 뿌리를 "국가의 본질적 성격에서 찾지 않고 국가의 특정 형태에서 찾는"(Marx, 1975c: 197) 사람들의 중대한 오류를 강조했다.

더 일반적으로, 사회 개혁(당시 사회주의 원리의 목표), 임금 평등 및 자본주의체제 내에서의 노동의 재조직을 옹호하는 이들은 여전히 그들이 싸우려는 전제들의 포로이거나(프루동), 무엇보다 사적 소유와 소외된 노동 사이의 진정한 관계를 이해하지 못한다고 마르크스는 보았다. 왜냐하면 "비록 사적 소유가 외화된 노동entäusserten Arbeit의 이유, 원인으로 보일지라도, 그것은 오히려 외화된 노동의 결과이며" "사적 소유는 소외된 노동의 산물, 결과이며 필연적 귀결"(Marx, 1975d: 279)이기 때문이다. 마르크스는 사회주의자들의 이론과 반대로 경제체제의 근본적 변혁—자본이야말로 '그 자체'로 변혁되어야 하는 것이라는 기획—을 제안했다(Marx, 1975d: 294).

마르크스는 사회주의 원리가 자신의 사상에 더 밀접해지는 것을 느낄수록 그 원리를 명확히 해야 할 필요성을 더욱 강렬히 느꼈고, 그 원리에 대해 더욱 날카롭게 비판했다. 자신의 구상의 심화는 마르크스에게 주변의 견해와 그가 진행 중인 연구 결과를 끊임없이 비교하게 만들었다. 그가 빨리 성숙하게 될수록 이 비교는 필수적이었다. 동일한 운명이 헤겔 좌파를 기다리고 있었다. 헤겔 좌파에 대한 비판은 마르크스의 과거에 대한 자기비판이기도 했기 때문에 그 주요 옹호자들에 대한 마르크스의 평가는 그만큼 매우 엄중했다. 바우어가 편집하는 월간지 ≪일반문학신문Allgemeine Literatur-Zeitung≫은 지면에서 독단적으로 다음과 같이 선언했다. "비판은 자신이 사회의 고통과 쾌락에 연루되는 것을 삼간다.

······ 비판은 당당히 외롭게 해부한다"(Bauer, 1844: 32). 대조적으로 마르크스는 "비판은 열정 없는 두뇌가 아니며 ······ 비판은 수술용 칼이 아니라 무기이다. 비판의 대상은 적이며 비판이 원하는 것은 논박하는 것이 아니라 절멸시키는 것이다. ······ 비판은 더 이상 목적 자체가 아니라 오직 수단으로 나타난다"(Marx, 1975a: 177). 마르크스는 소외estrangement를 인식하는 것은 이미 그것을 극복하는 것이라는 추상적 확신으로부터 시작하는 "비판적 비판critical criticism"8이라는 유아론에 반대하면서 "물질적 힘은 반드시 물질적 힘에 의해 전복되어야 하며" 사회적 존재는 오직 인간의 실천에 의해 변화될 수 있다는 것을 명확히 깨달았다. 인간이 소외된 조건을 발견하고 의식하게 되는 것은 동시에 소외를 실질적으로 제거하기 위해 일해야 한다는 것을 의미했다. 아무것도 낳지 않는 개념들의 전투일 뿐인 사변적 고립에 갇힌 철학과 "육박전에서의 비판"(Marx, 1975a: 178, 182)인 철학에 대한 비판 간에는 심대한 차이가 있었다. 이 차이는 자유로운 자기의식에 대한 요구를 자유로운 노동에 대한 요구로부터 분리시키는 심연이었다.

5. 철학에서 혁명적 실천으로

마르크스의 사상은 파리에 체류하는 시기 동안 결정적으로 진화했다. 그는 이제 세계를 변혁하는 것은 "철학은 이 문제를 단지 이론적인 문제로 생각하기 때문에 풀 수 없는"(Marx, 1975d: 302) 실천적 문제라는 것을 확신했다. 마르크스는 이런 인식에 도달하지 않은 철학과는 영원한 작별을 고했으며 그런 철학을 실천 철학으로 필연적으로 전환시켰다. 이제부터 마르크스의 분석은 소외된 노

---

8 마르크스는 『신성 가족』에서 이 별칭(욕)을 사용해 ≪일반문학신문≫에서 일하는 브루노와 다른 청년 헤겔주의자들을 지칭하고 조롱했다.

동이라는 범주가 아니라 노동자들의 비참한 존재라는 현실을 출발점으로 삼았다. 그의 결론은 사변이 아니라 혁명적 행동으로 향했다(Mandel, 1971: 210).

마르크스의 정치에 대한 이해 자체가 심오하게 변했다. 당시 마르크스는 사회주의나 공산주의의 편협한 원리 중 어느 것도 채택하지 않은 채 매우 거리를 두었던 반면, 경제적 관계가 사회의 구조를 직조한다는 것과 "종교, 가족, 국가, 법, 도덕, 과학, 예술 등이 오직 생산의 특수한 양식이고, 생산의 일반 법칙의 지배를 받는다는 것"(Marx, 1975d: 302)에 대해 완전히 이해하게 되었다. 국가는 헤겔의 정치철학에서의 최고 지위를 잃고 사회에 흡수되었으며 규정하기보다 인간들 간의 관계에 의해 규정되는 영역으로 상정되었다. 마르크스에 따르면 "오직 정치적 미신만이 오늘날 여전히 시민 생활이 국가에 의해 유지되어야 한다고 상상하지만, 현실에서는 정반대로 국가가 시민 생활에 의해 유지되고 있다"(Marx and Engels, 1975: 121).

마르크스의 개념체계는 또한 혁명의 주체와 관련해서도 근본적으로 변화했다. 그는 애초의 "고통받는 인간성"(Marx, 1982: 479)에 대한 언급으로부터 프롤레타리아트에 대한 분명한 인식으로 이동했다. 처음에는 프롤레타리아를 변증법적 반테제—이론의 "수동적 요소"(Marx, 1975a: 183)—에 근거한 추상적 개념으로서 생각했다가 이후에는 최초로 사회경제적 분석을 한 뒤에 자본주의 사회질서에서 혁명적 잠재력을 부여받은 유일한 계급, 자기해방의 능동적 요소로서 생각했다.

그래서 포이어바흐적인, 인간 공통 본질의 실현에 대한 장애물로 생각된 국가의 정치적 매개와 화폐의 경제적 매개에 대한 다소 모호한 비판은, 물질적 생산이 현재에 대한 어떠한 분석과 변혁을 위해서도 토대로 나타나기 시작하는, 역사적 관계에 대한 비판으로 바뀌었다. "인간의 예속menschliche Knechtschaft 전체는 노동자의 생산에 대한 관계에 연관되며 모든 예속 관계는 단지 이 관계의 수정과 결과일 뿐이다"(Marx, 1975d: 280). 마르크스가 제안하는 것은 더 이상 해방에 관한 일반적 요구가 아니라 실제 생산과정의 근본적 변혁이었다.

이런 결론에 도달하자 마르크스는 다른 다양한 연구들을 계획하기 시작했다. 『신성 가족』이후에 그는 정치경제학에 대한 연구와 발췌를 계속했고 슈티르너 Max Stirner에 대한 비판의 개요를 서술했으며 국가에 대한 연구 개요를 제시했고 헤겔에 관한 일련의 주석을 작성했으며 조만간 완성하게 될 독일 경제학자 리스트Friedrich List에 대한 비판의 초고를 준비했다. 그는 멈출 수 없었다. 엥겔스가 "하늘만 아는, 지금이 진정한 적절한 시기!"이기 때문에 마르크스에게 그의 자료를 출판할 것을 요청했다.9 그래서 마르크스가 파리에서 추방당하기 전에10, 레스케Leske 출판사와 '정치학과 정치경제학 비판'이라는 제목으로 책 두 권을 출판하기로 계약했다. 그러나 1859년 마르크스 연구의 첫 부분 『정치경제학 비판을 위하여』가 빛을 보기까지는 15년을 기다려야 했다.

[1844년 경제학·철학 수고와 발췌 노트들은 이 기획의 첫 번째 단계에서 마르크스가 취했던 방향을 전달한다. 그의 저술은 선행자들과 동시대인들에게서 도출한 이론적 요소들로 충만하다. 이 시기의 개요나 연구 어느 것도 단일한 학문 분야로 분류할 수 없다. 순수하게 철학적이거나 본질적으로 경제학적이거나 유일하게 정치학적인 텍스트는 없다. 여기서 나타나는 것은 동질적 전체인 새로운 체계가 아니라 비판적 이론이다.

1844년의 마르크스는 파리 프롤레타리아의 경험에 프랑스 혁명 연구를, 스미스에 대한 독서에 프루동의 통찰을, 슐레지엔 직공들의 반란에 헤겔 국가 개념에 대한 비판을, 뷔레의 빈곤에 대한 분석에 공산주의를 결합하는 능력을 지

---

9   Friedrich Engels to Karl Marx, beginning of October 1844, MECW, 38, p.6. "비록 그 속에 당신이 여전히 만족하지 못하는 내용이 많다 하더라도, 그것은 진정한 문제가 아니다. 당신의 정치경제학 책을 완성하도록 노력하라. 생각은 성숙했으며 쇠는 달궈졌을 때 쳐야 한다." Cf. Friedrich Engels to Karl Marx, January 20, 1845, MECW, 38, p.17.
10 프랑스 당국은 프러시아 정부의 압력에 따라 ≪전진!≫ 주위의 다양한 사람들에게 추방령을 내렸다. 마르크스는 1845년 2월 1일에 파리를 떠나야 했다.

넜었다. 이런 상이한 분야의 지식과 경험들을 모으고 엮어서 혁명적 이론을 탄생시키는 방법을 알았던 이가 바로 마르크스이다.

파리 체류 동안 발전하기 시작했던 마르크스의 사상, 특히 경제학 비판들은 갑작스러운 폭발의 결실이 아니라 과정의 결과였다. 너무나 오랫동안 지배적이었던 마르크스-레닌주의 성자 언행록은 마르크스의 사상에 불가능한 직접성과 도구적인 최종 목표를 부여했고 이에 따라 그의 지식을 향한 행로에 왜곡되고 매우 빈약한 설명을 제시했다. 그 대신 우리의 목표는 마르크스 작업의 기원, 지적 채무 그리고 이론적 성취를 재구성하는 것이며, 현재의 어떤 비판적 이론에도 여전히 적용 가능한 그의 연구의 복합성과 풍부함을 조명하는 것이어야 한다.

6. 파리 시기 마르크스의 발췌 노트와 수고의 연대표

이 연표는 마르크스가 1843년부터 1845년까지 파리에 체류하는 동안 작성한 모든 연구 노트를 포함한다. 노트들의 정확한 작성 날짜는 종종 불명확하기 때문에, 많은 경우 추정되는 시간의 범위를 밝힐 필요가 있으며, 그 시간 범위에서 시작점을 기준으로 연대 순서를 결정한다. 더구나 마르크스는 노트들을 시간 순서대로 작성한 것이 아니라 때때로 서로 간에 교차해 작성했다(e.g., B19 and B24). 이 때문에 노트들의 상이한 부분들에 근거해 자료를 배열하는 것이 선호되어왔다. 이른바 [1844년 경제학·철학 수고]를 담은 노트들(A7, A8 and A9)은 마르크스를 저자로 직접 표시했으며 괄호 속에 포함된 장 제목은 그가 선정한 것이 아니라 나중의 편집자가 덧붙인 것이다. 마지막으로 네 번째 열(노트의 특징)이 마르크스에 의해 인용된 저자의 저작 제목을 특정하지 않을 때, 이 경우 항상 두 번째 열(노트의 내용)에서 이미 언급된 것과 같다. 'RGASPI f1, op.1, d.124'라는 제목으로 모스크바의 러시아 사회정치사 국립문서보관소Rossiiskii gosudarstvennyi

작성 시기	노트의 내용	장서 코드	노트의 특징
1843년 후반부터 1844년 초반까지	레바(R. Levasseur), 『논문집』	MH	발췌문들이 2열로 나누어진 지면에서 작성
	세이, 『정치경제학 개요』	B19	2열로 된 지면의 발췌의 대형 노트 왼쪽 열: 『정치경제학개요』, 오른쪽 열: 스카벡과 세이의 『정치경제학 실천의 완벽한 코스』(B24 작성 후 초안 만듦)
	쉬츠, 『국민경제학 원리』		2열로 된 대형 노트
	리스트, 『정치경제학의 국민적 체계』		
	오시안더, 『무역, 산업, 농업에 관한 대중의 이해관계와 실망』	B24	
	오시안더, 『인민의 교역에 관하여』		
1844년 봄	스카벡, 『사회적 부에 관한 이론』		
	세이, 『정치경제학 실천의 완벽한 코스』	B19	
1844년 5월부터 6월까지	스미스, 『국부론』	B20	소형 노트, 정상적 페이지 매김
1844년 5월 말부터 6월까지	마르크스, [임금], [자본의 이윤], [지대], [소외된 노동과 사적 소유]	A7	대형 노트, 3열과 2열 지면 자료는 세이, 스미스, 슐츠의 『생산의 운동』, 피케르의 『사회적 경제와 정치에 관한 새 이론』, 루동과 뷜렛의 『인구와 재산문제에 관한 해법』에서의 인용들로 구성
1844년 6월부터 7월까지	맥클로흐, 『정치경제학의 기원, 진보, 특수 목적에 관한 논문』	B21	2열의 소형 노트 11쪽은 예외, 엥겔스의 논문에 관한 설명서가 포함
	프레보, 『리카도 체계에 관한 번역과 성찰』		
	엥겔스, 『국민경제학 비판에 관한 개요』		
	데스튀트 드 트라시, 『이데올로기의 기본적 부분』		
1844년 7월 말	마르크스, [사적 소유의 관계]	A8	2열의 대형 용지에 써짐
1844년 7월부터 8월까지	헤겔, 『정신현상학』	A9 (헤겔)	지면이 나중에 A9와 합쳐짐

			대형 노트, 바우어의 『폭로된 기독교』로부터 인용, 스미스, 데스뛰트 드 트라시, 스카벡, 밀, 괴테의 『파우스트』, 셰익스피어의 『아테네의 티몬』에서 인용들과 바우어의 ≪일반문학신문≫의 다양한 칼럼으로부터의 인용. 또한 간접적 참조가 있음. 엥겔스, 세이, 리카도, 케네, 프루동, 빌레가델(Villegardelle), 오언, 헤스, 로드데일, 맬서스, 슈발리에, 스트라우스(Strauss), 포이에르바흐, 헤겔, 바이틀링
1844년 8월	마르크스, [사적 소유와 노동], [사적 소유와 공산주의], [헤겔 변증법과 철학 비판], [사적 소유와 필요], [부록], [노동의 분업], [서문], [화폐]		
1844년 9월	리카도, 『정치경제학과 과세의 원리』	B23	대형 노트, 2열 또는 드물게 3열. 첫 2쪽은 제노폰테(Senofonte)로부터의 발췌, 열이 나눠지지 않음
1844년 9월	밀, 『정치경제학 요강』		
1844년 여름에서 1845년 1월까지	뷔레, 『노동계급의 비참에 관하여』	B25	소형 노트, 정상적 페이지 번호 매김
1844년 9월 중순에서 1845년 1월까지	부아기유베르, 『프랑스의 세부 사항』	B26	대형 노트, 부아기유베르로부터 발췌. 정상적 페이지 번호 매김. 2열인 몇 개의 페이지들은 예외
	부아기유베르, 『부, 화폐, 공물의 속성에 관한 논문』		
	부아기유베르, 『곡물의 자연, 문화, 교역, 이자에 관한 논의』		
	로, 『화폐, 무역에 관한 논의』		
	로더데일, 『공공의 부의 성격과 원천에 관한 논의』	B22	2열의 대형 노트

arkhiv sotsial'nopoliticheskoiistorii: RGASPI에 보관되어 있는 MH의 예외를 제외하면 이 시기의 모든 노트는 세 번째 열(장서 코드)이 가리키는 제목 아래 암스테르담에 있는 국제사회연구소Internationaal Instituut voor Sociale Geschiedenis: IISG에 보관되어 있다.

3
1845년부터 [그룬트리세]까지의 정치경제학 연구

1. 정치경제학 연구의 지속

마르크스는 1845년 2월 브뤼셀로 이주하면서 그곳에서 "현재 정치에 관해서
는 아무것도 출판하지 않는"[1] 조건으로 거주를 허락받았고 부인 예니와 1844년
파리에서 태어난 첫딸과 함께 1848년 3월까지 머물렀다(MECW 4, p.677). 마르
크스는 이 3년 동안, 특히 1845년에, 정치경제학 연구에 분발하여 성과를 냈다.
1845년 3월 마르크스는 독일 경제학자 리스트의 『정치경제학의 국민적 체계』
(MECW 4, pp.256~293)에 대한 비판—결국 완성하지 못했지만—을 작업했다. 더욱
이 2월에서 7월 사이에 시스몽디Jean Charles Léonard de Sismondi의 『정치경제학 연구』,
스토흐Henri Storch의 『정치경제학 강좌』, 로시Pellegrino Rossi의 『정치경제학 강좌』
를 특별히 주목하며 주로 정치경제학의 기본 개념에 관련된 이른바 [브뤼셀 노
트], 여섯 권의 발췌 노트를 가득 채웠다. 동시에 마르크스는 기계와 대공업 관

---

1   "벨기에에서 마르크스가 당시 정치에 관해 아무것도 출판하지 않는 조건의 수용", MECW 4, p.677.

런 문제를 탐구해 배비지Charles Babbage의 『기계제 경제와 제조업자들』에서 여러 지면을 꼼꼼히 발췌했다.[2] 또한 엥겔스와 함께 "최고의 외국 사회주의 저자들의 문헌"의 독일어 번역을 추진할 계획도 세웠다(MECW 4, p.677). 그러나 시간이 부족할뿐더러 출판 자금을 확보하기가 어려워서 두 사람은 계획을 접고 대신 자신들의 작업에 집중했다.

그 해 7월과 8월 동안 맨체스터에서 방대한 영어 경제학 문헌들을 검토하며 보낸 마르크스에게 이 작업은 염두에 두었던 책을 내는 데 필수적이었다. 마르크스가 작성한 [맨체스터 노트], 또 다른 아홉 권의 발췌 노트에서 가장 특징적인 것은 정치경제학의 소책자들과 경제사에 관한 책들로서, 쿠퍼Thomas Cooper의 『정치경제학의 요강에 관한 강의』, 투크Thomas Tooke의 『가격과 유통의 상태에 관한 역사』, 매컬럭John Ramsay McCulloch의 『정치경제학 문헌』, 존 스튜어트 밀John Stuart Mill의 『정치경제학의 몇 가지 미해결 문제에 관한 논문』 같은 것이었다.[3] 마르크스는 또한 사회적 문제에 커다란 관심을 품고 주요한 영어 사회주의 문헌들, 특히 브레이John Francis Bray의 『노동의 잘못들과 노동의 구제책』, 오언Robert Owen의 『인간 성격 형성에 관한 논문』과 『새로운 도덕적 세계에 관한 책』에서 발췌를 작성했다.[4] 비슷한 주장들이 1845년 6월에 출판된 엥겔스의 첫 번째 저작 『영국 노동계급의 상태』에 실려 있다.

마르크스는 벨기에의 수도에서 경제학 연구 외에 정치적 환경을 고려해 필요하다고 생각한 다른 계획을 진행했다. 1845년 11월에 마르크스는 엥겔스, 바이

---

2 이 모든 발췌 노트들은 『카를 마르크스 발췌와 주석 1844년 여름에서 1847년 초까지』에서 찾을 수 있다.

3 이 발췌 노트들은 『카를 마르크스 발췌와 주석 1845년 7월과 8월』 MEGA² IV/4에 있고, 또한 첫 번째 [맨체스터 노트]도 포함하고 있다. 이 시기부터 마르크스는 영어를 직접 읽기 시작했다.

4 아직 발간되지 않은 발췌 노트들—[맨체스터 노트]의 6~15장—은 『카를 마르크스 발췌와 주석 1845년 8월에서 1850년 12월까지』 MEGA² IV/5로 출판될 예정이다.

데마이어^{Joseph Weydemeyer}, 헤스와 함께 "그 대표자 포이어바흐, 바우어, 슈티르너가 설명한 근대 독일 철학과 그 다양한 선지자들이 설명한 독일 사회주의"에 대한 비판을 작성할 생각을 했다(MECW 6, p.72). 그 결과 사후 [독일 이데올로기]라는 제목으로 출판된 이 수고에는 두 가지 목적ㅡ독일 신혜겔주의의 최근 형태와 싸우는 것(슈티르너의 『유일자와 그의 소유』가 1844년 10월에 출판되었다)과 그 뒤 마르크스가 출판업자 레스케에게 쓴 편지에서 나타나듯이 "독일의 과거와 현재의 학문과는 정반대인 나의 경제학에서 채택한 견해를 대중에게 선보이기 위한 것"(MECW 6, p.72)ㅡ이 있었다. 마르크스가 1846년 6월까지 작업했던 이 텍스트는 결국 완성되지 못했지만 40년 뒤에 엥겔스가 더 많은 대중을 위한 "역사에 대한 유물론적 이해"(MECW 26, p.519)라고 정의할 것을, 아직 명확한 형태는 아니지만 이전보다 더 정교히 할 수 있었다.

1846년의 '경제학'의 진전을 추적하기 위해서는 마르크스가 레스케에게 보낸 편지를 재확인할 필요가 있다. 8월에 마르크스는 이 출판업자에게 다음과 같이 알렸다. "제1권에 대한 거의 완성된 수고"가 "매우 오랫동안" 이용 가능했지만 "한 번 더 내용과 문체 양쪽과 관련해 수정하지 않고는 출판하지" 않겠다. "6개월 동안 계속 작업해온 저자로서 6개월 전에 작성했던 원고를 **정확히 글자 그대로** 출판할 수는 없다는 것은 말할 필요도 없다." 그럼에도 마르크스는 가까운 장래에 이 책을 마무리하기로 약속했다. "출판을 위한 제1권의 최종 판본을 11월 말까지 준비하겠다. 더 역사학적인 성격의 제2권이 곧 뒤따를 수 있을 것이다."[5] 그러나 이 편지는, 마르크스의 수고 중 아무것도 "거의 완성된" 것으로 정의할 수 없었기 때문에, 실제 작업 상황과 일치하지 않았다. 이 출판업자는 1847년 초에도 여전히 한 편의 원고도 받지 못했기 때문에 계약을 파기하기로 결정했다.

이렇게 지연이 계속된 것은 결코 마르크스 입장에서 열정이 없었던 탓이라고

---

5   Karl Marx to Carl Wilhelm Julius Leske, 1 August 1846, MECW 38, p.50.

할 수 없다. 지난 몇 해 동안 마르크스는 결코 정치적 활동을 포기하지 않았고 1846년 봄에는 '공산주의 통신위원회'의 작업을 진척시켰다. 이 위원회의 임무는 유럽의 다양한 노동 연맹들 간의 동맹을 조직하는 것이었다. 그럼에도 마르크스는 자주 그를 방문한 사람들의 증언으로 알 수 있듯이 이론 작업을 항상 최우선시했다. 예를 들면, 독일 시인 베르트^{Georg Weerth}는 1846년 11월, 편지에 다음과 같이 적었다.

> 마르크스는 어떤 의미에서 공산주의당의 지도자로 간주된다. 그렇지만 공산주의자나 사회주의자임을 자칭하는 수많은 이들은 이 사람이 실제 얼마나 많이 연구하는지 안다면 깜짝 놀랄 것이다. 마르크스는 미국, 프랑스, 독일 등의 특유의 체제를 모호하게 이해하는 노동자들의 생각을 계몽하기 위해 주야로 연구한다. …… 그는 정치경제학의 역사를 미친 사람처럼 연구한다. 이 사람은 여러 해 동안 밤에 4시간 이상을 자지 않았다.[6]

마르크스 자신의 노트와 출판된 저술들이 그의 근면함을 더 확실히 증명한다. 그는 1846년 가을부터 1847년 9월까지 당시 독일의 주요 경제학자 중 1명이었던 귈리히^{Gustav von Gülich}의 저서 『당대 중요 상업국가 들의 무역, 상업 그리고 농업의 역사적 배경』에서 주로 경제사에 관한 세 권의 두꺼운 발췌 노트를 작성했다.[7] 마르크스는 1846년 12월에 프루동의 『경제의 모순적 체계 또는 빈곤의 철학』을 읽고 나서 "매우 빈약하다는 것"[8]을 발견하고 비판을 작성할 결심을 했다.

---

6   Georg Weerth to Wilhelm Weerth, 18 November 1846, in Enzensberger *Gespräche mit Marx und Engels*, pp.68f.

7   이 발췌들은 『카를 마르크스 발췌와 주석 1845년 9월에서 1847년 12월까지』 MEGA² IV/6 (1983)를 구성한다.

8   "Letter from Marx to Pavel Vasilyevich Annenkov", 28 December 1846, MECW 38, p.95.

마르크스는 독일어를 읽을 수 없었던 그의 적이 이해할 수 있게 프랑스어로 직접 작성했다. 이 텍스트는 1847년 4월에 완성되었으며 7월에 『철학의 빈곤: 프루동 씨의 빈곤의 철학에 대한 답변』으로 출판되었다. 이것은 가치 이론, 사회 현실 이해를 위한 적절한 방법론적 접근 그리고 생산양식의 역사적으로 일시적인 성격에 관한 마르크스의 견해들을 설명하는, 정치경제학에 대한 최초의 출판물이었다.

따라서 계획된 책─정치경제학 비판─의 완성에 실패한 것은 마르크스가 전심전력하지 않았기 때문이라기보다 맡았던 과제가 어려웠기 때문이다. 비판적 검토를 위한 주제는 너무 방대했으므로 특유의 진지함과 비판 의식으로 수행하려면 더 많은 기간이 필요했다. 1840년대 후반에는 잘 몰랐을지라도, 마르크스는 아직 분투의 출발점에 있는 데 지나지 않았다.

2. 1848년과 혁명의 발발

1847년 하반기에 사회적 소요가 증대되자, 마르크스는 정치적 개입에 더 몰두하게 되었다. 6월에 국제 지부들을 지닌 독일 노동자와 장인들의 결사인 **공산주의동맹**이 영국에서 창립되었다. 8월에는 마르크스와 엥겔스가 브뤼셀에서 **독일노동자협회**를 설립했다. 11월에 마르크스는 혁명가 진영뿐 아니라 더 온건한 민주 인사들까지 결집한 **브뤼셀민주연맹**의 부의장이 되었다. 이 해 말 공산주의동맹은 마르크스와 엥겔스에게 정치 강령을 작성할 임무를 맡겼고, 얼마 지나지 않은 1848년 2월에 『공산당선언』이 출판되었다. 그것의 모두 문언opening words─"유령이 유럽을 떠돌고 있다. 공산주의라는 유령이"─은 전 세계적으로 유명해질 운명이었다. "지금까지 존재한 모든 역사는 계급투쟁의 역사다"라는 핵심 테제의 하나도 마찬가지였다(MECW 6, pp.481~482).

『공산당선언』의 출판은 더 이상 그럴 수 없을 정도로 시기적절했다. 출판 직후에 유례없는 범위와 강도로 발생한 혁명 운동이 유럽 대륙의 정치적·사회적 질서를 위기에 빠뜨렸다. 집권 정부들은 봉기를 진압하기 위해 가능한 한 모든 대응 조치를 취했으며 1848년 3월에 마르크스는 벨기에에서 공화국이 선포되었던 프랑스로 추방당했다. 마르크스는 자연스레 정치경제학 연구를 제쳐두고 혁명을 뒷받침하는 언론 활동을 맡아 바람직한 정치적 진로를 계획하는 것을 도왔다. 4월에 마르크스는 독일에서 경제적으로 가장 발달하고 정치적으로 가장 자유로운 지역인 라인란트로 이주했으며 6월에는 쾰른에서 창립되어 있던 《신라인신문: 민주주의의 기관Neue Rheinische Zeitung: Organ der Demokratie》을 편집하기 시작했다. 1849년 4월 마르크스는 자신의 칼럼이 대부분 정치적 사건에 관한 연대기였을지라도 "노동자의 노예제뿐 아니라 부르주아지와 그 계급 지배의 존재가 근거하는 관계 자체를 더욱 면밀히 다룰"(MECW 9, p. 198) 때가 왔다고 생각했기 때문에 정치경제학 비판에 관한 일련의 논설들을 실었다. 마르크스는 1847년 12월에 브뤼셀의 **독일노동자협회**에서 행했던 강연에 기초해 『임금노동과 자본』이라는 제목하에 5개 논문을 작성했다. 그는 과거보다 더 광범위하게, 또 가능한 한 노동자가 이해하기 쉬운 언어로, 어떻게 임금노동이 자본에게 착취당하는지에 대한 자신의 이해를 제시했다.

그렇지만 1848년에 유럽 전역에서 발생했던 혁명 운동은 단기간 내에 패배로 끝났다. 권위주의적 보수파가 승리한 원인은 경제의 회복, 조직적 구조가 거의 없었던 일부 국가들의 노동자계급의 취약함 그리고 과도한 급진주의로의 요동을 막기 위해 귀족에게 접근한 중간계급의 개혁에 대한 지지 철회 등이다. 이 모든 것이 반동적 정치 세력이 정권을 완전히 재장악하게 허용했다.

마르크스는 한동안의 열정적 정치 활동 이후 1848년 5월에 프러시아에서도 추방령을 받고 다시 프랑스로 향했다. 그러나 파리의 혁명이 패배했을 때 당국은 마르크스에게 모르비앙Morbihan으로, 다음에는 적막한, 말라리아에 감염된 지역인 브리타니Brittany로 옮길 것을 명령했다. 마르크스가 이런 "베일로 가려진 생명에 대한 위협"에 직면해 프랑스를 떠나 런던으로 향한 것은 그곳을 "독일어 신문을 출범시킬 수 있는 긍정적 전망"이 있는 곳이라고 여겼기 때문이다.[9] 마르크스는 영국에서 망명자이자 무국적자로 나머지 인생을 보내게 되었지만, 유럽의 반동은 정치경제학 비판을 작성하는 데 더할 나위 없이 좋은 장소에다 그를 가둔 셈이었다. 당시 런던은 "부르주아 우주의 조물주"(MECW 10, p. 134)로서 세계 최고의 경제·금융 중심지였으며, 따라서 가장 최신의 경제 발전을 관찰하고 자본주의사회 연구를 재개할 최적의 장소였다.

3. 런던에서 위기를 기다리며

마르크스는 1849년 여름 31세의 나이로 영국에 도착했다. 이 수도에서 마르크스의 삶은 평온과는 거리가 한참 멀었다. 마르크스 가족은 1845년에 라우라, 1847년에 에드가, 1849년 도착한 직후에 구이도가 태어나 총 6명(마르크스와 그의 부인과 세 자녀 외에 1844년에 태어난 첫딸 예니까지 포함해 6명 ― 옮긴이)에 달했으며 런던에서 가장 빈곤하고 황폐한 지역 중의 하나인 소호Soho에서 오랫동안 지독한 가난 속에 살아야 했다. 마르크스는 가족 문제에 더해 그가 공산주의동맹을 통해 후원했던 독일인 망명자를 위한 구제위원회에도 연루되었다. 공산주의동맹의 임무는 런던의 많은 정치적 난민을 지원하는 것이었다.

이런 역경에도 마르크스는 새로운 언론 사업을 출범시키는 과제를 그럭저럭 성취할 수 있었다. 1850년 3월에는 '모든 정치적 운동의 토대를 이루는 경제적 조건에 관한 포괄적이고 과학적 탐구'를 위해 계획된 월간지 《신라인신문: 정

9　Karl Marx to Friedrich Engels, 23 August 1849, MECW 38, p. 213.

치경제학 평론Neue Rheinische Zeitung. Politisch-ökonomische Revue≫을 출범시켰다. 마르크스는 "지금같이 외관상 고요한 시기는 막 경험한 혁명적 시기, 갈등하는 당파들의 성격, 이 당파들의 존재와 투쟁을 규정짓는 사회적 조건을 해명하는 데 정확히 투여되어야 한다"고 믿었다(MECW 10, p.5).

마르크스는 당시 상황이 최근의 혁명과 곧 다가올 혁명 사이의 짧은 막간기일 것이라고 그릇되게 믿었다. 1849년 12월 그는 친구인 바이데마이어에게 편지를 썼다. "나는 [신라인신문의] 월별 발행이 두세 번 될 때까지 세계적 대화재가 끼어들어 시간적으로 정치경제학을 완성할 기회가 사라질 것을 의심하지 않는다." "거대한 산업, 농업, 상업위기"가 틀림없이 임박했다.[10] 마르크스는 새로운 혁명 운동이 부상하는 게 당연하다고 간주했다. 비록 산업적이고 상업적인 번영이 프롤레타리아 대중의 결의를 약화시켰기 때문에 오직 위기의 발발 이후일지라도. 그 뒤에 ≪신라인신문≫에 연속 논문으로 게재된 『프랑스에서의 계급투쟁』에서 그는 "실제 혁명은 …… 오직 현대적 생산력과 생산의 부르주아 형태가 서로 충돌할 …… 때만 가능하다 …… 새로운 혁명은 오직 새로운 위기의 결과로서만 가능하다. 그렇지만 혁명은 이 위기만큼 확실하다"(MECW 10, p.135)고 주장했다. 마르크스는 경제적 번영이 확산될 때도 그의 견해를 바꾸지 않았으며 ≪신라인신문≫ 제1호(1~2월)에서 동인도 시장은 "이미 거의 포화 상태"이고 북·남미와 오스트레일리아도 또한 곧 그렇게 될 것이므로 호황이 그리 오래가지는 않을 것이라고 썼다. 따라서, 다음이 발생할 것이다.

이 과잉공급에 관한 최초 소식과 함께 아마도 봄이 끝날 무렵이나 늦어도 7월이나 8월에 '공황'[11]이 투기와 생산 분야에서 동시적으로 발발할 것이다.

---

10   Karl Marx to Joseph Weydemeyer, 19 December 1849, MECW 38, p.220.
11   이 책에서 공황은 'panic'의, 위기는 'crisis'의 번역어이다. ― 옮긴이 주

그렇지만 이번 위기는 유럽 대륙에서의 거대한 충돌과 같이 발생할 것이므로 이전의 모든 위기와는 매우 다른 결과를 낳게 될 것이다. 지금까지의 모든 위기가 토지 소유와 금융 부르주아지에 대한 산업 부르주아지의 승리, 즉 새로운 진보를 위한 신호였다면, 이번 위기는 현대 영국 혁명의 출발을 기록하게 될 것이다(MECW 10, pp. 264f.).

1850년 3~4월호인 다음 호에서도 마르크스는 긍정적 경제 국면이 단지 일시적 개선을 표현할 뿐인 반면, 과잉생산과 국가철도 부문에서의 과도한 투기는 그 효과가 다음과 같은 위기를 초래할 것이라고 했다.

지금까지의 어떤 위기의 결과보다 더 중대[할 것이다]. 이번 위기는 농업위기를 동반할 것이다. …… 영국의 이런 이중의 위기는 대륙에서 동시에 진행되는 임박한 격변에 의해 촉진되고 확산되며 더욱 격앙될 것이며, 대륙의 혁명들은 영국 위기의 세계 시장에 대한 반향을 통해 비할 데 없이 더욱더 뚜렷이 사회주의적 성격을 띠게 될 것이다(MECW 10, p. 340).

그 당시의 마르크스의 예상 시나리오는, 노동자운동의 발생 원인에 대해 아주 낙관적인 것이었고 유럽과 북미 양쪽 시장에서 발생하는 것이었다. 마르크스의 견해로는 "북미가 과잉생산에 의해 초래된 침체에 들어감에 따라 우리는 위기가 지금까지보다 더 빨리 바로 다음 달에 발전할 것을 기대할 수 있다." 따라서 마르크스는 열정적인 결론을 냈다. "상업위기와 혁명의 동시 발생은 …… 점점 더 확실해지고 있다. **완성될 운명!**"(MECW 10, p. 341).

여름 동안 마르크스는 1848년 이전에 시작된 경제 분석을 심화했으며 자금 부족과 프러시아 경찰의 박해로 폐간해 마지막 호가 된 1850년 5~10월호에서 "1848년 혁명이 상업위기에 기여한 것보다 상업위기가 그 혁명에 훨씬 더 많이 기여했다"는 중요한 결론에 도달했다(MECW 10, p.497). 이 새로운 연구를 통해 경제위기는 이제부터 계속해서 경제적으로뿐 아니라 사회적·정치적으로 그의 사상에서 근본이 될 것이었다. 더욱이 만연한 투기와 과잉생산 과정을 분석하면서 "1848년에 시작된 산업발전의 새로운 순환이 1843~1847년과 같은 진로를 따른다면, 위기는 1852년에 발생할 것"이라고 과감히 예측했다. 마르크스는 다음과 같이 강조했다. 미래의 위기는 농촌에서도 발생할 것이며, "최초로 산업위기와 상업위기가 농업위기와 같이 발생할 것이[었다]"(MECW 10, p.503).

마르크스의 이런 1년 이상 동안의 예측은 틀린 것으로 드러났다. 그렇지만 그가 혁명적 물결이 임박했다고 가장 확신했을 때조차도 마르크스의 견해는 런던으로 추방되어 온 유럽의 정치 지도자들의 견해와는 많이 달랐다. 경제 정세가 어떻게 형성될지에 대한 예측은 틀렸다고 하더라도, 마르크스는 정치 활동이라는 목적을 위해서 경제적·정치적 관계의 현재 상태에 대한 연구가 필수 불가결하다고 보았다. 대조적으로 마르크스가 "혁명의 연금술사들"이라고 별명을 붙였던 당시 민주주의와 공산주의 지도자들 대부분은 혁명 승리의 유일한 필수 조건은 "충분한 음모의 준비"라고 생각했다(MECW 10, p.318). 이에 대한 예는 마치니Giuseppe Mazzini, 르드뤼롤랭Alexandre Ledru-Rollin, 루게Arnold Ruge가 1850년 런던에서 창립한 "유럽 민주주의 중앙위원회"의 "민족들에 대한" 선언이었다. 마르크스에 의하면 이 집단이 함의하는 것은 "개별 지도자의 야망과 시기심, 다양한 대중 교육자들의 상호 적대적 입장 때문에 혁명이 실패했다는 것"이었다. 또한 "충격적인 것"은 이 지도자들이 "거리에 모인 군중, 폭동, 박수만으로 사회적 조직화"를 상정하는 방식이었다. "그들의 시각에서 실제로 혁명은 단지 현 정부의 전복이었으며 이 목적이 성취되기만 하면 '**바로** 승리'가 쟁취되는 것이었다"(MECW 10, pp.529f.).

또 다른 혁명이 어느 날 갑자기 나타날 것을 기대했던 사람들과 달리 마르크스는 1850년 가을에 새로운 세계 경제위기 없이는 혁명도 성숙할 수 없다고 확신했다. 이때부터 계속 마르크스는 임박한 혁명[12]에 대한 헛된 희망과 거리를 두었으며 "완전히 은퇴해"[13] 살았다. 이것은 1851년 1월에 "마르크스는 완전 은 둔 생활을 하고 있으며" 해학적으로 "마르크스의 유일한 친구는 존 스튜어트 밀과 로이드Loyd[이며], 누가 마르크스를 만나러 갈 때는 언제나 환영 인사가 아니라 경제적 범주가 맞아준다"[14]고 썼던 공산주의동맹의 회원 피퍼Wilhelm Pieper의 증언에 의해 확인된다. 이후 몇 년 동안 마르크스는 실제로 런던에서 거의 친구를 만나지 않았으며 맨체스터에 정착했던 엥겔스와만 밀접한 관계를 유지했다. 1851년 2월에 마르크스는 엥겔스에게 "나는 이제 우리 둘이 우리 자신을 발견한이 공식적이고 진정한 고립 덕분에 매우 즐겁다. 이런 고립은 우리의 태도와 원칙에 전적으로 일치한다"[15]라는 편지를 썼다. 엥겔스는 "모든 사람에 대한 무자비한 비판 …… 이것이 다음 사건이 발생할 때 우리가 채택할 수 있고 해야만 하는 입장이다". "핵심"은 "사람들을 정면공격하고 우리의 입장을 공고히 하는 견해를 계간지나 두툼한 책에서 출판하는 모종의 방법을 찾는 것"이라고 답장했다. 요약하면, 엥겔스는 분명한 낙관주의로, "전체 망명자 무리가 당신에 반대해서 해대는 모든 잔소리는 당신이 정치경제학으로 답할 때 무슨 값어치가 있겠는가?"[16]라고 결론 내렸다. 따라서 도전 과제는 위기의 발생을 예측하는 것이 되었다. 이제 추가적인 정치적 동기가 생긴 마르크스는 전적으로 정치경제학 연구

---

12 "속류 민주주의자들은 아무 때나 다시 불꽃이 튈 것을 기대했다. 우리는 일찍이 1850년 가을에 적어도 혁명적 시기의 제1막은 내렸으며 새로운 세계 경제위기의 발발 전까지는 아무것도 기대할 수 없다고 선언했다. 이 때문에 우리는 나중에 거의 예외 없이, 비스마르크와 화해를 한 바로 그 사람들에 의해 혁명의 배신자로 제명당했다." MECW 27, p. 510.

13 Karl Marx to Friedrich Engels, 11 February 1851, MECW 38, p. 286.

14 Karl Marx to Friedrich Engels [postscript by Wilhelm Pieper], 27 January 1851, MECW 38, pp. 269f.

15 Karl Marx to Friedrich Engels, 11 February 1851, MECW 38, p. 286.

16 Friedrich Engels to Karl Marx, 13 February 1851, MECW 38, pp. 290f.

에 집중하게 되었다.

4. 1850~1853년의 연구 노트

마르크스가 정치경제학 연구를 중단했던 3년 동안, 경제적 사건들―1847년의 위기에서 캘리포니아와 오스트레일리아의 금 발견까지―이 연속적으로 발생했다. 그는 이 사건들을 매우 중요하게 여겨 더 깊이 연구해야 할 뿐 아니라 그의 지난 노트들을 재검토하고 완성된 형태로 만들도록 노력해야 한다고 생각했다(Tuchsch-eerer, 1973: 318). 마르크스의 추가적 독서는 발췌 노트 스물여섯 권으로 종합되었으며 이 중 스물네 권은(역시 다른 학문 분야의 텍스트도 포함된다) 1850년 9월에서 1853년 8월에 편집했으며 이른바 [런던 노트]로 번호가 붙었다. 이 연구 자료는 마르크스 비판의 발전에서 중대한 시기를 문서로 보여주기 때문에 매우 흥미롭다. 이때 마르크스는 이미 얻었던 지식을 요약했을 뿐 아니라, 또한 대영박물관 도서관에서 탐독한 수십 권의 새로운 (특히 영어로 된) 책들을 연구해 장차 저술하려는 작업을 위한 다른 중요한 사상도 얻었다.[17] 이 [런던 노트]는 세 가지 모음으로 나눌 수 있다. 1850년 9월에서 1851년 3월 사이에 작성한 첫 번째 일곱 노트(I~VII)에는 투크의 『가격의 역사』, 테일러James Taylor의 『영국 화폐제도에 관한 어떤 시각』, 가니어Germain Garnier의 『화폐의 역사』, 뷔시Johann Georg Büsch의 『은행과 주화에 관한 제반 법칙』, 손턴Henry Thornton의 『대영제국의 지폐신용의 성질과 효과에 관한 연구』, 스미스의 『국부론』[18] 등 마르크스가 읽고 발췌한 수

---

17 [런던 노트]의 중요성을 평가하려면 얀(Wolfgang Jahn)과 노스케(Dietrich Noske)가 편집한 잡지의 논문(Arbeitblätter zur Marx-Engelsforschung, no.7(1979), Fragen der Entwicklung der Forschungsmethode von Kar Marx in den Londoner Exzerptheften von 1950-1953)을 참조.

18 『카를 마르크스 발췌와 주석 1851년 3월에서 6월』 MEGA^2 IV/8에 있는 스미스로부터의 자료

많은 저작의 일부가 있다. 특히 마르크스는 경제위기의 역사와 이론에 집중하며 위기의 기원을 이해하려는 시도로써 화폐 형태와 신용에 대해 긴밀한 주의를 기울였다. 마르크스는 화폐와 신용 체계의 개혁을 통해 경제위기를 피할 수 있다고 믿었던 프루동 같은 당시의 다른 사회주의자들과 달리 신용제도가 근본 조건들 중 하나에 지나지 않으므로 위기가 올바른 혹은 잘못된 화폐유통을 통해서는 기껏해야 더 악화되거나 완화될 뿐이라는 결론에 도달했다. 위기의 진정한 원인은 오히려 생산의 모순에 있었다.[19]

제1의 발췌 모음의 끝에서 마르크스는 [지금(bullion): 완전한 화폐제도]라고 제목을 붙인(주요 시리즈에 포함되지 않는) 노트 두 권에 자신의 지식을 요약했다.[20] 1851년 봄에 작성한 이 수고에서 마르크스는 정치경제학의 주요 저작들로부터─때로는 자신의 논평을 넣으면서─화폐 이론에 대한 가장 중요한 문장이라고 간주한 것을 전부 옮겨 적었다. 91개 부로 나눠졌고, 한 부가 검토한 한 책에 대응했던 [지금]은 단지 인용문의 모음일 뿐 아니라 화폐와 유통에 관한 마르크스 이론[21]의 최초 정식화로도 간주할 수 있다. 이것은 여러 해 동안 계획해왔던 그 책을 저술하는 데 사용될 것이었다.

이 동일한 시기는 마르크스 개인에게 끔찍한 시기(특히 1850년 아들 구이도의 죽

를 제외하고 관련된 모든 발췌는 『카를 마르크스 발췌와 주석 1849년 9월에서 1851년 2월』 MEGA² IV/7에 있다. 스미스의 『국부론』(발췌 노트 VII)과 리카도의 『정치경제학과 과세의 원리』(발췌 노트 IV, VII, VIII)는 1844년 마르크스가 파리에 있을 때 읽었던 것으로 이제 원어인 영어로 연구되었다.

19 Karl Marx to Friedrich Engels, 3 February 1851, MECW 38, p. 275.
20 "Bullion. Das vollendete Geldsystem", MEGA² IV/8, pp. 3~85. 번호 없는 이 노트들의 두 번째 권은 또한 풀라톤(John Fullarton)의 『통화의 규제에 관하여』에서 대부분 취한 다른 발췌들을 포함하고 있다.
21 또 다른 마르크스의 화폐, 신용, 위기에 관한 이론의 제시는 발췌 노트의 VII의 단편적인 "Reflections", MECW 10, pp. 584~592에 포함되어 있다.

음을 전후해)였으며 경제 사정이 너무 심각해 1851년에 태어난 딸 프란치스카 Franziska를 양녀로 입양시켜야 했지만 그는 자신의 작업을 그럭저럭 추구할 수 있었을 뿐 아니라 여전히 곧 완료할 것을 희망하고 있었다. 1851년 4월 2일 마르크스는 엥겔스에게 다음과 같이 편지를 했다.

일이 매우 진전되었기 때문에 5주 안에 이 모든 비경제적인 허튼 수작을 끝낼 것이다. **이로써** 내가 내 분야의 경제학을 완성하고 [대영박물관에서 또 다른 학문 분야에 전념할 수 있을 것이다. **결국 경제학은 지루해지기 시작했다.** 이 학문은 스미스와 리카도 이후 진보하지 못했다. 종종 매우 안목 있는, 개별 연구를 통해 아무리 많이 성취되었다 해도. …… 조만간 나는 60매[22]로 된 두 권을 내놓을 것이다.[23]

엥겔스는 이 소식에 매우 기뻐했다. "당신이 마침내 정치경제학을 끝내 매우 기쁘다. 그동안 일이 너무 늘어져 오랫동안 마무리되지 못했고 당신은 중요하다고 믿는데도 읽지 못한 책이 있는 이상 저술에 전념할 수 없고는 했었는데."[24] 그러나 마르크스의 편지는 작업의 완성에 대해 실제보다 너무 낙관적이었다. 모든 발췌 노트들과 그 자체로서 출판용 원고가 아닌 [지금]이라는 예외를 제외하면 마르크스는 이때까지 하나의 원고도 만들지 않았다. 의심할 여지없이 마르크스는 엄청나게 집중해 연구했지만 여전히 경제학 자료를 완전히 정복하지 못했으며, 결국에는 성공하리라는 결의와 확신에도 꼼꼼함 때문에 개요서나 비판적 논평을 넘어 최종적인 자기 저술을 하지 못했다. 더욱이 마르크스에게 연

---

22 이때 '매'의 종이 규격은 보통 전지이다. 이 책의 1장 각주 27을["마르크스에게 인쇄용 전지(druck-bogen)는 16쪽을 뜻했으므로"] 참조하면 60매는 960쪽 분량으로로 추정된다. ― 옮긴이 주

23 Karl Marx to Friedrich Engels, 2 April 1851, MECW 38, p.325. Translation modified.

24 Friedrich Engels to Karl Marx, 3 April 1851, MECW 38, p.330.

구를 더 정확히 하라고 촉구하면서 기다리는 출판업자도 없었다. '경제학'은 "조만간" 준비되는 것과는 매우 거리가 멀었다.

따라서 마르크스는 다시 정치경제학 고전 연구로 돌아갔으며 1851년 4월에서 11월까지 [런던 노트]의 두 번째 모음(VIII~XVI)으로 볼 수 있는 것을 작성했다. 발췌 노트 VIII은 1847년에 연구하기 시작한 제임스 스튜어트의 『정치경제학 원리 탐구』와 리카도의 『정치경제학과 과세의 원리』에서 거의 전적으로 발췌한 것이었다. 사실 [지금]을 작성할 때 편성했던 리카도에 대한 발췌는 수많은 논평과 개인적 성찰이 수반되기 때문에 [런던 노트]의 가장 중요한 부분을 이룬다.[25] 1840년대 말까지 마르크스가 본질적으로 리카도의 이론을 채택하고 있었다면, 이때부터 지대와 가치에 대한 새롭고도 더 깊은 연구를 통해 일정한 측면에서 리카도의 이론을 넘어섰다.[26] 이런 식으로 마르크스는 근본적 문제에 대한 초기의 견해들 중 일부를 수정했고 지식의 반경을 넓혔으며 계속 더 많은 저자들을 검토해갔다. 1851년 5월에서 7월까지의 노트 IX와 X는 리카도 이론의 모순을 다루거나 일정한 측면에서 리카도의 구상을 개선시켰던 경제학자들에 집중했다. 따라서 투켓John Debell Tuckett의 『노동 인구의 과거와 현재 상태의 역사』, 호지스킨Thomas Hodgskin의 『대중 정치경제학』, 차머스Thomas Chalmers의 『정치경제학에 관하여』, 존스Richard Jones의 『부의 분배에 관한 논문』, 캐리Henry Charles Carey

---

25 Karl Marx, *Exzerpte aus David Ricardo: On the principles of political economy*, MEGA^2 IV/8, pp.326~331, pp.350~372, pp.381~395, pp.402~404, pp.409~426 참조. 이 발췌문들이 발췌 노트 IV와 VII의 같은 저자에 대한 다른 발췌문들과 함께 1941년에 출판된 [그룬트리세]의 초판 2권에 담겨 있었다는 사실에서 이 페이지들의 중요성을 알 수 있다.

26 새로운 이론의 획득이라는 중대 국면에서 마르크스와 엥겔스의 관계는 가장 중요하다. 예를 들면 엥겔스에게 보낸 마르크스의 편지 중 일부에는 리카도의 지대 이론에 대한 비판적 견해(Karl Marx to Friedrich Engels, 7 January 1851, MECW 38, pp.258~263)와 화폐유통 이론에 대한 비판적 견해(Karl Marx to Friedrich Engels, 3 February 1851, MECW 38, pp.273~278)가 요약되어 있다.

의 『정치경제학의 원리』[27] 등에서 많은 발췌가 작성되었다.

마르크스는 연구 범위를 확대해야 할뿐더러 풀어야 할 이론적 문제가 누적되었음에도 저술 계획의 완성에 대해서는 계속 낙관적이었다. 1851년 6월 말 마르크스는 헌신적인 바데마이어에게 편지를 썼다.

> 나는 대개 대영박물관에서 아침 9시부터 저녁 7시까지 지낸다. 연구하는 자료들은 너무나 복잡해서 아무리 열심히 해도 앞으로 6~8주 안에 끝낼 수는 없을 것이다. 게다가 단조로운 생활을 하는 이곳의 초라한 환경에서는 실천적인 종류의 중단 사태가 끊임없이 발생하는 것이 불가피하다. 그러나 이런 모든 상황에도 사태는 급속히 완성으로 향해가고 있다.[28]

마르크스는 이미 모아둔 거대한 양의 발췌와 비판적 논평을 이용해 두 달 안에 책을 완성할 수 있다고 생각했다. 그러나 다시 한 번 희망했던 "완성"에 도달하지 못했을 뿐 아니라 또한 출판업자에게 보낼 수고의 "정본" 작성도 시작하지 않았다. 이번에 예정 시기가 지난 것은 마르크스의 심각한 경제적 궁핍 때문이었다. 마르크스는 안정적 수입도 없는 데다 건강도 나빠졌다. 마르크스는 1851년 7월 말 엥겔스에게 다음과 같이 편지를 했다.

> 이렇게 계속 살 수는 없다. …… 난 도서관에서 이미 오래 전에 끝냈어야 했다. 그러나 중단과 방해 요인들이 너무나 많았으며 집에서는 모든 게 항상 계엄 상태다. 밤이 끝날 때까지 계속 안절부절못하다가 격분해서 눈물의 홍

---

27 이와 같은 시기에 마르크스는 산업과 기계로 주의를 돌렸다. Cf. Hans-Peter Müller, *Karl Marx über Maschinerie, Kapital und industrielle Revolution*(Opladen: Westdeutscher, 1992).

28 Karl Marx to Joseph Weydemeyer, 27 June 1851, MECW 38, p.377.

수를 쏟는다. 이러니 내가 많이 작업할 수 없는 게 당연하다.[29]

　재정 형편을 개선하기 위해 마르크스는 언론 활동을 재개하기로 결심하고 신문을 물색했다. 1851년 8월 마르크스는 미국에서 배포 부수가 가장 많은 신문인 ≪뉴욕 트리뷴New York Tribune≫의 통신원이 되었으며 1862년 2월까지의 활동 기간에 칼럼 수백 매를 작성했다.[30] 마르크스는 당대의 경제와 금융 문제뿐만 아니라 중요한 정치적·외교적 사건도 차례로 다루어서 수년 내에 저명한 언론인이 되었다.

　그럼에도 마르크스의 정치경제학에 대한 비판적 연구는 1851년 여름 동안 계속되었다. 8월에 마르크스는 프루동의 『19세기의 혁명관』을 읽고서 엥겔스와 함께 이 책에 대한 비판을 작성할 계획을 세웠다(나중에 포기했다)(MECW 11, p.545~570). 더욱이 그는 독서한 책에 대한 발췌를 계속 작성했다. 노트 XI는 노동자계급의 상태, 노트 XII과 XIII은 농화학에 관한 연구를 다룬다. 그는 농화학이 지대 연구를 위해 중요하다는 것을 이해한 후 리비히Justus Liebig의 『유기화학의 농업과 생리학에의 응용』과 존스톤James F. W. Johnston의 『농화학과 지질학의 요소』에서

29　Karl Marx to Friedrich Engels, 31 July 1851, MECW 38, p.398.

30　그 당시 ≪뉴욕 트리뷴≫은 세 가지 상이한 판본(≪뉴욕 데일리 트리뷴(New York Daily Tribune)≫, ≪뉴욕 세미위클리 트리뷴(New York Semi-Weekly Tribune)≫, ≪뉴욕 위클리 트리뷴(New York Weekly Tribune)≫)으로 발행되었다. 각각 마르크스의 글이 많이 실렸다. ≪뉴욕 데일리 트리뷴≫에 칼럼 487개, 그중 절반 이상은 ≪뉴욕 세미위클리 트리뷴≫에 다시 실렸으며 ≪뉴욕 위클리 트리뷴≫에 4분의 1 이상이 또 실렸다(여기에 편집자 찰스 다나(Charles Dana)가 거절한 약간의 글도 더해야 한다. ≪뉴욕 데일리 트리뷴≫에 실린 칼럼 중에서 200개 이상이 익명의 사설이었다. 마지막으로 마르크스에게 연구 시간을 주기 위해 대략 절반의 칼럼을 엥겔스가 대신 작성했다는 것이 언급되어야 한다. 마르크스의 기고는 항상 커다란 관심을 모았다. 예로 ≪뉴욕 데일리 트리뷴≫ 1853년 4월 7일호의 편집자 멘트를 들 수 있다. "마르크스에게는 자신만의 매우 확고한 견해가 있다. …… 그러나 그의 글을 읽지 않는 사람들은 현대 유럽 정치의 중요한 문제에 관한 가장 유익한 정보 원천을 놓치게 된다." Karl Marx to Friedrich Engels, 26 April 1853, MECW 39, p.315.

방대한 노트도 작성했다. 마르크스는 노트 XIV에서 맬서스^{Thomas Robert Malthus}의 인구론, 특히 『인구의 원리』에 관한 반대자 앨리슨^{Archibald Alison}의 논쟁과 듀로 드 라 말레^{Adolphe Dureau de la Malle}의 『로마의 정치경제학』, 프레스콧^{William H. Prescott}의 『멕시코 정복의 역사』와 『페루 정복의 역사』를 발췌해 전 자본주의 생산양식, 특히 메리베일^{Herman Merivale}의 『식민화와 식민지의 교훈』을 통해서 식민주의로 다시 한 번 더 돌아갔다.[31] 마지막으로 1851년 9월에서 11월 사이에 그는 연구 분야를 기술로 확장해 노트 XV는 포페^{Johann H. M. Poppe}의 기술의 역사에, 노트 XVI은 정치경제학의 잡다한 질문들에 바쳤다.[32] 1851년 10월 중순 엥겔스에게 보낸 편지에서 나타듯이 마르크스는 이때 "경제학을 한창 작성 중이면서" "기술과 그것의 역사, 농경제학을 깊이 캐고" 있었기 때문에 그는 "이 중 적어도 가장 중요한 요소에 대한 어떤 종류의 견해를 형성"했을 것이다.[33]

1851년 말 프랑크푸르트의 뢰벤탈^{Löwenthal} 출판사가 마르크스의 매우 광범위한 저작에 관심을 표명했다. 엥겔스와 라살레^{Ferdinand Lassalle}의 서신 교환으로 볼 때[34] 마르크스는 이때 제1권에서는 자신의 견해를 제시하고 제2권에서는 다른 사회주의를 비판하며 제3권에서는 정치경제학의 역사를 다룰 계획이었다고 추론할 수 있다. 그러나 이 출판사는 제3권에만 관심이 있었고 나머지 두 권에 대

---

31 이 책들에서의 발췌는 『카를 마르크스 발췌와 주석 1851년 7월에서 9월』, MEGA² IV/9(1991)에 있다.

32 이 발췌 노트들은 아직 MEGA²로 출판되지 못했다. 그렇지만 발췌 노트 XV권은 Hans Peter Müller's collection: Karl Marx, *Die technologisch-historischen Exzerpte*(Frankfurt/Main: Ullstein, 1982)에 실려 있다. 최근 연구로 Amy E. Wendling, *Karl Marx on Technology and Alienation* (New York: Palgrave, 2009) 참조.

33 Karl Marx to Friedrich Engels, 13 October 1851, MECW 38. p.476.

34 Ferdinand Lassalle to Karl Marx, 12 May 1851, MEGA² III/4, pp.377f; Karl Marx to Friedrich Engels, 24 November 1851, MECW 38, pp.490~492; Friedrich Engels to Karl Marx, 27 November 1851, MECW 38, pp.493~495.

해서는 제3권의 기획이 성공하면 출판할 수 있는 선택권을 갖고 싶어 했다. 엥겔스는 마르크스에게 계획 변경을 수용시켜 계약 체결을 설득하려 했다. "쇠는 달궈졌을 때 쳐야" 하며 "독일 책 시장에서 당신의 오랜 부재와 이후 서적상들의 두려움에 의해 만들어진 공백 기간을 깨는 것이 절대적으로 중요하다".35 그러나 출판사의 관심은 증발되었고 아무것도 실현되지 않았다. 마르크스는 2개월 후에 미국에 있는 충실한 바이데마이어에게 의지해 "미국에서 [그의] 경제학을 출판할 업자를 찾을 수" 있는지 여부를 물어봤다.36

이런 난관에도 마르크스는 경제위기가 임박했음에 대한 낙관론을 놓지 않았다. 그는 1851년 말에 오랜 친구이며 유명한 시인인 프라일리그라트Ferdinand Freiligrath에게 편지했다. "위기는 온갖 요인에 의해 저지되었지만 …… 늦어도 다가올 가을에는 반드시 닥칠 것이다. 그리고 **최근의 사건 뒤에 나는 더욱 확신하게 되었다. 심각한 상업공황 없이 진정한 혁명은 결코 없다.**"37

그즈음 마르크스는 다른 일에 착수했다. 1851년 12월에서 1852년 3월까지 그는 『루이 보나파르트의 브뤼메르 18일』을 작성했으나 그의 저술에 대한 프러시아의 국가검열 때문에 뉴욕에서 바이데마이어가 적은 부수를 발행하는 ≪혁명Die Revolution≫에 실어 출판해야 했다. 이와 관련해 마르크스는 1852년 후반에 지인인 체어피Gustav Zerffi에게 말했다. "독일에 있는 어떤 서적상도 이제 내 책은 출판하려 하지 않는다."38 그 뒤 1852년 5월에서 6월까지 마르크스는 엥겔스와 함께 논쟁적인 [추방당한 위대한 사람들], 런던에 있는 독일 정치적 망명자들의 지

---

35 Friedrich Engels to Karl Marx, 27 November 1851, MECW 38, p.494, translation modified.

36 Karl Marx to Joseph Weydemeyer, 30 January 1852, MECW 39, p.26.

37 Karl Marx to Ferdinand Freiligrath, 27 December 1851, MECW 38, p.520. "가장 최근의 사건들 이후에 나는 상업위기 없이는 결코 심각한 혁명이 일어나지 않을 것임을 그 어느 때보다 더 확신하게 된다"(프랑스어 번역).

38 Karl Marx to Gustav Zerffi, 28 December 1852, MECW 39, p.270.

도적 인물들―킨켈Johann Gottfried Kinkel, 루게, 하인젠Karl Heinzen, 스트루베Gustav Struve―
에 대한 풍자적 초상화들의 전시관을 작성했다. 그렇지만 이를 출판하려는 업
자를 찾기 위한 마르크스의 노력은 물거품이 되었다. 헝가리인 방야János Bangya
에게 수고를 독일로 가져가게 했으나 그는 경찰 기관원이었으며 출판업자에게
그것을 전달하는 대신 당국에 넘겼다. 결국 이 수고는 두 저자의 생애 동안 출판
되지 못했다.

1852년 4월에서 1853년 8월까지 마르크스는 발췌 작업을 재개하고 [런던 노
트]의 세 번째이자 마지막 모음(XVII~XXIV)을 썼다.[39] 이것은 주로 인간 사회 발
전의 다양한 단계에 관한 것이었으며, 연구의 많은 부분은 중세 역사와 문학, 문
화, 관습의 역사에 관한 역사학적 논쟁이었다. 그는 당시 ≪뉴욕 트리뷴≫에서
인도에 관한 칼럼을 쓰고 있었기 때문에 인도에 특별한 관심이 있었다.

이런 방대한 분야의 연구가 증명하듯이, 마르크스는 결코 "휴식을 취한" 적이
없었다. 마르크스의 계획을 가로막는 장벽은 다시 몇 해 동안 씨름해야 했던 가
난이었다. 1851년부터 매달 5파운드씩 송금해주었던 엥겔스의 도움과 ≪뉴욕
트리뷴≫에서의 칼럼당 2달러의 수입에도 마르크스는 절망적인 상황에서 살았
다. 1852년 4월 마르크스의 딸 프란치스카가 죽었을 뿐 아니라, 그의 일상생활
은 하나의 장기적 전투가 되어갔다. 1852년 9월에 그는 엥겔스에게 다음과 같은
편지를 썼다.

지난 8~10일간 가족은 순전히 빵과 감자만 먹었다. 오늘은 그것이라도 구할
수 있을지 의심스럽다. …… 발생할 수 있다면 가장 좋고 바람직한 일은 집
주인 여자가 나를 쫓아내는 것이다. 그러면 적어도 22파운드는 면제받을 것
이다. …… 여기에다 더해 빵집 주인, 우유 배달원, 찻집, 청과물상, 푸줏간

---

39 이 노트는 아직 출판되지 않았다.

주인에게 빚은 여전히 남아 있다. 어떻게 하면 이 지옥 같은 상황에서 빠져 나올 수 있을까? 마지막으로 ······ [그러나 이것은 우리가 죽지 않으려면 필수적인 일이었는데, 지난 8~10일 이상 나는 몇 푼의 실링과 펜스를 벌기 위해 독일인 몇 명과 접촉했다.[40]

이 모든 것이 마르크스의 일과 시간을 크게 잡아먹었다. "[나는] 종종 1실링 때문에 하루 종일을 낭비했다. 정말이지 내 아내의 고통과 내 무력함을 생각할 때 모든 것을 악마에게 맡기고 싶다는 것을 당신이 알아야 한다."[41] 때로는 1852년 10월 엥겔스에게 편지했을 때처럼 상황이 매우 견디기 어려워졌다. "어제는 원고지를 사기 위해 리버풀 시절에 산 코트를 전당포에 잡혔다."[42]

그럼에도 금융시장의 폭풍이 마르크스의 사기를 유지시켰으며 그는 이 폭풍에 관해 가까운 모든 친구들한테 편지했다. 1852년 2월 마르크스는 매우 자기풍자적으로 라살레에게 선언했다. "(나의 개인적 — 옮긴이) 재정위기가 마침내 지금 뉴욕과 런던에서 위세를 떨치고 있는 상업위기에 필적할 수준만큼 도달했다. 상업 신사들과는 달리 나는 파산에도 호소조차 할 수 없다."[43] 4월에는 바데마이어에게 오스트레일리아와 캘리포니아에서의 새로운 금광맥의 발견과 영국의 인도에 대한 상업적 침투라는 비상한 환경 덕분에 "위기가 아마 1853년으로 늦춰질 것이다. 그러나 그때는 소름 끼치는 분출이 발생할 것이다. 그때까지는 혁명적 격변을 전혀 생각할 수 없다"고 편지를 썼다.[44] 그리고 8월 미국에서의 투기 붕괴 직후에는 의기양양하게 엥겔스에게 편지했다. "위기가 오고 있지 않은

40   Karl Marx to Friedrich Engels, 8 September 1852, MECW 39, pp. 181~182.

41   Karl Marx to Friedrich Engels, 25 October 1852, MECW 39, p. 216, translation modified.

42   Karl Marx to Friedrich Engels, 27 October 1852, MECW 39, p. 221.

43   Karl Marx to Ferdinand Lassalle, 23 February 1852, MECW 39, p. 46.

44   Karl Marx to Joseph Weydemeyer, 30 April 1852, MECW 39, p. 96.

가? 혁명이 기대한 것보다 빨리 올 것 같다."[45]

마르크스는 이런 평가를 단지 지인들과의 편지에만 유지하지 않고 ≪뉴욕 트리뷴≫에도 썼다. 1852년 11월 「궁핍과 자유무역」이라는 칼럼에서 마르크스는 다음과 같이 예측했다. "위기는 …… 산업적이라기보다 상업적이고 화폐적이었었던 1847년보다 훨씬 더 위험한 성격을 띠게 될 것이다." 왜냐하면 "더 많은 과잉자본이 산업생산에 집중될수록 …… 더 광범위하고 더 지속적이고 더 직접적인 위기가 노동 대중에게 영향을 미칠 것이기 때문이다"(MECW 11, p.361). 요약하면 좀 더 기다리는 것이 필요했을지라도 마르크스는─경제적 사건들을 엄격하게 분석하기보다 사회적 격변의 새로운 계절을 보려는 조바심이 더했기 때문에─ 머지않아 혁명의 시간을 알리는 종소리가 울릴 것을 확신했다.

5. 공산주의자 재판과 개인적 시련

1852년 10월 프로이센 정부는 이전 해에 체포했던 **공산주의동맹** 회원들에 대한 재판을 시작했다. 기소 내용은 이들이 프로이센 왕국에 대항해 마르크스가 지도한 음모자들의 국제 조직에 가입했다는 것이었다. 기소에 근거가 없다는 것을 증명하기 위해 10월에서 12월까지 마르크스는 "정부의 교묘한 책략에 대항하고 당을 위해 일하기"[46] 시작했고 『쾰른 공산주의자 재판에 관한 폭로』를 작성했다. 1853년 1월 스위스에서 익명으로 출판된 이 짧은 글은 기대한 효과를 보지 못했다. 왜냐하면 프로이센 경찰이 인쇄 부수의 대부분을 몰수해 처음에는 보스턴에 있는 ≪뉴잉글랜드신문Neu-England-Zeitung≫의 연재 칼럼으로 실렸고

---

45 Karl Marx to Friedrich Engels, 19 August 1852, MECW 39, p.163.

46 Karl Marx to Adolf Cluss, 7 December 1852, MECW 39, p.259.

나중에야 독립된 소책자로 소수의 독자들에게만 유포되었기 때문이다. 마르크스는 다른 많은 출판의 실패 이후 이번 출판 실패에 충분히 낙담할 만했다. "이 일"은 "저술에 대한 열의를 잃게 하기에 전적으로 충분하다. 계속 **프러시아 왕을 위해서만** 일이 흘러가는구나!"[47]

프러시아 정부 장관들에 의해 대대적으로 조직된 주장과는 반대로 마르크스는 이 시기에 정치적으로 매우 고립되어 있었다. **공산주의동맹**의 해산—1851년에 사실상 해산되었고 그 후 1852년 말에는 공식적으로 해산되었다— 때문에 마르크스의 정치적 연줄은 대폭 축소되었다. 경찰과 정치적 반대자들이 "마르크스 정당"[48]으로 규정했던 동맹에는 충실한 지지자가 매우 적었었다. 영국에서 엥겔스를 제외하고 "마르크스의 사람들"[49]이라고 볼 수 있는 사람은 피퍼, 빌헬름 볼프Wilhelm Wolff, 리프크네히트Wilhelm Liebknecht, 이만트Peter Imandt, 페르디난트 볼프Ferdinand Wolff, 드롱케Ernst Dronke였다. 다른 나라를 피난처로 택했던 정치적 망명자들 중에는 미국의 바이데마이어와 클루스Adolf Cluss, 파리의 라인하르트Richard Reinhardt, 프러시아의 라살레 정도와 가까운 관계를 유지했다. 마르크스는 이 관계들이 매우 힘든 시기에도 계속 유지되는 관계망이지만 "하나의 정당으로 모이지는 않음"[50]을 잘 알고 있었다. 더욱이 이 좁은 동아리조차도 마르크스의 정치적·이론적 입장의 일부는 이해하지 못했으며, 사실 그의 협력자들은 그에게 종종 혜택보다 불이익을 더 많이 주었다. 이런 경우에 마르크스는 엥겔스 외에 아무에게도 울분을 풀 수 없었다. "내가 여기에서 여러 해 동안 겪은 불쾌한 경험 중

---

47 Karl Marx to Friedrich Engels, 10 March 1853, MECW 39, p. 288.

48 이 표현은 마르크스와 독일 공산주의자 바이틀링(Wilhelm Weitling) 간의 차이에 관련해서 1846년에 처음 사용되었다. 이후 또한 쾰른의 공산주의자 재판에서 사용되었다. Maximilien Rubel, *Marx critique du marxisme*(Payot: Paris 1974), p. 26, n. 2.

49 이 용어는 1854년 처음 나타났다. Georges Haupt, "From Marx to Marxism", in idem, *Aspects of International Socialism, 1871-1914*(Cambridge: Cambridge University Press, 1986), p. 2.

50 Karl Marx to Friedrich Engels, 10 March 1853, MECW 39, p. 290.

에 가장 심했던 것은 지속적으로 이른바 정당 동지들에게서 나왔다. …… 나는
다음 기회에 **아무 정당**과 어떤 관계도 없음을 **공개적으로** 선언할 작정이다."[51]
정치 망명을 온 다른 지도자와 달리 마르크스는 항상 임박한 혁명에 관해 공상
하는 데 시간을 보내는 기존의 국제위원회에 가입하기를 거절했다. 마르크스가
관계를 맺었던 유일한 다른 조직의 회원은 차티스트운동 좌파 진영의 주요 대표
자였던 존스Ernest Charles Jones이다.

마르크스 사상에 대한 활동적인 지지자의 신규 충원, 특히 노동자의 참여는
매우 중요하고도 복잡한 문제였으며 그가 했던 연구 작업도 이 목적에 봉사하는
것을 의미했다. 충원은 정치적·이론적으로 필수적이었다. 1853년 3월 엥겔스
는 마르크스에게 다음과 같이 편지를 썼다.

> 당신은 경제학을 완성해야 한다. 나중에, 신문을 보유하자마자 가능한 한 빨
> 리, 우리가 이 경제학을 주간 연속물로 실을 수 있을 것이고, **대중**이 이해할
> 수 없는 것은, **제자들이 어떻게든** 자세히 설명할 것인데, 그것은 대중에게 어
> 떤 영향을 미칠 것이다. 이런 작업은 그때까지 복원될 우리의 결사들에게 토
> 론을 위한 토대를 제공할 것이다.[52]

마르크스는 이전에 엥겔스에게 자신이 "4월"에 엥겔스와 함께 며칠을 보내며
"[자신의] 견해에서 반드시, 곧 지진이 일어나야 할 현재의 상황에 대해 누구의
방해도 받지 않고 담소하기를"[53] 희망한다고 썼다. 그러나 마르크스는 그를 괴
롭힌 빈곤 때문에 저술에 집중하지 못했다. 1853년 소호는 콜레라 전염병의 진

---

51 Karl Marx to Friedrich Engels, 8 October 1853, MECW 39, p.386, translation modified.

52 Friedrich Engels to Karl Marx, 11 March 1853, MECW 39, p.293.

53 Karl Marx to Friedrich Engels, 10 March 1853, MECW 39, p.289.

원지였고 마르크스 가족의 환경은 더욱더 절망적이 되어갔다. 그는 8월에 엥겔스에게 "잡다한 채권자들"이 "집을 포위하고 있고" "[자신의] 시간의 4분의 3은 푼돈을 버는 데 투여되었다"[54]고 썼다. 살아남기 위해 마르크스와 예니는 자주 전당포에 의지했다. **생활필수품을 위한**[55] 자금조차도 없는 집에 남은 값나가는 약간의 옷가지나 물건들을 저당 잡혔다. 비록 귀중한 시간을 잡아먹어도 신문 칼럼에서 나오는 수입은 더욱더 필수적이 되었다. 그 해 말 마르크스는 친구 클루스에게 불평을 털어놓았다.

> 나는 항상…… 어떻게든 물러나 혼자 몇 달 동안 있으면서 경제학을 연구하기를 희망했다. 그러나 그렇게 될 것 같지 않다. 나는 지겨운 신문에 종신 매문하는 일을 얻었다. 이 일은 시간 낭비이고 마음을 어지럽히며 결국 아주 적은 금액이 되는 일이다. 아무리 어떤 사람이 스스로 독립적이라고 생각해도 특히 나처럼 현금을 지급받는다면 그는 신문과 독자에게 예속된 것이다. 순수한 학문적 연구는 완전히 다른 것이다.[56]

마르크스가 선택의 여지없이 생활필수품에 주의를 기울여야만 했을 때 그의 생각은 '경제학'에 굳게 뿌리내려 있었다.

---

54 Karl Marx to Friedrich Engels, 18 August 1853, MECW 39, p.356.
55 Karl Marx to Friedrich Engels, 8 July 1853, MECW 39, p.352.
56 Karl Marx to Adolf Cluss, 15 September 1853, MECW 39, p.367.

6. ≪뉴욕 트리뷴≫의 위기론 칼럼들

이 시기에 경제위기는 또한 마르크스의 ≪뉴욕 트리뷴≫ 칼럼의 지속적 주제였다. 1853년 6월에 작성한 「중국과 유럽의 혁명」에서 그는 1851년에 시작된 중국 반봉건주의 혁명을 일반적 경제 상황과 연결하며 재차 "시장의 확장이 영국 제조업의 확장과 보조를 맞출 수 없을 때가 곧 올 것이며 이 불비례는 과거에 그랬던 것처럼 틀림없이 새로운 위기를 초래할 것"이라는 확신을 표명했다 (MECW 12, pp.95f.). 마르크스의 견해로는 혁명의 여파로 거대한 중국 시장이 전례 없이 수축해 "현재 산업 체계라는 잔뜩 장전된 탄갱에 불꽃을 튀겨 오랫동안 준비된 일반적 위기의 폭발을 초래하고, 이것은 해외로 번져서 곧 유럽 대륙의 정치적 혁명을 낳을 것"(MECW 12, p.98)이었다. 물론 마르크스는 혁명의 과정을 결정론적 태도로 지켜본 것이 아니라 위기가 혁명 이행에 필수 불가결한 전제라고 확신했던 것이다.

> 18세기의 시작부터 유럽에서 상업적·금융적인 위기가 선행하지 않은 중대한 혁명은 하나도 없었다. 이것은 1848년 혁명뿐 아니라 1789년 혁명에도 적용된다. …… 세계 시장에서 유럽 산업의 대표자인 영국에 의해 발신되는 신호인 상업적이고 산업적인 위기의 결과가 아니라면 어떠한 전쟁이나 혁명도 유럽을 충돌 상태에 두지 않을 것 같다(MECW 12, p.99).

이 요점은 1853년 9월 하순의 칼럼인 「정치운동들: 유럽에서 빵의 결핍」에서 강조되었다.

> 선동가의 열변도, 외교관의 헛소리도 사태를 위기로 몰고 가지 않을 것이지만 …… 유럽 혁명의 전조임이 틀림없는 경제적 재앙과 사회적 격변이 다가

오고 있다. 1849년 이후 상업적이고 산업적인 번영이 반혁명이 편안하게 잠
드는 거실을 늘려왔다(MECW 12, p.308).

마르크스가 사건들이 발생하기를 기다렸던 낙관주의의 흔적은 엥겔스와의
편지에서 찾을 수 있다. 예를 들면 1853년 가을의 한 편지에서 마르크스는 다음
과 같이 적었다. **"사태가 놀라워질 것이다.** 프랑스에서 금융 거품이 터질 때 대
혼란이 올 것이다."[57] 그러나 위기는 여전히 오지 않았으며 마르크스는 유일한
수입 원천을 버리지 않기 위해 다른 언론 활동에 자신의 에너지를 집중했다.

1853년 10월에서 12월 사이 마르크스는 영국의 오랜 외무장관이자 미래의
수상인 템플Henry John Temple, 팔머스톤 자작 3세를 비판하는 『팔머스톤 경Lord Pal-
merston』이라는 제목의 연속 칼럼을 집필했다. 이 칼럼들은 ≪뉴욕 트리뷴≫과 영
국 차티스트가 발행한 ≪인민의 신문The People's Paper≫ 양쪽에 실렸다. 6월 스페
인의 민간인과 군대의 반란 이후, 1854년 8월에서 12월 간 마르크스는 스페인의
이전 10년간의 주요 사건을 요약하고 분석하는 또 다른 연속 칼럼 『스페인 내
전』을 작성했다. 마르크스가 1853년 9월부터 1855년 1월까지에 편집한 아홉 권
의 대형 발췌 노트를 보면 추정할 수 있듯이 그는 이 일을 매우 중대히 여겼다.
이 중 네 권은 외교의 역사에 집중해 『팔머스톤 경』을 위한 기초를 제공했다면,
나머지 다섯 권은 스페인의 정치·사회·문화의 역사에 집중했는데, 『스페인 내
전』 칼럼을 위한 조사를 포함했다.[58]

마지막으로 1854년 후반에서 1855년 초까지의 한 시점에 마르크스는 자신의
정치경제학 연구를 재개했다. 그렇지만 3년째의 중단 이후였기 때문에 마르크

---

[57] Karl Marx to Friedrich Engels, 28 September 1853, MECW 39, p.372.
[58] 이 발췌 노트들은 최근 출판되었다. Karl Marx and Friedrich Engels, *Exzerpte und Notizen, Sep-
tember 1853 bis Januar 1855*(Berlin: Akademie, 2007).

스는 서둘러 나아가기 전에 자신의 옛 수고를 다시 읽기로 결심했다. 1855년 2월 중순 마르크스는 엥겔스에게 다음과 같이 편지를 썼다.

> 지난 4~5일간 눈의 심한 염증 때문에 …… 저술할 수가 없었다. 눈병은 내 경제학 발췌 노트를 통독하다가 걸렸다. 원래 의도는 내가 문제를 더 정교히 하는 것보다 자료를 숙달해 계속 작업할 수 있게 준비하는 것이었다.[59]

마르크스는 이 검토를 통해 20쪽의 새로운 노트를 작성하고 [인용들: 화폐의 본질, 신용의 본질, 위기]라는 제목을 붙였다. 이것은 마르크스가 이전 몇 년간 발췌했던 것을 재발췌한 것이었다. 투크, 존 스튜어트 밀, 제임스 스튜어트 같은 저자의 책들과 ≪이코노미스트 The Economist≫ 칼럼에 의지해 그는 1850년부터 시작했던 화폐, 신용, 위기에 관한 주요 정치경제학자들의 이론을 더욱 요약했다 (Schrader, 1980: 99).

그와 동시에 마르크스는 ≪뉴욕 트리뷴≫을 위해 침체에 관한 더 많은 기사를 작성했다. 1855년 1월 「영국의 상업위기」를 작성하고 만족해했다. "영국 상업위기, 그 전조적 징후들은 우리 칼럼들에서 오래전부터 연대기적으로 기록해왔는데, 이제 이 문제에 관한 한 최고 관계자들이 소리 높여 선언하는 사실이 되었다"(MECW 13, p.585). 그리고 두 달 후에는 「영국의 위기」에서 다음과 같이 썼다.

> 몇 달 뒤 영국의 위기는 아마 1842년 이후는 아닐지라도 1846년 이후에는 도달한 적이 없는 정도에 있을 것이다. 노동계급이 위기의 영향을 완전히 느끼기 시작할 때 6년간 잠자고 있었던 정치적 운동이 다시 시작될 것이다. …… 그러면 영국에서 실제로 경쟁하는 중간계급과 노동계급, 부르주아지

---

[59] Karl Marx to Friedrich Engels, 13 February 1855, MECW 39, p.522.

와 프롤레타리아트라는 두 당사자가 맞대면할 것이다(MECW 14, p.61).

하지만 마르크스가 '경제학'에 관한 연구를 막 다시 시작할 무렵에 그는 개인적 어려움으로 다시 한 번 계획을 바꾸게 되었다. 1855년 4월 그는 여덟 살 난 아들 에드가의 죽음에 큰 충격을 받고 엥겔스에게 털어놓았다.

나는 이미 불운을 충분히 겪었지만 이번에야말로 진정한 불행이 무엇인지 알게 되었다. …… 최근 견뎌야 했던 무서운 고통들 와중에도 당신과 당신의 우정에 대한 생각이 우리가 같이할 수 있는 의미 있는 것이 있다는 희망을 유지하게 해주었기 때문에 항상 나를 지탱시켜 주었다.[60]

마르크스의 건강과 경제적 환경은 1855년 동안 계속 비참했고 그의 가족은 1856년 1월 엘레아노가 태어나면서 다시 늘었다. 그는 종종 엥겔스에게 자신의 눈과 이의 고통, 지독한 감기에 대해 불평했으며 "육체적 쇠잔함이 [자신의] 두뇌까지 무력하게 만든다"[61]고 말했다. 게다가 가족 주치의인 프로인트Freund가 대금 미지급에 대해 소송을 제기해 사태는 더욱 복잡해졌다. 이 때문에 마르크스는 피신해서 9월 중순에서 12월 초까지 맨체스터에서 엥겔스와 함께 살았으며 집에 돌아온 후에도 몇 주간 숨어 지냈다. 해결책은 예니의 아흔 살 된 삼촌이 죽고 나서 남겨준 100파운드의 유산[62]이라는 "매우 즐거운 사건"에서 나왔다.

그래서 마르크스는 1856년 6월에야 ≪인민의 신문≫에 "이 시대의 가장 기묘한 경제 현상 중 하나"로 생각한, 프랑스 상업은행 크레디 모빌리에Crédit Mobilier에

---

60 Karl Marx to Friedrich Engels, 12 April 1855, MECW 39, p.533.
61 Karl Marx to Friedrich Engels, 3 March 1855, MECW 39, p.525.
62 Karl Marx to Friedrich Engels, 8 March 1855, MECW 39, p.526.

관해 칼럼을 몇 개 쓰면서 정치경제학 연구를 다시 시작할 수 있었다(MECW 15, p.10). 1856년 가을에 형편이 잠시 좋아진 후 소호의 셋집에서 런던 북부의 더 나은 아파트로 이사했으며 ≪뉴욕 트리뷴≫에 위기에 관해 다시 글을 썼다. 그는 1856년 10월 3일 신문에 실린 「유럽의 화폐위기」에서 "1847년 공황과 유사한 유럽 화폐시장의 움직임"이 시작되었다고 주장했다(MECW 15, p.113). 그리고 11월에 신문에 실린 「유럽의 위기」에서는 모든 칼럼니스트들이 최악은 지났다고 예측하고 있을 때 다음과 같이 주장했다.

> 유럽에서 나온 지표들은 확실히 …… 투기와 주식 매매의 최종 붕괴를 미래
> 로 연기한 것처럼 보이는데, 이런 붕괴는 양안의 사람들이 미래의 불가피한
> 운명에 대해 공포스럽게 바라보듯이 본능적으로 예견하는 것이다. 이 붕괴
> 는 그럼에도 이번 연기에 의해 확실하며, 사실 현재 금융위기의 만성적 성
> 격은 더욱더 폭력적이고 파괴적인 종말을 예고할 뿐이다. 위기가 오래 지속
> 될수록 최종 청산은 더욱 나빠진다(MECW 15, p.136).

이 사건은 또한 마르크스에게 정치적 반대자들을 공격할 기회를 주었다. 「유럽의 화폐위기」에서 그는 다음과 같이 적었다.

> 만약 우리가 이 단기적 화폐공황의 효과들을 마치니주의자와 다른 이들의
> 선언서들의 효과와 나란히 놓는다면, 저 공인된 혁명주의자들의 1849년 이
> 후 망상의 전체 역사에 대한 수수께끼가 한꺼번에 풀릴 것이다. 그들은 인
> 민의 경제적 삶에 관해서도, 역사운동의 실제 상태에 관해서도 아무것도 모
> 른다. 그들은 새로운 혁명이 발발할 때 빌라도Pilate(예수를 신문하고 재판하
> 여 사형을 선고한 로마의 총독 ― 옮긴이) 총독보다 더 먼저 손을 씻으며 자
> 신들이 유혈 사태와 무관하다고 항변할 것이다(MECW 15, p.115).

그렇지만 1857년 상반기에 완전한 평온이 국제시장에 만연했다. 3월까지 마르크스는『18세기 외교사에 관한 폭로』를 작성했는데, 이 일련의 논문들은 반反팔머스톤 성향의 보수주의자 어커트David Urquhart가 운영하는 《자유신문The Free Press》에 칼럼으로 실렸다. 이 칼럼들은 크림 전쟁 동안 1856년 초에 계획했던 외교사에 관한 작업의 단지 첫 번째 부분을 의미했으며 나머지는 결국 완성하지 못했다. 이번 경우에도 그는 심도 있게 자료를 연구했으며 1856년 1월에서 1857년 3월간 18세기 국제정치에 관해 일곱 권의 발췌 노트를 만들었다.63

마지막으로 7월에 마르크스는 1851년에 이미 연구하고 발췌했던 바스티아Frédéric Bastiat의『경제적 조화』와 캐리의『정치경제학의 원리』에 관한 약간의 짧지만 흥미로운 비판적 논평을 작성했다. 마르크스 사후에 [바스티아와 캐리]로 출판된 이 노트에서 그는 자신들의 저작에서 "생산관계의 조화"(MEGA²II/1.1, p.4; MEGA²II/1.1, p.886)64와 그래서 전체로서 부르주아 사회의 조화를 증명하기 위해 안간힘을 썼던 두 경제학자의 순진함(전자는 자유무역, 후자는 보호무역주의의 옹호자65이다)을 강조했다.

7. 1857년 금융위기와 [그룬트리세]

이번에는 과거의 다른 위기와 달리 유럽에서가 아니라 미국에서 경제적 폭풍이 시작되었다. 1857년 처음 몇 달 동안 뉴욕의 은행들은 예금이 감소했음에도

---

63 이 발췌 노트들은 아직 출판되지 않았다.

64 리카도에 관한 발췌 노트처럼 [바스티아와 캐리] 단편도 [그룬트리세]의 초판 2권에 포함되어 있다.

65 캐리가 생애 나중에 보호무역의 옹호자가 된 것은 맞지만 초기에는 자유무역 옹호자이기도 했다. ― 옮긴이 주

대출 규모를 늘렸다. 결과적으로 투기 활동의 증가가 경제 상황을 더 악화시켰으며 오하이오 생명보험 & 신탁회사의 뉴욕 지점이 도산하자 만연했던 공황은 수많은 파산을 초래했다. 은행제도에 대한 신뢰의 상실은 신용의 수축을 낳았으며 예금의 고갈과 화폐 지불의 정지를 동반했다.

마르크스는 이 사건의 비상한 성격을 감지하고 즉시 작업에 들어갔다. 1857년 8월 23일―여론에 극심한 공포를 유포시킨 오하이오 생명의 파산 하루 전― 그는 자신의 '경제학' [서설]을 작성하기 시작했다. 위기의 폭발적 시작이 그에게 이전에는 없었던 부가적 동기를 주었다. 1848년 패배 이후에 마르크스는 10년의 모든 기간에 정치적 후퇴와 깊은 인간적 고립에 직면했었다. 그러나 위기의 발발과 함께 그는 일련의 새로운 사회적 반란에 참여할 가능성을 언뜻 보았으며, 그의 가장 긴급한 과제는 혁명의 개시에서 매우 중요해질 경제적 현상을 분석하는 것이라고 생각했다. 이것은 가능한 한 빨리 그가 오랫동안 계획해왔던 작업을 저술하고 출판하는 것을 의미했다.

위기는 뉴욕에서부터 미국의 나머지 지역에 급속히 퍼졌고 몇 주 안에 유럽, 남미, 아시아 등 세계 시장의 모든 중심으로 확산되면서 역사상 최초의 국제적 금융위기가 되었다. 이런 전개 소식이 마르크스에게 커다란 희열을 불러일으켰고 지적 생산력의 거대한 폭발을 낳았다. 1857년 여름에서 1858년 봄 사이는 그가 생애에서 가장 다작한 시기였다. 그는 이 수개월 동안 이전 수년간보다 더 많은 분량을 작성해냈다. 1857년 12월에 그는 엥겔스에게 편지했다. "나는 미친 듯이 작업하며 밤을 꼬박 새웠고 매일 밤 경제학 연구를 수집하고 분석하고 있어서 대홍수가 오기 전에 최소한 개요 [그룬트리세]는 확보하게 될 것이다." 더불어 마르크스는 위기가 불가피하다는 자신의 예측이 그렇게 근거 없지 않았다는 것을 내세울 수 있는 기회를 얻었다. "토요일자 ≪이코노미스트≫가 1853년의 마지막 수개월, 1854년 전체, 1855년 가을과 1856년의 급작스러운 변화를 통틀어 유럽은 임박했던 위기를 단지 아슬아슬하게 벗어났을 뿐이라고 주장"했기

때문이다.[66]

마르크스의 작업은 매우 놀랍고 광범위했다. 1857년 8월에서 1858년 5월까지 [그룬트리세][67]로 알려진 노트 여덟 권을 다 채우는 한편, 《뉴욕 트리뷴》의 기자로서 다른 것과 함께 유럽의 위기 전개에 대해 칼럼 수십 개를 작성했다. 자신의 경제 형편을 개선할 필요에 이끌려 그는 『뉴아메리카 백과사전The New American Cyclopædia』에 여러 표제항을 작성하기로 승낙했다. 마지막으로 1857년 10월에서 1858년 2월까지 [위기 노트][68]라고 부르는 발췌 노트 세 권을 작성했다(Krätke, 2008: 169~175). 이 노트는 이전에 작성했던 발췌 노트와 달리 경제학자들 저작의 요약은 없었으며, 다양한 일간 신문들에서 유럽, 미국, 그 외 나머지 세계의 위기의 주요한 전개, 주식시장 동향, 무역 교류의 변동과 주요한 파산에 관한 내용을 모았다. 12월에 마르크스가 엥겔스에게 쓴 편지는 그의 활동이 얼마나 치열했는지를 보여준다.

나는 대체로 새벽 4시까지 엄청나게 작업하고 있다. 나는 이중의 과제에 종사한다. 첫째는 정치경제학 개요를 정교하게 만드는 것(대중을 위해 사태의 본질에 다가가는 것이 절대적으로 필수인데, 이는 개인적으로 내 자신을 위해서도 이 악몽을 없애는 것)이다. 둘째는 현재의 위기이다. 《트리뷴》을

---

66 Karl Marx to Friedrich Engels, 8 December 1857, MECW 40, p.217.

67 암스테르담의 국제사회사연구소에 보관되어 있는 노트 M과 VII권을 별도로 하고, 이 노트들은 모스크바의 러시아 사회정치사 국립문서보관소에 있다. 날짜와 관련해서, 알프레드 다리몽(Alfred Darimon)의 은행 개혁에 관한 마르크스의 비판적 분석을 담고 있는 노트 I권의 1부는 1857년 1월과 2월에 작성된 것이지 ([그룬트리세]의 편집자들이 생각했듯이) 10월이 아니었다는 점이 강조되어야 한다. Inna Ossobowa, "Über einige Probleme der ökonomischen Studien von Marx im Jahre 1857 vom Standpunkt des Historikers", *Beiträge zur Marx-Engels-Forschung* 29 (1990), pp.147~161.

68 이 노트는 아직 출판되지 않았다. Cf. Michael Krätke, "Marx's 'Books of Crisis' of 1857-1858", in Marcello Musto, ed., *Karl Marx's Grundrisse*, pp.169~175.

위한 칼럼을 제외하면 내가 하는 모든 것은 이번 위기에 대한 기록을 남기는 것이지만 여기에도 상당히 많은 시간이 소요된다. 봄의 어느 때쯤 독일 대중에게 우리가 항상 그들과 같이 있으며 언제나 변하지 않는다는 것을 상기시키는 것으로써 우리가 공동으로 이번 사태에 대한 소책자를 내야 할 의무가 있다고 생각한다.[69]

[그룬트리세]에 관한 한 8월 마지막 주에 마르크스는 작업에 대한 [서설]로 사용할 셈이었던 노트 'M' 초안을 작성했다. 그다음 10월 중순에 다른 일곱 권 (I~VII)의 노트 작성을 강행했다. 이 중 I권과 II권 일부에서 그는 화폐와 가치를 다루었던 [화폐에 관한 장]을 작성했으며 나머지에서 [자본에 관한 장]을 썼다.[70] 여기에서 수백 쪽을 자본의 생산과 유통 과정에 관해 할애했으며 잉여가치 개념과 자본주의 생산양식에 선행하는 경제적 구성체 개념 같은, 전체 수고에서 가장 중요한 주제 중 일부를 취급했다. 그렇지만 이런 엄청난 노력도 작업을 완료하기에 충분하지는 않았다. 1858년 2월 하순에 그는 라살레에게 얼마나 그의 활동이 강도가 높은지를 가리키는 편지를 했다.

나는 사실 몇 달 동안 마지막 단계의 작업을 하고 있다. 그러나 일은 매우 느리게 진행된다. 왜냐하면 어떤 사람이 수년간 헌신적으로 연구해온 주제를 최종적으로 정리하기 시작하면 그 주제는 새로운 양상을 드러내면서 더

---

69 Karl Marx to Friedrich Engels, 18 December 1857, MECW 40, p.224. 며칠 뒤에 마르크스는 자신의 계획에 관해 라살레와 의견을 교환했다. "이번 상업위기는 나에게 정치경제학 개요에 관해 심각하게 작업하고 또한 이번 위기에 대해 무엇인가를 준비하도록 재촉했다." Karl Marx to Ferdinand Lassalle, 21 December 1857, MECW 40, p.226.

70 이 두 가지 수고는 마르크스가 작성했지만 역시 미출판된 것이므로 편집자가 붙인 제목과 동일하게 대괄호로 표시한다. — 옮긴이 주

욱 숙고할 것을 요구하기 때문이다. …… 내가 현재 진행하는 직업은 『경제
적 범주들 비판』 또는 당신이 원한다면 부르주아 경제체제에 대한 비판적
폭로이다. 이것은 동시에 그 체제에 대한 폭로이자 더욱이 비판이다. 나는
전체가 얼마나 많은 분량이 될지 잘 모르겠다. …… 15년 동안의 연구 뒤에
마침내 작업할 때가 되니까 외부로부터 휘몰아치는 운동이 결국 작업을 방
해할 것 같은 불안한 느낌이 든다.[71]

그렇지만 현실에서는 이 위기와 함께 분출할 것으로 가정되었던, 오래도록
기다렸던 혁명적 운동의 조짐은 없었으며 이번에도 또 마르크스가 수고를 완성
하는 데 실패한 이유는 자신이 여전히 자료에 대한 완전한 비판적 정복자가 되
지 못했다는 의식이었다. 따라서 [그룬트리세]는 단지 대략적인 초안으로 남았
다. 마르크스는 1858년 8월과 10월 사이에 [화폐에 관한 장]을 꼼꼼히 작업해
초고(『정치경제학 비판을 위하여』의 2장과 3장 초반부의 원초고)로 만든 후 1859년에
『정치경제학 비판을 위하여』를 출판했지만 대중적 반향은 없었다. 또 다른 8년
간의 열정적 연구와 거대한 지적 노력이, 『자본론』 제1권을 발행하기 전에 걸릴
것이었다.

8. 1845~1858년 시기의 정치경제학에 관한 발췌, 수고, 칼럼, 책 들의 연대표

연도	제목	내용
1843~1845	[파리 노트]	마르크스의 정치경제학 연구의 가장 초기 발췌 노트
1844	[1844 경제학·철학 수고]	[파리 노트]와 병행해 작성된 미완성 수고

---

71 Karl Marx to Ferdinand Lassalle, 22 February 1858, MECW 40, pp. 270f.

1845	["프리드리히 리스트의 책 :『정치경제학의 국민적 체계』에 관한 논문의 초고"]	독일 경제학자 리스트를 비판한 논문의 미완성 수고
1845	[브뤼셀 노트]	정치경제학의 기본 개념에 관한 여섯 권의 발췌 노트
1845	[맨체스터 노트]	경제문제, 경제사, 영국 사회주의 문헌에 관한 아홉 권의 발췌 노트
1846~1847	폰 귈리히의『상업의 역사』에 관한 발췌 노트	경제사에 관한 세 권의 발췌 노트
1847	『철학의 빈곤』	프루동의『경제적 모순의 체계』에 관한 논쟁적 저서
1849	『임금노동과 자본』	≪신라인신문: 민주주의의 기관≫에 실린 논문 5개
1850	≪신라인신문≫의 논문	경제 상황에 관한 논문, 정치경제학 평론
1850~1853	[런던 노트]	주로 정치경제학에 집중된 발췌 노트 스물네 권(특히, 위기의 이론과 역사, 화폐, 정치경제학 고전, 노동계급의 상태, 기술)
1851	["지금: 완전한 화폐제도"]	[런던노트]를 작성하는 동안 같이 작성한 화폐와 유통에 관한 가장 중요한 이론에서의 인용을 포함한 두 권의 발췌 노트
1851~1862	≪뉴욕 트리뷴≫의 논문	이 신문에 실린 논문 487개 중 정치경제학에 관한 논문 약 70개
1855	[인용들: 화폐의 본질, 신용의 본질, 위기]	주요 경제학자들의 화폐, 신용, 위기에 관한 이론을 요약한 발췌 노트 한 권
1857	[서설]	마르크스의 방법론에 관한 가장 폭넓은 사상을 포함한 수고
1857~1858	[위기에 관한 노트]	1857년의 금융위기 사건에 관한 기록들의 노트
1857~1858	[그룬트리세]	『정치경제학 비판을 위하여』(1859)를 위한 예비 수고

4
1857년 [서설]의 역사, 생산 그리고 방법론

1. 어디서부터 시작해야 하나?

1857년에 마르크스는 국제적 수준에서 발전하던 금융위기가 유럽 전역에 새로운 혁명적 시기를 위한 조건을 창출했다고 확신했다. 그는 1848년 대중 봉기 이후 줄곧 이 순간을 기다려왔으며, 마침내 그때가 온 것으로 보였기 때문에 사건들이 준비되지 않은 자신을 덮치게 하고 싶지 않았다. 그래서 그는 경제학 연구를 재개하고 이것의 완성된 형태를 만들 결심을 했다.

어디서부터 시작해야 하나? 어떻게 저 거창하고 부담이 큰, 이전에 그가 여러 차례 시작했다가 중단했던 정치경제학 비판에 착수할까? 이것이 마르크스가 다시 작업에 손대기로 했을 때 자문한 첫 번째 물음이었다. 두 가지 사정이 답을 정하는 데 결정적이었다. 그는 일부 이론들이 유효성이 있음에도 경제학은 여전히 현실을 정확히 파악하고 설명하기 위한 인식 과정에서는 부족하다고 생각했다.[1] 따라서 작성 과업을 개시하기 전에 주장과 설명의 순서를 확립해야 할 필요를 느꼈다. 이런 고려가 그로 하여금 방법의 문제에 더 깊이 들어가게 하고 연구를 위한 지도 원리를 만들어내게 했다. 그 결과는 그의 전 저술 중에서 가장 널리 토론된 수고 중 하나인 이른바 1857년 [서설]이었다.

마르크스의 의도는 복잡한 방법론적 논문이 아니라, 독자에 앞서 자신을 위해, 그의 앞에 놓여 있는 길고도 사건들로 가득할 중대한 여정에서 자신이 따라야 할 방향을 명확히 하는 것이었다. 이것은 또한 1840년대 중반 이후 그가 축적해온 거대한 양의 경제학 연구를 수정하는 과제를 위해서도 필요했다. 따라서 이론적 범주들의 채용과 표현에 관한 논평과 함께, 이 지면에는 그의 사상을 새로이 요약하는 데 없어서는 안 될 다수의 정식들─특히 그의 역사에 대한 이해와 연결된 정식들─뿐 아니라 그 해답이 여전히 문제로 남아 있는 꽤 비체계적인 일련의 질문들이 들어 있다.

이런 의도와 필요의 혼합, 작성하는 데 걸린 (거의 일주일도 안 되는) 짧은 기간, 그리고 무엇보다 이 노트가 잠정적이라는 성격은 [서설]을 극히 복잡하고 논쟁적으로 만들었다. 그럼에도 [서설]은 인식론적 문제에 관해 마르크스가 작성한 것 중 가장 광범위하고 세밀한 공표를 담고 있기 때문에 그의 사상[2]을 이해하는 데 중요한 참고문헌이고, [그룬트리세] 전체를 해석하기 위한 열쇠다.

---

1 "단어의 독일어적 의미에서 과학으로서 경제학은 아직 더 탐구(tackle)되어야 한다." Karl Marx to Ferdinand Lassalle, 12 November 1858, MECW 40, p.355.

2 [서설]에 대한 방대한 비평 문헌은 그 중요성에 대한 하나의 표시다. 1903년의 첫 출판 이후 마르크스의 사상에 대한 모든 주요한 비평 해석, 지적인 전기와 소개는 이것을 설명했으며 수많은 논문과 논평의 대상이 되어왔다. 후자 중에서는 특히 카버를 참조. Terrell Carver, *Karl Marx: Texts on Method*(Oxford: Blackwell, 1975), pp.88~158.

2. 역사와 사회적 개인에 대한 결정적 노트

마르크스는 그의 스타일이 늘 그렇듯이 [서설]에서 자신의 사상에 대한 설명과 자신의 이론적 반대자에 대한 비판 사이를 오갔다. 텍스트는 4개 절로 구성된다.

① 생산 일반
② 생산, 분배, 교환, 소비 사이의 일반적 관계
③ 정치경제학의 방법
④ 생산수단(력)과 생산관계, 생산관계와 유통 관계 등

(Marx, 1973: 69)

1절은 의도의 선언으로, 즉각적으로 연구 분야를 특정하고 역사적 기준을 가리키며 시작한다. "우리 앞에 있는 대상, 우선, 물질적 생산이 연구 분야다. 물론 사회에서 생산하는 개인—따라서 사회적으로 규정된 개인적 생산—이 출발점이다." 마르크스의 논쟁 표적은 "18세기 로빈슨주의자들"(Marx, 1973: 83), 경제적 인간homo economicus의 패러다임으로서의 로빈슨 크루소의 신화(Watt, 1951: 112), 부르주아 시대의 전형적 현상들의 태초부터 존재해온 모든 다른 사회들로의 투사였다. 그런 이해는 생산의 사회적 성격을 자본주의 관계의 특수성이 아닌 것, 어떤 노동과정에서도 불변인 것으로 표현했다. 같은 방식으로 시민사회는bürgerliche Gesellschaft—18세기에 이 시민사회의 출현이 "이전 역사 시기에서는 개인을 확고하고 제한된 인간 집합체의 부속물로 만들었던 자연적 유대 등과 분리되어 보이게 하는" 환경을 창조했는데,— 항상 존재해왔던 것으로 묘사되었다(Marx, 1973: 83).

실제로 고립된 개인은 자본주의 시대 이전에는 그야말로 존재하지 않았다. 마르크스가 [그룬트리세]의 다른 문장에서 적었던 대로 "개인은 원래 **종족적인 존재, 군집 동물인 유적 존재**로 나타난다"(Marx, 1973: 496, trans. modified). 이 집

합적 차원이 "공동체의 **토대**Basis des Gemeinwesens인 보금자리일 뿐 아니라 노동수단과 대상을 둘 다 제공하는 무기 창고이자 거대한 작업장"인 지구를 전유하기 위한 조건이다(Marx, 1973: 472). 이 원시적 관계가 있는 데서 인간의 활동은 직접적으로 지구와 연결된다. "노동과 그 물질적 전제 조건의 자연적 통일"이 있으며, 개인은 타인과 마치 한 몸처럼 공생한다(Marx, 1973: 471). 유사하게 목적이 아직 교환가치가 아닌 사용가치를 창조하는 것이며 농업에 토대를 둔 모든 이후의 경제 형태에서3 "노동의 객관적 조건에 대한" 개인의 관계는 "코뮌의 구성원으로 그의 존재를 통해 매개된다". 개인은 항상 그 연쇄에서 단지 하나의 고리다(Marx, 1973: 486). 이와 관련해 마르크스는 [서설]에서 다음과 같이 말한다.

> 더 깊이 역사를 거슬러가면 갈수록 개인, 따라서 또한 생산하는 개인은 더욱 의존적unselbstständig으로 더 큰 전체에 속하는 것으로 나타난다. 매우 자연스러운 방법으로 가족에, 그리고 가족이 확대된 종족Stamm에, 그다음에 종족의 대립과 융합에서 발생한 공동체 사회의 다양한 형태에(Marx, 1973: 84)4

---

3 마르크스는 [그룬트리세]의 [자본주의 생산에 선행하는 형태들] 장에서 이 주제를 자세히 다루었다. Karl Marx, *Grundrisse: Foundations of the Critique of Political Economy(Rough Draft)* [Harmondsworth: Penguin, 1973(1857-1858)], pp.471~513.

4 이런 아리스토텔레스적 모체 개념—가족이 마을의 탄생에 선행하는—은『자본론』제1권에서 다시 나오지만 나중에 마르크스는 여기서 벗어났다고 한다. 엥겔스는 1883년 독일어 판의 한 주석에서 지적했다. "인간의 원시적 조건에 대한 차후의 연구를 통해 저자마르크스는 가족이 원래 종족으로 발전한 것이 아니라, 반대로 혈연관계에 근거한 종족이 인간 결합의 원시적·자발적으로 발전한 형태였으며 종족적 유대의 시초적으로 발생한 이완으로부터 다양한 형태의 가족이 나중에 발전했다는 결론에 이르렀다." 엥겔스는 당시에 자신과 말년의 마르크스가 수행했던 고대사 연구를 언급하는 것이었다. 마르크스가 읽었거나 인류학 노트에 요약했던 주요 텍스트들은—그 노트들은 여전히 출판되지 않았다— 테일러(Edward Burnett Tylor)의『인류의 초기역사와 문명의 발전에 대한 연구』, 모건(Lewis Henry Morgan)의『고대사회』, 메인(Henry Summer Maine)의『인도와 실론의 아리아 촌락』, 루벅(John Lubbock)의『문명의 기원과 인간

『자본론』 제1권에서 비슷한 생각이 나타난다. "암흑의 장막에 쌓인 유럽의 중세 시대"를 말하는 데서 마르크스는 다음과 같이 주장한다.

독립적인 인간 대신, 농노와 영주, 가신과 주군, 평신도와 성직자 모두가 의존적이라는 것을 알게 된다. 여기서 개인적인 의존은 생산의 사회적 관계뿐 아니라 이 생산의 토대에서 조직된 생활의 다른 영역도 특징짓는다(Marx, 1996: 88).

그리고 생산물 교환의 발생을 검토했을 때, 마르크스는 이 교환이 상이한 가족, 종족, 공동체들 간의 접촉에서 시작되었다는 것을 상기시켰다. "왜냐하면 문명의 맨 처음에 독립적인 기반에서 만나는 것은 개인이 아니라 가족이나 종족 등이다"(Marx, 1996: 357). 그래서 지평이 혈족의 원시적 유대든 중세의 주군과 가신의 결합이든, 개인들은 "편협한 생산관계bornirter Productionsverhältnisse" 내에서, 호혜적인 유대로 상호 결합되어 살았다(Marx, 1973: 162).[5]

고전파 경제학자들은 이런 현실을 전도시켰는데, 마르크스가 자연법에 대한

의 원시상태』였다.

5   이 상호 의존은 자본주의 생산양식에서 개인 사이에 확립된 것과 혼동하면 안 된다. 전자는 자연의 산물이며 후자는 역사의 산물이다. 자본주의에서 개인의 독립은 노동 분업에서 표현된 사회적 의존과 결합된다. Karl Marx, 'Original Text of the Second and the Beginning of the Third Chapter of *A Contribution to the Critique of Political Economy*', in *Marx and Engels Collected Works*, vol. 29: *Marx 1857-1861*(Moscow: Progress Publishers, 1987b(1958)], p.465. 이러한 생산의 단계에서 활동의 사회적 성격은 자신을 개인 상호 간의 단순한 관계로 드러내지 않고, "그들과 독립적으로 존속하며 서로 무관심한 개인 간의 충돌에서 발생하는 관계에의 개인의 종속으로 나타난다. 활동과 생산물의 일반적 교환은 각 개인에게 필수적인 조건이 되었다(그들의 상호 연결). 여기서는 사물로서 그들에게 자율적인 낯선 것으로 나타난다". Karl Marx, *Grundrisse: Foundations of the Critique of Political Economy(Rough Draft)*(Harmondsworth: Penguin, 1973(1857-1858)], p.157.

영감과 결부된 환상들로 간주한 것에 토대를 두었다. 특히 스미스는 개인들이 존재할 뿐 아니라 사회 밖에서 생산도 할 수 있는 태고적 상태를 묘사했다. 종족 내의 사냥꾼과 양치기의 노동 분업이 직업의 전문화를 성취한 것으로 추정한 것이다. 예를 들면, 한 사람이 활과 화살을 만드는 데 혹은 나무 집을 짓는 데 더 능숙했기 때문에 그는 전사나 목수가 되었으며, 한 사람의 노동 생산물의 소비하지 않은 부분을 다른 사람의 잉여와 교환할 수 있게 보장했기 때문에 "모든 사람이 특정 직업에 종사하게 고무[되었]다"(Smith, 1961: 19). 리카도는, 그가 사회의 원시 단계에서 사냥꾼과 어부의 관계를 상품 소유자가 상품에 대상화한 노동시간에 토대를 둔 교환으로 상상했을 때, (스미스와) 비슷한 시대착오의 과오를 범했다(Ricardo, 1973: 15; Marx, 1987a: 300, cf.).

이런 식으로 스미스와 리카도는, 고립된 부르주아 개인이라는, 그들이 살았던 고도로 발전된 사회의 산물을 마치 자연의 자발적 표현인 것처럼 묘사했다. 그들 저작의 지면에서 출현하는 것은 사회적 관계는 항상 동일하고 경제적 행위는 몰역사적인 인류학적 성격의 "원래 있었던 개인", 신화적이고도 영원한 개인이었다(Marx, 1973: 83).마르크스에 따르면 각 새로운 역사 시대의 해석자들은 자기 시대의 가장 두드러진 특징이 태고 적부터 존재했던 것으로 자주 착각해왔다.[6]

마르크스는 대신 "사회 바깥의 고립된 한 개인에 의한 생산은 …… 터무니없으며, 이는 마치 **같이** 살고 서로 말하는 개인들이 없이는 언어의 발전이 터무니없는 것과 마찬가지"라고 주장했다(Marx, 1973: 84).[7] 그리고 18세기의 고립된 개

---

6   마르크스가 보기에, 이런 순진한 가정을 피했던 경제학자는 제임스 스튜어트였다. 마르크스는 1851년 봄에 스튜어트의 주요 저작 『정치경제학 원리 탐구』의 발췌문으로 채웠던 발췌 노트에서 다수의 문장을 논평했다. Karl Marx, 'Exzerpte aus James Steuart: *An Inquiry into the Principles of Political Economy*', in *Marx Engels Gesamtausgabe*(MEGA²), vol.IV/8: *Karl Marx Exzerpte und Notizen März bis Juni 1851*[Berlin: Dietz Verlag, 1986(1851)].

7   [그룬트리세의] 다른 어딘가에서 마르크스는 "고립된 개인은 그가 말할 수 없는 것과 마찬가지로 토지 소유도 할 수 없다"(Marx, 1973: 485). 그리고 "개인의 생산물로서의 언어는 불가능성이

인을 "역사의 결과가 아니라 역사의 출발점"으로, 인간성의 원형으로 묘사했던 이들에 반대하며 그런 개인은 오직 가장 발달한 사회적 관계와 함께 출현했다고 주장했다(Marx, 1973: 83). 마르크스는 인간이 정치적 동물ᵃ ζῷον πολιτικόν: zoon politikon, 사회적 동물임을 부분적으로 인정했으나, "인간은 오직 사회 내에서만 자신에게 개성을 부여할 수 있는 동물"이라고 강조했다(Marx, 1973: 84). 따라서 시민사회는 오직 근대 세계에서만 발생했기 때문에 자본주의 시대의 자유 임금노동자는 오직 장기적 역사 과정 이후에 출현한 것이다. 사실 자유 임금노동자는 사회의 봉건적 형태가 해체된 한 측면과, 16세기 이후 새로운 생산력 발전의 다른 측면의 산물이었다(Marx, 1973: 83). 마르크스가 너무도 명백하다고 생각했던 요점을 반복할 필요를 느꼈다면 그것은 오직 이전의 20년간 캐리, 바스티아, 프루동의 저작이 토론을 불러왔기 때문이었다.[8] 자본주의적 개인의 발생을 묘사하고,

---

다. 이것은 소유에도 마찬가지이다"(Marx, 1973: 490)라고 언급했다.

8   카버는 [서설]에 대한 편집 논평[Terrell Carver, *Karl Marx: Texts on Method*(Oxford: Black-well, 1975), pp.93~95]에서 바스티아의 로빈슨 크루소의 사용에 대한 마르크스의 인용이 저자가 실제 말한 것과 일치하지 않는다고 지적한다. 왜냐하면 바스티아에 따르면 "다니엘 디포가 만약 …… 그의 영웅이 난파선에서 약간의 필수품, 가령 식량, 화약, 총, 도끼, 칼, 밧줄, 널빤지, 쇠 등을 구하도록 허용함으로써 필수적인 사회적 양보를 하지 않았다면 그의 소설에서 모든 그럴 듯한 자취를 박탈했을 것이다. 사회가 인간의 필수적 환경이라는 결정적 증거로서, 심지어 소설가조차도 인간을 사회 바깥에 살게 하지 못한다. 그리고 로빈슨 크루소는 자신과 함께 천 배 이상 값진 다른 **사회적** 보물을 홀로 될 때 얻는다 …… 내가 의미하는 것은 그의 관념, 기억, 경험, 특히 언어다". Frédéric Bastiat, *Economic Harmonies*[Princeton, NJ: D. van Nostrand Co. Inc., 1964(1850)], p.64. 그럼에도 바스티아는 저작의 다른 부분에서 역사적 감각의 결여를 보여준다. 그곳에서 개인의 행동은 합리적·경제적 계산에 의해 좌우되는 것처럼 보이며 자본주의 사회의 특유한 분열에 따라 묘사된다. "고립된 한 개인은 언제까지라도 생존할 수 있다면 그는 한꺼번에 자본가이자 기업가이며 노동자, 생산자, 소비자일 것이다"(p.174). 따라서 로빈슨 크루소는 다시 한 번 경제학자들의 고리타분하게 정형화된 생각의 인물이 된다. "따라서 로빈슨 크루소는 작업이 완료될 때 그의 만족에 비한 분명한 노동 절약, 또는 같은 노동량에 비한 만족의 증가를 예견할 수 없다면 도구 만들기에 착수하지 않을 것이다"(p.175). 십중팔구 이는 마르크스의 주목을 끌 만한 주장이었다.

근대적 생산은 오직 "사회적 발전의 일정한 단계─사회적 개인들에 의한 생산─"에 따른다는 것을 증명한 후에 마르크스는 두 번째 이론적 필요조건 "생산 일반 Production im Allgemeinem" 개념과 관련해 경제학자들이 수행한 신비화를 폭로하는 것에 관해 시사한다. 생산 일반은 현실의 어떤 구체적 단계에도 존재하지 않는 범주인 하나의 추상이다. 그렇지만 "모든 생산 시대에는 모종의 공통의 특질, 공동의 규정들이 있으므로" 마르크스는 "생산 일반은 그것이 실제로 공통 요소를 낳고 고정시키는 한 합리적 추상이라는 것", 그래서 사고를 통해 현실을 재생산하려는 학자에게 쓸데없는 반복을 절약해준다는 것을 인정한다(Marx, 1973: 85).

그래서 추상은 마르크스에게 긍정적 기능을 얻었다. 이것은 더 이상 그의 초기의 헤겔 비판에서처럼 관념론적 철학과 동의어이거나 현실의 대체물이 아니었으며(Marx, 1975a: 180ff.) 혹은 1847년에 『철학의 빈곤』에서 썼던 대로 모든 것을 논리적 범주로 변형시키는 형이상학도 아니었다(Marx, 1976: 163). 이제 그의 유물론적 역사 이해(나중에 명명되는 것처럼)는 확고히 정교화되었으며 그의 비판적 사고가 1840년대 초와는 심원하게 다른 맥락에서 작동했기 때문에 마르크스는 젊은 시절의 편견 없이 다시 추상을 사고할 수 있었다. 따라서 당대에 보편적 가치를 지닌 추상적 법칙의 불가능성을 이론화했던[9] "역사학파"의 대표자들과 달리 마르크스는 [그룬트리세]에서 추상이 인식 과정에서 유익한 역할을 할 수 있다는 것을 인정했다.[10]

---

9 특히, 그 주요 대표자인 로셔의 저작을 보라. Wilhelm Roscher, *Principles of Political Economy* [New York: Arno Press, 1972(1854)]. 『자본론』 제1권에서 마르크스는 로셔의 "해부생리학 방법론"을 조롱했다. Karl Marx, 'Capital, vol. I', in *Marx and Engels Collected Works*, vol. 35: *Capital, Vol. I*[New York: International Publishers, 1996(1867)], p. 216.

10 1903년 마르크스의 [서설]의 출판 직후에 마르크스의 정식화들과 다양한 유사성들을 지니는 표현들로써 베버는 역사 현상을 종합하는 데 "추상적 경제 이론"의 유용성을 강조했다. Max Weber, "'Objectivity' in Social Science and Social Policy", in *The Methodology of the Social Sciences*[New York: The Free Press, 1949(1904)], pp. 48f. 그는 그 "개념적 순수"에서 "이념형 개념

그렇지만 이것은 오직 이론적 분석이 모든 역사적 단계에 유효한 정의와 특정 시대에만 효과 있는 정의 사이를 구분할 수 있고 현실을 이해하는 데 (후자에) 마땅한 중요성을 부여할 수 있다고 증명될 때만 가능했다. 비록 추상이 생산의 가장 광범위한 현상을 대변하는 데는 유용했지만, 이것이 생산의 특수한 양상들을 정확히 대변하지는 않았는데, 이 특수한 양상들은 유일하게 진정으로 역사적이었다.[11] 추상이 어떤 역사적 실재의 특정한 종류의 규정과 결합되지 않았다면, 생산은 특정한, 차별화된 현상으로부터 자기를 표현하는 다양한 형태의 '본질적 다양성wesentliche Verschiedenheit'을 숨기는 완전히 자기 동일적인 과정으로 변화되었다. 이것이 "현존 사회관계의 영원성과 조화"를 보여준다고 주장했던 경제학자들이 저지른 잘못이었다(Marx, 1973: 85). 이들의 방법과 대조적으로 마르크스는 각 사회경제적 구성체의 특징들이야말로 각 사회경제적 구성체를 서로 구별할 수 있게 하고 이 구성체의 발전에 추동력을 제공하며 학자가 실제 역사적 변화를 이해할 수 있게 하는 것이라고 주장했다(Korsch, 1938: 78f.)

생산의 일반적 요소들에 대한 정의가 일부는 "모든 시대에 속하고 다른 것은

은 현실의 묘사가 아니라 그런 묘사에 모호하지 않은 표현 방법을 주는 것이 목적이다 …… 이 정신적 구성물은 현실 어디에서도 찾을 수 없다. 이것은 유토피아다. 역사적 연구는 각 개별 사례에서 이 이념적 구성물이 현실에 근접하거나 이로부터 발산하는 정도를 결정하는 과제에 직면한다"(p.48). 추상적 이념형은 다음을 표현한다. "하나의 역사적 현실이 아닌 개념적 구성물을 …… 추상적 이념형은 정확히 현실이 하나의 사례로서 간주되는 도식이다. 이것은 경험적 내용의 특정한 주요 부분을 설명하기 위해 개념을 제한하는 순수한 이상의 의미를 갖는데, 이 개념의 현실은 측정되고 비교되어야 한다"(p.51, trans. modified).

11 마르크스는 [독일 이데올로기]에서 이미 이와 유사한 생각을 표명했다. 그는 엥겔스와 함께 다음과 같이 썼다. "이 추상은 그 자체로, 실제 역사와 떨어져, 그 어떤 가치도 없다. 이것은 오직 역사적 소재의 배열을 촉진하고, 분리된 단층의 순서를 나타내는 데 봉사할 수 있을 뿐이다. …… 정반대로 어려움은 소재─지나간 시대든 현재든─와 이것의 실제 표현을 검토하고 배열하기 위하여 착수할 때만 시작된다." Karl Marx and Friedrich Engels, "German Ideology", in *Marx Engels Collected Works*, Vol.5: *Marx and Engels April 1845-April 1847*(Moscow: Progress Publishers, 1976(1845~1846)], p.37.

오직 몇 가지에만 속하는" "여러 가지로 분할되고 나눠지는 상이한 규정들일지라도" 확실히 보편적 구성 요소들 중에 인간 노동과 자연이 제공하는 재료가 있다(Marx, 1973: 85). 왜냐하면 생산하는 주체와 노동대상이 없이는 생산이 있을 수 없기 때문이다. 그러나 경제학자들은 "이전에 축적된, 앞선 노동 생산물의 축적", 즉 자본이라는(Mill, 1965: 55)[12] 생산의 제3의 일반적 전제 조건을 도입했다. 이 마지막 요소에 대한 비판은 마르크스가 경제학자들의 근본적 한계라고 생각하는 것을 드러내는 데 본질적이었다. 또한 마르크스에게도 노동 도구 없이 인간 손만 있거나 축적된 과거 노동 없이 원시적 인간의 반복적 활동들의 형태만 있는 생산은 명백히 불가능해 보였다. 그렇지만 그는 자본은 과거 노동이고 생산의 도구라는 데는 동의했음에도, 스미스, 리카도, 존 스튜어트 밀과 같이 자본이 항상 존재했다고 결론 내리지는 않았다.

자본을 "영원한" 것으로 이해하는 것은 본질적인 "형태 규정Formbestimmung"을 고려하지 않고 단지 물질로서 취급하는 방법이라고 본 [그룬트리세]의 또 다른 부분에서 요점이 매우 자세히 제시된다.

> 자본은 모든 형태의 사회에 존재해야 했을 것이고 전적으로 초역사적인 어떤 것이다. …… 팔, 특히 손은 그러면 자본이다. 자본은 인간종種이라는 오래된 것에 대한 새로운 이름이 될 뿐이다. 왜냐하면 가장 미발전된 수렵, 어로 등을 포함한 모든 형태의 노동은 앞선 노동의 생산물이 직접적인, 살아 있는 노동을 위한 수단으로 사용되는 것을 전제하기 때문이다. …… 만약 이렇게 자본의 특정 형태는 추상되어버리고 단지 내용물만 강조된다면 …… 당연히 자본이 인간의 모든 생산에 필요한 조건이라는 것을 증명하는

---

12 이 관념의 더 정교한 설명은 존 스튜어트 밀에서 찾을 수 있다. John Stuart Mill, *Principles of Political Economy*, vol. I[London: Routledge & Kegan Paul, 1965(1848)], pp.55f.

것보다 쉬운 것은 없다. 이것의 입증은 자본을 인간 생산의 특수하게 발전된 **역사적** 단계의 계기Moment einer besonders entwickelten historischen Stufe der menschlichen Production로 만드는 특정 양상들의 추상Abstraktion에 의해 정확히 진행된다(Marx, 1973: 257~258).

이 문장에서 마르크스는 추상을 부정적 의미에서 언급한다. 추상하는 것은 실제 사회적 조건을 제거하는 것이고 자본을 관계라기보다 사물로 생각하는 것이며 따라서 거짓 해석을 제시하는 것이다. [서설]에서 마르크스는 추상적 범주의 사용을 수용하지만 이는 오직 일반적 측면의 분석이 특수한 측면을 제거하지 않거나 전자의 불명료함에 의해 후자를 흐리게 하지 않는 한에서다. 만약 "자본을 단지 생산의 도구로서 물리적 속성에서만 상상하는" 잘못을 범하면서 생산의 도구를 자본으로 만드는 경제적 형태ökonomischen Form를 완전히 무시한다면(Marx, 1973: 591) 그는 "진정한 구분을 파악하는 데서 대충하게 되는 불능"과 "상이한 이름들을 갖는 하나의 단일한 경제적 관계만 존재한다"는 믿음에 빠지게 된다(Marx, 1973: 249). 사회적 관계에서 표현된 차이를 무시하는 것은 모든 것의 마디점인 **종차**differentia specifica를 추상하는 것을 의미한다.[13] 따라서 [서설]에서 마르크스는 "다시 말해 만약 내가 유일하게 '생산 도구'와 '저장된 노동'을 자본으로 만드는, 바로 그 특수한 질을 버린다면" "자본은 자연의 일반적인allgemeines, 영원한 관계"라고 썼다(Marx, 1973: 86).

사실 마르크스는 이미 『철학의 빈곤』에서 경제학자들의 역사 감각 결여를 비판했다.

---

13 이 점은 프루동에 대한 마르크스의 비판을 참조. Karl Marx, *Grundrisse: Foundations of the Critique of Political Economy(Rough Draft)*[Harmondsworth: Penguin, 1973(1857-1858)], p. 265.

경제학자들에게는 어떤 단일한 절차의 방법이 있다. 그들에게는 자연적인 것과 인공적인 것인 두 가지 종류의 제도만 있다. 봉건제는 인공적인 제도이고 부르주아지의 것은 자연적인 제도이다. 이 점에서 그들은 두 가지 종류의 종교를 확립하는 신학자들을 닮았다. 자기 것이 아닌 모든 종교가 인간의 발명품이라면 자기 것은 신이 준 것이다. 경제학자들이 현재의 관계─부르주아 생산관계─를 자연적이라고 할 때 그들은 이 관계가 자연법과 일치해 부가 창조되고 생산력이 발전한다는 것을 함의한다. 따라서 이 관계는 자체로 시간의 영향과 독립한 자연법이다. 이것은 항상 사회를 지배하는 영원한 법이다. 따라서 역사가 있어왔지만 더 이상은 없다(Marx, 1976: 174).

이것을 그럴 듯하게 만들기 위해 경제학자들은 자본주의 생산양식의 탄생에 앞섰던 역사적 환경을, 자본주의 생산양식 자체의 특징을 가진 "자본주의 생산양식의 존재 결과"로 묘사했다(Marx, 1973: 460). 마르크스는 [그룬트리세]에서 다음과 같이 적었다.

자본을 영원하고 **자연적인**(역사적이 아닌) 생산 형태로 간주한 부르주아 경제학자들은 자본이 생성 중인 상태를 현재적 존재의 상태로 정식화함에 의해 다시 자본을 정당화하려고 …… 시도한다. 즉, 자본가가 비자본가로서─아직 그는 생성 중에 있으므로─ 전유하는 계기들을 그가 자본가로서 전유하는 상태로 나타냄에 의해(Marx, 1973: 460).

마르크스가 볼 때 역사적 관점에서 자신과 고전파 경제학자들 사이의 심오한 차이는 "자본은 시초부터 세상에 있었던 것이 아니라 자본이 이미 존재하던 생산과 생산물을 만나서 자신의 과정 아래 종속시켰다"(Marx, 1973: 675)는 점이다. 왜냐하면, 다음과 같기 때문이다.

새로운 생산력과 생산관계는 무에서부터 발전하지 않고 하늘에서 떨어지지
도 않으며 자기 정립적인 관념의 태^{womb}에서부터가 아니라 존재하는 생산
의 발전과 계승된, 전통적인 소유관계의 내부로부터 그리고 대립에서 나오
기 때문이다(Marx, 1973: 278).

마찬가지로 생산하는 주체가 생산수단으로부터 분리되는, 추상 노동을 수행
할 수 있는 무산 노동자를 자본가가 발견할 수 있게 하는(자본과 살아 있는 노동 사
이의 교환을 위한 필수 요건) 환경은, 경제학자들이 침묵으로 덮어버리는 "자본과
임금노동의 원천의 역사를 형성하는" 과정의 결과이다(Marx, 1973: 489).

[그룬트리세]의 여러 문장들은 경제학자들이 역사적 현실을 자연적 실재로
묘사하는 방법을 비판한다. 예를 들면, 마르크스에게 화폐가 역사의 생산물이
라는 것은 자명하다. "화폐가 되는 것은 금이나 은의 자연적 속성이 아니라" 금
과 은이 단지 사회적 발전의 특정한 계기에 처음으로 획득하는 규정인 것이다
(Marx, 1973: 239). 신용도 마찬가지이다. 마르크스에 따르면 대부와 대출은 고리
대금처럼 여러 문명에서 공통적인 현상이었지만 "오직 노동이 산업노동이나 자
유 임금노동을 구성할 때만 신용을 구성한다. 그리고 필수적, 발전된 생산관계
로서 신용은 **역사적으로** 자본에 근거한 유통에서만 나타난다"(Marx, 1973: 535).
고대사회에도 가격과 교환이 존재했지만 "생산 비용에 의한 증대되는 가격 규
정뿐 아니라 교환의 모든 생산관계에 대한 증대하는 지배는 오직 부르주아 사
회, 자유경쟁 사회에서만 …… 완전히 발전한다". 또는 "스미스가 사실 18세기
방식으로 전사의 시대, 역사 이전 시기에 놓았던 것은 오히려 역사의 산물이다"
(Marx, 1973: 156). 게다가 마르크스는 경제학자들의 역사 감각 결여를 비판했던
것과 마찬가지로, 교환가치를 생산하는 노동이 임금노동으로 발전하지 않고도
존재할 수 있고, 교환가치가 자본으로 변화되지 않고도 존재할 수 있거나 자본
가 없는 자본이 존재할 수 있다고[14] 생각했던 프루동과 모든 사회주의자들을 조

롱했다(Marx, 1973: 248).

따라서 [서설]의 시작 지면에서 마르크스의 주요한 목적은 『자본론』 제3권에서 다시 나타나듯이, 자본주의 생산양식은 "절대적 생산양식이 아니라 단지 역사적·일시적"임을 증명하는 것(Marx, 1998: 240), 자본주의 생산양식의 역사적 특수성을 주장하는 것이다.

이 견해는 노동과정과 그것의 다양한 특성을 포함한, 수많은 질문을 보는 다른 방법을 함의한다. 마르크스는 [그룬트리세]에서 다음과 같이 썼다.

> 부르주아 경제학자들은 사회 발전의 특수한 역사적 단계에 속하는 개념에 너무 갇혀 있어서, 그들에게는 사회적 노동력의 대상화의 필연성이 이런 노동력 소외의 필연성과 분리 불가능한 것처럼 보인다(Marx, 1973: 832).

이렇듯 마르크스는 자본주의 생산양식의 특수한 형태를 마치 생산과정 자체의 상수처럼 제시하는 것을 반복해서 문제 삼았다. 임금노동을 생산의 특수한 역사적 형태의 하나의 특유한 관계로서가 아니라 인간 경제적 존재의 보편적 실재로 묘사하는 것은 착취와 소외가 항상 존재했고 앞으로도 계속 존재할 것임을 함의했다.

따라서 자본주의 생산의 특수성을 회피하는 것은 인식론적이고 정치적인 결과 양쪽을 지녔다. 한편 이것은 생산의 구체적인 역사적 수준의 이해를 방해하고 다른 한편으로는 현재의 상태를 변하지 않고 변할 수 없는 것으로 정의해 자본주의 생산을 생산 일반으로, 그리고 부르주아 사회관계를 자연적인 인간관계

---

14 마르크스가 '자본가 없는 자본이 존재할 수 있다'는 생각을 비판했던 것은 (옮긴이가 보기에) 이 문장이 언뜻 시사하는 것처럼 '자본가 없는 자본이 존재할 수 없다'는 점이 아니라, 프루동이나 당대 사회주의자들이 주장하는 대로 자본가를 없애더라도, '자본가 없이도 자본 관계가 존재한다면 문제'라는 점을 지적한 것으로 이해된다. — 옮긴이 주

로 표현했다. 따라서 부르주아 경제학자들의 이론에 대한 마르크스의 비판은 이중의 가치가 있다. 비판은 역사적 묘사가 현실을 이해하는 데 필수 불가결하다는 점을 강조할 뿐 아니라 자본주의 생산양식의 불변성이라는 도그마를 논박하는 정확한 정치적 목적이 있었다. 자본주의 질서의 역사성 증명은 또한 그것의 일시적 성격과 제거 가능성에 대한 증거가 될 것이었다.

[서설]의 1절에 담겨 있는 사상의 울림은 『자본론』 제3권의 마지막 지면에서 발견할 수 있다. 거기에서 마르크스는 "사회적 생산과정을 단순 노동과정과 동일시하는 것"은 "혼동"이라고 쓴다(Marx, 1998: 870). 왜냐하면 다음과 같기 때문이다.

> 노동과정이 오로지 인간과 자연 간의 과정인 정도까지 그것의 단순한 요소는 모든 사회적 발전 형태에 공통으로 남아 있다. 그러나 이 과정의 각각의 특수한 역사적 형태는 자신의 물질적 토대와 사회적 형태를 더욱 발전시킨다. 특정한 성숙 단계에 도달했을 때 언제나 그 특수한 역사적 형태는 폐기되고 더 고도의 형태로 나아간다(Marx, 1998: 870).

자본주의는 인간 역사의 유일한 단계도 최종 단계도 아니다. 마르크스는 자본주의가 "공동체적 생산gemeinschaftliche Production"에 근거한 사회의 조직에 의해 계승될 것이라고 예견했는데, 이 공동체적 생산 내에서 노동 생산물은 "처음부터 직접적으로 일반적"이다(Marx, 1973: 172).

3. 총체성으로서의 생산

[서설]의 이어지는 지면에서 마르크스는 생산에 대한 더 깊은 고려로 넘어가

다음과 같은 정의로 시작한다. "모든 생산은 한 개인의 입장에서 어떤 특수한 사회 형태bestimmten Gesellschaftsform 내에서의, 그리고 이 형태를 통한 자연의 전유Aneignung이다"(Marx, 1973: 87). 생산은 농업, 목축업, 제조업 이외에 다른 분야로 나눠졌기 때문에 "생산 일반"은 없었지만 "단지 특수한 생산"으로 간주될 수도 없었다. 오히려 생산은 "항상 생산 분야들의 더 크거나 넓게 분포한 총체성 내에서 활동하는 어떤 사회적 몸체Gesellschaftskörper, 사회적 주체gesellschaftliches Subject"였다(Marx, 1973: 86).

여기서 다시 마르크스는 경제학 이론의 주요 옹호자들과의 비판적 만남을 통해 자신의 주장을 발전시켰다. 당대 사람들의 습관은 자신들의 저작을 생산의 일반적 조건과 다양한 사회들에서 다소 생산성을 증대시킨 환경들에 관한 부분을 서두로 하여 시작하는 것이었다. 그렇지만 그런 서두가 마르크스에게 "따분한 동어반복"의 제시였다면(Marx, 1973: 86), 존 스튜어트 밀에게는 "생산을 역사와 독립된 영원한 자연법에 둘러싸인 것으로" 그리고 부르주아 관계를 "사회가 추상적인 것에서 건설되는 불가침의 자연법"으로 표현하려는 기획이었다(Marx, 1973: 87). 밀에 따르면 "부의 생산 법칙과 조건은 물리학적 진리의 성질을 띤다. …… 부의 분배는 그렇지 않다. 이것은 오로지 인간제도의 문제이다"(Mill, 1965: 199).[15] 마르크스는 이것을 "생산과 분배 그리고 이들 사이 진정한 관계의 조잡

---

15 이러한 언급은 마르크스의 흥미를 불러일으켰다. 그는 1850년 9월에 발췌 노트 하나에 이에 대한 논평을 적었다. Karl Marx, 'Exzerpte aus John Stuart Mill: *Principles of Political Economy*', in *Marx Engels Gesamtausgabe*(MEGA²), vol.IV/7: *Karl Marx Friedrich Engels Exzerpte und Notizen September 1849 bis Februar 1851*[Berlin: Dietz Verlag, 1983(1850)], p.36. 그렇지만 몇 줄 더 나가서 밀은 자신의 범주 구분에 관한 주장을 생산의 역사화라는 의미에서는 아니지만 부분적으로 부정했다. 밀은 이렇게 적었다. "분배는 사회의 법률과 관습에 의존하고" 이것은 "인간의 의견과 감정"의 산물이므로—그것들 자체로 인간 본성의 근본적 결과에 지나지 않으므로— 분배의 법칙은 "거의 자의적이지 않고 생산의 법칙만큼 물리적 법칙의 성격을 띤다". John Stuart Mill, *Principles of Political Economy*, vol.I[London: Routledge & Kegan Paul, 1965 (1848)], p.200. 밀의 책에서 서문은 가능한 종합을 제공할 수도 있다. "생산의 법칙과 달리 분

한 분리"라고 간주했다(Marx, 1973: 87). 왜냐하면 [그룬트리세]의 다른 부분에서 적었던 대로 "부의 생산의 '법칙과 조건'과 '부의 분배'의 법칙은 상이한 형태이지만 같은 법칙이고 둘 다 변하면서 같은 역사적 과정을 밟기 때문이다. 그 자체로 역사적 과정의 계기들일 뿐이다"(Marx, 1973: 832).[16]

이 점을 지적한 후 [서설]의 2절에서 생산의 분배, 교환, 소비에 대한 일반적 관계를 검토한다. 정치경제학에서 이런 분할은, 이 네 가지 범주를 『정치경제학 요강』(1821)의 4개의 장 제목으로 사용했던 제임스 밀과 그에 앞서 1803년에 자신의 책을 부의 생산, 분배, 소비에 관한 책 세 권으로 분할했던 세이에 의해 만들어졌다.[17]

마르크스는 네 항목 사이의 상호 관계를 헤겔의 보편-특수-개별 도식에 일치시켜 논리적 조건에서 재구성했다. "생산, 분배, 교환, 소비가 규칙적인 삼단논법syllogism을 형성한다. 그 안에서 전체가 결합되는 생산은 보편이고 분배와 교환은 특수이며 소비는 개별이다." 다른 말로 하면 생산은 인간 활동의 출발점이고 분배와 교환은 이중의 매개점이며—전자는 사회에 의해 작동되는 매개, 후자는 개인

배의 법칙은 부분적으로 인간제도의 것이다. 어떤 주어진 사회에서 부가 분배되는 방법은 그 안에 지배적인 법령이나 사용법에 의존하기 때문이다." John Stuart Mill, *Principles of Political Economy*, vol.I[London: Routledge & Kegan Paul, 1965(1848)], p.21.

16 그래서 생산관계를 영원한 것으로, 분배 형태를 역사적인 것으로 간주하는 밀 같은 이들은 "[그들이] 전자도 후자도 이해하지 못하고 있다는 것을 보여준다". Karl Marx, *Grundrisse: Foundations of the Critique of Political Economy(Rough Draft)*[Harmondsworth: Penguin, 1973(1857-1858)], p.758.

17 마르크스는 두 텍스트를 매우 잘 알았다. 이것은 마르크스가 연구한 첫 번째 정치경제학 저작에 속했으며 그는 이 텍스트들에서 많은 발췌를 발췌 노트에 옮겨 적었다. Karl Marx, 'Exzerpte aus Jean-Baptiste Say: *Traité d'économie politique*', in *Marx Engels Gesamtausgabe* (MEGA²), vol.IV/2[Berlin: Dietz, 1981a(1843-1844)]; Karl Marx, 'Exzerpte aus James Mill: *Élemens d'économie politique*', in *Marx Engels Gesamtausgabe*(MEGA²), vol.IV/2[Berlin: Dietz, 1981b(1844)].

에 의해 작동되는 매개이다― 소비는 종결점이다. 그렇지만 이것은 단지 "피상적 일관성"이었으므로 마르크스는 네 가지 영역이 서로 관련되는 방법을 더 깊이 분석하고자 했다(Marx, 1973: 89).

그의 첫 번째 탐구 대상은 직접적 동일성의 하나로 설명했던 생산과 소비 사이의 관계였다. "생산은 소비이고" "소비는 생산이다". 규정은 부정determinatio est nega-tio이라는 스피노자의 원리의 도움을 얻어 마르크스는 생산적 행동이 원료뿐 아니라 개인의 능력을 소모하는 이상 생산은 또한 소비라는 것을 보여주었다(Spinoza, 1955: 370). 사실 경제학자들은 이미 이런 측면을 "생산적 소비"라는 용어로 강조했고 이것을 "소비적 생산"과 구별했다. 후자는 오직 생산물이 분배되고 재생산의 영역에 재투입되면서 "진정한 소비"를 구성했다. 생산적 소비에서는 "생산자가 자신을 대상화한다면" 소비적 생산에서는 "생산자가 창조한 대상이 자신을 인간화한다"(Marx, 1973: 90~91).

이 생산과 소비의 동일성의 또 다른 특성은 이들 사이에서 발전된 상호적인 "매개적 운동"에서 인식할 수 있다. 소비는 생산물에게 "최종 완성"을 주고 생산 성향을 자극함으로써 **새로운 생산에 대한 필요**를 창조한다(Marx, 1973: 91). 같은 방법으로 생산은 소비를 위한 대상뿐 아니라 "재료에 대한 필요"를 제공한다. 일단 자연적 직접성의 단계를 벗어나기만 하면 욕구는 대상 자체에 의해 발생한다. "생산은 주체를 위한 대상뿐 아니라 그 대상을 위한 주체"―즉, 소비자― 를 "창조한다"Marx, 1973: 92).

생산은 소비를 생산한다. 첫째는 소비를 위한 재료를 창조함에 의해서다. 둘째는 소비 방법을 규정함에 의해서다. 셋째는 처음에 소비에 의해 대상으로 정립된 것을 소비자에 의해 느껴진 욕구의 형태에 맞게 생산물들로 만듦에 의해서다. 따라서 생산은 소비 대상, 소비 방법, 소비 충동을 생산한다(Marx, 1973: 92).

요약하면 생산과 소비 사이에는 무매개적 동일성의 과정이 있다. 이들은 또한 교대로 서로를 매개하고 실현됨에 따라 서로를 생산한다. 그럼에도 마르크스는 예를 들어, 세이와 프루동이 그랬듯이 두 가지를 동일한 것으로 간주하는 것은 잘못이라고 생각했다. 왜냐하면 최종 분석에서는 "긴급으로서, 필요로서 소비 그 자체가 생산적 활동의 본질적인 계기이기 때문이다".

마르크스는 그다음으로 생산과 분배의 관계에 대한 분석으로 전환한다. 마르크스에 의하면 분배는 생산과 소비의 연결 고리이며 "사회적 법칙에 따라서" 생산물의 어떤 몫이 생산자에게 돌아가는지를 규정한다(Marx, 1973: 94). 경제학자들은 분배를 생산과 자율적인 영역으로 제시하며, 따라서 그들의 논문에서 경제적 범주들은 항상 두 가지 방식으로 제기된다. 토지, 노동, 자본이 생산에서 분배의 주체들agents로 파악된다면, 분배에서는 지대, 임금, 이윤이라는 형태에서 소득의 원천으로 나타난다. 하지만 마르크스는 이에 반대한다. 그는 이런 분리를 환상이고 잘못이라고 판단한다. 왜냐하면 분배의 형태는 "달라질 수도 있는 자의적 배열이 아니라 오히려 생산 형태 자체에 의해 정립된 것"(Marx, 1973: 594)이기 때문이다. 그는 [서설]에서 자신의 생각을 다음과 같이 표현한다.

> 임금노동의 형태로 생산에 참가하는 개인은 생산의 결과로 생산물의 몫을 임금이라는 형태로 받는다. 이 분배 구조는 완전히 생산 구조에 의해 규정된다. 분배 자체는 생산의 산물인데, 분배의 대상에서, 생산의 결과물들이 분배될 수 있는 것에서뿐 아니라 분배의 형태에서도, 생산에 참여하는 특정한 방식이 분배의 행태들, 분배에 참여하는 유형도 규정한다는 점에서도 그러하다. 생산에 토지를, 분배에 지대를 정립하는 것은 전적으로 환상이다(Marx, 1973: 95).

분배를 생산으로부터 자율적인 것으로 보는 이들은 분배를 단지 생산물의 분배로 상정했다. 현실에서 분배는 생산에 선행하는 두 가지 중요한 현상, 생산 도구의 분배와 다양한 종류의 생산 사이에 사회 구성원의 분배, 즉 마르크스가 "특수한 생산관계 아래 개인의 종속"이라고 정의한 것(Marx, 1973: 96)을 포함했다. 이 두 가지 현상은 특정한 역사적 사례에서—예를 들면 정복한 인민이 정복당한 인민을 노예노동에 종속시킬 때, 혹은 소유 토지의 재분할이 생산의 새로운 형태를 발생시킬 때(Marx, 1973: 96)— "분배가 생산에 의해서가 아니라, 오히려 반대로 분배에 의해 생산이 구조화되고 규정된다"(Marx, 1973: 96)는 것을 의미했다. 두 가지는 상호 밀접히 연결되어 있었다. 왜냐하면 마르크스가 [그룬트리세]의 다른 곳에서 적었던 대로 "이 분배 양식은 생산관계 자체이지만 분배의 아종을 띤 것sub specie distributionis이다"(Marx, 1973: 832). 따라서 [서설]에서 다음과 같은 문구가 나온다. "생산을 검토하면서 이런 내적 분배를 무시하는 것은 명백히 공허한 추상이다."

　　마르크스가 상정했던 생산과 분배의 연결은 존 스튜어트 밀이 두 가지를 엄격히 분리시켰던 방법에 대한 마르크스의 혐오뿐 아니라 "근대 생산의 특수한 사회적 구조를 파악할" 필요를 제기했던 리카도에 대한 마르크스의 인정에 대해서도 해명해준다(Marx, 1973: 96). "리카도는 분배 형태를 어떤 주어진 사회의 생산 행위자가 처하는 가장 분명한 표현으로 생각했기"(Marx, 1973: 96) 때문에 이 영국 경제학자는 참으로 "이 분배를 규제하는 법칙을 결정하는 것은 정치경제학의 근본 문제"라고 주장했으며(Ricardo, 1973: 3), 따라서 분배를 주요한 연구 대상의 하나로 정했다. 마르크스에게 분배는 총 생산물의 몫이 사회 구성원에게 분배되는 행동으로만 환원될 수 없었으며 전체 생산 순환에서 결정적인 요소였다. 그렇지만 이 확신이 생산은 전체로서 생산과정에서 항상 주된 요인이라는 그의 테제를 뒤집지는 않았다.

　　생산을 규정하는 이런 분배와 생산 간의 관계 문제는 명백히 생산 자체 내에 속한다. …… 생산은 참으로 자신의 계기를 형성하는 분배라는 결정 요소들이나 전제 조건들을 가진다. 애당초 이 계기들은 자발적이고 자연적으로 나타날지도 모른다. 그러나 생산과정 자체에 의해 이들은 자연적인 것에서 역사적인 결정 요소들로 변형되며, 이들이 한 시대에 생산의 자연적 전제 조건들로 나타난다면 이들은 다른 시대에는 역사적 생산의 결과였다(Marx, 1973: 97, trans. modified).

그렇다면 마르크스에게 비록 생산 도구의 분배와 다양한 생산 분야들 내에의 사회 구성원의 분배가 "새로운 생산 시대의 전제 조건으로 나타난다고 하더라도 분배는 …… 그 자체가 역으로 생산의 결과, 역사적 생산 일반의 결과물일 뿐 아니라 특정한 역사적 생산양식의 결과이기도 하다"(Marx, 1973: 98).

마르크스는 마지막으로 생산과 교환 간의 관계를 검토할 때도 또한 교환을 생산의 부분으로 생각했다. 노동력 간의 "활동과 능력의 교환", 그리고 최종 생산물을 마련하는 데 필요한 원료의 교환은 생산의 통합적 부분일 뿐 아니라, 상인들 사이의 교환도 또한 전적으로 생산에 의해 규정되었고 "생산하는 활동"을 구성했다. 교환은 오직 "생산물이 직접적으로 소비를 위해 교환되는" 국면에서만 자율적이다. 그렇지만 그렇다 하더라도 그 소비를 위한 교환의 강도, 규모 및 특징적 성격은 생산의 발전과 구조에 의해 규정되며, 따라서 "모든 계기에서 …… 교환은 마치 직접적으로 생산에 포함되거나 생산에 의해 규정되는 것처럼 나타난다."

마르크스는 그의 생산의 분배, 교환, 소비에 대한 관계 분석의 마지막에서 두 가지 결론을 내린다.

① 생산은 총체성으로서 간주되어야 하며
② 그 총체성 내의 특수한 분야로서 생산은 다른 요소를 지배한다.

요점 ①에 관해 그는 "우리가 도달한 결론은 생산, 분배, 교환, 소비가 동일하다는 것이 아니라 이들이 모두 통일성 내의 차이, 총체성의 구성원들을 형성한다는 것"(Marx, 1973: 99)이라고 쓴다. 마르크스는 헤겔주의 총체성 개념[18]을 사용해 하나의 이론적 도구—경제학자들에 의해 사용된 제한적 추상 과정보다 더 효율적인 것— 총체성의 부분들 간의 호혜적인 활동을 통해, 구체적인 것이 복수의 규정들과 관계들의 하나의 차별화된 통일이고 경제학자들의 네 가지 분리된 제목들은 자의적일 뿐 아니라 실제적 경제 관계를 이해하는 데 도움이 되지 않는다는 것을 보여줄 수 있는 도구를 다듬었다. 그렇지만 마르크스의 이해에서 유기적 총체성으로서 생산의 정의는 그 안에서 다양한 분야 중에 일치성을 항상 보장하는 구조화된, 자기 규제적인 전체를 가리키는 것은 아니었다. 정반대로 그가 동일한 주장을 다루면서 [그룬트리세]의 한 부분에서 적었던 대로 생산의 개별적 계기들은 "서로를 발견할 수도 그렇지 않을 수도, 서로 균형을 맞출 수도 그렇지 않을 수도, 서로에게 조응할 수도 그렇지 않을 수도 있다. 서로에게 속하는 내적 계기들의 필연성과 이 계기들의 상호 간 무관심하고 독립적인 실존은 이미 모순의 근거다". 마르크스는 이 모순을 자본주의 생산에 관련해(생산 일반이 아니라) 분석하는 것이 항상 필수적이라고 주장했다. 자본주의 생산은 경제학자들이 주장하는 대로 결코 "생산력 발전의 절대적 형태"가 아니었고 과잉생산에서 "근본적 모순"을 지녔다(Marx, 1973: 415).

마르크스의 결론 ②는 생산을 "생산의 총체성Totalität der Production의 다른 부분"보다 "지배적 계기übergreifende Moment"로 만들었다(Marx, 1973: 86). 그것은 그곳에

---

18 "진리는 구체적이기 때문이다. 즉 진리는 통일의 결속과 원리를 주는 반면, 그것은 또한 발전의 내적 원천을 갖고 있기 때문이다. 진리는, 그래서, 오직 사고의 우주 혹은 총체성으로서만 가능하다. 그리고 전체의 자유뿐 아니라 진리가 함의하는 몇 개의 하위 부분들의 필연도 오직 하위 부분들이 차별화되고 정의될 때만 가능하다." G. F. W. Hegel, *The Logic of Hegel[Encyclopedia of the Philosophical Sciences]*, 2nd edn[London: Oxford University Press, 1892(1817)], p. 24.

서부터 "과정이 항상 새롭게 시작하기 위해 되돌아오는" "진정한 출발점Ausgangs punkt"이며 따라서 "일정한 생산은 일정한 소비, 분배, 교환뿐 아니라 **이 다른 계 기들 간의 일정한 관계**들을 규정한다"(Marx, 1973: 99). 그러나 이런 우위는 다른 계기들의 중요성도, 그들의 생산에 대한 영향력도 취소시키지 않았다. 소비의 차원, 분배의 형태 전환 그리고 교환 영역의—혹은 시장의— 크기에서 모든 요소가 결합해 생산을 규정하고 영향을 미친다.

여기에서 다시 마르크스의 통찰은 이론적이고 정치적인 양쪽의 가치를 띤다. 유통의 도구를 변형시킴으로써 지배적 생산관계를 혁명적으로 바꾸는 것이 가능하다고 주장했던 그 시대의 다른 사회주의자들에 반대해, 그는 그런 주장은 "생산관계, 분배 관계, 유통 관계 사이의 내적 연결"에 대한 "그들의 오해"를 명확히 증명한다고 보았다(Marx, 1973: 122). 왜냐하면 유통은 오직 생산관계에서의 변화와 함께 변할 수 있으므로, 화폐 형태에서 어떠한 변화도 생산관계와 그것에 의해 규정되는 다른 사회관계를 변경하지 않은 채 놓아둘 뿐 아니라, 화폐 형태에서의 변화 또한 난센스임이 밝혀질 것이기 때문이다. 마르크스는 "부르주아 사회의 악은 은행을 '변형함'에 의해서도 혹은 '합리적 화폐 체계'"를 건설함에 의해서도, 자유 신용을 승인하는 것 같은 맹목적인 임시 처방을 통해서도, 노동자를 자본가로 전환시키는 망상에 의해서도 교정될 수 없다고 확신했다 (Marx, 1973: 134). 중심적 문제는 생산과 관련한 우선적이고 가장 중요한 문제인 임금노동의 극복이었다.

4. 방법을 찾아서

이 분석 지점에서 마르크스는 중대한 방법론적 문제를 다루었다. 어떻게 현실을 사고에서 재생산할 것인가? 어떻게 사회를 이해하고 표현할 수 있는 추상적 개념 모형을 구성할 것인가?

[서설]에서 세 번째이자 가장 중요한 절이 "과학적 표현과 실제 운동 사이의 관계"에 바쳐졌다(Marx, 1973: 86). 그렇지만 이것은 명확한 설명이 아니라 문제를 이론화하는 불충분하게 발전된 방법을 제공하며 여러 가지 요점을 가까스로 스케치하는 것이다. 때때로 서로 모순되기도 하는 어떤 문장들은 불명료한 주장을 담고 있으며, 여러 번에 걸친 헤겔주의 용어 채택은 텍스트에 모호함을 더한다. 마르크스는 이 지면을 쓸 때 그의 방법을 정교화하려고 했으며 이 지면은 그의 탐색의 자취와 궤적을 드러내 보인다.

이전의 위대한 사상가들과 마찬가지로 마르크스는 어디서 출발할 것인지의 문제―즉, 그의 경우 정치경제학은 분석적 출발점으로 무엇을 취해야 하나―에서 시작했다. 그가 검토한 첫 번째 가설은 "생산의 전 사회적 행위의 토대이자 주체"인 "현실적인 전제 조건으로, 현실적인 것과 구체적인 것으로" 즉 인구로 시작한다는 것이었다(Marx, 1973: 100). 마르크스는 정치경제학의 창설자인 페티^{William Petty}와 부아기유베르가 취했던 이 경로는 불충분하고 잘못된 것이라고 생각했다. 인구와 같은 쉽게 가늠할 수 없는 실체로 시작하는 것은 전체에 대해 지나치게 포괄적 상을 포함하게 될 것이며 이것은 계급들(부르주아지, 지주, 프롤레타리아트)로의 분할을 증명하지 못할 것이었다. 왜냐하면 계급들은 이들 각각의 토대들, 자본, 토지 소유, 임금노동을 알아야만 구별할 수 있기 때문이었다. 이런 종류의 경험적 접근법을 통해 국가 같은 구체적 요소는 노동 분업, 화폐, 가치 같은 추상적 규정들로 분해될 것이었다.

이 방법이 현실을 해석하는 데 불충분하다고 판단했지만 그럼에도 [그룬트리세]의 다른 부분에서 마르크스는 "이 방법은 정치경제학 초기의 잠정적 단계들에서 역사적 가치를 지니는 것이었는데, 이때는 아직 형식들이 내용에서 힘겹게 분리되어야 했고, 엄청난 노력을 들여 형식들이 연구의 하나의 적절한 대상으로 확정되는 때였다"는 것을 인정했다(Marx, 1973: 853).

18세기 경제학자들이 추상적 범주를 다 정의하자마자 "노동, 노동 분업, 필요, 교환가치 같은 단순한 관계로부터 국가, 민족들 간의 교환 그리고 세계 시장의 수준으로 상승했던 경제학 체계가 시작되었다". 철학의 헤겔뿐 아니라 경제학의 스미스와 리카도에 의해 수용된 이 방법은 "추상적 규정은 사고를 통해 구체적인 것의 재생산에 이른다"는 테제로 요약된다. 마르크스가 "과학적으로 올바른 방법wissenschaftlich richtige Methode"이라고 묘사한 것이 바로 이것이다. 올바른 범주를 통해 "이번에는 전체에 대한 혼돈된 사고가 아니라 많은 규정과 관계가 있는 풍부한 총체성으로서" "여정을 되밟아서 결국 인구에 다시 도달하는 것"이 가능하다(Marx, 1973: 100~101). 사실 헤겔은 『논리학』에서 종합적이고 체계적인 과학을 위한 제1의 필수 조건은 다음으로 시작해야 한다고 썼다.

> 보편자 형태의 주제로 (시작해야 한다) ······ 제일자The prius는 틀림없이 ······ 단순한 것, 구체적인 것에서 추상된 것인데, 왜냐하면 이 형태에서만 홀로 주제는 자기관계된 보편의 형태를 가지기 때문이다 . ······ 인식에서 추상적인 단순한 사고 규정을 파악하는 것이 구체적인 주제를 파악하는 것보다 더 쉽다. 왜냐하면 구체적 주제는 그런 추상적인 단순한 사고 규정과 그들의 관계의 중복된 연결이기 때문이다. ······ 보편자는 단순한 계기이기 때문에 본질적으로 개념의 첫 번째 계기이며, 특수자는 매개된 계기이기 때문에 오직 보편자에 후속하며, 역으로 단순한 것은 더욱 보편적인 것이며 구체적인 것은 ······ 이미 제일자로부터 이행을 전제하는 것이다(Hegel, 1969: 800).

그럼에도 [서설]에 대한 일부 논평자들이 주장했던 것과 반대로[19] 마르크스의

---

19 예를 들면, 알튀세르와 발리바, 네그리, 델라 볼페의 해석은 이것을 마르크스의 해석과 동일시하는 오류에 빠졌다. Louis Althusser and Étienne Balibar, *Reading Capital*(London: Verso, 1979

"과학적으로 올바른 방법"의 정의는 결코 나중에 그가 이것을 사용했음을 의미하지는 않는다(Marx, 1973: 101). 무엇보다 마르크스는 관념의 수준에서 구체적인 것에 대한 경제학자의 논리적 재구축이 충실한 현실의 재생산이라는 확신을 그들과 공유하지 않았다(Dal Pra, 1965: 461). [서설]에서 종합적으로 제시된 방법은—그가 헤겔의 방법에서 다양한 요소를 빌려왔다는 것은 사실이지만— 또한 근본적 차이도 보여주었다. 마르크스는 헤겔과 마찬가지로 "추상적인 것에서 구체적인 것으로의 상승은 사고가 구체적인 것을 전유하는 유일한 방법이며 사고에서 현실의 재구성은 가장 단순하고 가장 일반적인 규정에서부터 출발해야 한다"고 확신했다. 더욱이 두 사람에게 구체적인 것은 "많은 규정의 집적이며 따라서 다양성의 통일"이었다. 비록 마르크스에게 구체적인 것은 "직관Anschauung과 이해의 출발점"이라는 것을 명심하는 것이 항상 필수였지만, 사고에서는 "출발점으로서가 아니라 결과로서 집적의 과정으로" 나타났다.

그러나 이런 공통 토대를 넘어 "헤겔은 현실적인 것을 사고의 산물로서 생각하는 환상에 빠졌다면", 마르크스에게 "사고는 결코 구체적인 것 자체가 존재하게 되는 과정이 아니"라는 차이점이 있었다. 마르크스가 주장하기를 헤겔주의 관념론에서 "범주의 운동은 …… 그 생산물이 세계인 현실의 생산 행위로 나타난다". "개념적 사고가 실제의 인간"이며 "개념적 세계 자체가 그러므로 유일한 현실인데, 현실 세계를 관념에서 표상할 뿐 아니라 현실의 구성적 과정으로도 작동한다". 대조적으로 마르크스에게 경제적 범주들은 "이미 주어진, 구체적인, 살아 있는 전체 내에서 추상적 관계[들]로서" 존재하며(Marx, 1973: 101) "현존재 형태들, 실존 규정들Daseinsformen, Existenzbestimmungen을 표현한다"(Marx, 1973: 106).

(1968)], pp.87~88; Antonio Negri, *Marx beyond Marx: Lessons on the Grundrisse*[New York: Autonomedia, 1991(1979)], p.47; Galvano Della Volpe, *Rousseau e Marx*[Rome: Editori Riuniti, 1971(1956)], p.177.

예를 들면 교환가치는 인구와 그 인구가 규정된 관계 속에서 생산한다는 사실을 전제한다. 마르크스는 헤겔에 반대해 "구체적 총체성은, 사고 속의 구체[로서] 사고의 총체성[으로서], 사실 사고 행위와 이해하기의 생산물[이지만]" "이것은 어떤 경우에도 자체적으로 생각하고 스스로 생성하는 개념의 생산물이 아니"라고 여러 번 강조했다. 왜냐하면 "현실의 주체는 이전과 같이 두뇌 바깥에 자신의 자율적인 실존을 보유하며 …… 따라서 이론적 방법에서 또한 주체, 사회를 반드시 항상 전제 조건으로 염두에 두어야 한다"(Marx, 1973: 101~102).

그렇지만 실제로 마르크스의 해석은 헤겔의 철학을 완전히 공평히 다루지는 않는다. 헤겔의 작업에서 많은 문장은 피히테의 초월적 관념론이나 셸링의 객관적 관념론과 달리 그의 사상이 지식의 운동을 자연의 질서와, 주체를 객체와 혼동하지 않음을 보여준다. 따라서 『철학 강요』의 두 번째 문단에서 그는 명확히 쓴다.

> 사물에 대한 사고 연구는 일반적 방법에서 철학에 대한 묘사로서 봉사할 것이다. …… 의식의 엄격하게 인간적이며 사고 유발적인 현상은 원래 사고의 형태로서 나타나지 않으며 감정, 인식 또는 정신적 이미지로서 나타나는데, 이런 양상들 모두는 진정한 사고의 형태와 구분되어야 한다(Hegel, 1892: 4).

우리는 또한 『법철학』에서 간스가 1827년의 두 번째 판[20] 32번 문단에 삽입한 부분을 통해, 일부 문장들에서 마르크스의 헤겔 해석 오류를 확인할 수 있을 뿐 아니라 마르크스 자신의 숙고에 영향을 미친 방법을 실제로 증명할 수도 있

---

20 항상 많은 논평자에 의해 문헌학적 양심을 의심받아왔던, 간스에 의해 삽입된 첨가 부분(Zu-sätze)은 헤겔의 수고 일부와 초판을 발행한 1821년 이후의 『법철학』에 관한 강의의 필기 기록에 근거한다.

다(Jánoska et al., 1994: 115~119).

> 그렇지만 소유가 반드시 먼저 다루어져야 함에도 [우리는] 소유가 가족 이전
> 에 이미 존재했다dagewesen고 말할 수 없다. 따라서 당신은 왜 우리가 정점
> 에서, 즉 구체적으로 진실인 것에서 시작하지 않는지 의문을 제기할 수도
> 있다. 그 대답은 우리가 찾는 것은 정확히 결과의 형태에서 진리이며 이런
> 목적을 위해 추상적 개념 자체를 파악하는 것에서 출발하는 것이 필수적이
> 라는 것이다. 개념이 구현된 형태인 실제적인 것은 따라서 실제 세계에서
> 비록 자체로는 일차적인 것이라고 해도 우리에게 이차적인 것이고 결과적
> 인 것이다. 우리가 연구하고 있는 발전은 이 발전에 의해 추상적 형태가 자
> 체를 자립적으로가 아니라 거짓으로서 드러내는 것이다(Hegel, 1952: 233).

마르크스는 이어서 [서설]에서 단순한 범주가 더 구체적인 범주 이전에, 이 범
주와 독립적으로 존재할 수 있는지 여부를 묻는다. 점유나 소유─헤겔이『법철학』
을 시작했던 범주─의 경우에서 마르크스는 이 단순한 범주는 가족 같은 "더 구체
적인 관계" 이전에 존재할 수 없었으며 "개별적 야만인"을 자산 소유자로 분석하
는 것은 터무니없다고 주장했다. 그러나 질문은 더욱 복잡하다. 왜냐하면 화폐
는 "역사적으로 자본이 존재하기 이전에, 은행이 존재하기 이전에, 임금노동이
존재하기 이전에" 존재했다(Marx, 1973: 102). 화폐는 더 복합적 현실의 발전에
앞서 나타났기 때문에 어떤 경우에는 논리적 범주의 순서가 역사적 순서─더 최
근의 것일 뿐 아니라 더 복합적인 것─를 따른다는 것을 증명했으며(Marx, 1973: 247,
cf.), 따라서 "추상적 사고의 경로, 단순한 것에서 결합된 것으로 상승하는 것은
실제 역사적 과정과 조응할 것이다"(Marx, 1973: 102).[21] 그렇지만 고대에 화폐는

---

21 그렇지만 마르크스는 페루 사회를 반영해 정반대를 지적했다. "어떤 종류의 화폐도 없었지만

오직 교역하는 민족에게서만 지배적 기능을 수행했다. 따라서 화폐가 완전한 강도에서 역사적으로 출현하는 것은 오직 사회의 가장 발달된 상태에서만 나타난다. 다르게 말하면 "비록 더 단순한 범주는 더 구체적 범주 이전에 역사적으로 존재해왔을 수도 있지만 더 단순한 범주는 완전한 (내포적이고 외연적인) 발전을 정확히 결합된 사회 형태에서만 성취할 수 있다".

이 결론은 노동 범주에 한층 더 잘 적용된다. 왜냐하면 노동은 인간의 최초 문명과 함께 출현했으며 매우 단순한 과정으로 보였음에도 마르크스는 "경제적으로 생각할 때 …… '노동'은 이 단순한 추상을 창조하는 관계가 그렇듯이 현대적 범주"라고 강조했다(Marx, 1973: 103). 중금주의와 중상주의 옹호론자들은 부의 원천은 화폐에 잠복해 있으며 따라서 화폐는 노동보다 더 중요하다고 주장했다. 그 뒤 중농학파는 노동은 부의 궁극적 창조자이지만 그것은 오직 농업노동 형태에서만이라고 주장했다. 스미스의 작업은 최종적으로 어떠한 "부를 창조하는 활동의 제한적 특수화"라는 규정을 종결지었으며 따라서 이제 노동은 더 이상 특수한 형태로서가 아니라 "제조나 상업 혹은 농업노동으로뿐 아니라 하나이자 동시에 나머지로" "노동 자체로서" 상정되었다. 이런 방식으로 "추상화된 표현"은 "인간들이 그 내에서—어떤 형태의 사회에서도— 생산자의 역할을 하는 가장 단순하고도 가장 오래된 관계를 위해" 발견되었다. 화폐의 경우에서처럼 "노동"의 범주는 오직 "가능한 한 가장 풍부한 구체적 발전"이 있는 곳에서만, "하나의 사물이 다수에게, 모두에게 공통으로 나타나는" 사회에서만 추출될 수 있었다. 따라서 "어떠한 특정한 노동의 유형에 관한 무차별은 현실 노동 유형의 매우 발전된 총체성을, 어떤 단일한 노동이 더 이상 우세하지 않은 총체성을 전제한다".

가장 고도의 경제형태, 예를 들면 협업과 발전된 노동 분업 등이 발견되는— 매우 발전했지만 그럼에도 역사적으로 덜 성숙한— 사회 형태가 있다." Karl Marx, *Grundrisse: Foundations of the Critique of Political Economy(Rough Draft)*[Harmondsworth: Penguin, 1973(1857-1858)], p. 102.

더욱이 자본주의 사회에서 "노동 일반"은 하나의 범주일 뿐 아니라 "개인이 하나의 노동 유형에서 다른 노동 유형으로 쉽게 이전할 수 있으며 특정한 유형의 노동이 개인에게 우연의 어머니이며 따라서 무차별의 어머니이기도 한 사회 형태에 조응한다". 이제 노동자의 노동은 과거 노동의 조합적·장인적 성격을 잃고 "노동 일반", "한마디로 노동sans phrase" …… "범주로서 노동만이 아니라 현실의 노동이 된다"(Marx, 1973: 104). 임금노동은 "이 노동 혹은 또 다른 노동이 아니라 추상 노동인 순수하고 단순한 노동이며 절대적으로 그 특수한 규정성Bestimm-theit에 무차별적인, 그러나 모든 특수성이 가능한" 노동이다(Marx, 1973: 297). 요약하면 노동은 "순전히 기계적인 활동의, 따라서 특수한 형태에 대해 무차별적인" 문제이다(Marx, 1973: 297).[22]

가장 단순한 범주와 가장 구체적인 범주 사이의 관계에 대한 논의의 끝에서 마르크스는 가장 현대적인 부르주아 사회 형태에서─그는 미국을 염두에 두었다─ "노동 일반" 범주의 추상은 "실천적 진실"이 되고 있다고 결론 내렸다. 따라서 "근대 경제학이 논의의 서두에 놓았으며 헤아릴 수 없이 오래된 관계를 모든 사회 형태에서 유효한 것으로 표현하는 것인 …… 가장 단순한 추상은 그럼에도 오직 가장 근대적 사회의 한 범주인 추상으로 실천적 진리를 획득한다"(Marx, 1973: 104~105). 혹은 그가 [그룬트리세]의 다른 곳에서 재확인했듯이 이 범주는 "오직 특수한 물질적 생산양식의 발전과 오직 산업의 생산력 발전의 특수한 단계의 발전과 함께 현실적이 된다"(Marx, 1973: 297).[23]

---

22 또 다른 문장에서 마르크스는 "자본의 발전 원리는 정확하게 특별한 숙련을 남아돌게 만들고 …… 숙련을 오히려 죽은 자연의 힘으로 이전시킨다"라고 썼다. Karl Marx, *Grundrisse: Foundations of the Critique of Political Economy(Rough Draft)*[Harmondsworth: Penguin, 1973 (1857-1858)], p.587.

23 [그룬트리세에서 마르크스는 어떻게 "자본 일반"이 결코 단순 추상이 아니라 자본주의 사회에서 "실제 존재"의 범주인지를 보여주었다. 특수한 자본이 개별 자본가에게 속하듯이 그 일반적 형태에서의 자본도 또한─은행에서 축적되고 대부될 수 있으며 따라서 증식될 수 있는 어떤

그렇지만 노동의 특수한 종류에 대한 무차별은 많은 역사적 현실에 공통적인 어떤 현상이다. 따라서 이 경우에 또한 차이를 강조하는 것이 필요하다. "어떤 것에도 사용될 수 있게 날 때부터 적합한 야만인과 자신을 모든 것에 적응시킨 문명인 사이에는 엄청난 차이가 있다." 추상을 다시 한 번 실제 역사와 관련시키면서[24] 마르크스는 그의 테제를 확증시켰다.

> 이 노동의 사례가 모든 시대에서—정확히 그 추상성 때문에— 유효성이 있
> 지만 가장 추상적인 범주들조차도 어떻게 자신들이 이런 추상의 특수한 성
> 격에서 역사적 관계의 생산물이며 이 역사적 관계 내에서 완전한 유효성을
> 지니는지를 두드러지게 보여준다(Marx, 1973: 105).

이 요점을 지적하고서 마르크스는 또 다른 핵심적 문제로 전환했다. 그가 쓰려고 하는 저작에서 범주를 어떤 순서로 전개해야 하는가? 복합적인 것이 단순한 것을 이해하는 도구를 제공하는지 혹은 반대 방향인지를 묻는 질문에 대해 그는 단호히 첫 번째 가능성을 선택했다.

> 부르주아 사회는 생산의 가장 복합적인 역사 조직이다. 또한 부르주아 사회

특수한 민족의 자본으로서— "진짜 실제"로 된다. …… "일반적인 것이 따라서 한편 오직 구별의 정신적 표시라면 동시에 특수한 것과 개별적인 것의 형태와 함께 특수한 실제 형태이다." Karl Marx, *Grundrisse: Foundations of the Critique of Political Economy(Rough Draft)*[Harmondsworth: Penguin, 1973(1857-1858)], p.450.

24 엥겔스에게 보낸 1858년 4월 2일자 편지에 마르크스는 이렇게 썼다. "더 세밀히 검토를 [하면] 가장 추상적인 정의는 예외 없이 더 넓은, 명확한, 구체적·역사적 토대를 가리킨다(물론 이 정의가 명확한 정도만큼 그 근거에서 추상되었기 때문에)." Karl Marx and Friedrich Engels, *Marx and Engels Collected Works*, vol.40: *Letters 1856-1859*(Moscow: Progress Publishers, 1983), p.302.

의 관계와 그리고 그 구조에 대한 이해를 표현하는 범주들은 그래서 부르주아 사회가 그 잔해와 요소에서 자체를 건설한 부분적으로 여전히 정복되지 않은 잔존물이 남아 있는, 모든 정복된 사회 구성체들의 구조와 관계에 대한 통찰을 허용한다(Marx, 1973: 105).

그렇다면 과거를 재구성하기 위한 암시를 제공하는 것은 현재이다. "인간 해부학은 원숭이 해부학의 열쇠를 내포하고 있으며 …… 하급 동물종 사이에서 더 고도의 발달에 대한 시사 …… 는 오로지 더 고도의 발달이 알려진 이후에만 이해될 수 있다"(Marx, 1973: 105). 이 잘 알려진 언급은 그렇지만 진화론의 용어[25]로 해석되어서는 안 된다. 사실 마르크스는 "가장 최근의 형태가 이전의 형태를 자신에게 도달하는 단계로 간주하는 진부함에 근거하는" "이른바 역사적 진화"의 이해를 명시적으로 비판했다(Marx, 1973: 106). 가장 단순한 유기체에서 가장 복잡한 유기체로의, 천진난만한 진보적 궤적을 정립한 진화 이론가들과 달리, 마르크스는 생산양식들(고대, 아시아, 봉건, 자본주의)의 계승에 의해 표현되는 대조적이고 훨씬 더 복합적인 논리적 방법과 역사에 대한 정교한 이해의 사용을 선택했다. 이러한 계승은 저 다양한 양식들 내에서 범주들의 지위와 기능들을 설명한다는 것을 의미했다.[26] 따라서 이전 역사 시대 경제를 이해하기 위한 단서를 제공하는 것은—각 사회 간의 큰 차이를 고려하면 그 단서를 적절히 취급해야 하지

---

25 여기서 저자가 지적하는 '진화론'은 더 발전된 것으로의 단선적·진보적·상향적 진화론을 의미한다. 잘 알려졌다시피 다윈의 진화론은 돌연변이에 의한—예정된 목적론적 지향이나 유전자 같은 어떤 내재적 요인의 발현이 아니라— 환경 변화에의 적응력—적자 생존—의 전개에 의한 종의 다양성을 함의하기 때문에 반드시 다윈의 '진화론'이 단선적 발전을 의미하지는 않는다. — 옮긴이 주

26 홀은 마르크스에 의해 발전된 이론이 비록 역사성과의 단절은 아니지만 역사주의와 단절을 나타낸다고 올바르게 기록한다. Stuart Hall, 'Marx's Notes on Method: A "Reading" of the "1857 Introduction"', *Cultural Studies*, vol. 17, No. 2[2003(1974)], p. 133.

만— 부르주아 사회이다. 마르크스는 이를 "모든 역사적 차이를 흐리게 하고 모든 사회 형태에서 부르주아 관계를 보는 그런 경제학자들의 방법으로는 될 수 없다"고 반복해서 강조했다(Marx, 1973: 105).

이 주장은 이전 저작에서 표현한 것과 일치하지만 마르크스는 여기서 경제적 범주에 배정되어야 할 순서에 관한 곤란한 문제를 달리 다룬다. 그는 『철학의 빈곤』에서 이 문제를 다루었는데, 여기서 "역사를 사건들의 순서에 일치시키는 것이 아니라 관념들의 계승에 일치시키려는" 프루동의 희망에 반대해(Proudhon, 1972: 184) "사고의 운동에 의해 세계를 구성"하려는 생각을 비판했다(Marx, 1976: 175). 따라서 1847년에 프루동과 헤겔에 의해 채택된 논리 변증법적 방법과의 논쟁에서 마르크스는 엄격하게 역사적인 순서를 선호했다. 그러나 10년 후 [서설]에서 그의 입장은 변했다. 마르크스는 역사적·경험적 점검들이 있는 논리적 방법을 선호하면서 과학적 범주를 위한 발생 시간 순서의 계승 기준을 버렸다. 현재가 과거를 이해하게 혹은 인간의 구조가 원숭이의 구조를 이해하게 도와주기 때문에 가장 성숙한 단계인 자본주의 사회에서부터, 특히 이 사회에서 다른 모든 요소를 지배하는 요소—자본—로부터 분석을 시작하는 것이 필연적이었다. "자본은 부르주아 사회의 모든 것을 지배하는 경제적 권력이다. 이것은 반드시 종착점만이 아니라 출발점을 구성해야 한다"(Marx, 1973: 107). 그리고 마르크스는 결론을 내렸다.

따라서 경제적 범주들을 역사적으로 결정적이었던 것과 같은 순서에 따르게 하는 것은 실행 가능하지 않고 잘못일 것이다. 오히려 이 범주들의 순서는 근대 부르주아 사회에서의 상호 관계에 의해 규정된다. 이것은 자연스러운 순서로 보이거나 역사적 발전에 조응하는 순서의 정확히 정반대다. 핵심은 상이한 사회 형태들의 계승에서 경제적 관계의 역사적 지위가 아니다. 더욱이 핵심은 '관념에서의' 순서(프루동)(역사적 운동의 흐릿한 개념)도 아니다. 오히려 근대 부르주아 사회에서 경제적 범주들의 질서다(Marx, 1973: 107~108).

본질적으로 범주는 정확한 논리적 순서에서 정리하는 것과 실제 역사가 작동하는 데서 서로 일치하지 않을 뿐 아니라, 더욱이 마르크스가『자본론』제3권 수고에서 썼듯이 "사물의 외양과 본질이 직접적으로 일치한다면 모든 과학은 필요하지 않을 것이다"(Marx, 1998: 804).

따라서 마르크스는 자신의 종합에 도달했는데, 구체적 요소를 추상적 정의로 해소시켰던 초기 경제학자들의 경험주의로부터, 현실에 대한 사고를 현실 자체로 환원시켰던 고전파 경제학자들의 방법으로부터, 사고에 구체적인 것을 생산하는 능력을 주었다고 마르크스가 비난했던 철학적 관념론—마르크스의 관점에 의하면 헤겔 철학을 포함해—으로부터, 사고 형식과 객관적 현실을 엄격히 대치시키는 지식 철학의gnoseological 이해로부터, 역사주의와 이것의 논리적인 것의 역사적인 것으로의 해소로부터, 마지막으로 그가 본질적으로 "역사의 행진"(Marx, 1976: 172)을 따랐던『철학의 빈곤』에서의 주장으로부터 분기함에 의해 그랬던 것이었다. 구체적인 것과 사고 사이의 일대일 대응을 확립하는 것에 대한 마르크스의 혐오는 그로 하여금 사고의 특유성을 인식하는 것과 구체적인 것에게 사고와 독자적인 실존을 부여하는 것으로 그 두 가지를 분리하게 만들었다. 따라서 범주들의 설명 순서는 현실 역사 과정의 관계에서 구체적인 것이 자신을 표현하는 순서와 달라졌다(Althusser and Balibar, 1979: 47~48, 87). 인식 과정이 역사에서 발생했던 단계의 단순한 반복으로 한정되는 것을 피하기 위해 추상의 과정을 사용하는 것이 필요했으며, 따라서 모든 복잡성에서 사회의 해석을 허용하는 범주들의 사용이 요구되었다. 다른 한편, 이 목적에 실제로 유용하려면, 추상은 다양한 역사적 현실들과 끊임없이 비교되어야 했는데, 일반적인 논리적 규정들이 구체적인 역사적 관계들과 구분될 수 있는 그런 방법으로써 비교되어야 했다. 따라서 마르크스의 역사 이해는 설명력과 예리함이 커졌다. 논리적 순서와 실제의 역사적 순서의 대응이 한 번 거부되자마자, 역사적인 것은 현실의 이해를 위해 결정적으로 되었지만 논리적인 것은 사건의 무미건조한 연대기와 다른 것으로 역사를 상상하는 것을 가능하게 해주었다.[27] 마르크스에게 사회를 이해하고 적절히 묘사하기 위해서 모든 경제적 관계의 역사적 발생을 재구성하는 것은 필요하지 않았다. 그는 [그룬트리세]에서 이 점을 다음과 같이 표현했다.

> 우리의 방법은 역사적 탐구가 반드시 들어가야 할 지점 또는 단지 생산과정의 역사적 형태로서 부르주아 경제가 자신을 넘어 더 이른 역사적 생산양식을 가리키는 지점을 나타낸다. 따라서 부르주아 경제의 법칙을 발전시키기 위해 생산관계의 실제 역사를 쓸 필요는 없다. 그러나 이 경제 법칙들은 자신을 역사에서 생성시켜 왔기 때문에 이 법칙들에 대한 올바른 관찰과 추론은 항상 …… 이 체계의 배후에 놓여 있는 과거를 가리키는 기본적인 방정

---

27 마르크스가 종합한 방법의 복합성은 그의 저작을 연구한 많은 이들에 의해서뿐 아니라 엥겔스에게서도 잘못 표현되었다는 사실이 명백하다. 엥겔스가 1857년 [서설]의 테제를 읽었다는 것은 명확하지 않지만 1859년 『정치경제학 비판을 위하여』에 대한 논평에서, 마르크스가 그의 방법을 정교히 하기만 했더라면 정치경제학 비판을 "두 가지— 역사적이거나 논리적인— 방법으로" 수행할 수 있었을 것이라고 썼다. 그러나 "역사는 자주 도약하거나 지그재그로 움직이며, 이것은 철저히 따라야 했으므로 …… 논리적 접근 방법이 유일하게 적절한 방법이었다". 그렇지만 엥겔스는 다음과 같이 잘못된 결론을 내렸다. "이 논리적 방법은 참으로 역사적 방법에 다름 아닌데, 역사적 형태와 개입하는 우발적 사건들을 탈각하기만 한다면 그렇다. 이 역사가 출발하는 지점은 반드시 일련의 사고의 출발점이라야 하며 역사의 추가적 진보는 추상적이고 이론적으로 일관성 있는 형태에서 역사 과정의 단순한 반영일 것이다." Friedrich Engels, 'Karl Marx, *A Contribution to the Critique of Political Economy*', in *Marx and Engels Collected Works*, vol.16: *Marx and Engels 1858-1860*[London: Lawrence & Wishart, 1980(1859)], p.475. 요약하면 엥겔스는 역사와 논리 사이에 유사성이 있다고 주장했고 마르크스는 이를 '서론'에서 단호하게 거부했다. 그리고 엥겔스가 마르크스에게 돌려준 이 입장은 나중에 마르크스-레닌주의에서 더욱더 척박해지고 도식화되었다.

식을 알려준다. 그렇다면 이 암시는 현재에 대한 올바른 이해와 더불어 과거를 이해하는 데 열쇠를 제공한다. …… 이런 올바른 관점을 통해 생산관계의 현재 형태를 극복하는 암시가 있는 지점에도, 따라서 생성의 운동인 미래의 전조에도 똑같이 도달하게 된다. 한편 전 부르주아 단계들이 **단지 역사적**으로 즉, 폐기된 전제 조건으로 나타나는 것과 마찬가지로 생산의 현대적 조건도 **자신을 폐지하는** 데 관여하는 것으로 나타나며, 따라서 새로운 사회를 위한 **역사적 전제 조건**을 정립하는 데 관여하는 것으로 나타난다(Marx, 1973: 460~461, trans. modified).

마르크스가 발전시킨 방법은 생산이 역사에서 자신을 표현했던 모든 양식들 간의 차이를 이해할 뿐 아니라 또한 현재에서 새로운 생산양식을 예시하는 경향을 포착할 수 있으며, 따라서 자본주의의 불변성을 선언하는 모든 사람이 틀렸음을 입증하는 도구를 그에게 주었다. 인식론을 포함해 마르크스 자신의 연구는 결코 배타적으로 이론적인 동기를 지니지 않았으며, 항상 정치투쟁에서 더 잘 관여하기 위해 세계를 해석할 필요에 따라 추동되었다.

사실 마르크스는 방법에 관한 절을 그의 '경제학'을 저술하려고 의도했던 순서의 스케치로 끝냈다. 이것은 그가 생애에 작성했던 자신의 저작을 위한 여러 계획들 중 첫 번째로, [서설]의 앞 지면들에서의 성찰을 다시 반영하고 있다. 마르크스는 실제로 [그룬트리세]를 작성하기 전에 다음을 취급하려고 했었다.

첫째, 거의 모든 사회 형태에 존재하는 일반적·추상적 규정들, 둘째, 부르주아 사회 내부 구조를 구성하며 기본 계급이 의존하는 범주들—자본, 임금노동, 토지 소유—, 셋째, 국가 형태에서 부르주아 사회의 집중. 자신(부르주아 사회)과 비교해보았을 때, 넷째, 국제적 생산관계 …… 국제적 교환, 다섯째, 세계 시장과 위기(Marx, 1973: 108).

이것은 적어도 1857년 8월의 계획이었다. 하지만 나중에 매우 많이 변했다.

5. 물질적 생산과 지적 생산 사이의 불균등 관계

[서설]의 마지막 절은 마르크스가 그의 저작에서 취급하려고 의도했던 짧고 단편적인 여덟 가지 주장들의 목록에 덧붙여, 그리스 예술과 근대 사회 간의 관계에 대한 고찰로 구성된다. 마르크스의 주요 노트는 여덟 가지 요점에 대해 다음과 같이 관련된다. 임금노동의 특징은 부르주아 사회보다 훨씬 더 빨리 군대에서 스스로를 표현했다는 확신, 생산력과 생산관계의 변증법에 관한 생각, 생산관계와 법적 관계 사이에 그가 '불균등 발전ungleiche Entwicklung'이라고 불렀던 것, 특히 로마 민법으로부터 초기 부르주아 사회의 법 도출. 그러나 이 모든 것은 어떠한 구조도 없이 그저 하나의 메모에 의한 것이며 오직 이 문제에 대한 마르크스 사상의 막연한 견해만을 제공한다.

그의 예술에 대한 성찰들은 어느 정도 더 발전해 "물질적 생산과 예술적 발전 사이의 불균등 관계ungleiche Verhältniß"에 초점을 맞추었다(Marx, 1973: 109, trans. modified). 마르크스는 이미 두 초기 저작에서 생산과 의식 형태 간의 관계를 다루었다. [1844년 경제학·철학 수고]에서는 "종교, 가족, 국가, 법률, 과학, 예술 등은 단지 **특수한** 생산양식이고 이것들은 생산양식의 일반적 법칙의 지배 아래 들어간다고 주장했으며"(Marx, 1975b: 297) [독일 이데올로기]에서는 다음과 같이 선언했다.

관념, 이해, 의식의 생산은 인간의 물질적 활동과 물질적 교류와 우선 직접적으로 교직된다. …… 인간의 상상, 사고, 정신적 교류는 이 단계에서 물질적 행위의 직접적 발산direkter Ausfluß으로 나타난다(Marx and Engels, 1976: 36).

그렇지만 [서설]에서 마르크스는 여러 마르크스주의자들이 후에 상정한, 엄격한 종류의 병행론을 전혀 단언하지 않고 사회경제적 발전과 예술적 생산 사이에 직접적 관계가 없다고 강조했다. 시스몽디의 『유럽 남부의 문학에 관한 역사적 관점』에서의 어떤 견해에 관해 다시 작업하면서—이 저작은 마르크스가 읽고 1852년 발췌 노트 중에 발췌했던 것이다—28 다음과 같이 썼다. "예술의 경우에 어떤 전성기는 사회의 일반적 발전과 전혀 균형이 맞지 않고, 따라서 또한 물질적 토대materiellen Grundlage, 그 사회 조직의 …… 골격 구조와도 전혀 균형이 맞지 않는다는 것이 잘 알려져 있다." 그는 또한 어떤 예술 형식은—예를 들면, 서사시—"오직 예술적 발전의 미발전된 단계에서만 가능하다. 이것이 예술 영역 내에서 상이한 유형의 예술들 간의 관계에서의 경우라면 이미 사회의 일반적 발전과 전체 영역의 관계에서의 경우보다 덜 곤혹스럽다"고 지적했다(Marx, 1973: 110). 그리스 예술은 그리스 신화, 즉 사회적 형태의 "무의식적으로 예술적인 표상"을 전제한다. 그러나 사람들이 자연을 자신들을 단호히 통제하고 자신들에게 반대하는 외적인 힘으로 여기지 않고 합리적으로 생각하는 근대 같은 진보된 사회에서 신화는 존재 이유raison d'être를 잃고 서사시는 더 이상 반복될 수 없다. "탄약이 있는 곳에서 아킬레스가 존재할 수 있을까? 인쇄기가 있는 곳에서 일리아드가 가능할까? …… 노래, 사가saga(영웅전설), 뮤즈가 인쇄기라는 장벽과 함께 끝나며, 따라서 서사시의 필수 조건이 사라지지 않았는가?"(Marx, 1973: 111)29

---

28 시스몽디는 프랑스, 이탈리아, 스페인, 포르투갈의 옛 문학에서 최고의 계기는 그 사회의 쇠퇴기와 일치했다고 기록했다. 시스몽디의 저작에서의 마르크스의 발췌는 MEGA² IV/10에서 최초로 출간될 예정이다. 마르크스의 수고에 관한 정보를 준 페졸트(Klaus Pezold)에게 감사하는 바이다.

29 피셔(Friedrich Theodor Vischer)는 『미학 또는 미의 과학(Ästhetik oder Wissenschaft des Schönen)』에서 신화를 해체시키는 자본주의의 힘을 논의했다. 마르크스는 이 저작에서 영감을 끌어냈으며 [서설]을 쓰기 3개월도 되기 전에 발췌 노트에서 일부를 요약했다. 그러나 두 저자의 접근법에는 매우 많은 차이가 있다. 피셔가 자본주의를 불변의 현실로 취급하고 자본주의

그렇다면 마르크스에게 예술과 지적 생산 일반은 반드시 사회의 물질적 조건과의 관계에서 탐구되어야 하지만 두 영역 사이의 엄격한 조응을 끌어내지는 않아야 한다. 그렇지 않으면 "우리가 고대인보다 역학에서 더 앞서 있기 때문에" "우리는 또한 서사시를 만들 수" 있어야 한다고 사고하는 볼테르의 오류(마르크스는 그의 1861~1863년 경제학 수고에서 이것을 재인용한다)에 빠질 것이다(Marx, 1989a: 182~183).

예술가를 창조하는 주체로 생각하면서 마르크스는 예술적 생산과 이로부터 즐거움을 얻어내는 대중에 대한 작업에 착수했다. 이것은 해석에 가장 큰 어려움을 제시했다. 이 어려움은 "그리스 예술과 서사시가 특정한 사회적 발전의 형태와 결부되어 있다는 것을 이해하는 데 있는 것이 아니라" "그것이 여전히 우리에게 예술적 즐거움을 부여해주며 어떤 점에서 그것이 규범과 도달 불가능한 모형으로 간주된다는 것"에 있었다. 진정한 문제는 고대의 예술적 창조가 여전히 근대인에게 즐거움의 원천인 이유이다. 마르크스에 따르면 그리스 세계는 "인간성의 역사적 유년기", "결코 돌아갈 수 없는 단계"로서 "영원한 매력"을 발휘하는 시기를 대표한다(Marx, 1973: 111).

> 우리에게 그리스 예술의 매력은 그것이 성장한 사회의 미발전된 단계와 모순되지 않는다. 오히려 (그 매력은) 미발전 단계의 결과이며 그 예술이 발생했고 홀로 발생할 수 있었던 미성숙 사회 상태로 결코 돌아갈 수 없다는 사실과 …… 불가분하게 묶여 있다(Marx, 1973: 111).

가 초래한 문화의 미적 불모를 낭만적 스타일로 개탄했다면, 마르크스는 비록 지속적으로 자본주의 극복을 위하여 싸웠지만 물질적·이데올로기적으로 자본주의가 이전 생산양식보다 더 진보된 현실을 표현했다고 강조했다. Geörgy Lukács, 'Karl Marx und Friedrich Theodor Vischer', in *Beiträge zur Geschichte der Ästhetik*[Berlin: Aufbau Verlag, 1956(1954)], pp.267~268.

그렇지만 [서설]에서 마르크스가 언급한 미학에 대한 가치는 그 언급이 제공하는 개략적이고 때로는 설득력 없는 해법에 있지 않으며 오히려 물질적 생산 형태가 지적 창조와 행위에 어떻게 연관되는지에 대한 그의 반反독단적 접근에 있다. 이들의 "불균등 발전"에 대한 그의 인식은 사회적 총체성의 다양한 영역 사이의 단일한 관계를 상정하는 어떠한 도식적 절차의 거부를 수반했다(Marx, 1973: 109). 마르크스가 [서설]을 쓰고 나서 2년 뒤에 출판된, 『정치경제학 비판을 위하여』 '서문'으로 더욱 잘 알려진 테제—"물질적 생활의 생산양식이 사회, 정치, 지적 생활의 일반적 과정을 조건 짓는다"(Marx, 1987a: 263)—는 결코 결정론적 의미로 해석되어서는 안 된다.[30] 이 테제는 사회의 상부구조 현상이 단순히 인간의 물질적 존재를 반영한다는 "마르크스-레닌주의"의 편협하고 너무 뻔한 독해로부터 분명히 구분되어야 한다.[31]

---

30 이 주장의 증거는 마르크스가 1872~1875년의 프랑스어 판 『자본론』의 한 주석에서 이 언급을 인용했을 때 독일어 bedingen(더 일반적으로는 déterminer 혹은 conditionner로 번역된다)을 위해 domine(dominates)라는 동사의 사용을 선호했다는 사실이다. Karl Marx, 'Le Capital', in *Marx Engels Gesamtausgabe*(MEGA²), vol. II/7(Berlin: Dietz, 1989b(1872-1875)], p.62, emphasis added). 이런 사용의 목적은 정확히 두 측면 사이의 기계적 관계를 상정하는 위험을 피하는 것이었다. Maximilien Rubel, *Karl Marx. Essai de biographie intellectuelle*(Paris: Rivière et Cie, 1971(1957)], p.298.

31 이런 종류의 최악이자 가장 광범위하게 유포된 해석은 스탈린의 변증법과 사적 유물론이다. "물질세계가 객관적 실재를 대변하며 …… 사회의 정신적 생활은 이 객관적 실재의 반영이며" "한 사회의 존재가 어떠하든, 한 사회의 물질적 생활 조건이 어떠하든, 그 사회의 관념적·이론적·정치적 견해와 정치적 제도는 그 사회의 반영이다." J. Stalin, *Dialectical and Historical Materialism*(London: Lawrence & Wishart, 1941(1938)], p.15.

6. 1857년 [서설]을 넘어

마르크스는 [그룬트리세]에 착수했을 때 그의 '경제학'에서 연구 방법론에 관한 절을 서문으로 쓰려고 했다. [서설]은 단지 자기 정리의 목적으로 작성된 것만은 아니었다. 다른 경제학자들의 저작에서처럼 저자의 일반적 주제에 관한 예비적 설명을 포함할 예정이었다. 그렇지만 1859년 6월에 마르크스가 그의 연구의 첫 부분을 『정치경제학 비판을 위하여』로 출판하기 위해 보냈을 때 자신의 동기를 제시하면서 이 절을 빼기로 결심했다.

> 내가 초안으로 작성했던 일반적 서설을 생략했다. 왜냐하면 더 깊이 고려했을 때 여전히 입증되어야 하는 결과를 앞질러 내는 것이 혼란스러워 보였기 때문이며 진정으로 나를 따르기를 원하는 독자는 개별적인 것에서부터 일반적인 것으로 나아가기von dem Einzelnenzum Allgemeinen aufzusteigen를 결심해야 될 것이기 때문이다(Marx, 1987a: 261).

따라서 1857년의 지도적인 목표—"추상적인 것에서 구체적인 것으로의 상승"—는 1859년 텍스트에서 "개별적인 것에서 일반적인 것으로의 전진"으로 바뀌었다(Marx, 1987a: 261). [서설]의 출발점—가장 추상적이고 보편적인 규정—은 구체적이고 역사적으로 규정된 현실, 상품으로 대체되었지만 1857년 텍스트가 출판되지 않은 채였기 때문에 그런 변화에 대해 아무런 설명도 제시되지 않았다. [그룬트리세]의 마지막 문장에서—이미 그가 꼼꼼하게 자본주의 생산양식과 정치경제학의 개념을 분석했던 수백 쪽 뒤에— 마르크스는 "부르주아 사회의 부가 자신을 제시하는 첫 번째 범주는 **상품**"이라고 주장했다(Marx, 1973: 881). 그는 상품의 탐구에 『정치경제학 비판을 위하여』와 『자본론』의 첫 장을 바칠 것이었다. 여기서 상품은 자본주의 사회, 상품 분석으로 연구가 시작되어야 하는 특수한 사회의 "기본적 형태"(Marx, 1996: 45, trans. modified)로서 정의되었다.

계획된 서설 대신 마르크스는 그의 지적 전기와 이른바 역사의 유물론적 이해를 간명하게 요약한, 짧은 「서론」으로 1859년의 저작을 개시했다. 그 뒤 그는 매우 드문 경우를 제외하고는 약간의 짧은 논평 외에 더 이상 방법에 관한 논의에 관여하지 않았다. 확실히 이 중에 가장 중요한 것은, 『자본론』의 출판에 따른 논평에 자극받아 그의 탐구 방법에 관해 자신의 견해를 표명하지 않을 수 없었으며 [서설]에 있는 주제의 일부를 재논의했던, 『자본론』 제1권의 1873년 「후기」였다. 이것의 또 다른 이유는 그가 설명의 방법과 조사의 방법 간 차이를 주장할 필요를 느꼈기 때문이다. 설명의 방법은 보편적인 것으로부터 역사적으로 규정된 형태로 움직이는, 일반적인 것으로 시작할 수 있었으며 따라서―1857년의 공식을 확인하면서― "추상적인 것에서 구체적인 것으로 상승"해야 한다면, 탐구의 방법은 직접적으로 현실에서 시작해야 하는, 따라서 1859년에 적었던 대로 "개별적인 것에서 일반적인 것으로" 움직여야 했다.

> 서술의 방법Darstellungsweise은 반드시 연구의 방법Forschungsweise과 형식에서
> 달라야 한다. 연구의 방법은 꼭 소재를 세밀하게 전유하며 그 상이한 발전
> 형태를 분석하고 그 형태의 내적 연관성을 찾아내야 한다. 오직 이 작업이
> 된 후에 실제적 운동이 적절히 묘사될 수 있다(Marx, 1996: 19).[32]

---

32 마르크스는 이것이 완료되었을 때 "마치 우리에게 우리 앞에 어떤 순전히 선험적인 건축물이 있는 것처럼 나타날지도 모르지만" 현실에서 결과물은 구체적인 것을 사고에서 재현하는 것이라고 덧붙였다. 마르크스가 라살레에 관해 다음의 중요한 주장을 했던 1858년 2월 1일자 (엥겔스에게 보낸) 편지를 보라. "[그]는 비판이 과학을 변증법적 설명을 인정하는 지점까지 데려가는 것은 하나의 일이며, 논리의 추상적인, 이미 만들어진 체계를 적용하는 것은 또 다른 일이라는 것을 그의 비용으로 발견할 것이다." Karl Marx and Friedrich Engels, *Marx and Engels Collected Works*, vol.40: *Letters 1856-1859*(Moscow: Progress Publishers, 1983), p.261.

1857년 [서설] 이후의 작업에서, 마르크스는 그다음에 그 텍스트를 특징지었던 공개적이고 문제화하는 방식으로 방법의 문제에 관해 더 이상 쓰지 않았지만, 그 견해를 만들었던 복합적 생성을 저버리지 않으면서도 방법의 문제에 대한 그의 최종 견해를 표현한 것이었다(Carver, 1975: 135). 따라서 이 때문에 [서설]의 지면은 극히 중요하다. 가장 위대한 경제학자 몇 명과 철학자들의 발상과의 밀접한 만남 속에서 마르크스는 심오한 확신을 재확인했고 중요한 이론적 성과에 도달했다. 우선 그는 자본주의 생산양식과 사회적 관계의 역사적 특수성을 다시 강조했다. 둘째, 그는 생산, 분배, 교환, 소비를 총체성으로 간주했다. 그속에서 생산이 다른 부분을 지배하는 요소를 구성했다. 게다가 사고에서 현실을 재생하는 것과 관련해, 마르크스는 순전히 역사적 방법에 호소하지 않고 추상을 활용하면서, 학문의 길을 건설하는 데서 추상의 가치를 인식하게 되었다. 마지막으로 그는 생산관계와 지적 관계의 발전 사이에 존재하는 불균등 발전을 강조했다.

처음으로 출판된 뒤 100년 동안 이 성찰들은 [서설]을 모든 진지한 마르크스의 해석자와 독자들에게 문학적 관점에서 매력적인 텍스트일 뿐 아니라 필수 불가결한 이론적 텍스트로도 만들었다. 이것은 또한 틀림없이 그의 저작을 새로이 접하게 되는 미래 세대에게도 마찬가지가 될 것이다.

5
[그룬트리세]의 시기

1. 혁명과의 만남

1848년 유럽은 정치적 자유와 사회적 정의의 원칙에 고무된 수많은 대중 반란의 연속으로 요동쳤다. 새롭게 등장한 노동자운동의 취약성, 처음에는 함께했던 부르주아지의 정치적 자유와 사회적 정의라는 이상에 대한 포기, 폭력적인 군사적 탄압, 경제적 번영의 재개가 모든 곳에서 혁명적 봉기를 패배시키고 반동 세력이 정권을 확고하게 재장악하도록 했다.

마르크스는 그가 창립자이자 편집자였던 일간 신문, ≪신라인신문: 민주주의 기관≫에서 대중 반란을 지지했다. 신문 칼럼에서 그는 반란의 대의를 지지하고 프롤레타리아트가 "사회적이고 공화제적 혁명"(Marx, 1977: 178)[1]을 진척시킬 것을 촉구하며 열성적인 선동 활동을 수행했다. 이 시기에 마르크스는 브뤼셀, 파리 그리고 쾰른에서 살았으며 빈과 함부르크뿐만 아니라 다른 여러 독일 도시를

---

1   이 논문에 인용된 번역은 저자의 작업이다.

여행하며, 벌어지고 있던 투쟁을 강화하고 발전시킬 새로운 연결망을 건설했다. 이러한 지칠 줄 모르는 전투적 활동 때문에 마르크스는 처음에는 벨기에로부터, 그다음은 프러시아로부터 추방 명령을 받았으며 프랑스의 루이 보나파르트 대통령의 새 정부가 파리를 떠날 것을 요구하자 영국으로 갈 결심을 했다. 그는 31세였던 1849년 여름에 파리를 떠나 영국에 정착했다. 처음에는 단기적으로 체류할 생각이었지만, 결국에는 생애의 나머지를 국적 없이 그곳에서 보내야 했다.

영국에서 망명하는 첫 몇 년간은 자녀 셋을 잃는 비극의 원인이었던 지독한 가난과 나쁜 건강으로 특징지어진다. 마르크스의 삶은 결코 편안한 적이 없었지만 이 시기는 분명 최악의 시기였다. 1850년 12월에서 1856년 9월까지 런던의 가장 가난하고 초라한 동네 중 하나인 소호의 딘^{Dean} 28번가에서 침실 2개가 딸린 집에서 온 가족이 함께 살았다. 그의 아내 예니의 삼촌과 어머니의 죽음으로 얻은 유산이 그들 가족에게 뜻밖에 한 가닥 희망을 주었으며 그가 많은 빚을 청산하고 전당포에서 옷가지와 개인 물품을 되찾아 새집으로 이사할 수 있게 해주었다.

1856년 가을 마르크스와 그의 아내 그리고 세 딸 예니, 라우라, 엘레아노는 충직한 가정부 데무트^{Helene Demuth}—그녀는 한 가족이나 마찬가지였다—와 함께 집세가 더 알맞은, 런던 북부 교외의 켄티쉬^{Kentish} 타운 그라프톤^{Grafton Terrace} 9번가로 이사했다. 그들이 1864년까지 살았던 그 집은 근래에 개발된 지역에 있었기 때문에 중심가와 통하는 정비된 길이나 연결 통로가 없었으며 밤이면 어둠으로 둘러싸였다. 그렇기는 해도 그들은 마침내 가족이 "최소한 품위 있는 **외관**"을 유지하는 데 필요한 집다운 집에서 살게 되었다.[2]

---

2   마르크스의 부인에 따르면 이 변화는 절대적으로 필수였다. "모든 사람이 박애주의자가 되고 있는 때에 우리는 **보헤미안**처럼 계속 살 수 없을 것이다." Jenny Marx, 'Umrisse eines beweg-

132 제1부 마르크스의 지적 생애에 관한 새로운 전기

1856년 중에 마르크스는 정치경제학 연구를 완전히 잊고 있었지만 국제 금융 위기의 도래가 순식간에 이러한 상황을 바꿔놓았다. 심각한 불안정성이 광범위한 공황으로 변하고, 그래서 모든 곳에서 파산이 발생하는 분위기에서 마르크스는 행동해야 할 시기가 다시 왔다는 것을 직감했고, 앞으로 침체가 어떻게 전개될 것인지를 예상하며 엥겔스에게 편지를 썼다. "나는 우리가 여기서 더 이상 단지 지켜볼 수만 없다고 본다."[3] 이미 대단히 낙관하고 있던 엥겔스는 다음과 같은 시나리오를 기대하고 있었다.

다음과 같이 유례없는 분노의 날이 올 것이다. 이제 유럽 산업 전체의 파괴 …… 모든 시장의 과잉 재고, 곤경에 처한 전 상류계급, 부르주아지의 완전한 파산, 전쟁과 극도의 무질서가 올 것이다. 또한 나는 이 모든 것이 1857년에 발생할 것이라고 믿는다.[4]

혁명 운동의 퇴조와 함께 유럽 정치의 장에서 물러나 있은 지 10년 만에 두 사람은 장래에 대한 새로운 확신 아래 메시지를 교환하기 시작했다. 오랫동안 기다렸던 혁명과의 만남이 이제 아주 가까워진 것처럼 보였고, 마르크스에게 이것은 무엇보다 우선적으로 그의 '경제학'을 다시 시작해서 가능한 한 빨리 완성하라는 신호였다.

ten Lebens' in *Mohr und General. Erinnerungen an Marx und Engels*(Berlin: Dietz Verlag, 1970), p.223.
3   Karl Marx to Friedrich Engels, 26 September 1856, MECW 40, p.70.
4   Friedrich Engels to Karl Marx, 26 September 1856, MECW 40, p.72.

2. 런던에서의 빈곤

이런 마음으로 작업에 전념하기 위해서 마르크스에게는 평정심이 필요했겠지만, 개인적 상황은 더욱 불안정해졌으며 어떠한 휴식도 허용되지 않았다. 새 집으로 이사하는 데 모든 자금을 써버렸기 때문에 그는 다시 첫 달 월세를 낼 돈조차 없었다. 그래서 마르크스는 맨체스터에 살면서 일하고 있던 엥겔스에게 그의 형편이 매우 어렵다고 알렸다.

> [나는] 전망도 없으며 치솟는 가계 부채에 시달린다. 무엇을 해야 할지 모르겠다. 사실상 상황은 5년 전보다 더 절망적이다. 나는 이미 이런 불행의 정수를 맛보았다고 생각했지만 그게 아니었다.[5]

이런 소식은 친구가 이사를 하고 나서 마침내 더 안정된 생활을 할 것으로 믿었고, 그래서 1857년 1월에는 아버지에게서 크리스마스 선물로 받은 돈으로 말 한 마리를 사서 취미 활동—여우 사냥—을 즐기고 있었던 엥겔스를 대단히 놀라게 했다. 그렇지만 그의 전 생애 동안 엥겔스는 결코 마르크스와 그의 가족에 대한 지원을 거절한 적이 없었으며, 이번에도 매달 5파운드씩을 마르크스에게 보내면서 어려울 때는 항상 자신에게 의지하라고 조언했다.

엥겔스의 역할이 재정적 역할에만 국한된 것은 분명히 아니었다. 이 시절에 깊은 고립을 느끼고 있었던 마르크스에게 엥겔스는 두 사람 간의 엄청난 편지 교환을 통해 마르크스의 지적인 논쟁 참여를 실현했던 유일한 기준점이기도 했다. "나는 무엇보다 당신의 의견을 필요로 한다."[6] 마르크스는 낙담의 시기에도

---

5   Karl Marx to Friedrich Engels, 20 January 1857, MECW 40, p.93.

6   Karl Marx to Friedrich Engels, 2 April 1858, MECW 40, p.303.

엥겔스에게만은 속마음을 털어놓을 수 있었다. "당신의 편지는 내가 분발하는 데 필수적이다. 빨리 보내라. 상황이 지독히 나쁘다."[7] 또한 엥겔스는 마르크스가 어떤 사건에 대해 풍자하는 것을 공유하는 동지이기도 했다. "나는 재주넘기를 할 수 있는 사람이 부럽다. 그것은 머리에서 부르주아의 분노와 똥을 제거할 수 있는 훌륭한 방법임에 틀림없을 것이니까."[8]

얼마 지나지 않아 마르크스의 불안정함이 더욱 심해졌다. 엥겔스의 도움을 제외하면 마르크스의 유일한 수입은 당시 가장 널리 배포되던 영어 신문인 ≪뉴욕 트리뷴≫으로부터 받는 보수였다. 경제위기가 이 미국 일간지에도 미치면서 칼럼당 2달러를 받기로 했던 계약도 바뀌었다. 미국인 여행가이자 작가인 테일러Bayard Taylor를 제외하고는 마르크스가 해고되지 않은 유일한 유럽 칼럼 기고자였지만 그의 투고는 주당 2회에서 1회로 줄었고 – "호황기에도 나는 추가로 지불을 받을 수 없었다"[9] – 보수는 절반으로 떨어졌다. 마르크스는 이 사건을 익살스럽게 말했다. "내가 개인적으로 이 망할 놈의 위기에 휘말리게 된 것은 틀림없이 운명의 장난이다."[10] 그렇지만 금융 붕괴를 목격할 수 있는 것은 더할 나위 없는 즐거움이었다. "또한 그렇게 소리 높여 외치며 '노동의 권리'를 반대했던 자본가들이 이제 어디서나 정부의 '공적 지원'을 바라며 …… 따라서 공적 비용을 대가로 '이윤의 권리'를 주장하고 있다니 얼마나 고소한가."[11] 그는 불안 상태였지만 엥겔스에게 "비록 내 자신의 금융위기가 정말 극심하지만 1849년 이후 단 한 번도 이번 사태 동안만큼 아늑함을 느껴본 적이 없다"[12]고 말했다.

---

7   Karl Marx to Friedrich Engels, 18 March 1857, MECW 40, p.106.

8   Karl Marx to Friedrich Engels, 23 January 1857, MECW 40, p.99.

9   Karl Marx to Joseph Weydemeyer, 1 February 1859, MECW 40, p.374.

10   Karl Marx to Friedrich Engels, 31 October 1857, MECW 40, p.198.

11   Karl Marx to Friedrich Engels, 8 December 1857, MECW 40, p.214.

12   Karl Marx to Friedrich Engels, 13 November 1857, MECW 40, p.199.

새로운 편집 프로젝트의 시작은 약간이나마 궁핍을 덜게 해주었다. ≪뉴욕
트리뷴≫의 편집자인 다나가 마르크스에게 『뉴아메리카 백과사전』의 편집위
원회에 참가하기를 요청했다. 금전적인 이유 때문에 그 제안을 받아들이기는
했지만, 마르크스는 연구에 더 많은 시간을 투여하기 위해 그 일의 대부분을 엥
겔스에게 맡겼다. 1857년 7월에서 1860년 11월까지 서로의 업무 분담에 따라
엥겔스가 군사 관련 항목—의뢰받은 것의 대부분—을 편집했다면, 마르크스는 간
략한 전기 몇 편을 편집했다. 원고료는 장당 2달러로 매우 적었지만 그럼에도 그
의 처참한 재정에는 보탬이 되었다. 이런 이유로 엥겔스는 마르크스에게 다나
로부터 가능한 한 많은 항목을 받아오라고 권고했다. "우리는 '순수한' 지식의 그
물량을 얼마든지 제공할 수 있다. 캘리포니아 순금이 보상되는 한."[13] 마르크스
도 작성하는 항목들에서 동일한 원칙을 따랐다. "가능한 한 덜 간단하게, 그것이
지루해지지 않는 한."[14]

이렇게 노력했음에도 그의 재정 상태는 전혀 나아지지 않았다. 정말로 더 이
상 재정 상태를 지탱하기가 어려워져서 그가 "굶주린 늑대들"[15]에 비유했던 채
권자들에게 닦달당하고 추운 겨울 동안 난방용 석탄이 없던 상태에서 그는 1858
년 1월 엥겔스에게 편지를 했다. "만약 이런 상태가 지속된다면 이렇게 쓸모없
이 지내기보다 차라리 땅 속 깊이 파묻히는 것이 낳을 것이다. 항상 남들에게 폐
가 되면서도 게다가 개인적으로 하찮은 것에 끊임없이 고통받는 것은 결국에 견
딜 수 없게 될 것이다."[16] 그런 환경에서 그는 또한 감정적 영역에서도 심한 말을

---

13 Friedrich Engels to Karl Marx, 22 April 1857, MECW 40, p. 122.

14 Karl Marx to Friedrich Engels, 22 February 1858 MECW 40, p. 272. 백과사전을 위한 칼럼에
    는 비록 몇몇 흥미로운 언급들이 없지 않았지만, 엥겔스에 의하면 "안전하게 묻혀 있을 수 있는
    …… 순전히 상업적인 작업"으로 정의되었다. Friedrich Engels, "Friedrich Engels to Hermann
    Schlüter, 29 January 1891", *Marx and Engels Collected Works*, vol. 49: *Letters 1890-1892*(London:
    Lawrence and Wishart, 2002), p. 113.

15 Karl Marx to Friedrich Engels, 8 December 1857, MECW 40, p. 214.

했다. "생각하건데 개인적으로 나는 상상할 수 있는 가장 격앙된 삶을 살아왔다. …… 큰 뜻이 있는 사람이 결혼하고, 그래서 가정과 개인적 생활의 사소한 비루함들에 몰입하게 되는 것보다 더 어리석은 짓은 없다."[17]

　단지 가난만이 마르크스를 괴롭힌 망령이 아니었다. 형편이 매우 어려운 상황 속에 그는 여러 차례 병까지 얻었다. 1857년 3월에는 과도한 야간 작업으로 눈병에 걸렸으며 4월에는 치통을 앓았고 5월에는 "약을 달고" 살게 했던 만성적인 간 질환을 겪었다. 그는 너무 쇠약해져서 3주간 정상적인 생활과 일을 할 수 없었다. 그때 그는 엥겔스에게 전했다. "시간을 완전히 낭비하지 않기 위해 별 수 없이 덴마크어를 배웠다." "의사의 소견에 따른다면 나는 다음 주에는 다시 인간이 될 것이다. 그때까지는 계속 모과처럼 누렇게 뜬 채 매우 안달하고 있을 것이다."[18]

　그 직후에 마르크스 가족에게 더 심각한 일이 닥쳤다. 7월 초에 예니가 막내를 낳았으나 이 아기는 너무 약하게 태어나서 곧 죽고 말았다. 다시 한 번 아이를 잃고 나서 마르크스는 엥겔스에게 고백했다. "그 자체로 이것은 비극이 아니다. 그러나 …… 이런 일을 초래한 환경이 너무나 혹독해서 가슴 아팠던 기억[이전에 죽었던 에드가(1847~1855)]이 다시 떠오른다. 이 문제를 편지로 말하는 것은 불가능하다."[19] 엥겔스는 이런 마르크스의 말에 크게 충격을 받고 답장을 보냈다. "당신이 이렇게 쓰다니 상황이 너무 힘들 게 틀림없다. 당신은 그 어린 것의 죽음을 의연하게 받아들일 수도 있겠지만 당신 부인은 그렇게 하기 힘들 것이다."[20]

　이런 상황은 엥겔스가 심한 전염단핵구증glandular에 걸려 앓아눕고 여름 내내

16　Karl Marx to Friedrich Engels, 28 January 1858, MECW 40, p.255.

17　Karl Marx to Friedrich Engels, 22 February 1858, MECW 40, p.273.

18　Karl Marx to Friedrich Engels, 22 May 1857, MECW 40, p.132.

19　Karl Marx to Friedrich Engels, 8 July 1857, MECW 40, p.143.

20　Friedrich Engels to Karl Marx, 11 July 1857, MECW 40, p.143.

일을 할 수 없게 되어서 좀 더 복잡해졌다. 이 때문에 마르크스는 더욱 곤경에 처했다. 친구가 백과사전을 위한 칼럼을 제공할 수 없어서 그는 시간을 벌어야 했다. 그는 뉴욕에 수고 한 뭉치를 보내는 척하고는 그것을 우체국에서 잃어버린 것으로 꾸몄다. 그럼에도 압력은 줄지 않았다. 인도 세포이 항쟁을 둘러싼 사태가 더 두드러지자 ≪뉴욕 트리뷴≫은 군사 문제에 관한 칼럼이 실은 엥겔스의 작품인 줄 모른 채 그들의 전문가―마르크스―에게 분석을 기대했다. 마르크스는 어쩔 수 없이 일시적으로 "군사적 분야"에 책임을 맡아[21] 영국 군대는 우기가 시작되기 전에 철수할 필요가 있다는 과감한 주장을 펼쳤다. 마르크스는 엥겔스에게 자신의 선택을 이런 말로 전했다. "내가 진짜 잘못 판단한 것으로 보일 수도 있지만 약간의 변증법을 이용해서 책임을 모면할 수 있을 것이다. 물론 나는 내 말을 어느 쪽으로든 옳도록 표현했다."[22] 그렇지만 마르크스는 이 항쟁을 과소평가하지 않았고 이 항쟁이 초래할 결과를 심사숙고하면서 말했다. "영국이 치러야 하는 군대와 자금 손실의 관점에서 볼 때 인도는 우리의 가장 좋은 동맹자이다."[23]

3. [그룬트리세]의 저술

가난과 건강 문제 그리고 온갖 종류의 궁핍이 겹친 비참한 상황에서 [그룬트리세]가 저술되었다. 이것은 부르주아적 안정을 보장받는 부유한 사상가의 연구 결과물이 아니었다. 정반대로, 고난을 겪으면서도 진전되고 있는 경제위기를

---

21 Karl Marx to Friedrich Engels, 14 January 1858, MECW 40, p. 249. MECW판에서는 이 편지가 1858년 1월 16일로 잘못 나와 있다.

22 Karl Marx to Friedrich Engels, 15 August 1857, MECW 40, p. 152.

23 Karl Marx to Friedrich Engels, 14 January 1858, MECW 40, p. 249.

고려했을 때 자신의 작업이 당대에 필수적이라는 믿음으로 작업할 에너지를 찾았던 저자의 저작이었다. "나는 항상 밤을 새워 미친 듯이 경제학 연구를 종합하고 있다. 적어도 대홍수 이전에 개요(그룬트리세)를 분명히 서술하려 한다."[24]

1857년 가을 엥겔스는 여전히 사태를 낙관하고 있었다. "미국의 붕괴는 엄청나고 장기간 지속될 것이다. …… 상거래는 앞으로 3, 4년간 바닥을 칠 것이다. 이제 우리에게 기회가 왔다."[25] 그래서 그는 마르크스를 격려했다. "1848년에 우리는 '이제 우리의 때가 오고 있다'고 말했으며 어떤 의미에서 그랬다. 그러나 이번에는 완벽히 오고 있으며 이제는 생사가 걸린 문제가 되었다."[26] 다른 한편, 그들은 둘 다 혁명이 임박했다는 데 어떤 의심도 품지 않으면서도 혁명은 유럽 전체가 위기에 물들기 전에 분출하지 말아야 하며 따라서 "투쟁의 해"라는 징조는 1858년으로 연기되기를 희망했다.[27]

예니가 가족의 친구인 슈람Conrad Schramm에게 보낸 편지에 나와 있듯이 이 전반적 위기는 마르크스에게 긍정적 영향을 미쳤다. "당신은 무어Moor(마르크스의 별명 – 옮긴이)가 얼마나 고무되어 있는지 상상할 수 있을 것이다. 그는 평소의 모든 작업 재능과 능력뿐 아니라 활력과 쾌활도 되찾았다."[28] 실제로 마르크스는 강도 높은 지적 활동의 시기를 시작해, ≪뉴욕 트리뷴≫ 칼럼, 『뉴아메리카 백과사전』을 위한 작업, 당시의 위기에 대한 팸플릿을 쓰는 미완의 프로젝트, 그리고 당연히 [그룬트리세]로 그의 작업을 나누었다. 그렇지만 에너지가 회복되었음에도 이 모든 일을 하는 것은 무리라는 것이 드러났고, 엥겔스의 도움이 다시 한 번 절대적으로 필요하게 되었다. 마르크스는 1858년 벽두에 앓던 병에서

24 Karl Marx to Friedrich Engels, 8 December 1857, MECW 40, p. 217.

25 Friedrich Engels to Karl Marx, 29 October 1857, MECW 40, p. 195.

26 Friedrich Engels to Karl Marx, 15 November 1857, MECW 40, p. 200.

27 Friedrich Engels to Karl Marx, 31 December 1857, MECW 40, p. 236.

28 Jenny Marx to Conrad Schramm, 8 December 1857, MECW 40, p. 566.

완전히 회복한 엥겔스에게 백과사전 항목 작업을 다시 해달라고 요청했다.

> 내가 보기에, 당신이 이틀마다 절 몇 개들을 작성해낸다면, 그것은 아마 내
> 가 맨체스터에서 본 것과 현재의 흥분된 시기로 볼 때 불가피할 것 같고 또
> 좋지도 않을, 당신의 주취drunkenness에 대한 억제 수단이 될 것이다. …… 더
> 구나 하늘이 무너진다 해도 정말 내 모든 시간을 잡아먹고 있는 다른 일을
> 끝내는 것이 내게는 절실하다![29]

엥겔스는 마르크스의 강력한 권고를 받아들이면서 연말 휴가가 끝나고 "더
조용하며 더 적극적인 삶에 대한 욕구를 느꼈다"고 마르크스를 안심시켰다.[30]
그럼에도 마르크스에게 가장 큰 문제는 여전히 시간 부족이었다. 그래서 그는
친구에게 여러 차례 불평했다. "내가 [대영]박물관에 있을 때는 언제나 찾아봐야
할 것이 너무 많아서 내가 다 찾아보기 전에 마감 시간(지금은 오후 4시)이 되었는
지를 알기 위해 고개를 들어야 할 필요가 있다. 그러면 어느새 마감 시간이 된다.
그렇게 많은 시간을 허비한다."[31] 더욱이 실천적인 어려움뿐 아니라 이론적인 어
려움도 있었다.

> 나는 …… 멍청하게도 계산 착오를 범하고는 절망해 대수학을 수정하는 데
> 몰두한다. 산수는 항상 나의 장애물이었지만 대수학을 통해 우회해, 나는
> 곧 사태(계산 착오 문제)에 복귀하게 된다.[32]

---

29 Karl Marx to Friedrich Engels, 5 January 1858, MECW 40, p.238.
30 Friedrich Engels to Karl Marx, 6 January 1858, MECW 40, p.239.
31 Karl Marx to Friedrich Engels, 1 February 1858, MECW 40, p.258.
32 Karl Marx to Friedrich Engels, 11 January 1858, MECW 40, p.244.

결국 마르크스의 주도면밀함 때문에 [그룬트리세]의 저술은 늦어질 수밖에 없었다. 왜냐하면 그는 명제의 타당성을 검증할 수 있는 새로운 확증을 계속 스스로 요구했기 때문이다. 2월에 마르크스는 라살레에게 다음과 같이 연구 상황을 설명했다.

이제 내 경제학이 어떻게 되고 있는지 당신에게 말해주겠다. 원고는 썼다. 나는 사실 최종 원고를 몇 달째 다루고 있다. 그러나 일은 아주 느리게 진전된다. 왜냐하면 내게 수년간 주요 연구 대상이었던 주제를 최종적으로 처리하려고 하자 새로운 측면이 드러나기 시작하면서 더 깊이 생각하기를 요구하기 때문이네.

같은 편지에서 마르크스는 다시 한 번 자신의 불우한 운명을 한탄했다. 그는 하루의 대부분을 신문 기사를 작성하는 데 허비할 수밖에 없었기 때문에 다음과 같이 적었다. "나는 시간의 주인이라기보다 노예이다. 오직 밤에만 내 작업을 할 수 있다. 하지만 그것조차 구토증과 간질환이 재발해 자주 중단되고는 한다."[33]

실제로 병은 다시 마르크스를 지독하게 괴롭혔다. 1858년 1월에 그는 엥겔스와 편지를 교환하며 3주간 치료를 받았다고 알렸다. "나는 밤에 레모네이드를 마시고 담배를 피우며 계속 일을 과중하게 했다."[34] 3월에 그는 간이 "다시 매우 안 좋아졌다." "밤낮으로 장기간 작업을 하다 보니 가정의 소소한 불편이 최근 잦은 재발의 원인이 되었다."[35] 4월에 그는 다시 주장했다.

33 Karl Marx to Ferdinand Lassalle, 22 February 1858, MECW 40, p. 268.

34 Karl Marx to Friedrich Engels, 14 January 1858, MECW 40, p. 247.

35 Karl Marx to Friedrich Engels, 29 March 1858, MECW 40, p. 295.

나는 이번 주에 구토증이 너무 심해서 생각하기도, 읽기도, 쓰기도 그리고 ≪트리뷴≫ 칼럼을 제외하고는 정말 아무것도 할 수가 없다. 물론 나는 파산을 면하기 위해 **가능한 한 빨리** 똥개에게라도 의존해야 하기 때문에 이 일을 내버려둘 수 없다.[36]

이 시기에 마르크스는 정치 조직적 관계와 개인적 관계를 완전히 끊었다. 몇 명 안 되는 남은 친구에게 보낸 편지에서 "나는 은둔자같이 살고 있다."[37] "나는 얼마 안 되는 친지도 거의 만나지 않을뿐더러 그것이 큰 손실도 아니다"라고 밝혔다.[38] 엥겔스의 지속적인 격려를 별도로 하면 경제침체와 그것의 세계적 확산이 마르크스의 희망을 북돋우고 계속 작업을 수행할 수 있도록 자극했다. "대체로 보면 위기는 훌륭한 늙은 두더지[39]같이 땅속을 파헤쳐왔다."[40] 엥겔스와 교환한 서신이 사태의 진전에 따라 마르크스가 불살랐던 열정을 보여준다. 1월에 ≪맨체스터가디언Manchester Guardian≫에서 파리 발 뉴스를 읽다가 마르크스는 외쳤다. "모든 것이 기대했던 것 이상으로 잘 되어가고 있는 것처럼 보인다."[41] 그리고 3월 말에는 당시 전개된 사건에 대해 언급하면서 덧붙였다. "프랑스에서의 소동이 만족스럽게 지속되고 있다. 여름이 지나서도 상황은 안정될 것 같지 않

---

36 Karl Marx to Friedrich Engels, 2 April 1858, MECW 40, p.296.
37 Karl Marx to Ferdinand Lassalle, 21 December 1857, MECW 40, p.225.
38 Karl Marx to Conrad Schramm, 8 December 1857, MECW 40, p.217.
39 '늙은 두더지(old mole)'는 햄릿 1막 5장에 나오는, 땅속에서 햄릿에게 복수를 요구하는 아버지의 유령에서 유래한 것이다. 헤겔은 똑같은 표현을 『역사 철학』에서 정신의 은유로 사용했고, 마르크스는 『루이 보나파르트의 브뤼메르 18일』에서 1848년 2월 혁명이 보나파르트의 1851년 12월 쿠데타에 의해 전복되고 독재가 수립될 때 환호한 전 유럽의 보수 반동 세력들의 반응을 묘사하면서 반혁명을 은유—"잘 파헤쳤다. 늙은 두더지!"—하는 데 사용했다. 여기서는 잠재된 위기를 은유하고 있다. — 옮긴이 주
40 Karl Marx to Friedrich Engels, 22 February 1858, MECW 40, p.274.
41 Karl Marx to Friedrich Engels, 23 January 1858, MECW 40, p.252.

다."[42] 마르크스는 몇 달 전만 해도 다음처럼 비관적으로 말했다.

> 지난 10여 년간 일어났던 일들에 따라, 어떤 생각 있는 사람이라면 개인으로서 대중을 너무 경멸하게 되어서 '나는 평범한 대중을 싫어하며 거리를 둔다'[43]는 속담이 거의 강제된 격언이 될 것에 틀림없다. 그럼에도 이 모든 것 자체는 속물적 심리 상태들로서, 순전히 첫 번째 폭풍에 의해 씻겨 갈 것이다.[44]

반면 5월에는 그는 만족해서 다음과 같이 말했다. "현재는 대체로 만족스럽다. 역사는 명백히 다시 한 번 새 출발을 하려고 하며, 도처에 있는 해체의 징조가 현 상태를 그대로 유지하는 데 몰두하지 않는 사람들 누구에게나 큰 기쁨을 준다."[45]

마찬가지로 엥겔스는 나폴레옹 3세를 암살하려 했던 이탈리아 민주주의자 오르시니Felice Orsini의 사형 집행일에 거대한 노동계급의 항의가 파리에서 발생했다고 열정적으로 마르크스에게 전했다. "거대한 혼돈의 시기에 들어 그런 점호 신호에 10만 명이 '예!'라고 대답하는 것을 들어보다니 얼마나 좋은가!"[46] 가능한 혁명적 발전의 관점에서 엥겔스는 또한 꽤 많은 프랑스 군대를 연구한 후 마르크스에게 혁명이 성공하려면 군대 내부에 비밀결사를 조직하는 것이 필수라고 경고했는데 그렇게 조직하지 않는다면 1848년처럼 부르주아지가 보나파르트에게 맞설 것이었다. 마지막으로 엥겔스는 헝가리와 이탈리아의 분리 독립

---

42 Karl Marx to Friedrich Engels, 29 March 1858, MECW 40, p. 296.

43 Tr.: 'I hate and shun the vulgar crowd'. Horace, *Odes and Epodes*(Ann Arbor: University of Michigan Press, 1994), p. 127.

44 Karl Marx to Ferdinand Lassalle, 22 February 1858, MECW 40, p. 268.

45 Karl Marx to Ferdinand Lassalle, 31 May 1858, MECW 40, p. 323.

46 Friedrich Engels to Karl Marx, 17 March 1858, MECW 40, pp. 289~290.

과 슬라브족의 반란이 오스트리아, 낡은 반동의 보루에 막대한 타격을 가할 것이며, 여기에 더해 (지배세력의) 전반적인 반격은 모든 대도시와 산업 지구로 위기를 확산시킬 것이라고 전망했다. 다른 말로 표현하면 엥겔스는 "결국 격렬한 투쟁이 될 것"이라고 확신했다.[47] 낙관주의에 이끌려 엥겔스는 승마를 다시 시작했는데 이번에는 더 큰 목표가 있었다. 그는 마르크스에게 편지를 썼다.

> 어제 내가 말을 강둑으로 몰고 가서 5피트 수 인치 높이를 넘었다. 여태까지 중 가장 높이 뛰어넘은 것이었다. …… 우리가 독일에 돌아갔을 때 프러시아 기병들에게 보여줄 게 한두 가지 있을 것이다. 그들은 나를 따라오기 힘들 것이다.[48]

마르크스의 답변은 매우 만족해하는 것이었다.

> 당신의 승마 성과를 축하한다. 그렇지만 곧 위험을 무릅쓸 더 중요한 순간이 올 테니 위험할 정도로 빠른 점프는 많이 하지 않기를 바란다. 나는 독일에서 당신이 가장 크게 기여해야 할 특별한 대상이 기병이라고는 믿지 않는다.[49]

정반대로 마르크스는 생활에서 한층 더 까다로운 문제에 직면했다. 3월 베를린에서 라살레는, 출판업자 둔커Franz Duncker가 마르크스의 저작을 분책으로 출판하는 데 동의했다고 알려왔다. 하지만 이 좋은 소식이 역설적으로 또 다른 걱정거리로 변했다. 엥겔스에게 여러 번 마르크스의 병에 관한 소식들이 전달되

---

47 Friedrich Engels to Karl Marx, 17 March 1858, MECW 40, p. 289.

48 Friedrich Engels to Karl Marx, 11 February 1858, MECW 40, p. 265.

49 Karl Marx to Friedrich Engels, 14 February 1858, MECW 40, p. 266.

었던 것처럼 이번에는 새로운 걱정 유발 원인이 다른 걱정들—불안증—에 더해 졌다. 이번에는 예니가 그 소식을 알려왔다.

> 마르크스의 간과 담즙에 다시 탈이 났습니다. …… 그의 건강 상태가 나빠
> 진 이유는 주로 정신적 불안과 동요 탓으로, 이번에는 출판업자와의 계약
> 체결 이후 그 어느 때보다 더 심각해졌고 날이 갈수록 악화되고 있습니다.
> 왜냐하면 그 작업을 끝내는 것이 절대 불가능하다는 것을 알고 있기 때문입
> 니다.[50]

마르크스는 4월 내내 지금까지 겪어보지 못했던 지독한 담즙 통으로 괴로워 했으며 이 때문에 작업을 전혀 할 수가 없었다. 그는 전적으로 ≪뉴욕 트리뷴≫ 을 위한 소수의 칼럼에 집중했다. 이 일은 생존에 필수 불가결한 것이었으며, 그 래서 그의 부인에게 받아쓰게 했다. 그녀는 "비서 기능"을 충실히 다했다.[51] 펜 을 다시 잡을 수 있게 되자마자 마르크스는 엥겔스에게 자신의 침묵이 전적으로 "쓸 수 없었기" 때문이었다고 전했다. 이것은 "문학적 의미에서뿐 아니라 문자 그대로도" 명백했다. 그는 또 "끊임없이 발생하는 작업하고 싶은 충동과 그렇게 할 수 없는 불능이 맞물려서 병을 악화시키는 원인이 되었다"고 주장했다. 그의 건강은 아직 매우 안 좋았다.

> 나는 일을 할 수가 없다. 만약 내가 두 시간 쓴다면 이틀 동안 고통 속에 누
> 워 있어야 한다. 나는 빌어먹을 이 상태가 다음 주에 끝날 것으로 기대한다.
> 이보다 더 이상 나쁜 시기도 없을 것이다. 이번 겨울 동안 나는 야간 노동을

50 Jenny Marx to Friedrich Engels, 9 April 1858, MECW 40, p.569.
51 Karl Marx to Friedrich Engels, 23 April 1857, MECW 40, p.125.

지나치게 많이 했다. **이런 까닭에 고통의 눈물도 뒤따른다.**[52]

마르크스는 병마와 싸우려고 노력했지만 아무런 차도도 없이 약만 잔뜩 복용하다가 포기하고 의사의 충고에 따라 일주일 동안 분위기를 바꿔서 "당분간 모든 지적인 작업을 삼가기로 했다".[53] 그는 엥겔스를 방문하기로 결심하고 그에게 알렸다. "나는 내 할 일을 보류해두었다."[54]

물론 마르크스는 맨체스터에 머문 20일 동안에도 작업을 계속해서 [자본에 관한 장]과 [그룬트리세]의 마지막 지면을 작성했다.

4. 부르주아 사회에 맞선 투쟁

런던에 돌아오자마자 마르크스는 출판업자에게 원고를 보내기 위해 편집해야 했지만, 이미 늦었음에도 원고는 여전히 지체되었다. 그의 비판적 본성이 실용적 필요를 다시 한 번 누른 것이다. 그는 엥겔스에게 전했다.

내가 없는 동안 ≪이코노미스트≫의 발췌문들로 판단하건대 최고 수준의 저작이라고 할 수 있는 화폐의 모든 역사를 다룬 매클래런Maclaren의 책이 영국에서 출판되었는데 아직 도서관에 없다. …… 말할 필요도 없이 내 책을 쓰기 전에 이 책을 읽어야 하겠기에 아내를 시티에 있는 출판사로 보냈더니 실망스럽게도 내게 있는 모든 자금보다 더 비싼 9/6페니였다. 당신이 그만

---

52 Karl Marx to Friedrich Engels, 29 April 1858, MECW 40, p.309.; Tr.: 'Hence, those tears'. Terence *Andria*(Bristol: Bristol Classical Press, 2002) p.99.

53 Karl Marx to Ferdinand Lassalle, 31 May 1858, MECW 40, p.321.

54 Karl Marx to Friedrich Engels, 1 May 1858, MECW 40, p.312.

큼 우편환으로 보내주면 정말 고맙겠다. 아마 이 책에 새로운 것이 하나도 없을지도 모르지만 ≪이코노미스트≫가 피운 야단법석과 내가 읽었던 발췌문들 때문에 이론적 양심이 이것을 읽지 않고 작업을 계속하는 것을 허락하지 않는다.[55]

이 일화는 매우 많은 것을 말해준다. 가족의 평화로운 생활에 대한 ≪이코노미스트≫ 서평의 위험 유발성, 이론적 의혹을 처리하기 위해 부인 예니를 시티에 보내는 것, 저축해놓은 돈이 책 한 권 사기에도 불충분했다는 사실, 맨체스터에 있는 친구에게 즉각적인 배려를 요구하는 일상적인 청원. 그 무엇이 이 시절 마르크스의 삶을, 특히 그의 "이론적 양심"이 할 수 있었던 것을 더 잘 묘사할 수 있을까?

그의 까다로운 기질에 더해 그의 일상의 "적들"인 나쁜 건강과 궁핍이 저작의 완성을 훨씬 더 지체시켰다. 엥겔스에게 알렸던 대로 그의 건강은 다시 악화되었다. "맨체스터로 향하기 전에 앓았던 병이 다시 도져서 여름 내내 끊임없이 지속되었기 때문에, 어떤 종류의 글쓰기에도 엄청난 노력이 필요하다."[56] 더욱이 마르크스는 몇 달 동안 감당할 수 없는 경제적 문제 때문에 늘 "피할 수 없는 최종적인 파국의 망령"과 살지 않을 수 없었다.[57] 7월에 다시 절망에 빠진 마르크스는 자신의 극단적 상황을 보여주는 편지를 엥겔스에게 보냈다.

우리가 머리를 맞대고 이를 타개할 수 있는 방법을 알아볼 필요가 있다. 왜냐하면 현재 상황은 절대 용납될 수 없기 때문이다. 내가 더 이상 작업할 수

---

55 Karl Marx to Friedrich Engels, 31 May 1858, MECW 40, p.317.
56 Karl Marx to Friedrich Engels, 21 September 1858, MECW 40, p.341.
57 Karl Marx to Friedrich Engels, 15 July 1858, MECW 40, p.328.

없게 된 것은 부분적으로는 내가 가장 좋은 시간의 대부분을 돈 버는 데 낭비해버렸기 때문이며, 부분적으로는 내 추상력이—아마 상당히 쇠약해진 육체 때문에— 더 이상 집안의 비참함을 감당할 수 없기 때문이다. 아내는 이 비참함 때문에 신경쇠약에 걸렸다. …… 그래서 조금 들어온 수입은 결코 다음 달을 위해 떼어놓거나 빚을 줄일 만큼 충분하지도 못하며 …… 따라서 이런 비참한 형편은 이런저런 방식으로 버텨야 하는 4주 동안 단지 연기될 뿐이며 …… 심지어 가재도구를 경매해서 팔아도 빚쟁이들의 빚을 갚고 방해받지 않을 수 있는 은둔처로 이사하기에 부족할 것이다. 지금까지 유지해왔던 책임감의 과시는 파산을 피하는 유일한 수단이었다. 최소한 내일에 집중할 수 있는 한 시간의 평화를 다시 얻을 수만 있다면, 나로서는 화이트채펄Whitechapel[당시 노동계급 대부분이 살았던 런던 인근 지역]에 사는 것도 개의치 않을 것이다. 그러나 아내의 상태를 고려할 때 그런 변화는 위험한 결과를 낳을 수 있으며 여자아이들을 기르는 데 적합하지도 않다. …… 나는 지난 8주 동안 갇혀 있었던 수렁, 나의 지성을 황폐화시키고 작업 능력을 파괴하는 무수한 짜증들에 내내 씩씩거렸던 수렁을 나의 최악의 적수에게도 통과하게 만들고 싶지 않다.[58]

그러나 극도로 궁핍한 상태에도 마르크스는 이런 불안정한 상황에 굴복하지 않았으며, 다음과 같이 자신의 작업을 완성하겠다는 의지를 친구 바이데마이어에게 알렸다. "나는 어떠한 희생을 치르더라도 반드시 내 목적을 달성할 것이고 부르주아 사회가 나를 돈 버는 기계로 전락시키는 것을 용납하지 않을 것이다."[59]

그동안 경제위기가 완화되면서 시장이 정상적 기능을 회복했다. 실제로 8월

---

58 Karl Marx to Friedrich Engels, 15 July 1858, MECW 40, pp.328~331.

59 Karl Marx to Joseph Weydemeyer, 1 February 1859, MECW 40, p.374.

에는 낙담한 마르크스가 엥겔스에게 "지난 몇 주 동안 세상은 빌어먹게도 다시 낙관적이 되었다"[60]고 말했으며, 엥겔스는 상품의 과잉생산이 흡수되었던 방식을 반추하면서 "이런 거대한 홍수가 이처럼 빨리 해소된 적은 없었다"[61]고 주장했다. 혁명이 목전에 있다는 확신, 1856년 가을 내내 그들을 고무했고 마르크스가 [그룬트리세]를 작성하도록 격려했던 확신은 이제 "전쟁은 없다. 모든 것이 부르주아적"[62]이라는 쓰라린 환멸에 무너지고 있었다. 그리고 엥겔스가 "영국 프롤레타리아트의 증대하는 부르주아지화"에 대해, 그에 따르면 세계에서 가장 착취가 심한 나라가 "부르주아지와 나란히 부르주아적 프롤레타리아트"를 보유하게 된 현상에 대해 분노했다면[63], 마르크스는 모든 사소한 사건에도 끝까지 주목했다. "세계무역에 의한 낙관적 방향 전환에도 [……] 혁명이 러시아에서 시작되었다는 것이 최소한 약간 위로가 된다. 왜냐하면 나는 러시아에서 '귀족들'을 페테르부르크에 소집하는 것 자체를 혁명의 시작으로 보기 때문이다." 또한 그는 독일뿐 아니라 체코 부르주아지의 독립 투쟁에도 희망을 걸었다. "프러시아에서 사태가 1847년보다 더욱 악화되고 있고", "이례적인 운동들이 슬라브 민족들, 특히 보헤미아인들 내에서 진행 중인데, 이 운동은 반혁명적임에도 운동을 위한 사회적 동요를 제공하고 있다." 마지막으로 마치 배신당한 것처럼 마르크스는 통렬하게 다음과 같이 주장했다. "프랑스인들에게 그들이 없어도 세상은 굴러간다는 것을 알게 해주는 것은 전혀 해롭지 않을 것이다."[64]

하지만 마르크스는 그 위기가 자신과 엥겔스가 상당한 확신 아래 예측했던 사회적·정치적 결과를 유발하지 않았다는 증거를 받아들여야 했다. 그래도 그

60 Karl Marx to Friedrich Engels, 13 August 1858, MECW 40, p.338.
61 Friedrich Engels to Karl Marx, 7 October 1858, MECW 40, p.343.
62 Karl Marx to Friedrich Engels, 11 December 1858, MECW 40, p.360.
63 Friedrich Engels to Karl Marx, 7 October 1858, MECW 40, p.343.
64 Karl Marx to Friedrich Engels, 8 October 1858, MECW 40, p.345.

는 유럽에서 혁명이 발발하는 것은 단지 시간의 문제일 뿐이며, 쟁점이 있다면 그것은 경제적 변화가 어떠한 세계적 시나리오를 유발할 것인지의 문제라고 여전히 굳게 확신했다. 따라서 그는 엥겔스에게 최근 사건에 대한 정치적 평가와 미래의 전망에 대해 다음과 같이 편지를 썼다.

> 이제 부르주아 사회가 자신의 두 번째 16세기를 겪는다는 것을 부정할 수 없다. 첫 번째 16세기가 이 부르주아 사회를 일생 동안 실제보다 돋보이게 했듯이, 나는 두 번째 16세기는 그 사회의 조종을 울리게 될 것을 희망한다. 부르주아 사회의 진정한 과제는 세계 시장 또는 최소한 세계 시장의 일반적 틀의 창조와 세계 시장에 기초한 생산의 창조이다. 세계는 둥글기 때문에 내게는 캘리포니아와 오스트레일리아의 식민지화와 중국과 일본의 개방이 이 과정을 완성한 것으로 보인다. 우리에게 어려운 질문은 유럽 대륙에서 혁명이 임박했고 이것이 즉각 사회주의적 성격을 띨 수 있는가이다. 부르주아 사회의 운동이 여전히 훨씬 더 큰 지역으로 확장하고 있기 때문에 혁명은 필연적으로 지구의 이 좁은 구석에서 진압되지 않을까?[65]

이런 생각들은 마르크스의 예측 중 가장 중요한 두 가지(올바른 예측―그를 동시대인들 누구의 것보다 더 뛰어난, 자본주의 발전의 세계적 규모에 대해 직관하게 한 예측―과 잘못된 예측―유럽에서 프롤레타리아 혁명의 불가피성에 대한 믿음과 연결된 예측―)를 반영하고 있다.

엥겔스에게 보낸 편지에는 진보 진영에 있는 그의 정치적 적수들 모두에 대한 마르크스의 날카로운 비판이 담겨 있다. 이런 비판에는 공산주의가 벗어날 필요가 있는 '가짜 형제' 공산주의로 마르크스가 간주했던, 프랑스 사회주의의

---

65 Karl Marx to Friedrich Engels, 8 October 1858, MECW 40, p.347.

지배적 형태의 핵심 인사인 프루동[66]과 함께 여러 사람이 표적이 되었다. 예를 들면 마르크스는 자주 라살레와의 경쟁 관계를 즐겼다. 마르크스는 라살레의 최신작 『헤라클레이토스, 알 수 없는 철학자』를 받았을 때 이것을 "매우 어리석은 혼합물"이라고 칭했다.[67] 1858년 9월에 마치니가 새로운 선언을 잡지 ≪사상과 행동Pensiero ed Azione≫에 실었지만, 마르크스는 마치니에 대해 의심하지 않고 그를 "여전히 변함없는 늙은 멍청이"[68]라고 주장했다. 또 마르크스는 마치니가 1848~1849년의 패배 이유를 분석하는 대신에 혁명적 이주자들의 "정치적 중풍 …… 치료에 대한 엉터리 약을 광고하는 데 바쁘다"(Marx, 1980: 37)고 말했다. 마르크스는 프뢰벨Julius Fröbel, 1848~1849년 프랑크푸르트 국민의회 의원이자 독일 민주주의자들의 전형적 대표자를 맹비난했는데, 그는 해외로 도망가서 나중에는 정치적 삶과 거리를 두었다. "간단한 식사를 발견하자마자 이 악당들이 요구하는 모든 것은 투쟁에 안녕을 고하기 위한 어떤 심드렁한 핑계였다."[69] 마지막으로 마르크스는 여태까지 중 가장 모순적 상황으로서, 런던의 독일 망명자 지도자 중 1명인 블린트Karl Blind의 "혁명적 활동"을 조롱했다.

블린트는 함부르크에 있는 지인 2명에게 자신이 익명으로 쓴 소책자가 창출한 소요에 대해 언급한 (자신이 쓴) 편지를 영자 신문에 보내게 했다. 그다음에 그의 친구들은 독일어 신문에 영자 신문들이 만든 호들갑에 관해 제보했다. 당신이 보듯이 이것이 활동가가 된다는 것의 의미이다.[70]

---

66 Karl Marx to Joseph Weydemeyer, 1 February 1859, MECW 40, p.374.
67 Karl Marx to Friedrich Engels, 1 February 1858, MECW 40, p.258.
68 Karl Marx to Friedrich Engels, 8 October 1858, MECW 40, p.346.
69 Karl Marx to Friedrich Engels, 24 November 1858, MECW 40, p.356.
70 Karl Marx to Friedrich Engels, 2 November 1858, MECW 40, p.351.

마르크스의 정치적 개입은 본질적으로 달랐다. 부르주아 사회와의 투쟁을 결코 멈추지 않으면서도 그는 또한 이 투쟁에서 자신의 주요 역할에 대한 의식, 정치경제학에 대한 엄밀한 연구와 경제적 사건들에 대한 지속적인 분석을 통해 자본주의 생산양식에 대한 비판을 발전시킨다는 역할에 대한 의식을 유지했다. 이 때문에 계급투쟁의 "저조기" 동안 마르크스는 당시의 정치적 경쟁이 환원되었던 쓸데없는 음모와 개인적 술수로부터 거리를 유지하면서, 가능한 한 최선의 방식으로 자신의 정력을 사용하기로 결심했다. "쾰른 재판(1853년의 공산주의자들에 대한 재판) 이후 줄곧 나는 연구에만 집중했다. 무익한 시도와 사소한 말다툼에 정력을 낭비하기에는 내 시간이 너무나도 소중했다."[71] 사실 온갖 어려움에도 마르크스는 작업을 계속했으며 [그룬트리세가 그것을 위한 최초의 시험장이었던 『정치경제학 비판을 위하여』를 1859년에 출판했다.

마르크스는 이전 해와 다를 바 없이 1858년을 마감했다. 부인 예니가 회상하듯이 "1858년은 우리에게 나쁘지도 좋지도 않은 해였다. 그 해는 날들이 흘러가는 해, 다른 해들과 완전히 똑같은 해였다. 먹고 마시고 칼럼 쓰고 신문 읽고 산책하는 것이 우리의 모든 생활이었다"(Marx, 1970: 224). 날마다, 달마다, 해마다 마르크스는 남은 일생 동안 저작을 계속 작업했다. 마르크스는 위대한 투지와 인격의 힘으로, 또한 자신의 존재가 수많은 사람들은 해방시키기 위한 운동, 사회주의에 속한다는 흔들림 없는 확신으로 [그룬트리세]와 『자본론』을 위한 여러 두꺼운 수고를 집필하는 부담스러운 작업을 수행해갔다.

---

71 Karl Marx to Joseph Weydemeyer, 1 February 1859, MECW 40, p.374.

6
1860년의 카를 포크트에 대한 논쟁

1. 포크트 씨

1860년에 마르크스는 다시 한 번 정치경제학 연구를 중단해야 했다. 이번에는 포크트Carl Vogt와의 격렬한 갈등 때문이었다. 1848~1849년 프랑크푸르트 국민의회의 좌파 의원이었던 포크트는 이 당시 망명 생활을 하던 제네바에서 자연과학 교수를 하고 있었다. 1859년 봄에 그는 보나파르트주의 외교정책의 입장을 표명한 소책자 『유럽의 현재 상황에 대한 연구Studien zur gegenwärtigen Lage Europas』를 출간했다. 그 해 6월에 나폴레옹 3세를 옹호하는 포크트의 음모, 특히 현재 정치 사건에 대한 친親보나파르트 관점을 제공하기 위해 일부 언론인을 뇌물로 매수하려고 했던 시도를 비난하는 익명의 전단지가 나타났다. 이러한 고발—이것은 나중에 영국에 망명해 있던 독일 언론인이자 작가인 블린트[1]의 작업으로 밝혀졌다—은 마르크스와 엥겔스가 기고자였던 주간지 ≪인민Das Volk≫, 아우구스부르크

---

1   바로 앞 장에서 나온, 마르크스가 편지에서 비판한 그 블린트이다. ― 옮긴이 주

시의 ≪종합신문Allgemeine Zeitung≫에 의해 기사화되었다. 이 때문에 포크트는 이 독일 일간지에 대해 소송을 제기했는데, 이 일간지는 블린트가 익명으로 남아 있기를 원했기 때문에 반박할 수 없었다. 비록 이 명예훼손 소송에서는 졌지만[2] 포크트는 전체적으로 볼 때 도덕적으로는 승자였다. 따라서 그는 사건에 대해 설명하는『≪종합신문≫에 대한 나의 소송』의 출판을 통해, 마르크스가 자신에 대한 음모를 고무했을 뿐 아니라 1848년 혁명적 봉기에 참여한 사람들을 공갈 갈취해서, 특히 상납하지 않는 사람의 이름을 폭로하려는 위협으로 먹고사는 집단의 리더라고 고발했다.[3]

프랑스와 영국에서의 반향을 제외하더라도 포크트의 출판물은 독일에서 성공을 거두었으며 자유주의 신문들 사이에서 화제를 불러일으켰다. "물론 부르주아 언론의 의기양양함은 끝이 없었다."[4] 베를린의 ≪국민일보National-Zeitung≫는 1860년 1월에 포크트의 설명을 요약하는 긴 사설을 두 차례 실었다. 마르크스는 이 신문에 명예훼손 소송을 제기했다. 그러나 왕립 프러시아 고등법원은 소송을 기각하면서 기사가 허용된 비판의 한계를 넘지 않았으며 명예훼손에 해당하지 않는다고 판결했다. 이 판결에 대해 마르크스는 "그리스인을 다치게 하려는 의도가 없이 그 목을 자른 터키인과 마찬가지"(MECW 17, p.272)라고 풍자했다.

포크트의 글은 실제 사건과 완전히 날조한 것이 교묘히 혼합되어 있었기 때

---

2   명예훼손 소송에서 일간지가 대응을 하지 못했지만 법정에서는 포크트가 증거 부족 등으로 패했던 것으로 보인다. ─ 옮긴이 주

3   1870년 제2제정이 종료된 후 공화국 정부에 의해 발표된 프랑스 문서고의 서류에서 포크트가 나폴레옹 3세의 급여 명부에 올라 있었다. 나폴레옹 3세는 실제로 1859년 자신의 비밀기금에서 4만 프랑을 포크트에게 송금했다. AA. VV., *Papiers et correspon-dance de la famille impériale. Édition collationnées sur le texte de l'imprimerie natio-nale*, vol.II(Garnier, Paris 1871), p.161.

4   Karl Marx to Friedrich Engels, 31 January 1860, MECW 40, p.16.

문에 사건들 모두에 대해 잘 모르는 망명자들 사이에서는 의구심을 불러일으켰다. 따라서 마르크스는 자신에 대한 방어를 조직해야 할 필요를 느꼈으며 포크트를 반박하는 책을 내기 위해 1860년 2월 말에 자료를 모으기 시작했다. 그는 두 가지 경로를 이용했다. 무엇보다 마르크스는 1848년과 그 이후에 정치적 관계를 맺었던 투사들에게 포크트와 관련해 확보할 수 있는 모든 문서를 구하기 위해서 편지 수십 통을 썼다.[5] 이를 넘어, 유럽 주요국의 정치를 설명하고 보나파르트가 했던 반동적 역할을 더 잘 폭로하기 위해 마르크스는 17~19세기의 정치와 외교사에 대한 방대한 연구를 수행했다.[6] 후자(외교사)는 의심할 여지없이 이 작업에서 가장 흥미로운 부분이고—공산주의동맹의 역사를 재구성하는 부분과 함께— 현재의 독자에게도 여전히 가치 있는 부분이다(Carver, 2012: 117~133). 항상 그렇듯이 마르크스의 연구는 책의 분량을 엄청나게 늘렸는데, 책은 "내(마르크스) 손에서 커졌다".[7] 더구나 작업을 마무리하는 데 걸리는 시간도 계속 늘어

---

5   1848~1849년의 혁명 투사들과 정치적으로 교신하는 이 수단의 중요성에 관해 그리고 마르크스와 포크트 사이 갈등을 일반적인 관점에서 이해하기 위해서는— 이 글의 주요한 목적인 마르크스 자신의 관점만 아니라— 다음을 참조하라. Christian Jansen, *Politischer Streit mit harten Bandagen. Zur brieflichen Kommunikation unter den emigrierten Achtundvierzi-gern*(Akademie, Berlin, 2002).이 글은 포크트가 보나파르트 3세를 지지한 정치적 동기를 검토한다. 또한 다른 이들이 포크트에게 보낸 것뿐 아니라 포크트가 쓴 편지로 구성된 부록도 포함한다. 마찬가지로 흥미로운 것은 마르크스주의자의 전통적이며 종종 교조적인 해석에서 자유로운 다음의 글이다. Grandjonc and Pelger, *Gegen die "Agentur" Fazy/Vogt. Karl Marx "Herr Vogt"(1860) und Georg Lommels "Die Wahrheit über Genf"(1865). Quellen-und textgeschichtliche Anmerkungen*, in "Marx-EngelsForschungsberichte", 6, 1990, pp.37~86. Lommels, *Les implicationes de l'affaire Marx-Vogt*, in Jean-Claude Pont-Daniele Bui-Françoise Dubosson-Jan Lacki(éd.), *Carl Vogt(1817-1895). Science, philosophie et politique*(Georg, Chêne-Bourg, 1998), pp.67~92.

6   이 연구를 통해 광범위하고 다양한 지향의 책, 잡지, 신문의 구절을 포함하는 노트 여섯 권을 만들었다. 이 소재—포크트 이야기(Vogtiana)로 명명된—는 마르크스가 연구의 결과를 자신의 저술에 어떻게 사용하는지를 보여준다. 이것은 아직 편집되지 않았고 MEGA² IV/16으로 출판될 예정이다.

7   Karl Marx to Friedrich Engels, 6 December 1860, MECW 40, p.225.

났다. 사실 엥겔스가 마르크스에게 "이번 한 번만은 좀 피상적이라도 제 시간에 끝낼 것"[8]을 강력히 권고하고 예니에게 다음과 같이 편지해도 소용 없었다. "우리는 항상 엄청나게 거대한 일을 하지만 항상 제때에 출판되지 못했으며, 결국 모두 헛수고가 되어버립니다. …… 출판사를 찾고 작업이 최종 준비되게 하기 위해 당신이 가능한 한 모든 것을 해서 즉시 어떤 일이 이루어질 수 있게 해주세요."[9] 마르크스는 겨우 9월에서야 그것을 마무리하기로 결심했다.

마르크스는 책 제목을 『다다포크트Dâ-Dâ-Vogt』[10]로 해서 포크트와 당시 보나파르트주의 아랍 언론인 다다로스차이드Dâ-Dâ-Roschaid의 유사성을 연상시키려고 했다. 이 언론인은 알제리 당국의 명령으로 보나파르트주의 소책자를 아랍어로 번역하고 나폴레옹 3세를 "자애로운 태양, 창공에 빛나는 영광"(MECW 17, pp.182~183)으로 규정했다. 마르크스가 보기에 포크트에게는 "독일 다다"(MECW 17, pp.182~183)라는 별명이 딱 어울렸다. 그러나 엥겔스는 더 알기 쉽게 『포크트 씨 Herr Vogt』로 정하라고 설득했다.

이 책을 출판하는 장소가 또한 문제였다. 엥겔스는 독일에서 출판하자고 강력히 주장했다. "무슨 일이 있어도 런던에서 당신 책을 출판하는 일은 피해야 한다. …… 우리는 이민자 문헌에 대한 경험이 많다. 항상 성공하지 못하고 돈을 낭비해 결국은 분노하게 된다."[11] 그럼에도 독일에서 출판하려는 곳이 없었기 때문에 마르크스는 런던의 페치Petsch에서 출판했고, 더욱이 이마저도 비용을 지불하기 위해 모금을 해서 이루어진 것이었다. 엥겔스는 "독일에서 출판하는 게 더 바람직했을 것이고 그렇게 했더라면 절대적으로 성공했을 것이다. 독일에서의 출판이 침묵의 음모conspiration du silence를 종식시키는 데 훨씬 좋았을 것"[12]이라

8　Friedrich Engels to Karl Marx, 29 June 1860, MECW 40, p.170.

9　Friedrich Engels to Jenny Marx, 15 August 1860, MECW 40, p.179.

10　Karl Marx to Friedrich Engels, 25 September 1860, MECW 40, pp.197~198.

11　Friedrich Engels to Karl Marx, 15 September 1860, MECW 40, p.191.

고 했다.

　마르크스는 포크트의 고발을 반박하는 데 일 년을 완전히 쏟아부었고, 이 때문에 경제학 연구를 완전히 소홀히 해서 베를린 출판사 둔커Duncker와의 계약에 따라 의무적이었던, 1859년에 출판된『정치경제학 비판을 위하여』의 후속 작업을 준비하지 못했다. 이 반박 작업을 시작하기 전에 엥겔스는 그 "위험성"을 깨닫고 있었다. 1860년 1월에 엥겔스는 마르크스에게 배타적으로 경제학 연구에 집중하도록 설득하려 했다. 그것은 엥겔스의 견해로 당대의 적을 패배시키고 반자본주의 이론을 진전시키는 유일한 현실적 수단이었다.

> 포크트와 그 일당들에도 불구하고 대중과 관련한 우리의 목표를 계속 유지하려 한다면 과학적 작업이 필요하다. [……] 우리 당이 아는 대로 독일에서 그 자체로 직접적으로 정치적이고 논쟁적인 행동 자체는 순전히 불가능하다. 그렇다면 무엇이 남는가? 입을 다물고 있거나, 아니면 독일 내의 누구에게가 아니라 영국의 독일 이민자들이나 미국의 독일 이민자들에게만 알리려고 노력하거나, 그것도 아니면 우리가 시작했던 것을 계속하는 것, 당신은 첫 번째 권(『정치경제학 비판을 위하여』), 나는『포 강과 라인 강Po and Rhine』의 후속 작업을 계속하는 것이다. [……] 이런 점에서 명백히 당신의 두 번째 책이 조기에 나오는 것이 무엇보다 중요하다. 포크트 일로 이 일을 중단하지 않았으면 좋겠다. 당신 자신의 일에 이번 한 번만 좀 덜 성실했으면 좋겠다. 그 책은 비참한 대중에게 어떤 일이 있어도 너무나 좋은 것이다. 가장 **중요한** 것은 그 책을 쓰고 출판하는 것이다. 당신의 눈을 사로잡는 단점들은 틀림없이 멍청이들에게는 보이지 않을 것이다. 그리고 격변의 시기가 도래했을 때, 당신이 아직도 자본 일반에 관한 책을 쓰지 않았다면 그것

12　Friedrich Engels to Karl Marx, 5 October 1860, MECW 40, pp. 204~205.

이 당신이 모든 것을 붕괴시키는 데 무슨 소용이 있겠는가? 나는 불쑥 나타나는 모든 중단 사유도 매우 잘 알고 있으며 또한 지연되는 것이 주로 당신 자신의 양심의 가책 때문이라는 것도 안다. 그렇지만 그 책이 출판되는 것이 이런 의혹들이 그 책의 출판을 가로막는 것보다 훨씬 더 좋은 일임에 틀림없다.[13]

이런 강력한 권유에도 이 사건 내내 마르크스를 추동했던 광란은 그와 가장 가까운 이들까지 감염시켰다. 부인 예니는 『포크트 씨』가 "끝없는 기쁨"의 원천이라는 것을 발견했으며, 엥겔스는 이 저작이 "틀림없이 그 요점에 관한 한 가장 훌륭한 비판"일 것이라고 선언했고[14], 라살레는 이 글이 "모든 면에서 가장 권위 있는 것"이라고 경의를 표했으며[15] 빌헬름 볼프는 "시종일관해 걸작"이라고 했다 (이 마지막 둘은 MECW에서는 없고 MEGA²에서 볼 수 있다).[16]

현실적으로 그 모든 참고문헌들과 언급들이 이해되기 위해서 『포크트 씨』에는 많은 주석이 필요하다. 더욱이 마르크스의 주요한 전기 작가들은 이구동성으로 이 작업이 시간과 에너지를 상당히 낭비했던 것으로 평가하고 있다. 얼마나 많은 인사들이 마르크스가 이 작업을 포기하도록 설득하려고 했는지를 상기하면서, 메링은 다음과 같이 단언했다. "그가 이런 목소리들에 귀 기울일 것을 사람들이 얼마나 바랐겠는가. [왜냐하면] 그의 평생의 위대한 저작이 …… 아무런 실제 소득도 없는 시간과 정력의 비싼 낭비 때문에 …… 가로막혔기 때문이었다"(Mehring, 1972: 295). 같은 관점에서 포어랜더Karl Vorländer는 다음과 같이 적었다. "오늘날, 두 세대 뒤, 일 년 동안 지속된 이 보잘 것 없는 사건에서 싫어하

---

13 Friedrich Engels to Karl Marx, 31 January 1860, MECW 40, pp.13~14.

14 Friedrich Engels to Karl Marx, 19 December 1860, MECW 40, p.231.

15 Ferdinand Lassalle to Karl Marx, 19 May 1861, MEGA² III/11, p.321.

16 Wilhelm Wolff to Karl Marx, 27 December 1860, MEGA² III/11, p.283.

는 적을 비난하기 위해, 세계문학 전체—피샤르트Fischart, 칼데론 데 라 바르카Calderón de la Barca, 셰익스피어, 단테, 포프Pope, 키케로, 보이아르도Boiardo, 스턴Sterne 및 중세 독일 문학—로부터의 말들과 인용문들과 함께 수많은 재치들로 충만한 이 191쪽의 작은 저작에 그렇게 많은 정신적 노동과 돈을 낭비한 노력이 과연 가치가 있었는지 의심하는 것은 당연하다"(Vorlander, 1948: 209~210). 니콜라이Boris Nikolaevsky와 마엔헨-헬펜Otto Maenchen-Helfen도 다음과 같이 마르크스를 비난했다. "마르크스는 자신의 정치생명을 끝내려는 시도에 맞서 명예훼손 소송으로 자신을 방어하는 데 일 년 이상 몰두했고 …… 겨우 1861년 말이 되어서야 경제학 연구를 재개할수 있었다"(Nikolaevskii and Maenchen-Helfen, 1969: 284). 맥렐란David McLellan에게 포크트에 대한 논박은 "많은 에너지를 대단치 않은 일에 쏟아붓고 자신의 재능을 욕하는 데 낭비하는 마르크스의 능력을 보여주는 명백한 사례였다"(McLellan, 1976: 317). 윈Francis Wheen은 "카를 포크트 같은 무명의 정치가가 스위스 언론에서 출판한 중상모략에 대응하기 위해 200쪽의 책을 쓴다는 것이 진정으로 필요했던가?"라고 묻고 다음과 같이 적었다. "경제학 노트는 서재 위에 닫혀서 놓여 있었던 반면, 그 노트의 주인은 볼 만하지만 불필요한 싸움 …… 격렬한 응수, 그 길이에서뿐 아니라 분노의 어조에서도 대응하려 했던 원래의 명예훼손을 훨씬 능가하는 것에 정신을 팔고 있었다"(Wheen, 2000: 145, 204, 207).

이 저술에서 가장 놀라운 측면은 마르크스가 자신의 주장을 펴는 데 인용한 문학적인 참고문헌들의 방대한 양이다. 포어랜더가 이미 언급했던 작가들과 함께 마르크스는 이 작업의 무대를 다른 이들 중에서도 버질Virgil, 루터 번역 성경의 다양한 인물들, 쉴러Schiller, 바이런Byron과 위고Hugo, 그리고 그가 좋아했던 세르반테스Cervantes, 볼테르, 괴테, 하이네와 발자크로 채운다.[17] 그러나 이런 인용들

---

17 이와 관련해 Siegbert Salomon Prawer, *La bi-blioteca di Marx*(Garzanti, Milano, 1978), p. 263
    를 참조하라. "『포크트 씨』에서 마르크스는 세계문학의 작품 하나를 참고하지 않고는 어떠한

—그리고 이것들을 텍스트에 넣기 위한 소중한 시간들—은 마르크스의 바람대로 포크트보다 자신의 문화가 우월하다는 것을 증명하지도, 풍자를 통해 소책자를 독자에게 더 즐길 만한 것으로 만들지도 못했다. 이는 마르크스 인격의 두 가지 근본적인 특징을 반영한다. 첫 번째는 일생 동안 그가 저작들에서, 심지어 『포크트 씨』같은 작고 단순히 논쟁적인 저작에서도, 문체와 문장 구조에 바쳤던 커다란 중요성이다. 그가 그렇게 많은 전투에서 격돌했던 저술 대부분의 평범함, 수준 낮은 형식, 불확실하고 비문법적인 구성, 비논리적 정식화와 수많은 오류의 존재는 항상 그의 분노를 유발했다.[18] 따라서 그는 내용에 대한 충돌과 함께 논적들의 저술의 고유한 속류성과 부족한 질을 통렬히 비난하면서 자신이 썼던 것의 정확성뿐 아니라 그것을 가장 잘하는 방법도 보여주고 싶어 했다. 『포크트 씨』를 위한 준비 작업에서 전반적으로 증명되는 두 번째 전형적인 특징은 주요한 적을 향한 공격성과 억제되지 않은 증오이다. 그들이 철학자든, 경제학자든, 정치 활동가든, 바우어, 슈티르너, 프루동, 포크트, 라살레, 바쿠닌 등 그 누구든, 마르크스는 본질적으로 그들을 논파하고 그들의 개념이 근거 없다는 것을 가능한 한 모든 방법으로 입증하고, 그들이 자신의 주장에 반대하는 것을 불가능하게 해서 결국 굴복하지 않을 수 없게 만드는 것을 원했다. 따라서 이런 충동 속에서 마르크스는 적대자를 비판적 주장의 산더미에 파묻으려 했고 분노가 정치경제학 비판 프로젝트조차 망각하도록 하는 지점까지 갔을 때, 더 이상 헤겔, 리카도, 역사적 사건을 인용하는 것 "만"이 아니라 아이스킬로스Aeschylus, 단테, 셰익스피어, 레싱을 사용해야 스스로 만족할 수 있었다. 『포크트 씨』는 마르크스 성

정치적 혹은 사회적 현상도 다룰 수 없다." 그는 이 텍스트가 "마르크스가 문학적 암시들과 인용들을 논쟁에 통합하는 다양한 방법의 선집"(p.260)으로 연구될 수 있다고 시사한다. Cf. Ludovico Silva, *Lo stile letterario di Marx*(Bompiani, Milano, 1973).

18 이 점에 관해서는 다시 한 번 Siegbert Salomon Prawer, *La bi-blioteca di Marx*(Garzanti, Milano, 1978), p.264를 참조하라.

격의 이러한 두 가지 구성 요소가 운명적으로 일치한 것의 일종이었다. 마르크스가 그렇게 혐오한 문학적 난잡함의 가장 두드러진 사례 중 하나에 의해, 그리고 거짓말을 통해 자신의 신뢰성을 위협했으며 정치적 경력을 훼손하려 했던 적을 논파하려는 의지에 의해, 합선short circuit이 유발되었다.

이 책으로 마르크스는 화제를 불러일으키기를 희망하며 이에 대한 언급이 독일 언론에 나오도록 모든 노력을 다했다. 그러나 신문들과 포크트는 전혀 관심을 주지 않았다. "개들은 …… 침묵으로 사건이 없어지기를 바랐다."[19] 또한 "프랑스어로 재작성되고, 매우 축약되어, 인쇄되고 있었던 출판 작업"[20]은 그 책이 검열의 표적이 되어 금서 목록에 포함되었을 때 좌절되었다. 마르크스와 엥겔스의 생애 동안 『포크트 씨』는 어떠한 다른 판본도 출판되지 않았으며 단지 선별된 짧은 구절들만 다시 인쇄되었다.

2. 빈곤 그리고 질병과의 싸움

마르크스의 작업을 지연시키고 개인적 상황을 몹시 복잡하게 했던 것은, 두 가지 영원한 숙적, 빈곤과 질병이었다. 사실 이 시기는 마르크스의 경제적 상황이 진정으로 절박해졌던 때였다. 그는 수많은 빚쟁이들의 청구에 둘러싸이고 법원 관리, **중개인**이 대문에 붙이는 법원 명령의 끊임없는 행렬을 두고 엥겔스에게 불평을 털어놓았다. "나는 어떻게 여기를 빠져나갈지 모르겠다. 세금, 학교, 내 집, 슈퍼, 정육점, 신, 악마가 내게 한시도 숨 쉴 틈을 주지 않는다."[21] 1861

19 Karl Marx to Friedrich Engels, 22 January 1861, MECW 40, p. 249.

20 Karl Marx to Friedrich Engels, 16 May 1861, MECW 40, p. 290.

21 Karl Marx to Friedrich Engels, 29 January 1861, MECW 40, p. 252.

년 말에 마르크스의 상황은 더욱 절박해졌고 살아남기 위해 친구의 지속적인 도움—마르크스는 엥겔스에게 "비상한 우정의 행동에 대해"[22] 커다란 감사를 나타냈다—에 기댈 수 있는 것 외에는 "집의 벽들만 제외하고 모든 것"을 저당 잡혀야 했다. 늘 그랬듯이 친구에게 마르크스는 다음과 같이 썼다. "내가 이런 비열함에서 벗어나고 가족이 이 모든 비참함에 휩싸이는 것을 보지 않을 수 있다면, ≪트리뷴≫에서 오랫동안 자주 예측했던 대로 12월회의Decembrist[23]금융체제의 대실패에 내 영혼이 얼마나 크게 기뻐할 것인가!"[24] 그리고 12월 말 엥겔스에게 새해 인사를 할 때는 다음과 같이 말했다. "새해가 지난해와 같다면 나는 차라리 지옥에 있는 것이 더 낫겠다."[25]

낙담스러운 재정문제에 연이어 건강문제가 재빨리 따라왔다. 이 문제는 재정문제가 한 원인이었다. 마르크스의 부인 예니가 몇 주 동안 앓았던 우울증 때문에 더 허약해져서 1860년 말에는 천연두에 걸렸고 생명이 위험해졌다. 마르크스는 예니가 병을 앓고 요양하는 동안 보살피면서 계속 침대 옆에 있었으며, 예니가 위험에서 벗어난 후에야 자신의 활동을 재개했다. 이 시기에 그가 엥겔스에게 보낸 편지에서 알 수 있듯이 그는 아무 작업도 할 수 없었다. "내게 위안을 줄 수 있는 유일한 활동은" 그의 삶에서 거대한 지적·열정적 활동 대상의 하나, "수학이다".[26] 더욱이 며칠 후에 마르크스는 "엄청나게 도움이 되었던" 상황은

---

22 Karl Marx to Friedrich Engels, 27 February 1861, MECW 40, p. 266.

23 '12월회'는 프랑스 보나파르트의 1848년 12월 대통령 선거 승리를 기념하여 명명된, 룸펜 등으로 구성된 보나파르트의 사조직 '12월 10일회'를 지칭하는 것으로 보인다. 이 12월회는 1851년 12월 쿠데타의 주도 세력이었다. 여기서 '12월회의 금융체제의 대실패'는 아마도 1850년대 말 1860년대 초의 금융위기와 당시 집권 세력이던 12월회원들의 부패가 맞물려 발생한 12월회의 재정 상태의 파산이나 또는 이들이 관여했을 프랑스 금융제도의 파탄을 의미하는 것으로 추정된다. — 옮긴이 주

24 Karl Marx to Friedrich Engels, 18 November 1861, MECW 40, p. 328.

25 Karl Marx to Friedrich Engels, 27 December 1861, MECW 40, p. 338.

"심각한 치통이었다"고 덧붙였다. 이를 뽑고 나서 치과 의사가 실수로 치아 조각을 입속에 남겨두는 바람에 마르크스는 "붓고 반쯤 닫힌 목구멍 때문에 고통스러운" 얼굴이 되었다. 그런데 어떻게 이것이 도움이 되었을까? 마르크스는 사실 다음과 같이 태연히 말했다. "이런 육체적 불편은 사고와 추상 능력을 크게 자극하는데, 왜냐하면 헤겔이 말했듯이, 순수 사고 또는 순수 존재 또는 무nothing는 같은 것이기 때문이다."[27] 이런 문제들에도 이 당시 그는 많은 책들, 그 중에서도 다윈Charles Darwin의 『자연선택에 의한 종의 기원에 관하여』를 읽을 기회가 있었다. 이 책은 단지 일 년 전에 나왔다. 마르크스가 엥겔스에게 보낸 편지에서 했던 언급은 학자와 사회주의 투사의 무리 속에서 논쟁을 유발할 운명이었다. "지독히 영국적인 방식으로 수행되었지만 이 책이야말로 사물을 보는 우리의 방법에 대한 역사적·자연적 토대를 포함하고 있다."[28]

이 시기에 뒤이어, 즉 1861년 초에 마르크스의 건강은 지난여름에 앓았던 간염 때문에 더욱 악화되었다. "비록 나는 신을 경외하지 않지만 욥Job(구약 성경에서 일생 동안 몹시 고통받아도 신앙을 잃지 않고 버텨서 나중에 신으로부터 축복받는다는 인물 ─ 옮긴이)처럼 고통받고 있다."[29] 특히 구토 때문에 고통이 심해서 쓸 수가 없었다. 따라서 "작업할 수 없게 만든 끔찍한 상태"[30]를 극복하기 위해 그는 다시

---

26 Karl Marx to Friedrich Engels, 23 November1860, MECW 40, p.216.

27 Karl Marx to Friedrich Engels, 28 November 1860, MECW 40, p.220.

28 Karl Marx to Friedrich Engels, 28 November 1860, MECW 40, p.220. 마르크스와 다윈에 관한 논쟁은 마르크스가 『자본론』을 영국인 자연주의자에게 헌정하고 싶어 했다는 사실의 신화에 의해 오랫동안 잘못 조건 지어졌다. 이 사태를 올바로 재구성하기 위해서는 다음을 참조. Lewis S. Feuer, "Is the 'Darwin-Marx correspondence authentic?" in *Annals of Science*, vol.32 1975), n.1, pp.1~12, Margaret A. Fay, "Did Marx offer to dedicate Capital to Darwin? Are assessment of the evidence", in *Journal of the History of Ideas*, vol.39(1978), pp.133~146, Ralph Colp Jr.(ed.), "The myth of the Darwin-Marx letter", *History of Political Economy*, vol.14 1982), n.4, pp.461~482.

29 Karl Marx to Friedrich Engels, 18 January 1861, MECW 40, p.247.

한 번 문학에서 위안을 구했다. "고통을 덜기 위해 저녁에 아피아노스Appianos의
『내전』을 고대 그리스어로 읽었다. 매우 값진 책으로 …… 스파르타쿠스가 고
대사에서 최고의 인물로 나온다. 위대한 장군(가리발디 같은 자가 아닌), 고귀한
인격의, 고대 프롤레타리아의 진정한 **대변자.**"[31]

3. 그리고 '경제학'을 기다리는 동안……

1861년 2월 말 병에서 회복된 마르크스는 자신의 재정문제에 대한 해결책을
찾기 위해 네덜란드의 찰트봄멜Zalt-Bommel로 갔다. 그곳에서 마르크스는 외삼촌
필립스Lion Philips, 사업가이자 미래의 전구 공장의 설립자(1891년에 오늘날의 필립
스사를 설립한 제라드 필립스 - 옮긴이)의 아버지의 형제, 세계의 가장 중요한 전기
장비 생산자 중 1명의 선조로부터, 장래에 받게 될 모계 유산 160파운드를 미리
받는 도움을 얻기로 했다. 이때 마르크스는 남몰래 독일에 가서 베를린의 라살
레의 손님으로 4주 동안 머물렀다. 라살레는 여러 차례 마르크스에게 함께 '당'
조직 건설을 추진하자고 강력히 권고했었는데, 이번에는 1861년 1월의 사면령
으로 마르크스가 1849년 추방된 뒤 취소되었던 프러시아 시민권을 얻을 수 있는
조건이 주어졌기 때문에 베를린으로 돌아올 것을 권고했다. 그러나 마르크스는
라살레에 대해 회의적이었기 때문에 그 기획을 진지하게 생각하지 않았다.[32] 여
행에서 돌아온 뒤 그는 엥겔스에게 독일 지식인과 투사들을 이렇게 묘사했다.

---

30 Karl Marx to Friedrich Engels, 22 January 1861, MECW 40, p.250.

31 Karl Marx to Friedrich Engels, 27 February 1861, MECW 40, p.265.

32 마르크스가 베를린에 머물 때에 대한 더 상세한 정보는 다음을 참조하라. il recente ar-ticolo di
Rolf Dlubek, *Auf der Suche nach neuen politischen Wirkungsmöglichkeiten. Marx 1861 in
Berlin*, in "Marx-Engels-Jahrbuch", 2004, pp.142~175.

"라살레는 『헤라클레이토스』로 특정 지식인 집단에서 누리는 존경과 그의 좋은 와인과 음식에 대한 다른 기식자spongers 집단의 존경에 눈이 멀어 광범위한 대중의 신뢰가 떨어지고 있다는 것을 깨닫지 못하고 있다. 따라서 그는 거만하고, '사변적 개념'의 함정에 빠졌으며(이 젊은이는 새로운 헤겔주의 철학을 제곱으로 쓰려는 꿈마저 꾸고 있다), 낡은 프랑스 자유주의에 감염되었고, 글은 장황하고, 행동은 끈덕지고, 말은 재치가 없다. 라살레는 엄격한 훈련을 받으면 편집자 중 하나로 유용할 것이지만 그렇지 않으면 오직 위험한 존재일 뿐이다."[33] 엥겔스의 비판적 평가도 마찬가지였다. "이 사람은 구제불능이다."[34] 어쨌든 마르크스의 시민권 요청은 신속히 거절되었고, 그는 영국에 국적을 두지 않았으므로 남은 생애를 무국적자로 살았다.

마르크스의 서신에서 당시 독일 체류에 대한 재미있는 설명을 볼 수 있다. 이것은 그의 성격을 이해하는 데 도움을 준다. 마르크스의 초청자들, 라살레와 그의 친구 핫츠펠트Sophie von Hatzfeldt 백작 부인은 마르크스를 위해 최선을 다해 일련의 행사를 조직했지만, 편지에서는 마르크스가 얼마나 이것을 혐오했는지만 보여줄 뿐이다. 베를린에서 보낸 며칠에 대한 간략한 설명으로부터 상류사회에 도전하고 있는 마르크스를 볼 수 있다. 화요일 저녁에 그는 "프러시아에 대한 자축이 가득한 베를린의 희곡"을 청중과 함께 보았는데 "대체로 혐오스러운 일이었다". 수요일에 오페라 극장에서 본 세 시간짜리 발레 공연은—"진정으로 지루한 일"이었고— 심한 것은 "끔찍하게도"[35] "빌헬름 황제의 특별석에 매우 가까웠다는 것"[36]이었다. 목요일에는 라살레가 그를 위해 일부 "명사들"이 참석하는 오찬 행사를 마련했다. 이 행사가 결코 고무적이지 않았던 마르크스는 같이 식사했

---

33 Karl Marx to Friedrich Engels, 7 May 1861, MECW 40, p. 281.

34 Friedrich Engels to Karl Marx, 6 February 1861, MECW 40, p. 257.

35 Karl Marx to Antionette Philips 24 March 1861, MECW 40, p. 271.

36 Karl Marx to Friedrich Engels, 10 May 1861, MECW 40, p. 288.

던 옆 테이블의 문학지 편집장 아싱Ludmilla Assing을 이렇게 묘사했다. "그녀는 내가 이제까지 본 최고로 추한 사람으로, 얼굴은 잔학한 유대인의 모습이고 코는 가늘고 돌출되었으며 계속 회죽거리고 지절거리며 항상 산문시처럼 말하고 계속 유별난 것을 말하려 하고 열정을 가장하며 그녀의 삼매경에 빠진 청중에게 침을 튀긴다."[37] 마르크스는 라인 강 지역 출신의 시인이자 엥겔스의 먼 친척인 시 Carl Siebel에게 편지로 다음과 같이 썼다. "나는 여기가 지겨워 죽겠다. 나는 살롱 salon 사자의 왕처럼 취급되고 있으며 많은 '천재' 신사 숙녀를 만날 의무가 있다. 끔찍하다."[38] 마르크스는 엥겔스에게 다음과 같이 편지했다. "베를린조차도 하나의 큰 마을에 지나지 않으며", 세계주의적인 런던이 "대단한 매력"을 자신에게 발휘한다는 것을 라살레에게 부정할 수 없었는데, 비록 그가 "이 거인 같은 구멍에서 은둔자처럼"[39] 지낸다는 것을 인정했더라도. 그 뒤 마르크스는 엘버펠트 Elberfeld, 브레멘, 쾰른, 그의 고향 트리어, 네덜란드를 다시 지나 4월에 집에 돌아왔다. 그를 기다린 것은 '경제학'이었다.

다시 상기하자면 1859년 6월에 마르크스는 『정치경제학 비판을 위하여』를 출판했고 가능한 한 빨리 두 번째 책을 내려고 했다. 이 문제에 관해 익숙했던 낙관적인 전망에도—1860년 11월에 그는 "나는 제2권이 부활절까지 나올 수 있다고 생각한다"[40]고 라살레에게 썼다— 여기서 설명했던 사건들(『포크트 씨』의 출판과 질병과 빈곤과의 싸움 − 옮긴이) 때문에 마르크스가 연구에 다시 착수할 수 있기까지는 두 해가 흘렀다. 더욱이 마르크스는 그의 형편에 대해 심하게 좌절했으며 1861년 7월에 엥겔스에게 "나는 수많은 가정 문제 때문에 내가 원하는 대로 빨리 나갈 수가 없다"[41]고 불평을 털어 놓았다. 12월에 다시 이렇게 썼다. "내가 쓰고는 있

37   Karl Marx to Antionette Philips 24 March 1861, MECW 40, p.271.

38   Karl Marx to Carl Siebel, 14 February 1861, MECW 40, p.273.

39   Karl Marx to Ferdinand Lassalle, 8 May 1861, MECW 40, p.284.

40   Karl Marx to Ferdinand Lassalle, 15 September 1860, MECW 40, p.193.

지만 매우 느리다. 사실 이런 환경에서 그와 같은 이론적 문제를 빨리 풀어내기란 불가능하다. 따라서 책은 제1권에서 좀 더 훨씬 대중적일 것이고 방법론은 더욱 보이지 않게 될 것이다."[42] 1861년 8월에 마르크스는 엄청난 성실함으로 저술 작업을 다시 시작했다.

1863년 6월까지 마르크스는 『잉여가치학설사』를 구성할 4절판 1,472쪽의 노트 23권을 작성했다. 첫 다섯 권의 노트에 해당하는, '경제학'[43]의 새로운 판의 세 단계 중 첫 번째 단계는 1861년 8월에서 1862년 3월까지다. 여기서는 『자본론』 제1권에서 다룰 주제인 화폐의 자본으로의 전환을 다루었다. 원전과 상당히 달랐던 수정 판본으로서 카우츠키K. Kautsky가 1905년에서 1910년까지 간행한 『잉여가치학설사』와는 달리, 이 노트는 한 세기 이상 무시되었다. 이 노트는 러시아어 번역으로 1973년에야 전집Sochineniya의 보충권(47권)으로 처음 출판되었다. 원어로 된 책은 1976년에서야 출판[44]되었다.

---

41 Karl Marx to Friedrich Engels, 20 July 1861, MECW 40, p.315.

42 Karl Marx to Ferdinand Lassalle, 9 December 1861, MECW 40, p.333.

43 최근의 『자본론』 형성 과정에 대한 책과 논문들 중에 다음을 참조. Michael Heinrich, *Die Wissen-schaft vom Wert*(Westfälisches Dampfboot, Münster 1999), Alan Bihr, *La reproduc tion du ca-pital*, 2 voll.(Editions Page deux, Lausanne, 2001), Michael Krätke, 'Hier bricht das Manu-skriptab", (Engels) Hat das 'Kapital' einen Schluss? Teil I, in *Beiträge zur Marx-Engels-For-schung. Neue Folge*, vol.2001, pp.7~43, Michael Krätke, *"Hierbricht das Manu skriptab"*, *(Engels) Hat das 'Kapital' einen Schluss? Teil II*, in *Beiträge zur Marx-Engels-Forschung. Neue Folge*, vol.2002, pp.211~261; Michael A. Lebowitz, *Beyond Capital*, Pal grave(Basing-stoke 2003), Michael Kräetke, "L'ultimo Marx e Ilcapitale ", in *Critica Marxista*, vol.2005, n.6, pp.42~51.

44 Karl Marx, Manuskript 1861-1863, in MEGA^2 II/3.1(Dietz, Berlin, 1976).

4. 저널리즘과 국제정치

　1861년의 마지막 시기는 마르크스가 ≪뉴욕 트리뷴≫과 업무를 재개했고 빈의 자유주의 일간지 ≪디프레세Die Presse≫에 기고했던 시기였다. 이 시기의 글은 대부분 미국 남북전쟁에 집중되었다. 마르크스에 따르면 이 전쟁에서 "지금까지 실현된 인민 자주정부의 가장 고도 형태와 역사에 알려진 인간 노예제도의 가장 혐오스러운 형태 사이의 투쟁이 벌어졌다".[45] 이런 해석은 다른 무엇보다 더 선명하게, 북부 군 정부로부터 군사령관을 맡아줄 것을 제안받았지만 전쟁이 권력투쟁에 지나지 않고 노예해방과 관계가 없다고 느꼈기 때문에 거절했던 가리발디Giuseppe Garibaldi와 마르크스 사이에는 건널 수 없는 심연이 놓여 있다는 것을 보여준다. 마르크스는 이런 가리발디의 관점과 양쪽의 화해를 시도한 조치에 관해 엥겔스에게 "바보 같은 가리발디가 **양키**에게 화해에 관한 편지를 보내 자기 자신을 웃음거리로 만들었다"[46]고 말했다. 더욱이 마르크스는 칼럼에서 영국에 대한 남북전쟁의 경제적 영향, 특히 상업의 발전과 금융 상황을 검토했을 뿐만 아니라 영국 사회에 퍼지고 있던 여론까지 분석했다. 이 점과 관련해 라살레에게 보낸 편지에 흥미 있는 구절이 있다. "물론 모든 공식적 영국 언론들은 **노예 소유주**를 지지한다. 이 언론들은 노예무역에 반대하는 박애주의로 세상을 따분하게 했던 사람들과 정확히 같은 이들이다. 그러나 면화, 면화는 예외다!"[47]

　마지막으로 라살레에게 보낸 편지에서 항상 그랬던 것처럼 마르크스는 이 당시에 가장 주목했던 정치적 문제 중 하나, 러시아와 그 동맹자들 팔머스톤Henry Palmerston(영국 수상 — 옮긴이)과 보나파르트에 대한 격렬한 반대에 관해 다양한

---

45 마르크스의 노예제 이해에 대해서는 다음을 참조. Wilhelm Backhaus, *Marx, Engels und die Sklaverei*(Schwann, Düsseldorf, 1974).

46 Karl Marx to Friedrich Engels, 10 June 1861, MECW 40, p.293.

47 Karl Marx to Ferdinand Lassalle, 29 May 1861, MECW 40, p.291.

168 제1부 마르크스의 지적 생애에 관한 새로운 전기

성찰을 발전시켰다. 마르크스는 특히 라살레에게 이 전투에서 그들의 "당"과 낭만주의 관점의 보수당 정치가 어커트 당 간의 수렴의 정당성을 명료하게 설명하려 했다. 영국 차티스트의 기관지에 실린 팔머스톤에 반대하는 논문에서 반反러시아와 반反휘그당의 의도를 뻔뻔스럽게 다시 선포하는 어커트에 관해 마르크스는 다음과 같이 썼다. "어커트는 주관적 관점에서 확실히 반동이지만 …… 그가 이끄는 외교정책운동이 **객관적으로 혁명적**이 되는 것을 막지는 않는다. …… 이것은 예를 들어 마치 러시아에 반대하는 전쟁에서 당신의 이웃이 민족주의적 이유든 혁명적 이유든 러시아인에게 총을 쏘는 것이 아무런 차이가 없는 것과 마찬가지이다."[48] 그리고 다시 한 번 그 "나머지에서 외교정책에서 '반동적'이나 '혁명적' 같은 문구가 도움이 되지 않는다는 것은 말할 필요도 없다".[49]

마지막으로, 알려진 최초의 마르크스 사진은 1861년으로 거슬러간다.[50] 사진에서 마르크스는 손을 앞의 의자에 둔 채 서 있다. 그의 짙은 머리카락은 이미 백발이지만 빽빽한 턱수염은 아직 검다. 단호한 표정은 그가 겪은 고생과 좌절의 참혹함보다 일생을 특징짓는 확고함을 드러낸다. 그럼에도 사진을 찍었던 같은 시기에 다음과 같이 썼던 그런 사람에게도 불안과 우울함이 스치고 있다. "모든 면에서 불확실한 상황이 초래한 깊은 불만을 달래기 위해 나는『투키디데스』를 읽고 있다. 이 고전은 적어도 항상 새롭다."[51] 그의 편지에 한정하더라도 오늘날

---

48 Karl Marx to Ferdinand Lassalle, 1 or 2 June 1860, MECW 40, pp.152~153. 마르크스의 러시아에 대한 정치적 이해 연구 중 다음을 참조. David Rjazanov, Karl Marx sull'origine del predominio della Russia in Europa, in Karl Marx, Storia diplomatica segreta del 18° secolo(La Pietra, Milano, 1978), pp.95~182, Bernd Rabehl, La controversia all'interno del marxismo russo e sulle origini occidentali o asiatiche del la società, del capitalismo e dello Stato zarista in Russia, in Id., in particolare pp.192~203, Bruno Bongiovanni, Le repliche della storia(Bollati Boringhieri, Torino, 1989), in particolare, pp.171~189.

49 Karl Marx to Ferdinand Lassalle, 1 or 2 June 1860, MECW 40, p.154.

50 이것은 4월로 추정할 수 있다. MEGA²III/11, p.465.

우리가 어찌 이 위대한 현대적 고전, 카를 마르크스에 대해 공감하지 않을 수 있 겠는가?

5. 마르크스 저술들의 연대표

　마르크스의 지적 생산물을 고려할 때 다음의 연대기는 그의 가장 중요한 저 술만 포함할 따름이다. 이것의 목적은 마르크스의 수많은 텍스트들의 미완성성 과 파란만장한 출판의 역사를 부각하는 것이다. 첫 번째 문제와 관련해 출판되 지 않았던 수고의 제목은 완성된 책이나 논문과 구별하기 위해 대괄호에 넣었 다. 그 결과 완성된 텍스트와 비교해 미완성 텍스트의 엄청난 비중이 드러난다. 두 번째 문제와 관련한 세로 줄은 첫 번째 출판 연도, 서지 참고사항, 관련된 편 집자의 이름이 포함된다. 원전을 어떻게든 변경했다면 여기에 표시되어 있다. 출판된 저작이든 수고든 독일어로 써지지 않았다면 원어가 표시되어 있다. 약 어는 다음과 같다.

- MEGA(Marx-Engels-Gesamtausgabe, 1927~1935)
- SOC(K. Marks I F. Engel's Sochineniia, 1928~1946)
- MEW(Marx-Engels-Werke, 1956~1968)
- MECW(Marx-Engels Collected Works, 1975~2005)
- MEGA^2(Marx-Engels-Gesamtausgabe, 1975~)

연도	제목	편집 정보
1841	[데모크리토스와 에피쿠로스의 자 연철학의 차이]	1902: in *Aus dem literarischen Nachlass von Karl Marx, Friedrich Engels und Ferdinand Lassalle*, ed. by Mehring(partial version) 1927: in MEGA I/1.1, ed. by Ryazanov

---

51 Karl Marx to Ferdinand Lassalle, 29 May 1861, MECW 40, p.292.

1842~1843	≪라인신문≫의 칼럼들	쾰른에서 일간으로 출판
1843	[헤겔 법철학 비판]	1927: in MEGA I/1.1, ed. by Ryazanov
1844	≪독불연보≫의 논문들	「유대인 문제에 관하여」와 「헤겔 법철학 비판 서설」을 포함. 파리에서 1호만 발행. 대부분의 부수가 경찰에 의해 몰수
1844	[1844년 경제학·철학 수고]	1932: in *Der historische Materialismus*, ed. by Landshut and Mayer, and in MEGA I/3, ed. by Adoratskii(판본은 내용과 순서에서 다름). 텍스트는 MEW에서 부분이 생략되고 분리되어 발행
1845	『신성 가족』(공저 엥겔스)	Published in Frankfurt-am-Main
1845	[포이어바흐에 관한 테제]	1888: 『루드비히 포이어바흐와 독일 고전철학의 종말』 재발행본의 부록으로 발간
1845~1846	[독일 이데올로기](공저 엥겔스)	1903~1904: in *Dokumente des Sozialismus*, ed. by Bernstein(편집자 수정, 부분적인 판본) 1932: in *Der historische Materialismus*, ed. by Landshut and Mayer, and in MEGA I/3, ed. by Adoratskii(내용과 순서가 다름)
1847	『철학의 빈곤』	브뤼셀과 파리에서 프랑스어로 출판
1848	『자유무역문제에 관한 연설』	브뤼셀에서 프랑스어로 출판
1848	『공산당선언』(공저 엥겔스)	런던에서 출판. 1880년대에 광범위하게 유포
1848~1849	≪신라인신문: 민주주의 기관≫을 위한 칼럼들	쾰른에서 일간으로 발행. 『임금, 노동 그리고 자본』을 포함
1850	≪신라인신문: 정치경제학평론≫을 위한 칼럼들	함부르크에서 작은 부수(small run)의 월간으로 발행. 『1848~1850년 프랑스에서의 계급투쟁』을 포함
1851~1862	≪뉴욕 트리뷴≫을 위한 칼럼들	많은 칼럼을 엥겔스가 씀
1852	『루이 보나파르트의 브뤼메르 18일』	뉴욕에서 ≪혁명≫의 1호로 실림. 재정적인 이유로 부수 대부분을 인쇄소에서 찾지 못하고, 단지 소수만 유럽에 배포. 마르크스가 수정한 두 번째 판본은 1869년에서야 발간
1852	[추방당한 위대한 사람들](공저 엥겔스)	1930: in *Arkhiv Marksa i Engel'sa*(러시아어 판). 수고는 이전에 베른스타인이 숨김
1853	『쾰른의 공산주의 재판에 관하여』	바젤에서 2,000부 정도가 경찰에 의해 몰수. 그리고 보스톤에서 익명의 소책자로 발간. 1874년에 ≪인민국가(Volksstaat)≫에서 마르크스가 저자로 표시. 그리고 1875에 책자 형태로 재출판
1853~1854	『팔머스톤 경』	영어 텍스트. 원래 ≪뉴욕 트리뷴≫의 칼럼으로 실렸고 ≪인민의 신문≫, 그리고 이후 소책자 형태로 발행
1854	『고귀한 의식의 기사(knight)』	뉴욕에서 소책자 형태로 출판

1856~1857	『18세기 외교사에 관하여』	영어 텍스트. 마르크스에 의해 출판되었음에도 '사회주의' 국가에서 그의 저작에서 제외되었고 1986년에서야 MECW에 포함
1857	[서설]	1903: 원전과 다수의 차이를 포함해 카우츠키에 의해 ≪신시대≫ 등에 실림
1857~1858	[그룬트리세]	1939~1941: 작은 부수 1953: 재출판으로 광범위한 유포가 가능해짐
1859	『정치경제학 비판을 위하여』	1,000부 출판
1860	『포크트 씨』	런던에서 출판되어 별로 반향이 없었음
1861~1863	[정치경제학 비판(1861~1863년 수고)]	1905~1910: 카우츠키에 의해 『잉여가치학설사』(수정판). 원전에 일치하는 텍스트는 1954년에야 출판되었고(러시아어 판) 1956년에도 출판(독일어 판) 1976~1982: MEGA² II/3.1-3.6에서 총 수고로 출판
1863~1864	[폴란드 문제에 관하여]	1961: *Manuskripte über die polnische Frage*, ed. by the IISG
1863~1867	[1863~1867년 경제학 수고]	1894: 엥겔스에 의해 편집되어『자본론 제3권: 자본주의 생산의 총 과정』으로 출판(그는 또한 나중의 수고로 사용했음: MEGA² II/14에서 출판되었고 MEGA² II/4.3에서 출판 예정) 1933: 제1권 미출판된 6편 in *Arkhiv Marksa i Engel'sa*. 1988: 제1권, 제2권 수고의 출판 in MEGA² II/4.1. 1992: 제3권 수고의 출판 in MEGA² II/4.2.
1864~1872	국제노동자협회의 연설, 결의, 선전, 선언, 강령, 규약	텍스트는 대부분 영어. 『국제노동자협회 창립 연설』『국제노동자협회에서 허구적 분열』(공저 엥겔스)을 포함
1865	[임금, 가격, 이윤]	1898: 엘레아노 마르크스가 편집. 영어 텍스트
1867	『자본론 제1권: 자본의 생산과정』	함부르크에서 1,000부 출판. 제2판은 1873년에 3,000부 출판. 1872년에 러시아어 판 발행
1870	[자본론 제2권의 수고]	1885: 엥겔스에 의해 『자본론 제2권: 자본의 유통과정』으로 출판(그는 또한 1880~1881년 수고와 1867~1868년의 더 짧은 수고, 1877~1878년 수고도 사용. MEGA² II/11에 출판).
1871	『프랑스 내전』	영어 텍스트. 단시간 내에 수많은 판본과 번역본
1872~1875	『자본론 제1권: 자본의 생산과정』(프랑스어 판)	프랑스어 판본으로 재작업된 텍스트로 분권 출판. 마르크스는 이것이 '원전과 독립적인 과학적 가치'가 있다고 말함.

1874~1875	[바쿠닌의 국가와 무정부에 대한 평론]	1928: in *Letopisi marxisma*, Ryazanov의 서문과 함께 (러시아어 판). 러시아어 발췌와 독일어 논평의 수고
1875	[고타강령 비판]	1891: 엥겔스 편집으로 《신시대》에 실림. 그는 원전에서 몇 문장을 수정
1875	[수학적으로 발전시킨 잉여가치율과 이윤율의 관계]	2003: in MEGA^2 II/14
1877	「비판적 역사로부터」(엥겔스의 반듀링론의 한 장)	《전진》에 부분적으로 그리고 그다음 완전한 책 판본으로 출판
1879~1880	[코발레프스키의 농촌 공동소유 재산에 관한 평론]	1977: in *Karl Marx über Formen vorkapitalistischer Produktion*, ed. by IISG
1879~1880	[아돌프 바그너의 정치경제학 교과서에 관한 방주]	1932: in *Das Kapital*(부분 판) 1933: in SOC XV(러시아어 판)
1880~1881	[모건의 고대사회로부터 발췌]	1972: in *The Ethnological Notebooks of Karl Marx*, ed. by the IISG(수고는 영어로 발췌).
1881~1882	[BC 90년에서 대략 1648년까지 연대기적 발췌]	1938~1939: in *Arkhiv Marksa I Engel'sa*(부분 판, 러시아어 판) 1953: in Marx, Engels, Lenin, Stalin *Zur deutschen Geschichte*(부분 판).

2

마르크스 저작의
유포와 수용에 관하여

7
마르크스 저술들의 출판 오디세이[1]

1. 마르크스의 미완성과 마르크스주의의 체계화

1883년 마르크스의 죽음 이후 엥겔스는 친구가 남긴 유고를 편집하는 어려운 작업—재료의 분산, 표현의 불명료함, 친필 판독의 어려움 때문에 초래된—에 헌신한 최초의 인물이었다. 그의 작업은 원본 재료의 재구성과 선별, 편집되지 않았거나 미완성된 텍스트들의 출판, 그리고 이미 알려진 저작들의 재출판과 번역에 집중되었다.

1888년에 『루트비히 포이어바흐와 독일 고전철학의 종말』의 부록으로 편집된 [포이어바흐에 관한 테제]나 1891년에 출판된 [고타강령 비판] 같은 예외가 있었지만, 엥겔스는 마르크스가 죽기 전에 제1권만 출간된 『자본론』을 완성하

---

1 오디세이는 호머의 서사시 제목으로 잘 알려져 있다. 오디세우스가 트로이 전쟁 후 귀가하기 전 10년간 방랑하며 겪은 모험을 그렸다. 여기서는 마르크스의 저술들이 출판되기까지 겪은 100여 년의 방랑을 나타낸다. — 옮긴이 주

기 위한 편집 작업에 전적으로 집중했다. 이 작업은 10년 이상 수행되었으며 "일관되고 가능한 한 완전한 작품"(Engels, 1963: 7)을 구현하려는 명확한 의도하에 추진되었다. 엥겔스는 『자본론』 제2, 3권의 편집 과정 중에 마르크스 원본 수고의 생성과 발전을 재구성하는 것 이상으로 훨씬 많은 것을 했다. 그는 텍스트들의 취사 선택에 근거해―이 텍스트들은 결코 최종 버전이 아니었다. 사실 진정으로 서로 다른 이종들이었다― 단일한 전체를 만드는 것을 목표로 했으며 따라서 출판업자에게 완전히 편집되고 완성된 상태로 각 권의 원고를 보냈다.

그렇지만 이전에 엥겔스는 이미 자기 저작의 이론적 체계화 과정에 직접 몰두한 적이 있었다. 1879년에 출판된 『반듀링론』, 엥겔스에 의해 "마르크스와 자신이 옹호한 변증법적 방법과 공산주의 세계관에 대한 설명과 대략 연결된"(Engels, 1988: 492) 것으로 규정된 저작은, 하나의 체계로서 "마르크스주의"의 형성에서 그리고 당시에 만연하던 절충주의적인 사회주의로부터 그것의 차별로서 핵심적 참고 지점이 되었다. 『공상으로부터 과학으로 사회주의의 발전』은 더욱 중요했다. 이 책은 1880년에 처음 출판된 것으로 『반듀링론』의 세 장을 대중화하기 위해 수정 보완한 판본이었으며 『공산당선언』에 비길 만한 성공을 거두었다.

비록 이런 유형의 엥겔스 식 대중화, 백과사전식 종합이라는 단순화된 지름길들(마르크스주의를 이해하는 데서 요약된 소책자만으로 배우는 방식)과의 공개적 논쟁을 통해 수행된 대중화와 차세대 독일 사회민주주의에 의해 채택된 유형의 대중화 간에는 명확한 차이가 있었지만, 엥겔스의 자연과학에 대한 의존은 이후에 곧바로 노동자운동에서 지지를 얻을 사회적 다윈주의라는 진화론적인 신념으로 향하는 길을 열어주었다.

마르크스의 사상은 명백하게 비판적이고 개방적이어서 비록 때로는 결정론적 유혹들에 사로잡힌 흔적을 남기기도 했지만 19세기 말 유럽의 문화적 풍토와는 어긋났다. 이전에는 결코 볼 수 없었던 것으로, 그 풍토는 체계주의적 이해들의 인기, 무엇보다 다윈주의Darwinism가 만연했던 문화였다. 새로 태어난 마르크스주의는 이에 대응하고자 이미 잡지 ≪신시대≫의 비평 지면에서 카우츠키의 편집 아래 조숙하게 정설이 되어 있었다. 그리고 급속히 이런 모형에 순응했다.

이렇게 마르크스 저작이 하나의 체계로 변형되는 것을 공고히 하는 데 도움을 준 결정적 요인은 그의 저작을 유포하는 데 수반되었던 양상에서 발견된다. 종합적인 소책자들과 매우 어설픈 요약 판본들이 특권화되었다. 이는 당시 마르크스 텍스트 판본들의 축소된 인쇄 부수들이 증명한다. 더욱이 마르크스의 저작들 중 일부는 정치적 활용의 영향이라는 상처를 입었으며, 그의 저술들의 초판들은 편집자에 의해 수정되어 출판되었다. 마르크스 유고의 불확실성으로부터 초래된 이런 관행은 갈수록 그의 저술 일부에 대한 검열과 결합되었다. 마르크스 사상을 전 세계에 수출하는 데 중요한 매개 수단인 설명서 형식은 확실히 효과적인 선전 수단이지만 또한 그의 시초의 구상과는 상당히 다른 변경에 이르기도 했다. 마르크스의 복합적이고 미완성된 저작은 유포되면서 프롤레타리아 당의 실용적 필요에 대응하기 위한 실증주의와 접하면서 그의 저작을 원래 내용보다 이론적으로 빈약하고 속류적인 판본으로 번역하는 결과를 낳았고(Andreucci, 1979: 15), 결국에는 거의 알아볼 수 없게 만들었다. 그리고 비판Kritik에서 이데올로기Weltanschauung로 변형되었다.

이런 과정이 전개되면서 하나의 도식적 신조가 형성되었다. 이는 경제결정론에 흠뻑 젖은, 기본적으로 진화론적 해석을 따르는 제2인터내셔널 시기(1889~1914) 마르크스주의였다. 역사의 자동적 전진과 따라서 자본주의의 사회주의로 불가피한 대체에 관한 순진하지만 확고한 믿음에 유도되어, 이 마르크스주의는 스스로 현실의 발전을 이해하기가 불가능하다는 것을 증명했으며, 혁명적 실천과의 필수적인 연결 고리를 깨뜨려서 기존 질서의 안정을 조장하는 일종의 숙명론적 정적주의quietism를 생산했다(Matthias, 1957: 197). 이런 식으로 이 신조는 스스로 마르크스와 매우 동떨어져 있다는 것을 증명했다. 마르크스는 이미 첫 저작에서 "**역사는 아무것도** 하지 않으며 [……] '역사'는, 말하자면 **자신의** 목적을 이루기 위한 수단으로 인간을 이용하고 있는 분리된 인격이 아니라, **오직** 목적을 추구하는 인간의 활동일 **뿐**이다"(Marx and Engels, 1962: 98)라고 선언했었다.

붕괴 이론[Zusammenbruchstheorie] 또는 부르주아 자본주의 사회의 임박한 파국 테제는, 1873년 이후 20년 동안 펼쳐진 대불황의 경제위기에서 가장 적합한 표현을 발견했다. 이는 과학적 사회주의의 근본적 본질로 주창되었다. 자본주의의 동태적 원칙을 묘사하는 것, 더 일반적으로 이 원칙 내에서 발전의 경향을 묘사(Sweezy, 1942: 19, 191)하는 것을 목표로 하는 마르크스의 진술은, 이것으로부터 사건의 과정, 심지어는 특정한 세부 사항까지 연역할 수 있는 보편적으로 유효한 역사 법칙으로 변형되었다.

자동적으로 붕괴될 운명인 모순에 찬 자본주의라는 관념은, 또한 1891년 에르푸르트 강령이라는 최초의 완전한 "마르크스주의" 정당 강령의 이론적 틀에서 나타났으며, 카우츠키의 논평에서도 나타났다. 이 논평은 너무나 "불가피한 경제적 발전이 자연법적 필연성으로 자본주의 생산양식을 파산에 이르게 한다. 현재의 것을 대체한 새로운 사회 형태의 창조는 더 이상 단순히 **희망하는** 것이 아니라 **불가피한** 것이 되었다"(Kautsky, 1964: 131f.)고 선언했다. 이러한 이해는 이를 고취시켰던 바로 그 사람으로부터 엄청난 거리에 있는 이해일 뿐 아니라 당시의 이해의 내재적 한계에 대한 가장 명확하고도 중요한 표현이었다.

심지어 사회주의를 불가피성이 아닌 가능성으로 상정하며, 따라서 당시에 지배적이었던 해석과 불일치를 표명했던 베른슈타인Eduard Bernstein조차도, 당시의 다른 독해와 전혀 다르지 않게 마르크스를 똑같이 인위적인 방법으로 해석했으며 베른슈타인 논쟁Bernstein-Debatte의 폭넓은 반향을 통해 똑같이 거짓이며 도구적인 마르크스에 대한 이미지를 유포하는 데 기여했다.

20세기의 전개 과정에서 마르크스 사상의 대중화에 근본적인 역할을 한 러시아 마르크스주의는 이런 체계화와 속류화의 궤적을 더욱 완강하게 밟았다. 사실 사회의 상부구조의 변형이 경제적 변경과 동시적으로 진행된다는 것에 기초한 극단적으로 단순한 일원론에 물든 마르크스주의의 가장 중요한 개척자인 플레하노프Gheorghi V. Plekhanov에게 "마르크스주의는 세계의 가장 완벽한 이해이다"(Plekhanov, 1973: 3~4). 1909년에 『유물론과 경험비판론』에서 레닌V. I. Lenin은 유물론을 "자연의 객관적 법칙과 이런 법칙을 개인의 두뇌에 개략적으로 충실히 반영하는 것에 대한 인식"으로 정의했다(Lenin, 1972: 154). 인류의 의지와 의식은 스스로를 "불가피하고 필연적으로"(Lenin, 1972: 187) 자연의 필연성에 맞추어 조정해야 한다. 여기에서 다시 실증주의적 패러다임이 승리했다.

이 시기의 엄중한 이데올로기적 갈등에도, 제2인터내셔널을 특징짓는 많은 이론적 요소가 제3인터내셔널의 문화적 모체를 규정하는 이론적 요소로 이어졌다. 이 연속성은 1921년에 출간된 부하린Nikolai Bukharin의 『역사유물론의 이론』에 명백히 나타났다. 그에 따르면, "자연과 사회에는 **확고한** 자연법칙인 **분명한** 규칙성이 있다. 이 자연법칙의 확인이 과학의 제1과제이다"(Bukharin, 1921: 18). 이런 사회적 결정론은 철저히 생산력의 발전에 집중했다. 그에 따르면 "사회에서 운동을 느낄 수 있는 원인의 다양성은 **사회적 진화의 단일한 법칙**의 존재와 전혀 모순되지 않는다"(Bukharin, 1921: 248)는 신조를 낳았다.

이런 이해에 반대했던 이는 그람시Antonio Gramsci였다. 그에게 "불변이며 규칙적이고 통일된 노선의 법칙들에 대한 연구 같은 문제를 설정하는 것은, 역사적 사건들의 예측이라는 실천적 문제를 독단적으로 해결하려는, 유치하고 순진한 방법으로 상정된, 필요와 연결되는 것이었다"(Gramsci, 1975: 1403). 마르크스의 실천 철학을 조잡한 사회학으로 환원하는 것에 대한 그람시의 명확한 거부, "세계에 대한 이해를 모든 역사를 좌우하는 느낌을 주는 기계론적 공식으로 환원하는 것"(Gramsci, 1975: 1428)에 대한 거부는, 부하린의 텍스트를 넘어서 나중에 소련에서, 전례 없는 방식으로, 지배적이 될 더 일반적 정향을 비난할 목적이었기 때문에 더욱더 중요하다.

마르크스-레닌주의의 해석에 의해서 마르크스의 사상의 부패 과성은 가장 극적으로 표현되었다. 이론은 행동에 대한 안내자의 기능을 잃고 행동의 **사후적** 변명이 되었다. 이런 부패 과정은 "마르크스-레닌주의 당의 세계관"인 "변유"Diamat [Dialekticeskij materializm](Stalin, 1941: 5)에서 돌이킬 수 없는 지점에 도달했다. 광범위하게 유포된 스탈린의 1938년 소책자『변증법적 유물론과 역사유물론』은 이 교리의 본질적 요소들을 확정했다. 집단적 생활 현상들은 "완전히 인식 가능한" "사회 발전의 필연적 법칙"에 의해 규제되며 "사회의 역사는 사회의 필연적 발전으로 나타나며" "사회의 역사 연구는 과학이 된다". 이것은 "사회의 역사과학이 사회적 생활 현상의 모든 복잡성에도, 예를 들면 생물학처럼 정확한 과학이 될 수 있어서 사회의 발전 법칙을 실천에서 이용하기 위해서 활용할 수 있다는 것" (Stalin, 1941: 13~15)과 결과적으로 프롤레타리아 당의 과제는 당의 활동을 이런 법칙에 기초해야 한다는 것을 의미한다. "과학적"과 "과학"이라는 개념의 오해가 얼마나 극치에 달했는지 명확하다. 꼼꼼하고 일관된 이론적 기준에 기초한 마르크스의 방법의 과학성은 내적 모순이 포함되지 않은 자연과학의 방법론으로 대체되었다. 마침내 인간의 의지와 독립적인 자연법칙들처럼 작동하는 역사 법칙들의 객관성의 미신이 확언되었다.

이런 이데올로기적 교리문답 바로 다음에 가장 엄격하고 엄중한 독단주의가 거대한 똬리를 틀수 있었다. 마르크스-레닌주의 정설은 또한 마르크스의 저술에 전도된 효과를 낳는 완강한 일원론monism을 부과했다. 의심할 바 없이, 소비에트 혁명과 함께, 마르크스주의는 그때까지 배제되었던 지역들과 사회계급들에게 확산되고 유포되는 중요한 계기를 누렸다. 그럼에도 다시 한 번 저작의 유통에서 마르크스 자신의 텍스트들보다 당의 설명서, 입문서 그리고 다양한 주장들의 "마르크스주의" 선집이 훨씬 더 많이 포함되었다. 더욱이 일부 텍스트들은 검열이 증가했다면 다른 텍스트들은 훼손되고 조작되었다. 예를 들면 의도적으로 지향된 인용문들의 집합들assemblages로 외삽하는 관행들에 의해 그렇게 되었다. 이런 외삽하는 관행들에 대한 의존은 예정된 목적의 결과물이었으며, 텍스트들은 노상강도 프로크루스테스가 희생자에게 적용한 것과 같은 방식으로 취급되었다. 텍스트들은 너무 길면 절단되고, 너무 짧으면 늘어났다.

결론적으로, 사상의 보급과 비非도식화의 관계, 사상의 대중화와 이론적으로 그 사상을 빈약하게 하지 않을 필요성과의 관계는, 의심의 여지없이 실현하기 매우 어렵다. 특히 비판적이며 의도적으로 비체계적인 마르크스의 사상에서는 더욱 어렵다. 더 이상 나쁜 일이 그에게 일어날 수가 없었다.

상이한 시각들에 의해 왜곡되어 정치적 필요성들의 함수가 되었기 때문에, 그는 이 정치적 필요성들에 흡수되었고 그것들의 이름으로 매도되었다 . 비판적이었던 그의 이론은 성경 같은 암송 구절로 이용되었으며, 이런 성서 해설로부터 가장 어처구니없는 역설이 태어났다. "미래의 무료 식당들을 위한 [……] 조리법들을 작성하는 것"(Marx, 1987: 704)(사회주의에 대한 구체적 처방을 제시하는 것 – 옮긴이)에 대한 마르크스의 경고에 주의하기는커녕, 그를 새로운 사회체제라는 사생아의 부정한 아버지로 변형시켰다. 매우 엄격한 비판가이며 결코 자신의 결론에 안주하지 않았던 마르크스는 가장 완고한 교조주의의 원천이 되어버렸다. 역사의 유물론적 이해의 확고한 신봉자였던 마르크스는 다른 어떤 저자보다 더 역사적 맥락이 박탈되었다. 마르크스는 "노동계급 해방이 노동자들 자신의 과업임"(Marx, 2003: 13)을 확신하는 것으로부터 정반대로 정치적 전위들의 최고 지위와 당이 계급의식의 옹호자와 혁명의 지도자로서 그들의 역할에서 승리한다는 것을 보여주었던 이데올로기에 포획되었다. 인간 능력의 성숙을 위한 기본 조건은 노동일의 단축이라는 견해를 옹호했던 마르크스는, 스타하노비즘Stakhanovism(소련의 2차 5개년 계획 중 전개된, 스타하노프의 이름을 딴 노동생산성 향상운동 – 옮긴이)이라는 생산력주의 신념에 동화되었다. 국가 폐지의 필요성을 확신했던 마르크스는 국가의 보호자로서 오히려 국가와 동일시되는 자신을 발견하게 되었다. 다른 어떤 사상가보다 더 인간 개성의 자유로운 발전에 관심을 나타내고 단순한 법적 평등 뒤에 있는 사회적 불평등을 숨기는 부르주아 권리에 반대하며 "권리는 평등함을 대신하여 불평등해져야 할 것이다"(Marx, 1962: 21) 고 주장했던 마르크스는 사회적 삶의 집단적 차원의 풍부함을 동질화의 특색 없음으로 중화시키는 이해에 길들여졌다.

마르크스 비판 작업 원래의 미완성성은, 말소되고 명백한 부정으로 변화될 때까지 그의 사상을 무자비하게 변질시키는 아류 후예의 체계화 압력에 굴복했다.

2. 마르크스와 엥겔스 작업 출판의 우여곡절

라브리올라Antonio Labriola는 1897년에 당시의 마르크스와 엥겔스의 저작들이라고 알려진 것과 관련해, "그들의 저작 [……] 전체가 가까운 친구들과 제자들 외의 다른 누군가에 의해 읽힌 적이 있었던가?"라고 물었다. 그의 결론은 분명했다. "과학적 사회주의의 창시자들의 저술들을 전부 읽는 것은 지금까지 조직 가입자들만의 특권이었던 것으로 보인다"는 점과 "역사유물론"은 "거의 무한한 얼버무림들, 오해들, 터무니없는 변경들, 이상한 위장들, 그리고 근거 없는 날조들에 의해"(Labriola, 1973: 667~669) 전파되었다는 점이다. 사실 역사 연구에 의해 증명되듯이 마르크스와 엥겔스가 실제로 읽혔다는 믿음은 칭송 일색의 전기적 신화의 산물이었다.[2] 정반대로 그들 텍스트들 중 다수는 희귀했거나 심지어 원어로도 찾기 어려웠다. "마르크스와 엥겔스의 모든 저술에 관한 완전하고 비판적critical 판본"을 살리자는 이 이탈리아 학자의 제안은 회피할 수 없는 것이었다.

---

[2] 마르크스의 전기 작가 니콜라에프스키와 마엔헨-헬펜은 그들의 저작 서문에서 정확히 "사회주의자 수천 명 중 단지 한 사람만이 마르크스의 경제학 저작 한 권을 읽었을 것이며 반마르크스주의자 수천 명 중에서는 한 사람도 마르크스를 읽지 않았다"고 단언했다. Cf. Boris Nikolaevskij and Otto Maenchen-Helfen, *Karl Marx. Eine Biographie*(Berlin, 1976), p. VII.

라브리올라에게 필요했던 것은 선집의 편집도 혹은 공인 성서testamentum juxta ca-non receptum를 편집하는 것도 아니었다. 오히려 "비판적 사회주의의 두 창시자들의 모든 정치적·과학적 활동과 모든 문헌적 생산은 독자의 처분에 맡길 필요가 있다. [······] 왜냐하면 가끔일지라도, 그들은 그들을 읽고자 하는 의욕이 있는 누구에게라도 직접 말할 수 있기 때문이다"(Labriola, 1973: 672). 라브리올라의 바람 이후 한 세기가 더 지나도록 이 기획은 여전히 실현되지 않고 있다.

이런 널리 알려진 문헌학적 평가들과는 별도로, 라브리올라는 이론적 성격의 다른 해석, 그가 살았던 시대와 비교해 놀랍게도 멀리 내다보는 해석을 제시했다. 라브리올라는 마르크스와 엥겔스의 모든 미완성 저술들과 작업들을 "끊임 없이 생성되고 있는 하나의 과학과 하나의 정치의 단편들"로 보았다. 이들 안에서 "존재하지 않는 것, 존재해서는 안 되는 것" 혹은 "어떠한 시기나 장소의 역사 해석에도 적용되는 유형의 불가타 성경(5세기 초 라틴어로 번역된 성경으로 현재 로마 가톨릭 라틴어 전례에 사용되는 공식 성경의 지본 ─ 옮긴이)이나 행동 수칙들"을 찾는 것을 피하기 위해서는, 이 단편들은 오직 이들의 형성의 계기와 맥락 속에서 놓여야만 하고 그래야 완전히 이해될 수 있었다. 다른 한편 "하나의 과정 중에 있는 작업으로서 사상과 지식을 이해하지 않는" 사람들, 혹은 "교조주의자들과 모든 유형의 교만한 사람들, 즉 마음속의 우상을 필요로 하는 사람들, 설명서들과 백과사전들의 편찬자들은 마르크스주의에서 이것이 한 번도 그 누구에게도 제공한 것이 없다고 생각하는 것", 역사 문제들에 대한 요약되고 충실한 해결책들을 "헛되이 찾았다"(Labriola, 1973: 673~677).

이런 전집opera omnia 실현의 자연스러운 집행자는 그 누구도 아닌 독일사회민주당, 그 문헌 유산Nachlaß의 소유자이자 그 당원들이 가장 위대한 언어적·이론적 역량을 갖춘 당일 수밖에 없었다. 그럼에도 사민당 내의 정치적 갈등은 마르크스의 방대한 미출판된 저작들의 출판을 방해했을 뿐 아니라 그의 수고들의 분산을 초래해서 어떤 체계적 출판을 위한 제안도 위태롭게 했다(Rubel, 1956: 27).

믿을 수 없게도 이 독일 당은 관리 책임자로서의 역할을 아무것도 하지 않았으며 그들의 문헌 유산을 상상 가능한 최고 수준으로 태만하게 취급했다(Ryazanov, 1925: 385~386). 이론가들 중 아무도 두 창시자의 지적재산 목록을 만들려고 하지 않았으며, 두 창시자가 주고받은 편지가 그들 저술의 연속은 아닐지라도 매우 유용한 해명의 원천임에도, 방대하지만 극단적으로 흩어져 있는 편지들을 모으는 데 그 누구도 헌신하지 않았다.

모든 저작들의 최초 발간, 마르크스-엥겔스 전집Marx-Engels-Gesamtausgabe: MEGA은 모스크바에 있는 마르크스-엥겔스 연구소MEI 소장, 리야자노프David Borisovič Ryazanov의 주도로 겨우 1920년대에 시작되었다. 그러나 이 사업도 발간에 유리하기보다 종종 장애를 형성하는 국제노동자운동의 혼란스러운 사건들 때문에 우왕좌왕했다. 소련에서의 스탈린주의 숙청들, 이것들은 또한 학자들의 이 기획 작업에 영향을 미쳤고, 독일에서 나치즘의 대두는 발간을 조기 중단에 이르게 했다.3 그것 자체MEGA는 그의 저술들이 아직 부분적으로는 탐구되지 않은 한 저자로부터 영감을 도출했던 경직된 이데올로기의 모순적 산물이었다. 마르크스주의에 대한 확언과 그것의 교조적 **문집**corpus으로의 결정화가 마르크스 사상의 형성과 진화를 이해하기 위해서 필수적으로 읽었어야 할 텍스트를 인정하는 것보다 우선했다(Rubel, 2000: 81).

사실 초기 저작은 MEGA에서 [헤겔 법철학 비판]의 경우 1927년에, [1844년 경제학·철학 수고]와 [독일 이데올로기]의 경우 1932년에서야 겨우 출판되었다. 이들은 『자본론』제2, 3권에서 그랬던 대로 마치 완전한 작품인 것처럼 보이는

---

3 리야자노프는 1931년에 해고되어 추방형을 받았으며, 출판은 1935년에 중단되었다. 원래 계획된 42권 중 단지 12권(13책)만 출판되었다. Marx and Engels, *Historisch-kritische Gesam tausgabe. Werke, Schriften, Briefe*, 마르크스-엥겔스 연구소의 지도 아래(1933년부터 모스크바의 마르크스-엥겔스-레닌 연구소), 데이비드 리야자노프(편집)(1932년부터 블라디미르 아도라츠스키)[프랑크푸르트 암 메인 (등)], 1927~1931 참조.

판본으로 출판되었지만 이는 나중에 수많은 해석상의 오해를 낳는 원천임이 증명될 선택이었다. 나중에는 더욱이 『자본론』의 중요한 예비 작업들 중 일부들, 1933년에 [직접적 생산과정의 결과들]이라는 『자본론』 초고 6장, 그리고 1939년과 1941년 사이에 [그룬트리세로 더 잘 알려진 [정치경제학 비판 요강]이 단지 한정된 유통만 보장하는 인쇄 부수로 출판되었다. 더욱이 이런 미출판된 저술들은, 이후의 저작들과 마찬가지로, 이들이, 지배적 이데올로기적 규범을 침식시킬 수 있다는 두려움을 숨길 수 없었을 때, 가장 좋게 해석하더라도 예정된 해석들로 조정하고 결코 마르크스의 저작에 대한 심각한 포괄적 재해석을 불러일으키지 않을 정치적 필요에 부합하는 해석이 수반되었다.

최초의 러시아어 선집^{collected works} 판본도 소련에서 1928년부터 1947년 사이에 전집^{Sočinenjia}이라는 이름으로 완료되었다. 그 이름에도 불구하고 이것은 저술들 중에 단지 일부만 포함했지만, 28권(33책)으로 당시에는 양적 측면에서 두 저자의 가장 완전한 선집이었다. 두 번째 소련의 전집은 1955년과 1966년 사이에 39권(42책)으로 출판되었다. 독일민주공화국(동독)에서 1956년부터 1968년까지 사회주의통일당 중앙위원회의 주도하에 41권(43책)의 마르크스-엥겔스 저작집 Marx-Engels-Werke: MEW이 출판되었다. 이 판본은 결코 완전하지도 않았지만4, 소련 판본의 모형을 따라 독자를 마르크스-레닌주의 이데올로기로 안내하는 머리말들과 주석들에 의해 압도되었다.

두 사상가의 모든 저술들을 광범위한 비판적 자료집^{critical apparatus}에 의해 충실히 재생산하려고 계획한 '두 번째' MEGA 프로젝트는 1960년대에 부활되었다. 그럼에도 1975년에 시작되었던 이 계획은 이번에는 1989년의 사건에 따라 또

4　이 출판물들은 예를 들면 [1844년 경제학·철학 수고나 [그룬트리세는 포함하지 않는데, 이들은 나중에 포함되었다. 그럼에도 많은 다른 언어의 유사 판본들이 MEW에 근거했다. 2006년 이 판본의 재출판이 시작되었다.

중단되었다. 1990년에 이 출판을 계속하려는 목적으로 암스테르담 국제사회사 연구소the Internationaal Instituut voor Sociale Geschiedenis of Amsterdam와 트리어 카를 마르크스 하우스the Karl Marx Haus in Trier가 국제 마르크스-엥겔스 재단the Internationale Marx-Engels-Stiftung: MES을 만들었다. 재조직하는 어려운 국면을 겪은 뒤 새로운 편집 원칙이 승인되고 아카데미 출판사Akademie Verlag가 디츠 출판사를 대체하는 과정 중에 이른바 MEGA^{2}의 출판이 1998년에 개시되었다.

3. 최근의 MEGA^{2}의 문헌학적 연구 성과들

완전히 망각될 것이라는 예측과 달리 지난 몇 년 동안 마르크스는 국제학계의 주목을 다시 받았다. 그의 사상의 가치가 많은 이들에 의해 다시 주창되었으며 그의 저작들은 유럽, 미국, 일본의 도서관 서가 선반에서 먼지를 털어내고 있다. 이런 재발견의 가장 중요한 예 중의 하나는, 정확히 MEGA^{2}의 지속이다. 여러 나라에서 온 다양한 학문적 역량의 학자들이 참가하는 완성 계획은 총 4부로 나뉜다. 제1부는 『자본론』을 제외한 모든 저작, 논문, 초고들을, 제2부는 『자본론』과 1857년부터 시작된 자본론 초고들을, 제3부는 서신들을, 제4부는 발췌문, 논평, 방주들을 포함한다. 계획된 114권 중 53권이 출판되었다(1998년 재개 이후 13권). 각 권은 2책, 텍스트 책과 비판적 자료집critical apparatus, 즉 색인들과 방대한 증주들을 포함하는 책으로 구성되어 있다.[5] 마르크스의 수고들, 방대한 서신들의 주요한 부분들과, 그가 독서하는 동안 습관적으로 작성했던 산더미같이 거대한 발췌들과 주석들이 결코 출간된 적이 없었다는 것을 고려할 때, 이 사업은 엄청나게 중요하다.

---

5   MEGA^{2}에 관한 상세한 정보는 www.bbaw.de/vs/mega를 통해 이용할 수 있다.

MEGA²의 편집과 관련된 연구 성과들acquisitions이 4부 모두에서 모두 중요한 결과를 낳았다. 제1부, 저작, 논문, 초고들에서 두 권의 새로운 책의 발간으로 재개되었다. 첫 번째 책『카를 마르크스-프리드리히 엥겔스, 저작, 논문, 초고, 1855년 1월부터 12월까지』(MEGA² I/14, 2001)는 1855년 ≪뉴욕 트리뷴≫과 브레슬라우Breslau의 ≪신질서≫를 위해 두 저자가 쓴 200편의 논문과 초고들을 포함한다. 더 잘 알려진 정치와 유럽 외교에 관한 저술들, 국제 경제적 국면과 크림 전쟁에 대한 성찰들의 덩어리와 함께, 미국 신문에 익명으로 실렸기 때문에 이전에는 알려지지 않았던 또 다른 텍스트 21개가 연구를 통해 추가되었다. 다른 한편 두 번째 책, 『프리드리히 엥겔스, 저작, 논문, 초고, 1886년 10월부터 1891년 2월까지』(MEGA² I/31, 2002)는 후기 엥겔스의 저작 일부를 소개한다. 이 책은 프로젝트들과 논평들이 교대로 담겨 있다. 이 중에는 [역사에서 폭력의 역할Rolle der Gewalt in der Geschichte]의 초판을 편집한 베른슈타인의 개입 이전의 수고, 노동자운동 조직들에게 하는 연설들 그리고 이미 출판된 저작과 논문들의 재출판을 위한 서문들이 있다. 후자에서 특별한 관심을 끄는 것은 '러시아 두 세기의 외교 정치 Die auswärtige Politik des russischen Zarentums', ≪신세대≫에서 발표되었지만 이후 1934년에 스탈린에 의해 금지되었던 것과 「법조 사회주의Juristen-Sozialismus」인데, 이것은 카우츠키와 공동으로 저술했지만 개별 부분의 원작자가 처음으로 재구성되었다.

더욱이 상당한 흥미를 끄는 것은 국제마르크스엥겔스재단IMES에 의해 새로운 연속물, ≪마르크스-엥겔스 연보Marx-Engels-Jahrbuch≫의 창간호, 전체가 [독일 이데올로기]에 헌정된 책이다(Marx and Engels and Weydemeyer, 2004). 이 책은 MEGA²의 I/5(1부 5권)을 기대하면서, 마르크스와 엥겔스의 수고 [I. 포이어바흐]와 [II. 브루노Sankt Bruno]에 해당하는 지면들을 포함한다. "쥐새끼들의 갉아먹는 비평"(Marx, 1980: 102)에서 살아남은 일곱 편의 수고들은 독립된 텍스트로서 수집되었고 연대순으로 배열되었다. 이 판본으로부터 분명하게 저작의 일원적이지 않은 성격을 추론할 수 있다. 따라서 마르크스의 이론적 정교화를 책임 있게 규명하는 과학적 연구에 새롭고 확실한 근거가 주어진다. [독일 이데올로기], 지금까지 마르크스의 유물론적 이해의 완전한 설명으로 알려져온 저작은 이제 원래의 단편적 성격fragmentariness을 회복한다.

MEGA^{2}의 2부, 『자본론』과 초고들의 연구는 최근 몇 년 동안 『자본론』 제2, 3권에 집중되어왔다. 『카를 마르크스, 자본론. 정치경제학 비판. 2권. 프리드리히 엥겔스의 편집 수고 1884/1885』(MEGA^2 II/12, 2005)는 『자본론』 제2권의 텍스트, 마르크스가 1865년에서 1881년 사이에 쓴 다양한 크기의 수고 7개를 근거로 엥겔스에 의해 편집된 텍스트를 담고 있다. 엥겔스는 사실 마르크스로부터 제2권에 관한 많은 상이한 판본들을, 그러나 출판할 하나를 선택하기 위해 참조할 수 있는 시사들은 하나도 없이 받았다. 그 대신 그는 자신이 다음과 같은 재료를 가지고 있다는 것을 알게 되었다.

> [……] 구어적 표현으로 가득한 부주의한 문체(로 된 재료를 가지고 있다는 것을 알게 되었는데), 이 재료는 영어나 프랑스어의 기술적 용어들이 산재되어 있거나 또는 영어로 된 전체 문장들이나 심지어 지면들이 산재된 조잡하게 유머러스한 표현들과 문구들을 종종 포함하고 있었다. 사상은 저자의 두뇌에서 발전됨에 따라 급히 써졌다. [……] 장들의 결론들에서 다음 장으로 가려는 저자의 조바심 때문에 종종 여기서 추가적 전개는 미완으로 둔다고 표시한 연결이 안 되는 몇 개의 문장들만 있고는 했다(Engels, 1963: 7).

따라서 엥겔스는 편집과 관련해 의사 결정을 확정해야 했다. 가장 최근의 문헌학적 연구 성과들은 엥겔스의 이 원전에 대한 편집상의 개입이 지금까지 가정되었던 것보다 훨씬 더 많은, 약 5,000군데에 달한다고 추정한다. 변경들은 텍스트에서 문장들의 추가와 생략, 텍스트 구조의 변경, 문단들에서 제목들 삽입, 개

넘들의 대체, 마르크스의 일부 정식들의 재정교화 혹은 외래어들의 (독일어로의 무리한) 번역으로 구성되어 있다. 인쇄소로 보내진 텍스트는 이 변경 작업 끝에야 겨우 모습을 드러냈다. 따라서 이 책은 마르크스 수고들의 선별, 구성, 정정의 전체 과정을 우리가 재건할 수 있게 해주고, 엥겔스가 변경했던 가장 중요한 곳들과 그 대신 그가 마르크스의 수고들—한 번 더 반복하자면 사실 마르크스 연구의 최종 성과를 대변하는 것이 아닌—을 충실히 존중할 수 있었던 지점들을 규명할 수 있게 해준다.

『자본론』제3권, 『카를 마르크스, 자본론, 정치경제학 비판. 3권』(MEGA^2 II/15, 2004), 마르크스가 심지어 개략적으로도 확정적 형식을 주지 않은 유일한 책의 출판은 훨씬 더 복잡한 편집상의 개입을 수반했다. 자신의 서문에서 엥겔스는 이 텍스트가 어떠했는지 다음과 같이 강조한다.

[……] 가장 극단적으로 미완성인 원고. 여러 부분들의 시작들은 대개 매우 주의 깊게 진행되었고 더욱이 문체도 우아했다. 그러나 수고가 진행될수록 점점 더 대충인데다 미완성이었고, 수고는 논의에 적절한 장소가 나중에 결정되도록 미루어지는 떠오르는 문제들로의 외도들을 더욱 많이 포함했다 (Engels, 2004: 6).

따라서 1885년과 1894년 사이에 정력의 대부분을 소비한 엥겔스의 진지한 편집 작업은, "생성 중의 상태로 기록된"(Engels, 2004: 7) 사상들과 예비적인 기록들로 구성된 매우 잠정적인 텍스트로부터 완결되고 체계적인 경제 이론의 외양이 나오는 또 다른 통합된 텍스트로의 전환을 생산했다.

이것은 『카를 마르크스-프리드리히 엥겔스, 자본론 3권을 위한 수고와 편집 텍스트』(MEGA^2 II/14, 2003)에서 풍부하게 명시된다. 이 책은 1871년부터 1882년까지 써진 『자본론』 제3권에 관한 마르크스의 마지막 수고 6개를 포함한다.[6]

이들 중에서 가장 중요한 것은 1875년의 '수학적으로 전개된 잉여가치율과 이윤율 사이의 관계'에 관한 긴 부분뿐 아니라 편집자로서 작업하는 동안 엥겔스에 의해 추가된 텍스트들이다. 후자는 출판된 판본에 도달했던 경로를 아주 정확하게 보여준다. 이 책의 장점에 대한 더욱 확실한 증명은 이 책의 51개 텍스트들 중에서 45개가 여기서 처음으로 출판된다는 사실이다. 이제 완성에 도달하고 있는 2부는 결국 마르크스에 의해 남겨진 원전의 상태와 엥겔스의 편집 작업의 가치와 한계에 대한 확실한 비판적 평가를 허용할 것이다.

MEGA^{2}의 3부는 그들이 일생 동안 서로 교환한 편지들뿐 아니라 마르크스와 엥겔스가 교신한 수많은 다른 사람들과의 편지들도 포함하고 있다. 이 교환된 편지의 총 숫자는 어마어마하다. 마르크스와 엥겔스가 썼던 4,000통(그중 2,500통이 그들 사이에서 교환된 것)이 넘는 편지뿐 아니라 MEGA^2 이전에는 대부분이 출판된 적이 없는, 제3자가 그들에게 보낸 1만 통도 발견되었다. 더욱이 비록 보존되지는 못했지만 또 다른 6,000통이 존재했다는 확실한 증거가 있다. 마르크스가 사람들과 교환한 편지를 통해 마르크스의 사상적 일대기의 중요한 국면을 재독해할 수 있게 해주는 새 책 4권이 편집되었다.

『카를 마르크스-프리드리히 엥겔스, 1858년 1월부터 1859년 8월까지의 서신들』(MEGA^2 III/9, 2003)에 실린 편지들의 배경은 1857년의 경제침체이다. 이 침체는 마르크스에게 1848년의 패배와 함께 시작된 10년간의 후퇴 이후 혁명 운동의 고조 희망을 다시 불붙였다. "위기가 훌륭한 늙은 두더지같이 땅속을 파헤쳐왔다."[7] 이 기대가 그에게 지적 생산으로 갱신된 활력을 불어넣었고 "대홍수 이전에"[8] 그의 경제 이론의 기본적 개요를 설명하도록 자극했지만 이번에도 역

---

6 이 말은 엥겔스가 이용한 『자본론』 제3권의 수고들이 1871년부터 1882년까지만 있다는 것이 아니다. 1860년대에 작성된 수고들을 기본으로 하고 이것들이 추가되었다는 의미이다. — 옮긴이 주

7 Karl Marx to Friedrich Engels, 22 February 1858, MEGA^2 III/9, p.75.

시 대홍수는 실현되지 않았다. 정확히 이 시기에 마르크스는 [그룬트리세]의 마지막 노트를 작성했으며, 그의 작업을 소책자들로 출판할 결심을 했다. 이 소책자들 중 첫 번째권, 1859년 6월 출판된 책은『정치경제학 비판을 위하여』로 제목이 붙었다. 개인적 수준에서 이 시기는 "뿌리 깊은 궁핍"으로 규정된다.[9] "나는 어떤 사람도 이렇게 화폐가 부족한 가운데 '화폐'에 관해 글을 쓴 적이 없었다고 생각한다."[10] 마르크스는 불안정한 자기 형편이 '경제학'의 완성을 막지 못하도록 하기 위해 필사적으로 투쟁했으며, 다음과 같이 선언했다. "나는 어떠한 희생을 치르더라도 내 목표를 추구해야 하고 부르주아 사회가 나를 **돈 버는 기계**로 변형시키게 허용하지 않아야 한다."[11] 그럼에도 두 번째 소책자는 빛을 보지 못했으며 경제학의 다음 출판은『자본론』제1권을 인쇄소에 보낸 해인 1867년까지 기다려야 했다.

『카를 마르크스-프리드리히 엥겔스, 1859년 9월부터 1860년 5월까지의 서신들』(MEGA^2 III/10, 2000)과『카를 마르크스-프리드리히 엥겔스, 1860년 6월부터 1861년 12월까지의 서신들』(MEGA^2 III/11, 2005)은『포크트 씨』의 출판이라는 고통스러운 사업에 관련된 편지들과 포크트와 마르크스 사이에 있었던 열띤 논쟁에 관련된 편지들을 포함하고 있다. 1859년에 포크트는 마르크스를 자신에 대한 음모를 선동한 혐의뿐 아니라 1848년 봉기에 참여한 사람들을 공갈 갈취해 살아가는 집단의 우두머리로서 제소했다. 따라서 마르크스는 자신의 명성을 보호하기 위해 자기방어의 의무를 느꼈다. 이것은 포크트에 관한 가능한 한 모든 서류를 입수할 목적으로 1848년과 그 이후에 정치적 관계가 있었던 투사들과의 정력적인 편지 교환을 통해 성취되었다. 그 결과물이 200쪽에 달하는 논쟁적 소

---

8   Karl Marx to Friedrich Engels, 8 December 1857, MEGA^2 III/8, p. 210.

9   Karl Marx to Friedrich Engels, 16 April 1859, MEGA^2 III/9, p. 386.

10   Karl Marx to Friedrich Engels, 21 January 1859, MEGA^2 III/9, p. 277.

11   Karl Marx to Joseph Weydemeyer, 1 February 1859, MEGA^2 III/9, p. 292.

책자『포크트 씨』였다.

혐의 제기를 반박하는 데 한 해를 몽땅 잡아먹었으며, 이 때문에 그는 경제학 연구를 완전히 중단했다. 더욱이 선풍을 일으킬 것을 기대했지만 독일 언론은 그의 책에 전혀 주목하지 않았다. 이 시기에는 개인적인 문제도 전혀 좋아지지 않았다. 낙담스러운 재정 상태라는 문제 바로 뒤에─1861년 말에 마르크스는 "만약 새해가 지난해와 같다면, 나는 차라리 지옥에 있는 것이 더 낫겠다"[12]고 말했다─ 또한 나쁜 건강 문제가 변치 않고 존재했는데, 후자는 전자에 의해 초래된 것이었다. 예를 들면 몇 주 동안 작업을 중단해야 했다. "내가 영혼의 평온을 보존할 수 있는 유일한 소일거리는 (마르크스의 생애에서 가장 위대한 지적 열정의 대상 중 하나였던) 수학이다."[13] 1861년 정초에 그는 다시 한 번 간염으로 건강이 악화되었으며 엥겔스에게 다음과 같이 썼다. "비록 나는 신을 경외하지 않지만 욥처럼 고통받고 있다."[14] 독서하기를 간절히 원해서 그는 다시 한 번 교양이라는 쉼터를 찾았다. "모든 의미에서 불안정한 이 상황이 초래한 심각하게 불쾌한 기분을 완화하기 위해 나는『투키디데스』를 읽는다. 적어도 이 고대인은 항상 새롭게 남아 있다."[15] 어쨌거나 1861년 8월 그는 작업을 부지런히 재개했다. 1863년 6월까지『잉여가치학설사』를 포함해 4절지 1,472쪽의 노트 23권을 작성했다. 이 중 화폐의 자본으로의 전환을 다루는 첫 다섯 권들은 100년 이상 무시되었고 겨우 1973년에 러시아어로, 1976년에 원어로 출판되었다.

『카를 마르크스-엥겔스, 1864년 10월부터 1865년 12월까지의 서신들』(MEGA² III/13, 2002)의 핵심적 주제는 1864년 9월 28일 런던에서 창립된 국제노동자협회에서의 마르크스의 정치 활동이다. 편지들은 이 조직의 초창기, 마르크스가

---

12 Karl Marx to Friedrich Engels, 27 December 1861, MEGA² III/9, p.636.

13 Karl Marx to Friedrich Engels, 23 November 1860, MEGA² III/9, p.229.

14 Karl Marx to Friedrich Engels, 18 January 1861, MEGA² III/9, p.319.

15 Karl Marx to Ferdinand Lassalle, 29 May 1861, MEGA² III/9, p.481.

급속히 지도적 역할을 하게 되었던 시기의 마르크스의 활동들과 그의 이런 공적 의무들, 16년 만에(1848년 혁명 이후) 다시 한 번 주요 관심사가 된 활동들을 과학적 저작과 결합시키려는 시도를 기록하고 있다. 논쟁거리였던 문제들 중에는 노동조합 조직의 기능에 대한 것이 있는데, 여기서 마르크스는 그 중요성을 강조하는 동시에 라살레와 프러시아 국가의 재정 지원을 받아 협동조합을 만들자는 라살레의 제안에 반대해 사람들을 결집시켰다. "노동계급은 혁명적이거나 아니면 아무것도 아니다."[16] 그리고 오언주의자 웨스턴Jonh Weston과의 논쟁, 1898년에 유고집『가치, 가격 그리고 이윤』으로 출판된 일련의 논문들을 낳았던 논쟁, 미국 내전에 대한 고찰들과 엥겔스의 소책자, 『프러시아의 군사 문제와 독일 노동자당』도 있다.

역사적·비판적 편집본의 참신함은 또한 4부 발췌 메모, 방주들Exzerpte, Notizen, Marginalien에서도 두드러진다. 이것은 수많은 발췌와 연구 메모들을 포함하고 있는데, 그의 거대한 규모의 연구 작업에 대한 중요한 증거이다. 대학 시절부터 마르크스는 읽은 책들로부터 발췌 노트들을 모아두는, 일생 동안의 습관이 몸에 배어 있었는데, 종종 그것들에 의해 촉진되었던 성찰들이 떠오르면 발췌를 중단하고 자신의 사상들을 적고는 했다. 마르크스의 유고에는 대략 발췌 노트 200권이 포함되어 있다. 이것은 마르크스 이론의 형성과, 그가 원하는 대로 발전시킬 기회를 갖지 못했던 이론 부분들을 알고 이해하는 데 필수적이다. 보존된 발췌들은 1838년에서 1882년까지 장구한 시간의 아치를 그리는데, 8개 국어—독일어, 고대 그리스어, 라틴어, 프랑스어, 영어, 이탈리아어, 스페인어, 러시아어—로 기록되었고 가장 광범위한 학문 분야들을 취급한다. 이들은 철학, 예술, 종교, 정치, 법, 문학, 역사, 정치경제, 국제관계, 기술, 수학, 생리학, 지질학, 광물학, 농업경제학, 인종학, 화학, 물리학의 텍스트들뿐 아니라 신문과 잡지 기사들, 의회 보고

---

16 Karl Marx to David Schweitzer, 13 February 1865, MEGA^2 III/9, p.236.

서들, 통계들, 보고서들 그리고 정부 기관의 출판물들에서 발췌되었다. 이들 중에는 유명한 '청서', 특히 『공장 감독관들의 보고서들』, 그의 연구에서 엄청난 중요성을 지닌 조사들을 포함하고 있었던 것들이 있다. 많은 부분이 아직 출판되지 않은 이 거대한 지식의 보고는 마르크스의 비판 이론의 건설 현장이다. 32권으로 계획되어 있는 MEGA²의 4부는 최초로 이것들에 대한 접근로를 제공할 것이다.

책 네 권이 최근에 발간되었다. 『카를 마르크스, 1844년 여름부터 1847년 초까지 발췌와 메모들』(MEGA² IV/3, 1998)은 마르크스가 1844년 여름부터 1845년 12월까지 작성해서 모은 발췌 노트 여덟 권을 포함하고 있다. 처음 두 권은 파리에서 체류할 당시의 것이며 [1844년 경제학·철학 수기] 바로 뒤에 작성되었다. 나머지 여섯 권은 파리에서 추방된 후에 갔던 브뤼셀에서의 다음 해와 영국에서 머물렀던 7월과 8월 동안에 작성된 것이다. 이 노트들 안에는 정치경제학과의 만남의 자취와 경제 이론의 최초의 정교화들의 형성 과정이 있다. 이것은 스토치와 로시의 정치경제학 설명서들에서의 발췌들로부터, 또한 부아기유베르, 로더데일, 시스몽디에서의 발췌들로부터, 그리고 베기지와 우르로부터의 기계와 제조업 기술과 관련해 명확히 드러난다. 노트들은 출판되었든 되지 않았든 이 시기의 저술들과 비교하면, 이런 독서들이 그의 사상 발전에 영향력은 끼쳤다는 것은 반박의 여지가 없는 명백한 사실이다. 이런 기록들의 총체성은, 이들의 성숙 과정의 역사적 재구성을 통해, 이 강도 높은 작업 시기에 이루어졌던 마르크스의 비판적 사상의 진보와 복합성을 보여준다. 더욱이 이 텍스트는 유명한 [포이어바흐에 관한 테제]를 포함하고 있다.

『카를 마르크스-프리드리히 엥겔스, 1853년 9월부터 1855년 1월까지 발췌와 메모들』(MEGA² IV/12, 2007)은 주로 1854년에 작성된 방대한 발췌 노트 아홉 권을 포함하고 있다. 이들은 ≪뉴욕 트리뷴≫에 일련의 중요한 칼럼들―1853년 10월에서 12월 사이의 '팔머스톤 경'에 관한 칼럼들과 1854년 7월에서 12월 사이의 '혁명 스페인'에 관한 성찰들—을 게재한 때와 같은 시기에 작성되었다. 반면 크림 전쟁에 관한 텍스트들—거의 전부를 엥겔스가 작성했다—은 1856년에 만들어졌다. 이 노트들 중 네 권은 역사가 패민Famin과 프랜시스Francis, 법률가이자 독일 외교관인 폰 마르텐스von Martens 그리고 토리당 정치가 어커트의 책들뿐 아니라 '레반트의 정세에 관한 서신들', '의회 논쟁들에 관한 의사록'에서 취한 외교사에 관한 주석들을 포함하고 있다. 샤토브리앙Chateaubriand, 스페인 작가 호베야노스de Jovellanos, 스페인 장군 산 미구엘San Miguel, 그의 동료 마를리아니de Marliani 등 다른 많은 저자들로부터 발췌한 노트들은 배타적으로 스페인에만 전념한 것이며 마르크스가 스페인의 사회와 정치사 그리고 문화를 연구한 집중도를 증명해준다. 더욱이 티에리Jacques Nicolas Augustin Thierry의 『평민 진보의 형성 역사에 관한 논문』에서 나온 기록들은 특히 흥미롭다. 이 기록들은 모두 마르크스가 활용한 원천들을 드러내고, 이런 독서들을 그의 기고문 저술에 활용한 방법을 이해할 수 있게 해주기 때문에 매우 중요하다. 마지막으로 이 책은 엥겔스에 의해 작성된 군사적 역사에 관한 일련의 발췌들을 포함하고 있다.

마르크스의 자연과학에 대한 커다란 관심은, 거의 전혀 알려지지 않았는데, 『카를 마르크스, 자연과학에 관한 발췌와 논평, 1877년 중반에서 1883년 초까지』(MEGA² IV/31, 1999)에서 드러난다. 이 책은 1877~1883년의 유기화학과 무기화학에 관한 메모들을 제시한다. 이들은 우리가 마르크스의 연구에 대한 더 깊은 측면을 발견할 수 있게 해준다. 이들이 특히 중요한 것은 이들에 대한 연구들은 수많은 마르크스 전기에서 자세히 나타나는—그가 생애 마지막 10년 동안 연구를 포기했으며, 지적 호기심을 완전히 충족했다고 묘사하는— 거짓 전설의 신빙성을 떨어뜨릴 것이기 때문이다. 출판된 기록들은 화학 공식들, 화학자 마이어Meyer, 로스코Roscoe, 숄레머Schorlemmer의 책에서 발췌한 것들과 또한 물리학, 생리학, 지질학에 관한 메모들도 포함하고 있다. 이 분야에서 19세기 마지막 4반세기 동안 중대한 과학적 발견들이 쏟아져 나왔고 여기에 대해 마르크스는 늘 알고 싶어 했다. 이 분야들은 마르크스가 가장 적게 탐구한 분야들 중 하나이며 『자본론』의 저술과 직접 연결되지 않으므로 이 기록들은 이런 관심의 이유에 관해 답할 수 없는 물음을 제기한다. 이 책을 마무리하는 부분에 또한 같은 시기에 엥겔스가 작성한 유사한 주제에 관한 발췌가 있다.

마르크스의 수고들이 출판되기 전에 수많은 곡절들을 겪었지만 마르크스와 엥겔스가 소유했던 책들은 훨씬 더 불행한 운명을 겪었다. 엥겔스 사후에 흥미로운 방주들과 밑줄들이 그어진 책들을 포함하고 있는 두 사람의 장서들은 무시되었으며 일부는 분산되었다가 나중에 겨우 다시 모였고 어렵게 목록이 작성되었다. 『카를 마르크스-프리드리히 엥겔스, 카를 마르크스와 프리드리히 엥겔스의 장서들』(MEGA² IV/32, 1999)은 사실 75년간 연구의 결실이다. 이 책은 1,450권, 2,100개의 책들—마르크스와 엥겔스가 소유했던 책의 3분의 2—에 관한 하나의 색인을 포함하는데, 이것은 (마르크스와 엥겔스가 작성한) 주석들이 있는 책들의 모든 지면들의 기록들을 담고 있다. 이것은 일종의 선행 출판인데, 이것은 MEGA²가 오늘날 이용 가능하지 않은 책들(지금까지 발견된 책의 총 숫자는 2,100권, 3,200책)의 색인을 830개의 텍스트 4만 쪽에 기록된 방주들을 표시하면서 제공하고 이 책들의 여백에 독서와 함께 기록한 논평들을 출판함에 의해 완성될 때 통합될 것이다.

마르크스와 친밀히 관계했던 많은 사람들이 기록했듯이, 그는 책을 사치의 대상이 아니라 작업 도구로 생각했다. 그는 책을 거칠게—지면들의 모서리를 접고 책에 밑줄을 그었다— 다루었다. 마르크스는 책에 관해 "이것들은 나의 노예이며 내 의지에 복종해야 한다"(Lafargue, 1965: 152)고 말했다. 다른 한편 그는 책에 너무 극단적으로 몰입해서, "책들을 배설하기 위해서—역사라는 똥 무더기 위에, 다른 형태로— 걸신들린 듯이 먹도록 저주받은 기계"[17]로 자신을 규정할 정도에 도

---

17 Karl Marx to Laura Marx and Paul Lafargue, 11 April 1868, *Marx-Engels-Werke*, Band 32

달했다. 마르크스가 독서한 것들뿐 아니라 이런 독서에 관련된 논평들을 알 수 있다는 것은─그럼에도 그의 장서는 그가 런던의 대영박물관에서 수십 년 동안 수행한 지칠 줄 모르는 작업의 부분적인 횡단면만을 보여준다는 것을 기억해야 한다─ 그의 연구를 재구성하는 데 소중한 자원이 된다. 이것은 또한 마르크스의 사상을 종종 갑자기 번쩍한 번개의 결실로 표상하는 마르크스-레닌주의의 잘못된 위인전적 해석을 거부하고 현실대로, 선행자들과 동시대인들로부터 도출한 이론적 자원들로 가득 찬 정교화로서 해석하는 데 도움을 준다.

마지막으로 누군가는 이렇게 질문해야 할지도 모른다. 이 새로운 역사적·비판적 판본으로부터 어떤 새로운 마르크스가 떠오르는가? 확실히 오랫동안 수많은 추종자와 반대자들에 의해 수용된 것과는 다른 마르크스이다. 마르크스 저작들의 배포에서의 고통스러운 과정, 저작들의 통합적 판본의 부재는 저작들의 근본적 불완전성, 후예들의 형편없는 작업, 극단적인 독해들, 더욱더 많았던 마르크스를 독해하는 것의 실패들과 함께 거대한 역설─마르크스는 잘못 이해된 저자, 심각하고 종종 반복되는 몰이해의 희생자라는─의 근본적 원인이었다.[18] 동유럽의 자유를 제한하는 정권들의 수많은 광장들에서 발견되는 동상의 돌처럼 차가운 얼굴을 하고 교조적 확신으로 미래에 이르는 길을 보여주는 사람으로 표상되는 것이 아니라, 오늘날 우리는 자신의 테제들의 유효성을 입증할 추가적 연구들에 죽을 때까지 몰두하기 위해 자기의 저술들의 거대한 부분을 미완성으로 남겼던 어떤 저자를 알 수 있다.

그의 작업에 대한 재발견으로부터 앞으로의 마르크스 연구Marx Forschung를 위한 풍부한 지평을 형성하는, 문제적이고 다형적인polymorphic 사상이 다시 나타난다.

(1965), p.545.

18 지금까지 윤곽을 제시한, '마르크스주의적' 잘못된 이해 바로 옆에, 자유주의자와 보수주의자의 '반마르크스주의적' 오해도 주목받아야 한다. 이것은 편견에 사로잡힌 적대감의 충만 때문에 역시 심각하다.

4. 마르크스라는 '죽은 개'

이론적 갈등이나 정치적 사건들 때문에 마르크스의 저작에 대한 관심은 지속된 적이 없었고 처음부터 이론의 여지없이 쇠퇴의 계기들을 겪어왔다. '마르크스주의의 위기'부터 제2인터내셔널의 해체까지, 잉여가치 이론의 한계에 관한 논의들부터 소련 공산주의의 비극에 이르기까지 마르크스 사상에 대한 비판들은 항상 그 개념적 지평을 뛰어넘는 것처럼 보였다. 그러나 항상 어떤 '마르크스로의 귀환'은 있어왔다. 그의 저작들을 계속 참고할 새로운 필요가 발전해왔고, 그런 필요는 정치경제학 비판에서부터 소외에 관한 정식화들이나 정치적 논쟁들의 화려한 지면들까지 추종자들과 반대자들에게 거부할 수 없는 유혹을 계속 행사해왔다. 그럼에도 지난 세기말에 마르크스는 사라졌다고 만장일치로 선포되었다가 갑작스럽게 역사의 무대에 재등장했다.

과거에 처해졌던 지배의 도구instrumentum regni라는 혐오스러운 기능에서 해방되고, 마르크스-레닌주의의 사슬로부터 분명히 분리된 마르크스의 저작은 신선한 지식 영역들에 재배치되었고 전 세계 모든 곳에서 다시 읽히고 있다. 그의 소중한 이론적 유산을 완전히 밝히는 것은, 그 유산이 뻔뻔한 소유자들과 제한적 이용 방식들에서 벗어났기 때문에, 다시 한 번 가능해졌다. 그러므로 마르크스를 20세기의 회색 '현실 사회주의'라는 조각된 스핑크스[19]와 동일시할 수 없다면, 그의 이론적·정치적 유산이 현재의 갈등에 아무것도 주지 않는 과거에 한정된다거나 그의 사상을 오늘과는 아무 관련이 없는 미라가 된 고전으로 가두거나 또는 단지 학술적 특수주의에 한정할 수 있다고 믿는 것도 똑같이 잘못이다.

마르크스에 대한 관심의 귀환은, 그 중요한 문헌학적 연구가 그 거대한 수의

---

19 스핑크스는 얼굴은 사람이고 몸은 사자인 괴물이다. 여기서는 인간적인 형상의 괴물이라는 은유로 보인다. — 옮긴이 주

마르크스 해석자들과 관련하여 그에 대한 관심의 다양성을 증명하는 데 기여하듯이, 한정된 학자들의 테두리라는 한계를 훨씬 넘어선다. 마르크스의 재발견은 현재를 설명하는 그의 지속적인 능력에 기초하고 있다. 마르크스는 현재를 이해하고 변혁시키는 데 없어서는 안 될 도구이다.

자본주의 사회의 위기와 사회를 관통하는 심각한 모순들에 직면해 1989년 이후 너무 빨리 옆으로 제쳐두었던 이 저자를 연구하는 흐름의 귀환이 있다. 따라서 단지 몇 년 전 만해도 고립된 도발로 보였던 자크 데리다Jacques Derrida의 단언, "마르크스를 읽고 다시 읽으며 논의하지 않는 것은 항상 잘못이다"(Derrida, 1993: 35)는 말이 점점 동의를 얻고 있다. 1990년대 말부터 신문, 정기 간행물 그리고 텔레비전과 라디오 방송들이 계속해서 우리 시대의 가장 적절한 사상가로서 마르크스를 논의해오고 있다.[20] 1998년 출판 150주년을 맞이해 『공산당선언』은 지구 곳곳에서 수십 개의 새로운 판본들이 출판되었으며 역사상 가장 많이 읽힌 정치 저작일 뿐 아니라 자본주의의 경향들에 대해 가장 혜안이 있는 예측으로도 경축되었다.[21] 게다가 마르크스를 다루는 문헌이, 이들은 15년 전에 실질적으로 사라졌었는데, 여러 나라에서 부활의 신호를 보여주고 있으며, 새로운 연구들

---

20 이 방향으로 상당한 반향을 일으킨 첫 번째 칼럼은 캐시디(John Cassidy)의 것으로 1997년 10월 20일에 발행된 ≪뉴요커≫의 "카를 마르크스의 귀환"이다. 그다음은 BBC의 순서였는데, BBC는 마르크스에게 천년 동안의 가장 위대한 사상가의 왕관을 수여했다. 몇 년 후 주간지 ≪신평론(Nouvel Observateur)≫이 "카를 마르크스: 세 번째 천년의 사상가인가?"(2003.10.1)라는 주제에 지면을 바쳤다. 곧이어 독일이 한때 40년 동안 강제 추방당했던 마르크스에게 헌사를 바쳤다. 국립 텔레비전 방송 ZDF의 50만 명이 넘는 시청자가 모든 시대를 통틀어 독일인 중 세 번째 중요한 인물로 그를 선출했다('현재의 관련성' 범주에서는 1위였다). 그리고 지난 총선 동안 유명한 잡지 ≪스피겔≫이 '유령의 귀환'이라는 제목 아래 'V' 자 표시를 하고 있는 그의 이미지를 표지에 실었다(2005.8.25). 이런 별난 것들의 모음에서 절정을 이룬 것은 2005년 BBC 라디오 4에서 실시된 투표였다. 영국 청취자들이 가장 존경하는 철학자의 영예를 마르크스에게 안겨주었던 것이다.

21 Cf. Eric Hobsbawm, "Introduction" to Karl Marx-Friedrich Engels, *The Communist Manifesto: A Modern Edition*(London, 1998), pp.3~74.

의 번성에 따라[22] 가령 '왜 마르크스를 오늘 읽는가?' 같은 제목으로 여러 다른 언어들로 출판되는 수많은 소책자들이 있다. 비슷한 합의가 마르크스와 다양한 마르크스주의들을 논의하는 투고들에 의해, 개방적인 저널들에 의해 시행되었는데, 이것은 마치 국제 학술 회의들, 대학의 강좌들 그리고 세미나들이 이 저자에게 헌정된 것과 마찬가지였다.[23] 마지막으로 소심하고 종종 혼돈스러운 형식이라 할지라도—라틴 아메리카에서 유럽까지, 대안 세계화 운동을 관통하며— 마르크스에 대한 새로운 요구가 또한 정치적 용어로 제기되고 있다.

오늘날 마르크스에서 무엇이 남아 있는가? 인류의 자유를 위한 투쟁에 그의

---

22 지난 수년간 출판된 수많은 책들을 여기서 나열하는 것은 불가능하다. 그러나 가장 공적이고 중요한 찬사를 받은 것들은 언급되어야 한다. 2개의 새롭고 베스트셀러가 된 전기들—윈, 『카를 마르크스』(1999)와 아탈리(Jacques Attali), 『카를 마르크스 혹은 정신적 세계』(2005)—은 그 사상가의 트리어에서의 삶에 많은 관심을 이끌어주었다. 포스톤(Moishe Poistone)의 텍스트 『시간, 노동, 사회적 지배』는 1993년에 어울리지 않는 수량이 출판되었고 그래서 그때 이후 몇 차례 재출판 되었다. 이 텍스트같이 카버(Terrell Carver)의 『포스트모던 마르크스』(1998)와 리보위츠(Michael A. Lebowitz)의 『자본론을 넘어서』(2003, 두 번째 판) 같은 것도 또한 마르크스의 사상에 대한 혁신적인 종합적 해석으로 두드러진다. 마르크스의 초기 저작에 관한 최근의 연구도 언급할 가치가 있다. 레오폴드(David Leopold)의 『청년 마르크스: 독일 철학, 현대 정치, 인간다움의 넘침』(2007). 게다가 포스터(John Bellamy Foster)의 『마르크스의 생태학』(2000)과 버킷(Paul Burkett)의 『마르크스주의와 생태학적 경제학』(2006)은 마르크스를 환경문제에 연관시킨 점에서 주목할 가치가 있다. 마지막으로 세계에 폭넓게 퍼진 관심의 증거로 라틴 아메리카 사상가 두셀(Enrique Dussel)의 『미지의 마르크스를 향해』라는 주요 저작을 영어로 번역하는 것에 대한 언급이 필요하다. 또한 점점 서구 언어들과 친숙해지고 있으며 교조적 마르크스주의 전통과 더 멀리 결별하는 중국의 신세대 연구자들의 이론적 발전뿐 아니라 『21세기를 위한 마르크스』에서 우치다(Hiroshi Uchida)에 의해 집대성된 일본에서의 여러 가지 연구들도 있다.

23 그중에서 가장 중요한 학술지는 영어권에서는 《월간평론(Monthly Review)》, 《과학&사회(Science&Society)》, 《역사유물론(Historical&Materialism)》 그리고 《마르크스주의 재사고하기(Rethinking Marxism)》이며 독일에서는 《주장(Das Argu ment)》과 《마르크스-엥겔스 연보(Marx-Engels-Jahrbuch)》, 프랑스에서는 《현대 마르크스(Actuel Marx)》, 이탈리아에서는 《비판 마르크스주의(Critica Marxista)》, 아르헨티나에서는 《도구(Herra mienta)》이다.

사상은 얼마나 유효한가? 그의 작업의 어떤 부분이 우리 시대에 대한 비판을 고무하는 데 가장 기름진 토양인가? 우리는 어떻게 '마르크스를 넘어설 수 있고 함께 갈 수 있는가?' 이런 것들은 결코 만장일치가 아닌 대답을 듣게 될 질문들의 일부이다. 만약 현대의 마르크스 르네상스에 확실한 것이 있다면, 그것은 이 철학자에 대한 해석을 지배하며 깊게 규정지어졌던, 획일적인 정설들에 의해 특징지어졌던 과거와의 불연속성에 정확히 놓여 있다. 명백한 한계와 제설 혼합주의의 위험에 의해 자국이 남더라도, 여러 명의 마르크스들Marxs에 의해 특징지어지는 시대가 왔으며, 실제로 교조주의 시대 이후에는 이와 다른 방식으로는 일이 진행될 수 없다. 따라서 이러한 문제에 대응하는 과제는 새로운 세대의 학자와 정치 활동가들의 이론적·실천적 연구에 주어져 있다.

없어서는 안 될 이 마르크스들 중에서 적어도 두 가지를 확인할 수 있다. 하나는 자본주의 생산양식의 비판가이다. 분석적이고 통찰력 있고 지칠 줄 모르는 연구자로서 마르크스는 전 지구적 규모에서의 이런 자본주의 생산양식의 발전을 직관했고 분석했으며 부르주아사회를 그 누구보다 더 잘 묘사했다. 이 사상가는 자본주의와 사적 소유 체제를 인간 본성에 내재한 영원한 미래의 모습으로 상상하는 것을 거절한 사람이었으며, 신자유주의 경제, 사회 그리고 정치 조직들에 대한 대안들을 실현하기를 원하는 사람들에게 결정적인 제안을 여전히 제공하고 있는 사람이다. 크게 주목받아야 하는 다른 마르크스는, 당시의 라살레와 로드베르투스Johann Karl Rodbertus에 의해 전파되었던 국가사회주의라는 관념을 거절했던 저자이며 사회주의를 사회 문제에 대한 건조한 일시적 처방의 덩어리가 아니라 생산관계의 가능한 변혁으로 이해했던 사상가, 사회주의의 이론가이다.

우리는 마르크스 없이는 치명적인 실어증에 걸리게 될 것이고, 인간 해방의 대의는 그를 계속 이용할 필요가 있는 것처럼 보인다. 그의 '유령'은 세계에 출몰할 운명이고 당분간 사람들을 뒤흔들 운명이다.

8
[1844년 경제학·철학 수고] 해석에서 '청년 마르크스'의 신화

1. 1932년의 두 가지 편집판들

[1844년 경제학·철학 수고는 마르크스의 가장 유명한 저술이자 세계적으로 가장 널리 출판된 저술이다. 이렇게 마르크스 사상의 전반적 해석에서 중요한 구실을 했음에도 이 수고는 오랫동안 알려지지 않았으며 작성된 지 거의 100년 뒤에야 출판되었다.

이 수고의 출판은 이야기의 끝이 결코 아니었다. 사실 그 출판은 텍스트의 성격에 관한 긴 논쟁을 촉발했다. 일부는 이 수고를 마르크스의 후속 정치경제학 비판과 비교해 미성숙한 저술로 간주했으나, 다른 일부는 그의 사상의 귀중한 철학적 토대로서 간주하고 그가 『자본론』을 저술하면서 오히려 사상의 강렬함을 상실했다고 보았다. 따라서 [1844년 경제학·철학 수고의 '청년' 이론과 『자본론』의 '성숙한' 이론 사이의 관계에 대한 연구는 다음 물음에 달려 있다. '청년 마르크스'의 저술이 '마르크스주의'의 통합적 부분으로 간주될 수 있는가? 마르크스의 작업 전체에 걸쳐 영감과 실현의 유기적 통일이 있는가? 아니면 그의 작업에서 2명의 마르크스가 확인되어야 하는가?

해석 갈등에는 또한 정치적인 면도 있다. 1930년대 초 이후 소련의 마르크스 학자들과 '사회주의 블록' 안팎의 공산당에 가까운 연구자 대부분은 [1844년 경제학·철학 수고]에 대한 환원주의적 분석을 제공했으나, 비판적 마르크스주의 전통의 학자들은 이 텍스트에 높은 가치를 두었고 소련이 마르크스 저작에서 확립했던 독점을 깨는 데 가장 강력한 주장(특히 소외 개념과 관련해)을 여기서 발견했다. 어느 경우든 독해의 도구성은 이론적·정치적 갈등 때문에 어떻게 마르크스 작업이 그에 상관없는 목적을 위해 계속 왜곡되었는지를 잘 보여준다.

[1844년 경제학·철학 수고]의 출판된 첫 번째 부분은 당시 모스크바의 마르크스-엥겔스 연구소의 책임자였던 유명한 마르크스학자marxologist, 리야자노프가 마르크스-엥겔스 문서고Arkhiv K. Marksa i F. Engel'sa의 제3권의 일부로 1927년에 러시아어로 내놓았다. 이 수고는 "『신성 가족』의 예비적 작업"(Marx, 1927: 247~286)이란 제목으로 나왔는데, 나중에 '제3수고'[1]로 알려진 것의 대부분을 구성하는 것이었다. 서문에서 리야자노프는 마르크스가 이 수고를 작업할 당시에 이루었던 급격한 이론적 진보를 강조했다. 그에 따르면 이 수고를 출판하는 위대한 가치는 단순한 전기적인 호기심이 결코 아니라 이 수고가 마르크스의 지적 발전에서 중요한 단계이며 그 발전에 대한 새로운 통찰을 제공하는 데 있었다(Ryaza-nov, 1927: 103~142). 그러나 이 가설—제3수고가 『신성 가족』의 예비적 원고라는—은 잘못으로 밝혀졌다. 그것의 내용뿐 아니라 마르크스 자신의 시사들을 보아도 이 수고가 오히려 주로 정치경제학의 비판적 분석에 집중한 초기의 매우 다른 텍스트라는 것을 알 수 있다.

---

1 남아 있는 [1844년 경제학·철학 수고]는 수고 3개로 구성된다. 제1수고가 총 27쪽, 제2수고가 4쪽, 제3수고가 41쪽이다. 여기에 마르크스가 제3수고에 넣었던 헤겔의 『정신현상학』의 요약인 마지막 장이 추가되어야 한다. Karl Marx, "Podgotovitel'nye raboty dlya *Svyatogo Semeist-va*," ed. by David Ryazanov, in *Arkhiv K. Marksa i F. Engel'sa*, 3, 1927, pp. 247~286.

1929년에 리야자노프 텍스트의 프랑스어 번역판이 《마르크스주의 리뷰La Revue Marxiste》 2월호에 [공산주의와 사적 소유에 관한 논평]이라는 제목으로, 6월호에 [필요, 생산 및 노동 분업에 관한 논평]이라는 제목으로[2] 두 번에 걸쳐 실렸다. 이 프랑스어 판은 마르크스의 1844년 작업의 일부로 소개되었으며 읽기 쉽게 다양한 소제목이 달렸다.

같은 해 소련의 제1차 마르크스-엥겔스 전집K. Marks-F. Engels Sochineniya, 1928~1947 제3권에 1927년과 똑같은 형식과 똑같이 잘못된 제목으로 두 번째 러시아어 판본이 실렸다(Marx, 1929: 613~670). 그 뒤 1931년에 잡지 《마르크스주의 깃발 아래Unter dem Banner des Marxismus》가 독일어로는 처음으로 [헤겔의 변증법 및 철학 일반에 대한 비판]이란 제목의 단편을 실었다(Marx, 1931: 256~275).

[1844년 경제학·철학 수고]의 완전한 판본은 1932년 독일에서 최초로 출판되었다. 그런데 같은 해에 두 가지 판본이 나왔기 때문에 이것이 텍스트에 대한 혼란을 가중시켰다. 사회민주당 학자 란트슈트와 마이어는 수고를 『역사유물론, 초기 저술』[3]이란 제목의 두 권짜리 묶음 내에 포함시켰다. 마이어는 앞서 1931년의 한 논문에서 "지금까지 알려지지 않은 마르크스의 텍스트"라고 미리 이 수고의 출판에 관해 공지했다(Mayer, 1930~1931: 154~157). 그러나 이 묶음 본 내에서 출현한 판은 완전하지 않았으며 여러 가지 중대한 부정확성을 내포했다. '제1'수고는 전혀 없었고 '제2'와 '제3'수고는 순서가 뒤바뀌었으며, 이른바 제4수고는 마르크스의 어떠한 논평도 없는, 헤겔 『정신현상학』의 마지막 장의 요약에

---

2   Karl Marx, 'Notes sur le communisme et la propriété privée', *La Revue Marxiste*, no.1(February, 1929), pp.6~28 and Karl Marx, 'Notes sur les besoins, la production et la division du travail', *La Revue Marxiste*, no.5(June, 1929), pp.513~538.

3   'Nationalökonomie und Philosophie. Über den Zusammenhang der Nationalökonomie mit Staat, Recht, Moral, und bürgerlichem Leben(1844)', in Karl Marx, *Der historische Materialismus. Die Frühschriften*(eds. Siegfried Landshut and Jacob Peter Mayer), Leipzig: Kröner, pp.283~375.

지나지 않았다. 또한 편집에서 제3-제2-제4수고로의 순서 변경은 독자가 쉽게 이해하도록 만들지도 않았다.

똑같이 심각했던 것은 원전 번역의 오류와 잘못된 제목 ['정치경제학과 철학. 정치경제학과 국가, 법, 윤리 및 시민생활과의 관계에 관하여']의 선택이었다. 이 제목은 마르크스가 수고 서문에서 "정치경제학과 국가, 법 및 시민생활 등 사이의 상호 관계는 이번 작업에서 정치경제학 자체가 이 주제를 건드리는 한에서 취급하겠다"(Marx, 1975)고 언급했던 것과 전적으로 모순이 된 것이었다. 마지막으로 텍스트에 관한 흔치 않은 지적으로, 편집자의 서문에서 이 수고가 1844년 2월과 8월 사이에 써졌을 것이라고 시사했다는 점이다.

처음 계획은 [정치경제학의 국가, 법, 윤리 및 시민생활과의 관계 및 헤겔 정신현상학 비판의 관계에 관하여]라는 제목의 텍스트—마이어가 편집 부분에 책임을 지고 솔로몬^{Friedrich Solomon}이 해석 부분에 책임을 진 분리된 판본—를 출판할 예정이었다. 그러나 수고는 원전을 두 번째 교정한 후 앞서 언급한 마이어와 란트슈트의 묶음에 삽입되었다(Landshut and Mayer, 1932: vi~vii). 이 판본은 편집과 해석상의 중요한 오류에도 독일에서 널리 유포되었으며 몰리터^{Jules Molitor}의 1937년 프랑스어 판의 토대가 되기도 했다.

1932년에 출판된 [1844년 경제학·철학 수고]의 두 번째 판본은 모스크바의 마르크스-엥겔스연구소^{IME}에 의해 편집되어 MEGA의 제1부 제3권으로 출판되었다. 이것이 완전한 학술적 판본이자 나중에 [1844년 경제학·철학 수고]라는 유명한 이름을 낳은 최초의 판본이었다(Marx, 1932: 29~172). 이제 3개의 수고는 올바른 순서로 배열되었고 이들의 번역은 란트슈트-마이어 판보다 더욱 정확했다. 또한 편집 서문의 범위는 매우 좁았지만 텍스트의 형성을 재구성하고 각 수고에도 간단한 문헌학적 설명을 실었다. 이 책은 [정치경제학 비판을 위하여. 헤겔 철학에 관한 결론적 장과 함께]란 부제목과 함께 제1수고에 [임금], [자본의 이윤], [지대], [소외된 노동], 제2수고에 [사적 소유관계], 제3수고에 [사적 소유와 노동], [사적 소유와 공산주의], [필요, 생산 및 노동 분업], [화폐], [헤겔 변증법과 그의 철학 일반에 관한 비판]이라는 소제목이 붙어 있다. 헤겔로부터의 발췌를 담은 이른바 제4수고는 부록 [정신현상학의 마지막 장에서 마르크스의 발췌]로 출판되었다.

그렇지만 MEGA 편집진은 수고에 제목을 달고 전체를 재구성하고 마르크스의 서문을 모두에 놓아서(원전의 제3수고 자리 대신) 마르크스의 의도가 항상 정치경제학 비판을 쓰려고 했다는 것과 그가 수고를 그런 장으로 나누려고 생각했다는 암시를 너무 많이 주었다(Rojahn, 1983).⁴

이 판본의 중요성은 마르크스의 파리 시기 발췌 노트들을 포함했다는 점이다. 이 책의 제2부에 1844년 초부터 1845년 초까지 파리에서 발췌 노트라는 제목 아래 이전에 출판되지 않았던 엥겔스, 세이, 스카벡, 스미스, 리카도, 제임스 밀, 매컬럭, 데스튀트 드 트라시, 부아기유베르의 저작 발췌를 포함했다. 편집진은 마르크스의 노트 아홉 권에 대한 설명과 그가 작업했던 모든 저작의 알파벳 색인도 제공했다(Marx, 1932: 411~416). 그와 동시에 소련 편집진은 마르크스 작업의 해석자들에게 마르크스가 정치경제학의 많은 저작을 읽고 거기서 발췌한 후에 [1844년 경제학·철학 수고]를 썼다는 오해를 남겼다(McLellan, 1972: 210; Rancière, 1976: 352~376). 실제로는 구성 과정에서 저술과 발췌가 교차되었으며(Lapin, 1974: 303~305) 발췌는 ≪독불연보≫부터 『신성 가족』까지 마르크스가 파리 시민이었던 시기 전체에 걸쳐 있다.

---

4 또한 다음도 참조. "이론의 출현: 마르크스 노트의 중요성은 1844년의 노트에서 예증된다." Jürgen Rojahn, "The Emergence of a Theory: the Importance of Marx's Notebooks Exemplified by Those from 1844", *Rethinking Marxism*, vol.14(2002), no.4, p.33.

2. 번역과 후속 재출판들

우월한 문헌학적 질 덕분에 MEGA 판은 거의 모든 번역본이 토대로 삼은 선호 대상이 되었다. 첫 번째 일본어 번역본(1946), 보비오^{Norberto Bobbio}와 델라 볼페^{Galvano Della Volpe}의 두 이탈리아어 번역본(1949), 첫 영어와 중국어 번역본(1956), 1962년의 프랑스어 번역본(이것은 앞서 언급한 1937년의 믿을 수 없는 번역을 대체한 것이다)이 모두 같은 경우였다.

MEGA 판본의 더 큰 가치는 프로테스탄트 신학자 티어^{Erich Thier}가 1950년에 내놓은 독일어 변종 판본의 서문에서도 인정되었다(Marx, 1950). 그러나 이 변종은 MEGA 판과 란트슈트-마이어 판의 잡종으로서 오해를 더욱 확대시켰다. 텍스트 자체는 MEGA 판을 취했지만 이전의 두 사민당 학자들같이 티어는 '제1수고'를 생략하기로 결정했다. 유사하게 그는 MEGA의 해석 주석들을 많이 취했지만 또한 란트슈트와 마이어가 범했던 중대한 부정확성의 일부를 재생산했으며 그들의 잘못된 제목을 따랐다. 강조되어야 할 것은, MEGA 판이 최근의 연구 성과가 아니라 출판된 지 거의 20년이 지났을 때, 이런 모든 잘못들이 저질러졌다는 점이다.

1953년에는 란트슈트-마이어의 수정판이 란트슈트의 이름만 달고 [경제학·철학 수고(1844)]라는 제목으로 나왔다(Marx, 1953).[5] 그러나 이것은 1932년의 잘못을 반복했고, MEGA 판본에 근거한 유일한 개선은 일부 번역 오류를 바로잡은 것이었다. 2년 뒤에 "짧은 경제학 저술들"(Marx and Engels, 1955: 42~166)의 모음집은 마지막 장 [헤겔 변증법과 그의 철학 일반에 관한 비판]을 뺀 [1844년 경제학·

---

5   이 판은 족히 일곱 번은 재출판되었다. 2003년에 마침내 짧은 역사적·문헌학적 자료집(historical-philological apparatus)의 지위를 획득했다. Oliver Heins and Richard Sperl, "Editorische und überlieferungsgeschichtliche Anmerkungen", *Die Frühschriften*(Stuttgart: Kröner, 2003), pp.631~652.

철학 수고를 포함했다. 이 판본은 또한 1932년 MEGA 판의 오류를 일부 바로잡았다.

　이런 새 독일어 판본들의 한계가 MEGA 판본에 비해 퇴보였음을 보여준 것이 었다면, 소련과 동유럽에서는 [1844년 경제학·철학 수고] 자체가 진정한 박해를 받았다. 1954년에 모스크바의 마르크스-레닌주의 연구소IML(IME의 새로운 이름) 는 당시 준비 중이었던 마르크스-엥겔스 전집의 새 러시아어 판에 마르크스의 미완성 수고들을 포함시키지 않기로 결정했으며, 따라서 마르크스 사상의 형성 을 정확히 설명하는 데 핵심적인 많은 저작들을 누락시켰다. 그러나 이런 편집 정책은 계속 유지되지는 않았다. 1955년부터 1966년 사이에 마침내 출현한 제2 차 전집은 1928~1947년의 제1차 전집보다 더 많은 저술을 포함했지만 [1844년 경제학·철학 수고]와 [그룬트리세]로 더 잘 알려진 [정치경제학 비판 요강]을―설 득력 있는 편집상의 이유라기보다 검열 행위로서― 제외시켰다. 다른 한편 제2차 전 집은 [헤겔 법철학 비판 서설]을 제1권에 포함하고 [독일 이데올로기]로 제3권을 다 채우는 등 마르크스의 다른 수고들에게는 자리를 허용했다.

　[1844년 경제학·철학 수고]는 1956년에(Marx and Engels, 1956: 519~642) 『청년 기 저술로부터 발췌』라는 제목으로 단독 출판(Brouchlinski, 1960: 78)되었으나, 발 행 부수는 단지 6만 부였다(당시 마르크스의 다른 저작과 비교할 때 그리 높지 않았다). 이 수고가 전집에 최초로 포함된 것은 거의 20년 후인 1974년이었다. 보충 판본 의 일환인 제42권으로서였다(Marx and Engels, 1974: 41~174). 1974년 판본 작업 은 암스테르담 국제사회사연구소가 보유한 원전의 복사본을 다시 점검하는 것 을 수반했는데, 이 연구소는 오늘날 여전히 마르크스-엥겔스 문헌 유산의 3분의 2를 소장하고 있다(Hunink, 1986). 이것은 현명한 결정임이 증명되었다. 왜냐하 면 이렇게 해서 1932년 MEGA 판에서 여러 가지 적지 않은 교정이 이루어졌기 때문이다. 예를 들면 '제1수고'의 마지막 줄은 이전에는 "상호 대립자들의 충돌Kolli-sion wechselseitiger Gegensätze"로 번역되었던 것이 "적대적인 상호 대립feindlicher wechselsei-tiger Gegensatz"으로 교정되었으며, 몇몇 문장에서 향유Genuß는 정신Geist을 대체했

다. 수고에서 마르크스 자신의 실수도 교정되었다. 예를 들면, 스미스의 "세 가지 생산적 계급"을 "세 가지 시초primitive 계급"으로 잘못 인용했던 것이다(더 이전의 노트에서는 정확히 적었었다)[Marx, 1932: 472(line 2); Marx, 1932: 68(line 19)]. 게다가 마르크스가 발췌했던 모든 인용문―많은 부분이, 특히 제1수고에서 길었던―을 소형 글자로 인쇄함에 의해 원저자를 구별해서 마르크스를 저자로 잘못 돌리는 오류를 피할 수 있게 했다(Brouchlinski, 1960: 79).

소련 판본과 마찬가지로 독일민주공화국(동독)에서 1956년부터 1968년 사이에 발행된 마르크스-엥겔스 저작집the Marx-Engels-Werke: MEW은 그중 39권까지 [1844년 경제학·철학 수고]를 포함시키지 않았다. 연대기적으로 이 수고는 1962년의 제2권이 되어야 했지만 1968년의 프로젝트의 말미에 결국 보충권Ergänzungsband으로 나왔다(Marx, 1968: 465~588). 1981년까지 이런 모양으로 남아 있다가 이 수고는 '1837년 11월부터 1844년 8월까지의 저술들과 편지들'이라는 제목의 MEW 제40권의 부분으로, 그 후 1985년까지 매년 연속적으로 4개의 판본들로 발행되었다. 사용된 판은 1932년 MEGA 판으로 1955년 판의 "짧은 경제학 저술들"의 책으로부터의 표기 오류 수정들과 비판적 자료집을 함께 반영했다.

원래의 MEGA 이후, '사회주의 블록'에서 발행된 마르크스 전집에서 [1844년 경제학·철학 수고]를 일련 저서 순서에 포함해 발간했던 최초의 판본은, MEGA² Marx-Engels-Gesamtausgabe였다. MEGA²의 출판은 1975년에 시작되었다. 이 파리 수고는 첫 출판 후 정확히 50년 만인 1982년에 제1부 제2권(Ⅰ/2)으로 나왔다. 이 새로운 형식에서 책은 2개의 구분된 판본들(역사적·비판적 판본)로 출판되었다. 첫 번째 판본(제1재현Erste Wiedergabe)은 마르크스에 의해 남겨진 지면을 원래대로 재현했으며, 따라서 '제1수고'의 텍스트 부분을 세로 단으로 나누었다. 두 번째 판본(제2재현Zweite Wiedergabe)은 이전 모든 판본들이 일반적으로 채택했던 장 구분과 페이지 번호를 사용했다(MEGA² I/2, 1982: 187~322, 323~438). 원문 번역도 더욱 개선되었는데 이번에는 주로 ['서문'] 위주였다.[6] 마르크스의 다양한 수고들을 분류하는 데서 제기되는 난관의 한 사례로서(또한 MEGA² 판의 일정한 한계의 사례로서) 헤겔『정신현상학』의 마지막 장의 발췌가 제1부 제2권과 이 시기의 발췌 노트들은 실은 나중[7]의 책(IV/2) 양쪽에 실렸다(MEGA² I/2, 1982: 439~444; MEGA² IV/2, 1981: 493~500). 실제로 1981년에 MEGA²는 파리 발췌 노트들을 다시 제공했고 더불어 제1 MEGA에는 없었던 쉬츠, 리스트, 오시안더, 프레보, 제노폰테, 뷔레의 저작에서의 발췌들도 처음으로 출판했다. 마침내 1998년에 [파리 노트]의 출판이 IV/3권으로 끝났다. 이 책은 로, 로더데일 및 작자 미상의 로마 역사 설명서로부터의 편집 모음들도 포함했다. MEGA²를 통해 [1844년 경제학·철학 수고와 1844년의 모든 노트가 마침내 완전히 출판되었다.

3. 1명의 마르크스인가 2명의 마르크스들인가?: 마르크스 사상의 '연속성' 논쟁

1932년의 두 가지 판본들은 해석상 또는 정치적 성격상 많은 논쟁을 불러왔는데, 마르크스의 텍스트는 종종 이 두 해석적 극단들 사이에서 짓눌렸다. 한쪽은 이 텍스트를 철학적 개념들과 용어가 부정적으로 가득한, 청년기의 미숙한 이론화의 단순한 표현에 지나지 않는다고 이해했고, 다른 한쪽은 마르크스 인간주의humanism의 최고의 표현이자 비판 이론 전체의 본질적인 핵심으로 보았다.

---

6 IV/2권의 편집자 서문의 언급에 따르면 이 교정들은 "이전 판본들에서 필수적인 교정들로 구성되었다". Karl Marx, MEGA² I/2(Berlin: Dietz, 1982), p.35. 원문 번역 교정의 모든 세부 사항은 ['서문'] 교정 리스트를 참조. Karl Marx, MEGA² I/2(Berlin: Dietz, 1982), p.845~852.

7 여기서 나중이라고 하는 것은 MEGA 체계가 특이해서 연대기적으로는 수고를 실은 I/2권의 출판 연도인 1982년보다 발췌 노트를 실은 IV/2권의 출판 연도인 1981년이 앞서지만, 실제로는 IV/2권이 늦게 나왔다는 의미이다. ― 옮긴이 주

시간이 흐르면서, 두 입장의 계승자들은 적극적인 논쟁 아래 마르크스의 사상의 '연속성'에 대한 상이한 답변을 제공했다. 실제로 청년 마르크스와 성숙한 마르크스라는 두 구분되는 사상가가 있었을까? 아니면 마르크스의 사상은 본질적으로 수십 년 동안 같았던 것일까?

이 두 관점의 대립은 점점 격렬해졌다. 전자, 마르크스-레닌주의 정설과 그 이론적·정치적 교리들을 같이하는 서구와 그 외 다른 지역의 마르크스주의들을 통합하는 관점은, 마르크스의 초기 저술의 중요성을 격하하거나 전적으로 기각했다. 이들은 초기 저술을 후기 저술과 비교해 완전히 피상적인 것으로 보았으며 이렇게 해서 마르크스의 사상에 대한 확고한 반인간주의적 이해를 제시했다(McLellan, 1986: 80). 후자의 관점은 더 이질적인 저자들의 집단이 옹호했는데, 공식적 공산주의의 독단주의와 이를 옹호하는 이들이 확립하려 했던 마르크스의 사상과 소련의 정치 간의 상호 관계를 거부한다는 것이 공통분모였다.

1960년대의 2명의 주역들로부터 인용한 문장 한 쌍이 논쟁의 용어들을 가장 잘 설명해줄 것이다. 알튀세르Louis Althusser는 다음처럼 말했다.

> 우선 마르크스의 초기 저작을 논의하는 것은 어떤 경우라도 정치적 논의이다. 마르크스의 초기 저작은 [……] 사회민주주의자들에 의해 발굴되고 마르크스-레닌주의를 손상시키는 데 이용되었다는 것을 상기할 필요조차 있을까? [……] 이것이 '청년 마르크스'라는 논의의 위상이다. 이 논의에서 실제로 위험한 것은 '마르크스주의'이다. 이 논의의 용어들은 '청년 마르크스'가 이미 그리고 완전한 마르크스였는지이다(Althusser, 1969: 51, 53).[8]

8　알튀세르는 몇 년 뒤 마르크스 작업에 대한 자신의 '인식론적 단절' 개념을 방어하며 다음처럼 주장했다. "청년 마르크스"에 대한 논의는 "최종적으로 정치적이다. …… 이것은 문헌학적 논쟁이 아니다! **이 단어들을**(청년 마르크스 − 옮긴이) 귀 기울여 듣는지 아니면 거절하는지, 이 단어들을 방어하는지 아니면 파괴하는지 …… 실제적인 것이 이 투쟁에 달려 있으며 그 이데

펫처Iring Fetscher는 다른 한편 다음과 같이 주장했다.

마르크스의 초기 저술들은 모든 형태의 착취, 지배 및 소외로부터의 인간 해
방에 매우 강력하게 집중했기 때문에, 소련 독자들은 필시 이런 비판들을 스
탈린주의 지배 아래 있는 자신의 상태에 대한 비판으로 이해했을 것임에 틀
림없다. 이 때문에 당시에 러시아에서 마르크스의 초기 저술들은 결코 대규
모로, 보급판으로 발행되지 않았다. 초기 저술들은 아직 마르크스주의를 발
전시키지 않았던 청년 헤겔주의 마르크스의 상대적으로 덜 중요한 저작이라
고 여겨졌다(Fetscher, 1971: 314).

양쪽 모두 다양한 방법으로 마르크스의 텍스트를 왜곡했다. '정통'은 [1844년
경제학·철학 수고]의 중요성을 부정하고(이 수고가 마르크스 사상의 진화를 이해하
는 데 필요 불가결했음에도) 마르크스-엥겔스 전집의 러시아어 판과 독일어 판에
서 배제할 만큼 극단적으로 나갔다. 다른 한편 이른바 '서구 마르크스주의'의 수
많은 대표자들뿐 아니라 다수의 실존주의 철학자들은 젊고, 비전문적 경제학 이
론 연구자의 이런 미완성 스케치에 20년 이상이 걸린 연구의 산물―『자본론』―
보다 더 많은 가치를 부여했다.

여기서 [1844년 경제학·철학 수고]에 관한 방대한 비판 문헌을 온전히 설명하
는 것은 불가능하다. 그 대신 우리는 주요한 저작들에 집중해 이 텍스트와 마르
크스 저작 전체에 관한, 이전 논쟁의 주요한 한계들을 보여주고 싶다.

올로기적·정치적 성격은 명확하다. 단어들에 관한 주장 뒤에 오늘날 위험한 것은 **레닌주의**라
고 해도 지나치지 않다. 마르크스주의 이론 및 과학의 존재와 역할에 대한 인식뿐 아니라 노동
운동과 마르크스주의 이론 간의 융합의 구체적 형태 및 유물론과 변증법의 이해까지 위험하다.”
Louis Althusser, *Essays in Self-Critici sm*(London: New Books, 1971), pp. 114~115.

4. 독일의 [1844년 경제학·철학 수고]의 최초 해석에서 '청년 마르크스'의 신화 탄생

[1844년 경제학·철학 수고]는 1932년에 처음 출판되었을 때부터 '소련 마르크스주의'와 '서구 마르크스주의' 사이의 논쟁에서 주요한 축 중의 하나였다. 그 수고의 출판에 동반된 서론들이 이런 접근법의 첨예한 차이를 보여준다. 마르크스-엥겔스 연구소(얼마 전에 마르크스-엥겔스-레닌으로 이름을 변경했다)에 대한 숙청 후, 1931년에 리야자노프를 대체했던 MEGA 책임자 아도라츠키Vladimir Adoratskij는 수고의 주제를 '화폐, 임금, 자본의 이자 그리고 지대'로 제시했다. 아도라츠키의 견해에 따르면, 그 주제는 마르크스가 '자본주의(아직 마르크스가 사용하지 않은 용어)의 일반적 성격'을 제시했다는 것인데, 이것은 나중에 『철학의 빈곤』과 『공산당선언』에서 다시 나타났다.[9] 대조적으로 란트슈트와 마이어[10]는 "이미 본질적으로 『자본론』을 예견했던"(Landshut and Mayer, 1932: vi) 한 저작에 대해 말했는데, 왜냐하면 "어떠한 근본적으로 새로운 생각"도 마르크스의 전 저작에서 후속적으로 나오지 않았기 때문이다. 그들은 [1844년 경제학·철학 수고]는 실질적으로 "마르크스의 핵심적 저작이며 마르크스 사상 발전의 핵심을 형성했고, 경제 분석의 원칙들을 '인간의 진정한 현실'에 대한 생각에서 직접 도출했다"고 썼다. 이 수고는 마르크스의 철학적 용어에 드리웠던 베일을 걷어 올렸고, 『자본론』에서 발전된 이론들이 그의 청년기의 개념들에까지 거슬러 추적할 수 있게 하기 때문에 매우 중요했다. 이 2명의 독일 저자는 심지어 마르크스의 목적은 "생산수단의 사회화"와 "수탈자에 대한 수탈"을 통해 "착취"를 극복하

---

9   Vladimir Adoratskij, "Einleitung", in MEGA I/3(Berlin: Marx-Engels-Verlag, 1932), p. xiii.

10   두 편집자가 서명한 서문은 사실 란트슈트의 작품이었으며, 란트슈트는 그 해에 서문을 독자적으로 출판했다. Siegfried Landshut, *Karl Marx*(Lübeck: Charles Coleman, 1932). 이 입장에 대한 비판은 Georg Lukács, *Der junge Marx*(Pfullingen: Neske, 1965), pp. 12~13 참조.

는 것이 아니라, "그것이 없이는 아무 의미도 없는[······] 인간의 실현die Verwirkli-chung des Menschen"이라고 주장했다(Landshut and Mayer, 1932: xxxviii). 1844년 수고가 마르크스 발전에서 핵심이라는 명백히 억지스러운 주장에도 불구하고(Land-shut and Mayer, 1932: xiii), 그들의 이런 해석은 곧 엄청난 성공을 거두었고, 아마도 '청년 마르크스' 신화의 원조로 볼 수도 있다.

[1844년 경제학·철학 수고를 논평하고 마르크스의 초기 저술들의 중요성에 관한 논쟁에 참여한 최초의 두 저자는, 둘 다 어떤 면에서 란트슈트와 마이어의 입장과 같은 결론에 도달했던 망Henri de Man과 마르쿠제Herbert Marcuse였다. 1932년 ≪투쟁Der Kampf≫에 실린 「새로 발견된 마르크스」라는 논문에서 망은 다음에 대해 언급했다.

> 지금까지 알려지지 않았던 저작, 마르크스 이론의 발전과 의미를 정확히 평
> 가하는 데서 가장 중요한 저작(에 대해 언급했다). 마르크스의 다른 어떤 저
> 작보다 더 명확히 이 저작은, 그의 사회주의 지향을 알려주는 윤리적·인간
> 주의적 동기와 일생 동안 과학적 활동에서 표현된 가치판단들을 드러낸다(Man,
> 1932: 224).

이 벨기에 저자에 따르면 마르크스 해석자가 천착해야 할 핵심적 질문은 "인간주의적 국면을 나중에 극복했던 입장으로 보아야 할지 아니면 반대로 그의 이론의 통합적이고 지속적인 부분으로 보아야 할지"였다(Man, 1932). 망은 파리 텍스트가 이미 마르크스가 나중에 만들 모든 개념들을 담고 있었다고 자신의 견해를 명확히 언급했다. 그는 다음과 같이 주장했다. "이 수고에서 그리고 더 일반적으로 1843년부터 1846년까지 저술에서, 이후의 모든 저작의 토대로 남을 입장과 판단들을 정식화했다." 따라서 "1844년의 마르크스는 1867년의 마르크스나 1890년의 엥겔스가 그랬던 것처럼 마르크스주의에 속했다"(Man, 1932: 276).

그럼에도 망은 마르크스에게 청년기의 인간주의적 마르크스주의와 성숙기의 마르크스주의, 2개의 마르크스주의가 있다고 주장했다. 가장 위대한 이론적 돌파들을 성취했던 전자는 "창조적 역량의 쇠퇴"의 흔적을 나타냈던 후자보다 우월하다는 것이었다(Man, 1932: 277).

마르쿠제도 또한 [1844년 경제학·철학 수고]가 마르크스의 정치경제학 비판의 철학적 전제들을 드러냈다고 주장했다. 그는 1932년 ≪사회Die Gesellschaft≫에 처음 발표된 논문 「역사유물론의 기초」에서 "마르크스가 1844년에 쓴 [경제학·철학 수고의 출판]"은 역사유물론의 기원과 원래의 의미를 논의하는 데 [……] 새로운 초석을 놓기 때문에 "마르크스주의 연구 역사에서 핵심적 사건"[이 될 것이라고 주장했다. 이제 "경제학과 정치학이 인간 존재와 그의 역사적 실현에 관한 매우 특별하고도 철학적인 해석을 통해, 혁명 이론의 경제학-정치학적 **토대**가 되었다"고 주장하는 것이 가능해졌다. 1844년 수고는, 제2인터내셔널과 소련 공산주의 옹호자들이 마르크스에게서 "단지 철학적 토대에서 경제학적 토대로 변형이 있었으며 그 후속적 형식(경제학적)에서 철학이 극복되었고 최종적으로 '종식되었다'"고 다양하게 제기한 견해가 틀렸음을 보여준다. 수고의 출판 이후 마르크스주의를 본질적으로 경제학적 원리라고 생각하는 것은 더 이상 불가능해졌다(Marcuse, 1972: 3f).[11] 몇 년 뒤 '청년 마르크스'에 대한 관심은 그와 헤겔과의 관계—헤겔의 예나 시기의 수고에 대한 당시의 출판이 고무한 연구 방향—에 대한 연구를 불러일으켰다.[12] 루카치Georg Lukács는 1938년 저작 『청년 헤겔: 변증

---

11 다음은 많은 이런 유형의 주장들 중 하나이다. "[경제학·철학 수고]에서 기본적 범주들의 원래 의미는 이전 어느 때보다 더 명료해졌고, 그 원래의 의미는 이후의 더 정교해진 비판에 대한 현재의 해석을 원래의 의미에서 수정하는 것이 필수적이게 될 수 있다." Herbert Marcuse, *Studies in Critical Philosophy*(London: New Left Books, 1972).

12 Georg W. F. Hegel, *Jenenser Logik, Metaphysik und Naturphilosophie*, ed. by Georg Lasson(Leipzig: Felix Meiner, 1923), Georg W. F. Hegel, *Jenenser Realphilosophie*, ed. by Johannes Hoffmeister(Leipzig: Felix Meiner, 1931).

법과 경제학 사이의 관계 연구』에서 헤겔과 마르크스의 초기 지작— 마르크스의 철학과 헤겔의 경제학을 포함하여—을 비교하고 이들 사이의 유사점이라고 생각하는 것을 그렸던, 주요한 마르크스주의 이론가 중 1명이었다. 그의 견해로 마르크스의 [1844년 경제학·철학 수고]에서 헤겔에 대한 참조는 직접 인용하고 언급한 구절을 훨씬 넘었다. 마르크스의 경제학 분석 자체가 헤겔의 철학 구상에 대한 비판에 의해 고무되었다.

> 마르크스의 이 수고에서 경제학과 철학의 연결 고리는 심오한 방법론적 필요성, 헤겔의 관념론적 변증법을 실제로 초월하기 위한 전제 조건이다. 이 때문에 마르크스의 헤겔에 관한 관심이 『현상학』의 비판을 담은 수고의 마지막 부분에서 시작한다고 생각하는 것은 피상적이다. 앞의 네 부분들은, 헤겔에 대한 관계를 전혀 명시적으로 표현하지 않았음에도, 이 비판이 건설된 기초이다. 이 부분들은 소외의 실질적 성격에 관한 경제학적 해명을 제공한다 (Lukács, 1975: 548~549).[13]

코제브Alexandre Kojève는 마르크스와 헤겔에 대한 논의에 주요한 영향을 미친 또 다른 저자였다. 파리의 고등연구원École pratique des hautes études에서 1933년부터 1939년 사이에 진행되었던 『정신현상학』에 대한 강의에서 코제브는 이번에는 헤겔의 저작을 마르크스의 독해에 종속시켰지만 두 사상가 사이의 관계를 더 깊

---

13 [1844년 경제학·철학 수고]의 혁명적 영향을 평가하는 데 도움을 주는 또 다른 텍스트는 루카치의 《뉴레프트리뷰(New Left Review)》와의 자서전적 인터뷰이다. "이 수고 독해가 마르크스주의와 나의 관계 전체를 바꾸었고 철학적 관점을 변형시켰다." Georg Lukács, [Economic-Philosophic Manuscripts of 1844], *New Left Review*, No.68(July-August, 1971), p.57. 다음도 참조. Georg Lukács, *Towards the Ontology of Social Being*, 3 vols.(London: Merlin Press, 1978~1980).

이 파고들었다(Kojève, 1980). 마지막으로 뢰비트Karl Löwith는 그의 책 『헤겔에서 니체까지』에서 이 주제를 다루었다. 이 책은 의심의 여지없이 당대 헤겔주의와 포스트헤겔주의에 관한 주요한 연구 중 하나였다(Löwith, 1965).

제2차 세계대전 이후 그리고 1950년대 초 독일에서 재개된 논쟁에서 티어의 『파리 경제학·철학 수고에서 청년 마르크스의 인간학』(1953),[14] 포피츠Heinrich Popitz의 『소외된 인간』(1953), 호메스Jacob Hommes의 『기술의 에로스』(1955)가 출판되었다. 이 책들을 각각 뉘앙스는 달랐어도 [1844년 경제학·철학 수고]가 마르크스의 모든 저작에서 가장 근본적인 텍스트라는 관점을 확립하는 데 기여했다. 곧 이런 독해가 다양한 나라의 학자와 학문 분야를 지배했으며, 진지한 마르크스 연구자라면 '청년 마르크스'의 텍스트가 어떻게 해석되어야 하는지에 대한 의견을 반드시 표명해야 하는 꼭짓점의 하나가 되었다.

5. 제2차 세계대전 후 프랑스에서 '청년 마르크스'의 물결

제2차 세계대전을 통해 나치즘과 파시즘의 만행이 초래한 엄청난 고통의 기운이 만연하자 사회에서 개인의 조건과 운명이라는 주제가 엄청나게 중요해졌다(Schaff, 1970: Chapter 1). 마르크스에 대해 증대하는 철학적 관심은 유럽 전역에서, 특히 그의 초기 저술들에 대한 연구의 폭이 가장 넓었던 프랑스에서 뚜렷해졌다.[15] 르페브르Henri Lefèbvre 가 말한 대로, 마르크스 초기 저작 사상의 흡수가

---

14 이 글은 마르크스에 관한 책 『국민경제학과 철학(Nationalökonomie und Philosophie)』(1932), pp.3~127에 대한 실질적인 편집자 서문('Einleitung')의 형식을 취했으며 나중에 다음과 같은 독립된 책이 되었다. Erich Thier, *Das Menschenbild des jungen Marx*(Göttingen: Vandenhoeck & Ruprecht, 1957).

15 다음을 참고하라. Ornella Pompeo Faracovi, *Il marxismo francese contemporaneo fra dialetti-*

"이 시대의 결정적인 철학적 사건"이었다. 1960년대까지 이어진 이 다양한 과정에서 상이한 문화적·정치적 배경의 여러 저자가 마르크스주의, 헤겔주의, 실존주의와 기독교 사상의 철학적 종합을 이루려고 했다. 이 논쟁은 수많은 조잡한 저술을 낳았고, 여러 차례 마르크스 텍스트를 왜곡해 논쟁에 참가한 사람의 이데올로기적 신념들에 맞추었다.

메를로퐁티Maurice Merleau-Ponty는 1948년의 『의미와 무의미』에서 마르크스의 초기 사상은 "실존주의"라고 말했다(Merleau-Ponty, 1964: the chapter on 'Marxism and Philosophy').[16] 그는 [1844년 경제학·철학 수고]의 독서와 코제브의 영향 아래 진정한 마르크스주의는 독단적인 소련 경제주의와는 완전히 다른 급진적 인간주의라는 것과 마르크스의 1840년대 초기 저작들로부터 마르크스주의의 기본적 전제를 재구성하는 것이 가능하다는 것을 확신하게 되었다. 여러 실존주의 철학자들이 유사한 독해를 하며 마르크스 지적 산출물의 작은(그리고 결코 완성되지 않은) 일부에 자신들을 한정시키고 종종 『자본론』의 연구를 전적으로 생략했다.[17]

이 텍스트들은 다른 이들에게는 '신학적 마르크스'의 훨씬 더 좁은 구성에 기여하는 '철학적 마르크스'라는 하나의 잘못된 이미지를 낳고는 했다. 예수회 작가 비고Pierre Bigo와 칼베스Jean-Yves Calvez가 보기에 마르크스의 사상은 가톨릭교의 가장 민주적이고 진보적인 조류에 담겨 있는 사회정의 메시지와 매우 유사한

---

ca e struttura(1945~1968)(Milan: Feltrinelli, 1972), esp. pp. 12~18. 여기서 "전후 프랑스 철학 문화는 오랫동안 거의 배타적으로 청년 마르크스의 사상에 관심이 있었다"라는 것이 회상된다.

16 Cf. Lars Roar Langset, "Young Marx and Alienation in Western Debate", *Inquiry*, vol. 6(1963), no. 1, p. 11.

17 아롱(Raymond Aron)은 이런 입장을 조롱하며, 청년 마르크스의 사변들에서 "실존주의자들은 마르크스가 서른 살부터 '지양했다'고 주장했던 '지양 불가능한' 마르크스주의의 비밀을 발견했다"고 주장했다. Raymond Aron, *D'une Sainte Famille à l'autre. Essais sur les marxismes imaginaires*(Paris: Gallimard, 1969), p. 44.

윤리적 특징을 지녔다. 사실 그들 주장 일부의 피상성과 혼동은 깜작 놀랄 정도이다. 예를 들면 『마르크스주의와 인간주의』에서 비고는 "마르크스는 경제학자가 아니며 정치경제학에 아무 기여도 안 했다. [……] 그런 주제에 간접적으로 끌려 들어갈 때, 마르크스는 이상하리만치 모호했으며 자기모순적이다"[Bigo, 1961(1963): 248]라고 썼다. 칼베스는 1956년에 출판된 『카를 마르크스의 사상』에서 마르크스가 "오늘날 [1844년 경제학·철학 수고라고 부르는 저작을 출판하지는 않았지만 우리가 이 수고를 통해 알 수 있는 것은 마르크스가 나중의 저작에서 발전시킬 기본적 원칙을 이미 이때 획득했다는 것이다"(Calvez, 1956: 25). 이런 맥락에서 가로디Roger Garaudy는 또한 마르크스의 초기 저작에서 인간주의적 영향의 핵심적 중요성을 인식했다고 주장하며, 자신은 마르크스주의와 다른 (특히 기독교) 문화 사이의 대화를 선호한다고 표명했다(Garaudy, 1967).

아롱은 이런 경향에 대해 통렬히 비판했다. 1969년에 출판된 '상상의 마르크스주의들'에 관한 자신의 책에서, '예수회의 성직자들'과 '파리의 유사para 마르크스주의자들'에 관해 다음과 같이 썼다. 그들은 현상학적-실존주의 철학의 성공에 에워싸여 "마르크스의 [성숙기] 저작을 [초기의] 철학적 유토피아주의 관점에서 해석했으며" 심지어 "『자본론』을 마르크스의 청년기 저작(특히 [1844년 경제학·철학 수고)에 종속시켰는데", "이 초기 저작의 모호함, 불완전성과 일부 모순적 성격은 코제브와 신부 페싸르Father Fessard에게 가르침을 받은 독자들에게 매혹의 원천이 되었다"(Aron, 1969: 74). 이런 저자들이 이해하지 못했던 것은 "마르크스에게 공산주의의 도래를 과학적 엄격함으로 정초시키기 위한 희망과 의도가 없었다면 30년 동안 『자본론』을(여전히 끝내지도 못한 채) 작업할 필요가 없었을 것이고, 몇 주일과 몇 쪽이면 충분했을 것이다"라는 점이다.[18]

---

18 아롱의 책은 프랑스 마르크스 해석자들의 역설 — "우리의 파리 철학자들은 완성된 저작보다 소묘들을 더 좋아하며, 소묘들이 모호한 한 대략적인 복사본들을 좋아한다"[Raymond Aron, *D'une*

나빌Pierre Naville은 실존주의나 기독교 사상가들과는 매우 다른 노선을 취하며 마르크스가 발전 과정에서 "철학에서 과학으로"(Naville, 1967: 23) 사상을 크게 변경했다고 주장했다. 따라서 1954년 그의 첫 번째 책 『새로운 리바이어던』에서 "마르크스 사상의 헤겔적 기원"을 간과한 사람들과, 마르크스가 "『자본론』의 분석에 도달하기 위해 헤겔적 기원을 떠나야 했던" 것을 이해하지 못한 사람들을 둘 다 문제 삼았다(Naville, 1967: 22). 1967년 새로운 서문에서 나빌은 마르크스가 "소외 같은 매혹적이고 흥미로운 여러 개념을 버렸으며 이 소외 개념을 철학의 박물관에 보내고 더욱 엄격한 수탈과 착취 관계의 분석으로 대체했다"고 지적했다(Naville, 1967: 12~13).

원래 이런 입장은 코뉴Auguste Cornu의 관점이기도 했다. 그는 박사 논문 「카를 마르크스: 인간과 노동」(1934)에서—이것은 그의 네 권의 대작 『마르크스와 엥겔스』의 맹아로서 1934년에 출판되었다— [1844년 경제학·철학 수고]를 아도라츠키에 의해 주창된 소련식 해석 체계 내에 위치시켰다.[19] 그러나 나중에 제3권 『파리의 마르크스』, 많은 이들이 청년 마르크스에 관한 가장 완전한 지적 전기라고 간주하는 저작에서 그는 초기 저작들과 후기 정치경제학 비판의 비교를 피하고 [1844년 경제학·철학 수고]에 대한 더욱 제한적인 평가를 제출했다.

1955년에 이폴리트Jean Hyppolite는 널리 읽혔던 그의 책 『마르크스와 헤겔에 대한 연구』에서 마르크스의 초기와 성숙기 저작의 연결 고리를 엄격히 분석하는

Sainte Famille à l'autre. Essais sur les marxismes imaginaires(Paris: Gallimard, 1969), p.172]
—과 그들이 성취한 성공—"주피터는 그가 파괴하기를 원하는 이들을 우선 미치게 만들었다. 파리에서 마르크스(자애로운 주피터)는 그가 이끈 이들에게 유행을 따른 성공을 약속한다"(p.286)—에 대한 논쟁적인 언급들로 가득 차 있다. 그 당시 프랑스 논쟁에서 페싸르의 역할에 관해서는 Cf. Fessard, *Le dialogue catholique-communiste est-il possible?*(Paris: Grasset, 1937).

19 이것은 1960년대 초에 출판된 [1844년 경제학·철학 수고]의 새로운 번역의 서문을 썼던 보티겔리의 입장이기도 했다. Émile Bottigelli, "Présentation"to Karl Marx, *Manuscrits de 1844*(Paris: Éditions Sociales, 1962), esp. pp.lxvi~lxix.

데서 헤겔의 중요성을 강조했다. "마르크스 저작은 그 다양한 철학적 요소들이 쉽게 재구성될 수 없는 기저를 이루는 철학을 전제한다는 점"을 지적하면서, "마르크스 사상의 형성과 발전에 기여한 주요한 저작—『정신현상학』, 『논리학』, 『법철학』—을 알지 않고서 마르크스의 기본 저작인 『자본론』을 이해하는 것은 불가능하다"고 강조했다(Hyppolite, 1969: 148, 150).

뤼벨Maximilien Rubel도 [1844년 경제학·철학 수고]와 마르크스의 후기 저작 사이에 이론적 연속성이 있다고 믿었다. 그는 1957년에 출판된 책『카를 마르크스: 지적 전기』에서, 이 수고의 소외된 노동 범주가 "[마르크스의] 후속 모든 경제학과 사회학 저작의 핵심"이며 이 범주가 "『자본론』의 핵심적 명제를 예견한다"고 주장했다. 따라서 20세기 주요한 마르크스학자 1명도 역시 "마르크스의 사적 소유에 대한 처음의 비판과 자본주의 경제에 대한 나중의 비판" 사이에서 "명백한 근본적 동일성"을 이해했다(Rubel, 1957: 121~123). 『카를 마르크스의 사상에서 소외, 실천 그리고 테크네Alienation, Praxis and Technē in the Thought of Karl Marx』에서 악셀로스Kostas Axelos는 훨씬 더 나아가서, 1844년 수고가 "모든 마르크스와 마르크스주의자의 저작 중에 가장 사상이 풍부했으며 (지금도) 여전히 그러하다"고 주장했다(Axelos, 1976: 45).

르페브르는 [1844년 경제학·철학 수고]에 좀 더 균형적인 접근을 취했던 소수의 저자들에 속했으며 항상 내용이 완성되지 않은 저작이라는 사실의 관점에서 분석했다. 1958년 출판된 『일상생활 비판론』에서 르페브르는 다음처럼 썼다.

마르크스는 초기 저술, 특히 [1844년 경제학·철학 수고]에서 아직 사상을 완전히 발전시키지 않았다. 그러나 그 속에서 싹트며 성장하고 성숙하고 있었다. [……] 나의 관점은 역사유물론과 변증법적 유물론은 **발전했다**는 것이다. 이 유물론은 마르크스의 저작에서 (그리고 인류 역사에서) 단절적으로, x라는 시점에, 절대적 불연속성으로, 갑자기 나타난 것이 아니며, 그렇게 생각하는 것에서 허구적인 문제들을 낳는다. 우선 마르크스주의가 하니의 체계, **도그마**같이 보이게 된다. [……] 어떠한 근본적인 새로움도 그것이 새로운 실체이기 때문에 반드시 탄생하고 성장하고 형태를 갖추어야 한다. [……] 마르크스주의에 날짜를 새기거나 그렇게 하려는 테제는, 마르크스주의를 절단하고 한 방향으로 해석하는 심각한 위험을 감수하게 된다. [……] 반드시 피해야 하는 선택, 잘못은 마르크스의 초기 저술을 너무 **과대평가**하거나 **과소평가**하는 것이다. 초기 저술은 이미 마르크스주의를 포함하고 있지만 잠재적인 것으로서이며, 분명히 마르크스주의 전부를 포함하지는 않는다(Lefebvre, 1991: 79~80).

마르크스의 저작에서 누구보다 더 '절대적 불연속성'을 강조했던 사람은 알튀세르였다. 그의 논문 모음집 『마르크스를 위하여』는 1965년 출판된 뒤 무수한 반발과 논쟁을 촉발해 마르크스의 초기 저작에 관한 가장 널리 논의된 텍스트가 되었다. 알튀세르의 입장은, [포이어바흐에 대한 테제]와 [독일 이데올로기]는 명확한 "인식론적 단절coupure épistemologique", "마르크스 자신의 이전 철학적(이데올로기적) 의식에 대한 비판"(Althusser, 1969: 33)을 보여주며, 따라서 마르크스의 저작은 "2개의 장기적·본질적 시기: 1845년 단절 이전의 '이데올로기적' 시기와 이후의 '과학적 시기'"로 나눌 수 있다는 것이었다(Althusser, 1969: 34). 헤겔과 마르크스 사이의 연계는 매우 중요했지만 오직 [1844년 경제학·철학 수고]와 관련해서만이며, 따라서 마르크스의 '이데올로기적·철학적' 시기에만 해당된다.

청년 마르크스는 엄격히 말하면 헤겔주의자가 아니었으며 …… 오히려 처음에는 칸트주의적 피히테주의자였다가 이후 포이어바흐주의자가 되었다. 따라서 청년 마르크스가 헤겔주의자라는, 오늘날 널리 퍼진 주장은 일반적으로 보면 신화이다. 정반대로 마르크스의 청년기에서 한 번이자 유일한 헤

겔에 대한 의존은 '이전의 철학적 의식'과 결별하려는 즈음에 '혼란한' 의식
의 청산에 필수적이었던, 엄청난 '해제 반응abreaction'20을 낳았던 것으로 보
인다(Althusser, 1969: 35).

따라서 알튀세르는 [1844년 경제학·철학 수고]를 역설적으로 "동트려고 하는
새벽으로부터 가장 멀리 떨어져 있었던 텍스트"로 간주했다(Althusser, 1969: 36).

마르크스로부터 가장 멀리 떨어진 마르크스는, 단절하기 직전의, 전야의,
문턱의 마르크스이다. 마치 단절 전에 이 단절을 성취하기 위해, 마르크스
는 철학에 모든, 마지막의, 반대자를 절대적으로 지배하는, 끝없는 이론적
승리의 기회를 주어야 했다. 그리고 그 결과는 철학의 패배이다(Althusser,
1969: 159).

알튀세르의 이상한 결론은 "우리는 '마르크스의 청년기가 마르크스의 일부
분'이라고 절대로 말할 수 없다"는 것이었다. 알튀세르주의 학파는 다음의 주장
을 마르크스 단절에 대한 해석에서 핵심적 주장의 하나로 만들었다. "1845년 이
전의 마르크스, 여전히 포이어바흐의 철학적 인간론에 연결된 마르크스와 [독
일 이데올로기]와 그 이후의 마르크스, 역사에 관한 새로운 이론의 과학적 창시
자 마르크스가 있다." 랑시에르Jacques Rancière와 이 문제에서 처음이자 가장 중요
한 기여의 하나였던 그의 논문 「'비판'의 개념과 '정치경제학 비판'(1844년 수고에
서 자본론까지)」―이 논문은 『자본론을 읽자』의 첫 번째 프랑스판에 실렸다―에 대해서
말하자면, 그는 마르크스에 대한 올바른 이해에 주요한 장애 중 하나는 "마르크

---

20 (심리) 해제 반응이란 무의식 속에 억압되어 있던 불쾌한 체험이 치료 과정이나 약물의 작용으
    로 의식의 표면에 떠올라 표현됨으로써 긴장으로부터 해방되는 일이다. ― 옮긴이 주

스가 자기 자신의 용어를 결코 비판하지 않았다"는 것이라고 믿었다. 따라서 랑시에르가 판단하기에, "우리는 마르크스의 이론적 실천theoretical practice에서 그가 단지 주장했을 뿐인 그 단절을 확인할 수 있다고 해도, 마르크스는 결코 진정으로 차이를 파악하지도 이론화하지도 않았다". 때때로 소외나 물신성fetishism에서처럼 "동일한 단어가 인간학적 개념과 『자본론』의 개념들을 표현하는 데 사용되며, [……] 그리고 마르크스가 개념을 엄격하게 사용하지 않기 때문에, 이 첫번째 인간학적 개념은 항상 걸맞지 않은 곳에도 끼어들 위험이 생긴다"(Rancière, 1976: 352~376).

알튀세르는 항상 '2명의 마르크스들'이 있었다고 확신했다. 1972년 ≪오늘날의 마르크스주의≫에 실린 영국 공산주의 철학자 루이스John Lewis에 대한 대답「존 루이스에 대한 답변」에서 알튀세르는 『마르크스를 위하여』의 몇 가지 정식화에 대한 자기비판을 했다.

> 내 이전의 논문에서 나는 1845년의 '인식론적 단절(마르크스가 역사의 과학을 창건한 발견)' 이후 철학적 범주인 **소외나 부정의 부정**(다른 것 중에서도)은 사라졌다고 주장했다. 루이스는 이것이 진실이 아니라고 반박한다. 그가옳다. 확실히 이런 개념들을 (직접적이든 간접적이든) [독일 이데올로기]에서, [그룬트리세]에서(마르크스가 출판하지 않았던 두 텍스트), 그리고 또한더욱 드물게(소외) 또는 훨씬 더욱 드물지만(부정의 부정, 단지 한 번 명시적으로 나옴) 『자본론』에서도 찾을 수 있다(Althusser, 1976: 65).

그렇지만 이렇게 인정했음에도 그는 마르크스의 이론적 발전에서 분수령이있었다는 생각을 재확인했다.

마르크스의 저작 전체를 본다면 1845년에 일종의 '단절'이 있었다는 것을 의

심할 수 없다. 마르크스 자신이 **그렇게 말했다.** [……] 마르크스의 모든 저작을 보면 이 점이 옳다는 것을 알 수 있다. [……] 마르크스가 몇 차례 '소외'란 용어를 사용한 것은 사실이다. 그럼에도 그 용어는 모두 마르크스의 후기 저작과 레닌에서 사라졌다. 완전히. 따라서 우리는 간단히 다음과 같이 말할 수 있다. 중요한 것은 경향이며 마르크스의 과학적 저작은 이런 철학적 범주를 제거하는 경향이 있다. [……] 그러나 이것으로 충분하지 않고 여기에 나의 자기비판이 있다. [……] 나는 '인식론적(과학적)' 단절을 마르크스의 철학적 혁명과 동일시했다. 더 정확히, 나는 마르크스의 철학적 혁명을 '인식론적 단절'과 분리하지 않았다. [……] 그것이 잘못이었다. [……] 그때 이후 나는 '사안을 제자리에 놓기' 시작했다. [……] 1. 철학을 과학으로 환원하는 것은 불가능하며, 마르크스의 철학적 혁명을 '인식론적 단절'로 환원하는 것도 불가능하다. 2. 마르크스의 철학적 혁명은 '인식론적 단절'보다 선행했으며, 이것이 단절을 가능하게 했다(Althusser, 1976: 65~66).

알튀세르는 수정된 테제에 이제 1845년은 "소외 같은 범주들의" 일종의 "중간기적 잔존"이 있었다는 것을 보탰다.

전체를 보면 마르크스의 저작에서 이런 범주들이 사라지는 **경향**을 따랐음에도, 설명되어야 하는 하나의 이상한 현상이 있다. 그 범주들이 완전히 사라졌다가 나중에 재등장한다. 예를 들면 [그룬트리세](1857~1858년에 마르크스가 만든 예비적 노트로서 마르크스가 출판하지 않았던)에서 소외를 많이 언급한다(Althusser, 1976: 70).

알튀세르에 따르면 마르크스는 "'우연히' 1858년에 헤겔의 『논리학』을 다시 읽고 그에 매료되었기" 때문에 이 범주를 다시 사용하게 되었다(Althusser, 1976:

70). 그러나 이런 설명은 설득력이 없다. [그룬트리세]에서 마르크스는 헤겔의 『논리학』을 다시 읽기 전에 썼던 부분에서도 이 소외 개념에 의지했기 때문이다. 마르크스가 소외를 다루는 방식은 헤겔과 매우 다르다. 알튀세르에게 소외 개념은 "마르크스의 과학적 저작이 버리려고 했던" "철학적 범주"이지만 진실은, [1844년 경제학·철학 수고]에서뿐 아니라 [그룬트리세]와 『자본론』과 그 예비 수고들에서도 자본주의 경제체제와 생산에서 노동과 사회적 관계를 규정짓는 데 중요한 역할을 한다는 점이다.[21]

알튀세르의 주장과는 정반대로 마르크스는 그의 저작에서 '단절'에 대해 쓰거나 암시한 적도 없다. 더욱이 이와 관련해, 마르크스의 사상과 레닌의 사상 간에 이론적이거나 정치적 연속성을 확립하는 것이나, 레닌이 소외를 언급하지 않았다는 사실을 마르크스의 입장에서 '인식론적 단절'의 증거로 인용하는 것은 가능하지 않다.

결국 알튀세르주의 설명에 대한 가장 무게 있는 반박은 마르크스의 실제 저술들의 문헌학적 분석에서 나온다. 왜냐하면 [그룬트리세]가 "1857~1858년에 마르크스가 만든 출판하지 않은 기록들이었지만"(Althusser, 1976: 70), [독일 이데올로기]도 또한 완성되지 않은 것이었으며 알튀세르가 '인식론적 단절'을 위한 구실로 많이 의존했던, 이른바 포이어바흐에 관한 제1장도 MEGA 편집진이 이 수고를 1932년에 거의 완전한 저작인 것처럼 구성해 출판했기 때문에 그런 위치를 부여받았다는 것을 명심해야 하기 때문이다.[22] 지적하고자 하는 점은 마르크

---

21 다음을 참조하라. Herbert Marcuse, *Reason and Revolution*(New York: Humanity Books, 1999), p.258. "마르크스 이론의 모든 철학적 개념들은 사회적·경제적 범주들이다. …… 심지어 마르크스의 초기 저술들도 철학적이지 않다. 이 개념은 여전히 철학적 언어로 말하고 있지만 철학의 부정을 표현한다.'"

22 Marcello Musto, "Vicissitudini e nuovi studi de 'L'ideologia tedesca'", *Critica marxista*, 6, (2004), pp.45~49, Terrell Carver, "The German Ideology Never Took Place", *History of Political Thought*, XXXI(2010), 1, pp.107~127.

스의 사상이 성숙해갔고 정치경제학 비판과 씨름함에 따라 거대한 변화를 겪었다는 것—수많은 다른 저자들이 주장하듯이 명백하다—을 부정하는 것이 아니다. 오히려 알튀세르가 [1844년 경제학·철학 수고]와 [그룬트리세]에 선행하는 다른 저술들이 마르크스주의의 내적 부분이 아니라 상관없는 부분이라며 분명한 단절을 이론화하는 것을 반박하는 것이다.

알튀세르는 이런 자신의 입장을 훗날 『자기비판의 글』에서도 변경하지 않았다. 그는 옳게도 [독일 이데올로기] 수고에서 '마르크스의 초기 저술들'에서는 찾을 수 없던 '근본적인 이론적 개념(생산양식, 생산관계, 생산력 등)'이 나타난다고 지적했지만, 여전히 이 발전 과정에서 '소외된 노동'을 제외하는 잘못을 범하면서 이 소외된 노동에 단순한 철학적 개념이라는 이름표를 붙일 따름이었다. 알튀세르에게, [1844년 경제학·철학 수고]의 마르크스는 정치경제학 개념들을 "개선하지 않으며", "마르크스가 그 개념들을 비판할 때도 너무 '철학적으로' 하므로 외부로부터의 비판이다"(Althusser, 1971: 109). 반면 [독일 이데올로기]의 마르크스는 "역사의 대륙"을 열어젖힌 "전례 없고", "돌이킬 수 없는" 사건—마치 그 사건이 너무나 확고히 뿌리를 내려서 단지 몇 주 만에 발생했던 사건인 양—의 창시자로 간주된다.

이런 설명에 대한 비판은 만델Ernest Mandel에서 나왔다. 만델은 『카를 마르크스의 경제사상의 형성』에서 알튀세르의 잘못을 [1844년 경제학·철학 수고]를 완성된 이데올로기를 지닌, "하나의 전체를 구성하는" 저작으로 제시하는 시도에서 찾았다. 그의 관점은 다음과 같다.

(알튀세르가) 청년기 저자의 저작을 배타적으로 얼마나 '목표', 저자의 성숙기 저작에 가까운지를 보기 위해 검토하는 분석적·목적론적 방법에 반대한다는 것은 옳다. 그러나 알튀세르가 한 저자의 진화 과정에서 연속적인 국면들을 이데올로기적으로 서로 일관성을 지닌 단면들로 자의적으로 자르는

방법에 대해 모든 각각의 이데올로기들을 하나의 전체로 간주한다는 구실로 반대하는 것은 잘못이다.

[1844년 경제학·철학 수고에서 마르크스가 "사고방식에서 모든 철학적 찌꺼기를 스스로 제거했으며 엄격히 사회학적이고 경제학적으로 되었는지" 여부를 질문하고, 만델은 부정적으로 답변했다. 왜냐하면 [1844년 경제학·철학 수고는 다음을 표현하기 때문이다.

헤겔주의와 포이어바흐 철학으로부터 역사유물론의 구상으로의 청년 마르크스의 이행(을 표현하기 때문이다). 이런 이행에서 불가피하게 과거의 낡은 요소가 미래의 요소와 결합된다. 마르크스는 자신의 방식으로—즉, 크게 개선시켜— 헤겔의 변증법, 포이어바흐의 유물론 그리고 정치경제학이 확립한 사회적 사실들을 결합시켰다. 이 결합은 일관된 것이 아니었으며 새로운 '체계', 새로운 '이데올로기'를 창조한 것도 아니었다. 이 결합은 우리에게 많은 모순들을 담은 산재된 단편들로 제시된다(Mandel, 1971: 158).

프랑스에서 당시 실존주의자들이 [1844년 경제학·철학 수고를 매우 고무적인 텍스트로 취급했다면, 예수회 신부들은 인간주의의 기치로서 들어올렸다. 어떤 이들은 청년 특유의 철학적 잔존물로서 경멸하거나 '마르크스주의'의 의심스러운 일부분으로 무시했고, 다른 이들은 마르크스의 후속 경제학 저작들의 철학적 전제들을 담고 있는 핵심 텍스트로서 칭송했다. 의심의 여지가 없는 것은, 이 수고가 마르크스주의 집단 내에서뿐만 아닌 거대한 집단의 주목을 받았으며 20년 이상 동안 가장 널리 팔린 철학 저작에 속했다는 것이다. 전후 시기에 이 수고는 프랑스 이론 논쟁에 영향을 미쳤으며 마르크스를 새로운 방식으로 볼 수 있게 해주었다. 따라서 확실히 마르크스는 이목구비 면에서 덜 날카롭고 더욱

도덕적이 되었지만 사회적 맥락에서 유발된 고독한 개인의 불편에는 더욱 예민한 저자로 나타났다. 이 모든 것이 그가 더 폭넓은 청중들에게 호소할 수 있도록 했다.

6. '사회주의 진영'과 영미 마르크스주의에서의 [1844년 경제학·철학 수고]

오랜 시기 동안 소련과 동유럽에서 정통 공산당들에게 가장 신뢰받는 마르크스주의자들은 모두 [1844년 경제학·철학 수고]를 무시하거나 피상적이고 제한적으로 해석했다. 스타하노프주의를 기치들 중의 하나로 내세우는 스탈린주의 이데올로기는 [1844년 경제학·철학 수고]에 너무나 분명히 형상화되어 있는 소외 개념에 매우 적대적이었으며, 따라서 '서구 마르크스주의'에서 1930년대부터 계속 엄청난 주목을 받았던 마르크스의 초기 저술들은 오랜 시간이 흐른 뒤에야 그곳에서 입지를 마련할 수 있었다.

동독의 멘데Georg Mende가 쓴 『카를 마르크스의 혁명적 민주주의자에서 공산주의자로의 발전』은 명백히 이런 경우이다. 1954년의 첫 번째 판과 1955년의 두 번째 판 모두 [1844년 경제학·철학 수고]에 대한 설명을 하나도 하지 않고, 이 수고를 단순히 어떤 "주요 저작을 위한 준비들"로만 언급했다(Mende, 1960: 132). 1960년 더 이상 침묵할 수 없게 되었을 때야 멘데는 제3판에서 일부를 수정하기로 결정했다.

다른 모든 논평자들도 1940년대와 1950년대에 동일한 저평가와 혐오의 혼합물을 보여주었지만, 사태가 1950년대 후반부터 점차 변하기 시작했다. '사회주의 국가들'에서도 이 수고에 대한 연구가 시작되었으며, 1958년에 처음 발행된 로젠베르크D. I. Rosenberg의 『마르크스와 엥겔스의 1840년대의 경제 이론 발전』 같은 높은 수준의 설명도 낳았다(Rosenberg, 1958).

1961년에 '청년 마르크스'라는 제목의 ≪마르크스주의 국제연구Recherches Inter-nationales à la Lumière du Marxisme≫ 특별호가 [1844년 경제학·철학 수고]에 대한 소련 학계의 다양한 논문들을 처음으로 유럽 언어로 출판했다. 이 잡지는 소련 저자들, 바쿠라드체O. Bakouradze, 라핀Nikolai Lapin, 브로히린스키Vladimir Brouchlinski, 파지노프Leonid Pajitnov, 우트보A. Outbo의 논문들과 함께 폴란드의 샤프Adam Schaff, 독일의 안Wolfgang Jahn과 훼프너Joachim Hoeppner, 이탈리아 공산당 총서기 톨리아티Pal-miro Togliatti의 글들도 실었다.[23] 당시의 이데올로기적 접근법을 반영하고 있지만, 이 글들은 공산주의 측에서 '청년 마르크스'와 씨름하며 '서구 마르크스주의자'의 해석상의 독점에 도전하는 첫 번째 시도였다. 일부 논문들은 또한 마르크스 텍스트에 대한 비非체계적인 독해에 대해 생각할 거리를 제공했다. 예를 들면 파지노프는 다음과 같이 주장했다.

([1844년 경제학·철학 수고]에서) 마르크스의 근본적 사상은 여전히 형성되고 있으며, 그리고 새로운 세계관이 작은 범위 내에서 제시된 주목할 가치가 있는 정식화들과 함께, 마르크스의 성찰에 이론적 원천으로 작용했던 미숙한 사고들도 매우 흔히 존재했다. 마르크스는 이런 미숙한 사고들을 자신

---

23 1964년 이탈리아 공산당의 이론지 ≪재탄생(Rinascita)≫에 처음 실린 논문 「라브리올라의 사상에 대한 정확한 이해를 위해(Per una giusta comprensione del pensiero di Antonio Labriola)」에서 소련에 연결된 톨리아티 같은 마르크스주의자에게도 [1844년 경제학·철학 수고]가 얼마나 중요했는지를 명백히 보여주는 언급을 볼 수 있다. 톨리아티에게 파리 수고는 "나중에 여러 저작에서 수행되고 『자본론』에서 완성될 부르주아 사회를 전체로서 비판하는 길을 열었으며 이미 거의 완성되었다고 할 수 있다. …… 단순하지 않은 이 수고의 형식에도 사람들은 마르크스주의 전체가 여기에 이미 담겨 있다고 느낄 수 있었다"(in *Sur le jeune Marx*, 1960, pp.48~49). 반대로 델라 볼페는 『루소와 마르크스(Rousseau e Marx)』(Rome: Editori Riuniti, 1956)에서 마르크스 청년기의 주요 저작은 1844년 파리 수고(일종의 경제학적·철학적 '저자'의 노트)가 아니라 "새로운 철학적 방법의 일반적 전제들을 담고 있는" [헤겔 법철학 비판]이라고 주장했다(p.150).

의 원칙을 정교히 하는 출발점으로 삼았다(Pajitnov, 1960: 98).

그러나 이 논문 모음집에서 다른 여러 저자들의 자세에는 문제가 많았다. 당시 프랑스에서 유행하던,『자본론』의 개념들을 초기 저작들의 범주들을 통해 재해석하려던 경향과는 달리 소련 연구자들은 일반적으로 마르크스의 후기 이론적 발전에 근거해 초기 저작들을 분석하려는 반대의 잘못을 저질렀다. 알튀세르가 '청년 마르크스'라고 제목 붙이고 또한 나중에『마르크스를 위하여』의 한 장으로 다시 출판했던 이 논문 모음집에 대한 논평에서 지적했듯이, 소련 연구자들은 초기 저작을 마르크스 성숙기의 텍스트라는 필터를 통해 읽었다(Althusser, 1969: 56f.). 마르크스 사상에 대한 이런 종류의 예단은, 그들이 마르크스의 청년기에서의 이론적 분석들의 중요성을 완전히 이해하지 못하게 했다.

> 물론 우리는 이제 청년 마르크스가 **진정한** 마르크스가 되었다는 것을 알지만, 그가 살았던 것보다 더 빨리 살기를 원해서는 안 되며, 그를 대신해서 살고 그를 대신해서 거절하거나 발견하기를 원해서도 안 된다. 우리는 달리기 코스의 종점에서—마침내 달리기가 끝났고 그가 도달했기 때문에— 주자에게 휴식용 망토를 던지기 위해 그를 기다리고 있어서는 안 된다(Althusser, 1969: 70).

투흐쉬어러Walter Tuchscheerer의 저작은 질적으로 매우 다르다. 사실 1968년 유작으로 출판된『자본론 이전』은 동구 블록에서 청년 마르크스 경제사상 연구의 최고작이었으며, 최초로 [1844년 경제학·철학 수고]와 함께 파리 시절의 발췌 노트들을 비판적으로 검토했다(Tuchscheerer, 1973).

[1844년 경제학·철학 수고]는 변증법적 유물론[소련식 말투로 '변유Diamat']의 정전 속으로 천천히 들어갔으며 오직 엄청난 이데올로기적·정치적 저항을 겪은 다음에야 그렇게 되었듯이, 영어권 국가들의 수용에서도 비슷한 지체를 겪었

다. 사실 미국에서 조심스러운 흥미를 불러일으킨 첫 번째 번역은, 거우 1961년에서야 출현했다. 당시의 문화적·정치적 풍토는, 여전히 매카시즘 억압의 물결 속에 있었기 때문에, 출판사가 프롬Erich Fromm의 이름을 제목에 넣고 이 수고를 마르크스의 "주요한 철학적 저작"(Fromm, 1961: iv)으로 제시하며 "소외 개념은 [경제학·철학 수고를 썼던 청년 마르크스와 『자본론』을 썼던 '장년' 마르크스를 사고하는 데 중심점이었고 중심점으로 남아 있다"(Fromm, 1961: 50)고 주장하는 프롬의 장문의 서문을 넣은 뒤에서야 출판하도록 결정하는 데 영향을 주었을 것이다.[24] 미국에서 짧은 기간 내에 이런 입장을 반복하는 수많은 연구가 나오면서 예외 없이 마르크스가 헤겔에게 빚이 있다는 것이 강조되었다.[25] 그러나 때로는 1844년의 소묘에 대한 과도한 강조에 도전하기 위해 너무 반대 방향으로 멀리 갔던, 불협화음의 주장도 나왔다. 예를 들면 벨Daniel Bell은 "마르크스가 정치경제학에서 헤겔의 '수수께끼'에 대한 답을 발견하면서 철학에 대한 것을 모두 지체 없이 잊어버렸기 때문에", 마르크스와 헤겔을 계속 결부시키는 것은 "단지 신화 만들기를 심화시킬 뿐"이라고 주장했다(Bell, 1959: 935, 944).

이와 관련된 주요한 책 중 하나는 터커Robert Tucker의 『카를 마르크스의 철학과 신화』(1961)이다. 여기서 터커는 "초기 저작부터 자본론까지 [마르크스] 사상의 연속성"(Tucker, 2001: 7)과 "소외라는 주제의 중심성이 관통하고"(Tucker, 2001: 169) 있다는 것을 주장했다. 그는 이를 확신하며 다음과 같이 썼다.

---

24 놀랍게도 이 책은 마르크스의 사상을 (초기 저작뿐 아니라) 전체로서 종합하는 것을 목표로 했는데도 [1844년 경제학·철학 수고를 36회 참조한 데 비해 『자본론』은 6회만 참조한다. 이 시기의 꽤 많은 다른 저자들에 대해서도 비슷한 점을 지적할 수 있다. 얼마나 이런 경향이 만연했는지 평가하기 위해 메자로스 같은 엄격한 연구자도 인용할 수 있다. "마르크스의 소외 이론을 논의하는 데서 분석의 핵심은 말할 필요도 없이 [1844년 경제학·철학 수고]이다." István Mészáros, *Marx's Theory of Alienation*(London: Merlin Press, 1975), p.24.

25 이런 경향의 선구자는 후크이다. Sidney Hook, *Towards an Understanding of Karl Marx*(London: Gollancz, 1933).

초기 저술들에 나와 있는 명시적인 소외의 철학은 이 주제에 대한 마르크스의 마지막 기여이며 …… 초기 철학에서부터 나중의 신화적인 단계까지 마르크스 사상의 발전은, 1844년의 수고 자체에 예시되었다. 『자본론』은 그의 출발점에서의 모든 사상의 논리적 결실이었다(Tucker, 2001: 238).[26]

1960년대와 1970년대에 대부분의 영미 마르크스 해석자들은 이 테제로 기울었다. 따라서 젊은, 겨우 26세 연구자의 초창기 [파리 노트]와 반세기 후 출판된 대작 사이에 연결 고리가 없었어도 맥렐란은 『마르크스주의 이전의 마르크스』 (1970)에서 "1844년 여름 동안 마르크스는 사실 1867년의 『자본론』을 선행하는 몇 개의 초고들의 1차를 작성하기 시작했다"고 말할 수 있다고 느꼈다(McLellan, 1972: 162). 그리고 그는 "초기 저술들은 마르크스 사상의 모든 후속 주제들을 담고 있으며 이 주제들을 형성 중인 상태로 보여준다"고 결론 내렸다(McLellan, 1972: 256).

올만Bertell Ollman은 1971년에 출판되었으며 '청년 마르크스' 논쟁에서 가장 영향력 있는 저술의 하나가 될 『소외론』에서 [1844년 경제학·철학 수고]에 우호적인 태도를 취했다. 올만은 "나는 마르크스의 사상에서 변화를, 특히 1844년부터 계속된 마르크스주의의 본질적 통일성에 비교할 때, 별로 볼 수 없기 때문에 변화를 강조하지 않는다(Ollman, 1971: xiv). 마르크스의 '초기' 사상들과 개념들은 [……] 『자본론』의 출판된 판본에서도 일반적으로 인식하는 것보다 훨씬 많다" (Ollman, 1971: xv)고 썼다.

이런 테제는 알튀세르 학파의 헤게모니 아래 있는 이들을 제외한 모든 곳에

---

26 3년 뒤에 두나예프스카야도 『마르크스주의와 자유: 1776년부터 오늘날까지』에서 매우 유사한 주장을 제시했다. "마르크스가 초기 저술들에서 표현했던 것은 그의 인생의 남은 30년 동안 여전하며 발전했던 마르크스주의의 본질이다. 물론 마르크스주의는 풍부해졌지만 그가 공산주의라고 부른 다른 시기 동안 초기의 인간주의에서 아무것도 버리지 않았다." Raya Dunayevskaya, *Marxism and Freedom: From 1776 until Today*(London: Pluto Press, 1975), p.64

서 널리 수용되었다. 예를 들면 이런 판본의 하나를 서독의 펫처에게서 볼 수 있다. 그의 책『마르크스와 마르크스주의』의 주장 중 하나는 다음과 같다.

> 마르크스가 [경제학·철학 수고]와 1840년대 중반의 노트들에서 발전시켰던
> 비판적 범주들은 여전히 [그룬트리세](1857~1858)뿐 아니라『자본론』(1867)에서
> 도 정치경제학 비판의 토대이며, 장년 마르크스에게 결코 사라지지 않았다.
> 다른 말로 하면 초기 저술들의 해석은 마르크스가 정치경제학 비판(『자본론』)
> 을 쓰게 만들었던 동기뿐 아니라 정치경제학 비판 자체가 여전히 암묵적으로,
> 심지어 부분적으로는 명시적으로 초기 저술들의 바로 그 주제였던 소외나 물
> 화와 동일한 비판도 담고 있다(Fetscher, 1971: 9).

이스라엘의 아비네리Shlomo Avineri는 1968년에 낸『카를 마르크스의 정치적·사회적 사상』에서 "때때로 '청년'이나 '장년' 마르크스를—선호에 따라— 전혀 상관 없는 것으로 부정하는 이들의 전적으로 수용할 수 없는 태도"를 반대했다(Avineri, 1968: 13). 루카치의 제자로서 영국에서 가르치기 위해 헝가리를 떠났던 메자로스István Mészáros는 2년 뒤에 또한 마르크스 사상의 본질적 통일성을 주장했다. 메자로스의 장점 중 하나는 "'청년 마르크스 대 성숙한 마르크스'의 이분법을 거부하는 것이 마르크스의 지적 발전을 부정하는 것을 의미하지 않는다"는 것을 강조했다는 것이다. "거부하는 것은 마르크스의 입장이 1844년 수고 이후 근본적으로 뒤집혔다는 생각이다"(Mészáros, 1975: 232). 그렇지만 메자로스는 이중의 잘못을 저질렀다. 첫 번째는 [1844년 경제학·철학 수고]를 "사상들의 일관성 있는 체계"로, "마르크스의 최초의 포괄적 체계"로 생각한 것이었다(Mészáros, 1975: 17). 그는 마르크스의 파리 수고의 단편적인 성격에서 예비적이고 불완전한 것을 연상하는 대신, 그것을 "가장 복합적이고 어려운 철학적 저작의 하나"(Mészáros, 1975: 11)로 그리는 것처럼 보였다. 메자로스에 따르면 참으로 "마르크스

가 파리 수고에서 비판적 탐구를 진행하면서 그의 통찰의 깊이와 사상의 전례 없는 일관성은 점점 더 명백해졌다"(Mészáros, 1975: 20). 이 수고는 메자로스에 게 "충분히 후기 마르크스를 예견하게" 했으며, 따라서 "'노동의 자기소외의 지 양Aufhebung' 개념은 마르크스의 이른바 '성숙한 마르크스'의 마지막 저작들을 포 함한 저작 전체와 근본적인 연결 고리를 제공한다"(Mészáros, 1975: 23).

> [1844년 경제학·철학 수고]의 개념의 정교화를 통해, **탄생 중인 상태의** 마르
> 크스의 체계는 사실상 완수되었다. 소외의 세계와 이를 극복하는 조건에 관
> 한 마르크스의 급진적 사상은 이제 기념비적이고 포괄적인 비전의 일반적
> 개요와 함께 일관성 있게 종합되었다. [……] 마르크스 구상의 모든 추가적
> 구체화와 변경들―나중의 마르크스의 일부 주요한 발견들을 포함해―은
> [1844년 경제학·철학 수고]에서의 위대한 철학적 성취의 개념적 토대 위에
> 너무나도 명백히 실현되었다(Mészáros, 1975: 112~113).

'사회주의 진영'에서 마르크스의 초기 저술을 높은 관심과 열린 마음으로 천 착한 가장 영향력 있는 마르크스주의자 중 1명인 샤프도 비슷한 잘못을 범했다. 1977년에 출판된 자신의 책 『사회적 현상으로서 소외』에서 샤프는 "2명의 마르 크스들"의 이론을 구축하려는 다양한 시도에 옳게도 반대했고, 유일하게 [그룬 트리세]만이 최종적으로 "대상화와 소외 간의 구분을 [……] 그것의 역사적 조 건에서" 파악했다는 것을 강조했으면서도, "상품물신성 개념의 싹도 [……] 1844 년 수고에서 발견된다"고 잘못 주장했다(Schaff, 1980: 49).

1953년 독일에서 시작된 [그룬트리세]의 유포[27]와 나머지 유럽과 북미로의

---

27 1939~1942년의 초판은 거의 알려지지 않았다. 다음을 참조. Ernst Theodor Mohl, 'Germany, Austria and Switzerland' and Lyudmila L. Vasina, 'Russia and the Soviet Union'[Marcello Musto

1960년대 후반의 확산이, 연구자와 정치적 투사들의 주목을 마르크스의 초기 저술로부터 이 '새로운' 미출판 텍스트로 이동시켰다. 그렇지만 마르크스 사상에 대한 작업이 더욱 드물어졌던 1980년대와 1990년대에, 파리 수고의 중요성을 강조하는 약간의 연구들이 헤겔-마르크스 관계에서 나왔다.[28] 더욱 최근에 이 수고의 매력이 여전히 살아 있음이 입증되면서, 다시 한 번 1844년의 이론적으로 눈부신 지면들을 해석하는 작업을 떠맡는 새로운 연구들이 나오고 있다.[29]

7. 우위, 단절 아니면 연속?

학문 분야가 무엇이든 정치적 소속이 어디든 [1844년 경제학·철학 수고]의 해석자들은 세 집단으로 나뉜다. 첫 번째 집단은 파리 수고를 『자본론』과 대비하면서 전자의 우월성을 강조하는 사람들이다. 두 번째 집단이 일반적으로 이 수고에 거의 중요성을 두지 않는다면, 세 번째 집단은 이 수고와 『자본론』 간에 이론적 연속성이 있다고 주장하는 경향이 있다.[30]

(ed.)], *Karl Marx's Grundrisse. Foundations of the Critique of Political Economy 150 Years Later*(London: Routledge, 2008), pp.189~201, 202~212.

28 이 시기에 주목할 가치 있는 책들은 다음과 같다. Solange Mercier-Josa, *Pour lire Hegel et Marx*, Paris: Éditions sociales, 1980 and *Retour sur le jeune Marx. Deux études sur le ra pport de Marx à Hegel*(Paris: Meridiens Klincksieck, 1986), Christopher J. Arthur, *Dialectics of Labour. Marx and His Relation to Hegel*(Oxford: Basil Blackwell, 1986), Nasir Khan, *Development of the Concept and Theory of Alienation in Marx's Writings. March 1843 to August 1844*(Oslo: Solum, 1995).

29 Takahisa Oishi, *The Unknown Marx*(London: Pluto, 2001); Jean-Louis Lacascade, *Les mé tamorphoses du jeune Marx*(Paris: Presses Universitaires de France, 2002).

30 [1844년 경제학·철학 수고]에 대한 다른 조사는 다음에서 볼 수 있다. Aldo Zanardo, *Filosofia e socialismo*(Rome: Editori Riuniti, 1974) in the chapter entitled 'Il giovane Marx e il mar-

'청년'과 '성숙한' 마르크스 간의 분리를 가정하는 이들은 이 수고의 이론적 풍부함이 더 크다고 주장했고, [1844년 경제학·철학 수고]를 마르크스의 가장 소중한 텍스트로 표현했으며, 이를 후기의 저작과 뚜렷하게 구분했다. 특히 그들은 『자본론』—어떻게 보나 [1844년 경제학·철학 수고]의 소외된 노동에 관한 스무 쪽 남짓한 저술보다 더욱 부담이 많은 책—을 종종 어떠한 깊이로도 연구하지도 않고 주변화시키면서, 거의 모두가 이 수고에 관해서는 다양한 철학적 숙고를 내놓는 경향이 있었다. 이런 경향의 창설자는 란트슈트와 마이어였으며 곧 많이 뒤를 따랐다. 마르크스의 사상을 윤리적·인간주의적 원칙으로 제시하면서 이 저자들은 1930년대 소련 마르크스주의의 엄격한 정설에 반대하고 노동운동에서 이 정설의 헤게모니와 경쟁하려는 정치적 목적을 추구했다. 이런 이론적 공격은 어떤 매우 다른 결과, 마르크스주의 이론의 잠재적 영역의 확장을 초래했다 (Schaff, 1970: 5). 정식화가 종종 흐릿하고 포괄적이었어도 마르크스주의는 더 이상 단순히 경제 결정론적 이론으로 생각될 수 없었으며 많은 지식인과 청년들에게 커다란 매력을 발휘하기 시작했다.

이런 접근은, 부분적으로 너무나 마르크스주의 정전 같지 않은 새로운 텍스트의 폭발적인 효과 덕분에, 1932년의 [1844년 경제학·철학 수고] 출판 직후부터 나타나기 시작했으며 1950년대 후반까지 계속 개종자를 얻었다. 이런 경향의 주요한 후원자는 이단적인 마르크스주의자들, 진보적 기독교도들 그리고 실존주의 철학자들의 잡다한 집단이었다. 이들은 마르크스의 경제학 저술을 마르크스의 초기 이론이 인간적 개인을 중심으로 보는 것으로부터의 한 발 후퇴로 해석했다. 제2차 세계대전 이후 이런 경향의 주요 인물(이들이 명확히 1844년 수고

xismo contemporaneo', pp. 421~551, Ernest Mandel, *Formation of the Economic Thought of Karl Marx*(New York: Monthly Review Press, 1967), pp. 206ff., Jürgen Rojahn, "Il caso dei-cosiddetti 'manoscritti economico-filosofici dell'anno 1844'", *Passato e Presente*, 3(1983), pp. 39~46.

의 우위 주장을 승인한 것은 아니다)은 독일의 티어, 포피츠, 호메스 프랑스의 메를로퐁티, 칼베스, 악셀로스 그리고 미국의 프롬이었다. 1968년에 이 수고를 마르크스주의의 무게중심으로 보았던 이들을 날카롭게 문제 삼았던 아롱은, 이들의 놀라운 역설을 다음과 같이 완벽히 요약했다. "20년 전에 파리 라틴 지구[31]의 정설은 [1844년 경제학·철학 수고]를 마르크스주의 철학의 결정판으로 간주했다. 텍스트들에 충실하다면, 마르크스 자신도 자신이 초기 저작들에서 채택했던 분석의 언어와 유형들을 조롱할지라도 말이다"(Aron, 1969: 285).

두 번째 해석자 집단은 [1844년 경제학·철학 수고]를 마르크스 사상의 발전에서 아무 특별한 중요성이 없는 이행기적 텍스트로 간주했다. 아도라츠키의 1932년 MEGA 판의 서문은 이후 소련과 나중의 위성국가들에서 가장 널리 읽힌 설명이었다. '프롤레타리아 독재'의 언급이 없다는 점과 더불어 '현존 사회주의'의 가장 두드러진 모순들 일부를 부각하는 인간소외와 노동의 착취 같은 주제가 존재한다는 점 때문에, 집권 공산주의 정당의 지도부는 이 수고를 외면했다. 이 수고가 다양한 '사회주의 블록' 국가들의 마르크스와 엥겔스의 저작 판본들에서 배제된 것은 우연이 아니었다.[32] 더욱이 문제의 많은 저자들은 마르크스 사상의 발전 단계들에 대한 레닌의 정의를 전면적으로 수용했다. 이런 정의는 나중에

---

31 파리 라틴 지구는 파리 5구역과 6구역의 서쪽 지역이다. 1789년 혁명 전에 이곳에 있었던 명문 고등학교와 소르본 대학이 라틴어를 사용한 데서 이 같은 명칭이 유래했다. 1968년 5월 학생 혁명도 이곳에서 발생했다고 한다. 여기서는 좌파 학술 진영을 은유하는 표현으로 보인다. ― 옮긴이 주

32 이전에 언급된 소련과 동독의 환경 외에도 다음을 보라. Stanislav Hubik, 'Czecho slovakia' in Marcello Musto(ed.), *Karl Marx's* Grundrisse(2008), p.241. 여기서 체코의 『자본론』이 5만 부, 마르크스·엥겔스 전집이 1만 5,000~2만 부 인쇄되었다면 [1844년 경제학·철학 수고]는 단 4,000부만 인쇄되었다. 헝가리와 유고는 이런 광경에서 예외였다. 공식적 마르크스주의가 동유럽 어디보다 덜 독단적이었으며 [1844년 경제학·철학 수고]와 [그룬트리세]의 비판적 사상을 도입하는 데 장애가 덜 조성되었기 때문이었다. Giovanni Ruggeri(ed.), *La rivolta del 'Praxis'*(Milan: Longanesi, 1969).

마르크스-레닌주의에 의해 정전이 되었지만 많은 면에서 이론적·정치적으로 의문스럽다는 점은 별도로 하더라도, 이 볼셰비키 지도자가 죽은 지 8년 뒤에 처음 출판되는 마르크스의 중요 저작을 설명하는 것은 불가능했다.

1960년대에 알튀세르 학파가 영향력을 확대하자, 이 두 번째 해석은 또한 프랑스와 서유럽 다른 곳에서도 유행하게 되었다. 그러나 이 해석의 기본적 주장들은 일반적으로 말해 알튀세르에게만으로 돌릴 수 있다고 해도, 나빌은 그 씨앗을 이미 품고 있었다. 즉, 마르크스주의는 과학이며 마르크스의 초기 저술들은 여전히 좌파 헤겔주의 언어와 편견에 빠져 있어서『자본론』의 "새로운 과학"의 탄생에 선행한 단계를 표현했다(Lefebvre, 1972: 24, 26). 우리가 보았던 대로 알튀세르에게 [1844년 경제학·철학 수고]는 마르크스주의와 가장 먼 마르크스를 대표했다.

마르크스의 초기 저술을 정치경제학 비판과 대치시키려는 문헌학적으로 확립되지 않은 시도는, 전자를 우선시하려는 이단적이거나 '수정주의적'인 마르크스주의자들과 '성숙한' 마르크스주의에 집중한 정통 공산주의자들이 공유했다. 이들은 마르크스주의의 역사에서 주요한 오해 중 하나인 '청년 마르크스'라는 신화에 기여했다.[33]

세 번째이자 마지막 [1844년 경제학·철학 수고] 해석자 집단은, 상이한 정치적·이론적 관점들에서 마르크스 저작들의 실질적인 연속성을 인정한다. 독일의 마르쿠제나 루카치와 프랑스의 이폴리트나 뤼벨까지 올라가는 이런 접근은 터커, 맥렐란, 올만의 저작을 통해 영어권에서 헤게모니적이 되었고 1960년대 후반부터 펫처, 아비네리, 메자로스, 샤프의 저작들이 증명하듯이 세계의 나머

---

33 이런 대치는 또한 마르크스주의 이론의 용어법과 근본적 개념에 관한 갈등도 낳았다. 예를 들면 역사유물론 대 역사주의, 또는 착취 대 소외이다. Raymond Aron, *D'une Sainte Famille à l'autre. Essais sur les marxismes imaginaires*(Paris: Gallimard, 1969), p.129.

지 대부분으로 확산되었다. 마르크스의 본질적 연속성을 생각하는 것은, 이전의 모든 것을 완전히 폐기하는 급격한 이론적 단절에 반대하는 것으로서, [1844년 경제학·철학 수고]에 대한 최고의 해석들 일부에게 영감을 주었다. 가령 이 수고의 가치와 더불어 그 모든 모순들과 불완전함도 평가할 수 있었던, 비독단적인 르페브르와 만델의 저작 같은 것들이 그러하다. 그렇지만 여기서도 여러 잘못된 해석들이 있었다. 가장 두드러지는 잘못은 일부 저자가 마르크스가 1850년대와 1860년대에 정치경제학 분야에서 거대한 진보를 이루었다는 것을 과소평가했던 점이다. 이런 경향은 원천 텍스트가 써진 상이한 시기를 고려하지 않고 마르크스의 사상을 여러 인용들의 모음을 통해 재구성하려는 혼란스러운 시도를 낳았다. 마치 마르크스의 저작들이 무無시간적이고 구분되지 않는 단일한 텍스트인 것처럼 [1844년 경제학·철학 수고]부터 『자본론』까지 왔다 갔다 했기 때문에, 그 결과 마르크스는 너무나 흔히 해석자들의 특수한 시각에 조응하는 부분들로부터 조립된 어떤 저자가 되었다.[34]

마르크스의 발전 과정을 더 잘 이해하기 위해 [1844년 경제학·철학 수고]의 중요성을 강조하는 것이, 이 젊은이 특유의 텍스트의 거대한 한계를 침묵의 베일로 덮는 것일 수는 없다. 마르크스는 정치경제학의 기본 개념을 겨우 흡수하기 시작했으며 공산주의에 관한 이해도 그때까지 수행했던 철학적 연구의 혼돈

---

34 이와 관련한 비판은 샤프와 아롱을 참조. 전자에게는 '마르크스'의 1840년대 텍스트는 1870년대 텍스트와 함께 무차별적으로 마르크스주의에 대한 우리의 지식에서 같은 비중을 차지하듯이, 우리의 분석에서 동일한 존재의 권리를 지닌 듯이 인용될 수 없다. Adam Schaff, *Marxism and the Human Individual*(New York: McGraw-Hill, 1970), p. 28(trans. modified). 후자에게는 전후 몇 년 동안, 실존주의 시대에 예수회 신부 비고, 칼베스 및 실존주의자들은 마르크스의 사상 전체를, 일부는 1845년의 텍스트를 사용하고 다른 이들은 1867년의 텍스트를 사용하며, 무시간적인 것으로 취급하면서 마치 마르크스의 사상은 발전하지 않았으며 1844년의 대략적 원고가(비록 완성되지 않았으며 출판되지도 않았어도) 마르크스주의의 최고를 담고 있는 것처럼 사용했다. Raymond Aron, *D'une Sainte Famille à l'autre. Essais sur les marxismes imaginaires*(Paris: Gallimard, 1969), p. 223.

스러운 종합에 지나지 않았다. [1844년 경제학·철학 수고]는, 특히 헤겔과 포이어바흐의 철학 사상과 고전파 경제 이론 비판 그리고 노동계급 소외에 대한 통렬한 비판을 결합하는 방식에서 아무리 매혹적일지라도, 오직 최초 근사치일 뿐이다. 이러한 점은 이 수고의 모호함과 절충주의를 보면 명백하다. 이 수고는 마르크스의 경로에 주요한 빛을 던지기도 하지만, 또한 1867년의 완성판 『자본론』 제1권뿐 아니라 『자본론』의 예비 수고들, 그 중 하나가 1850년대 후반에 작성되고 출판되었던 수고들의 주제와 주장들에서도 엄청나게 떨어져 있다.

'청년 마르크스'를 부각하거나 이 저작과 이론적 단절을 부각하려는 분석과 대조적으로 [1844년 경제학·철학 수고]에 대한 가장 예리한 독해는, 어떻게 이를 마르크스의 비판적 궤적에 흥미가 있지만 오직 시초 단계로만 취급하는지를 보여준다. 마르크스가 만약 연구를 계속하지 않고 파리 수고의 개념에 안주했더라면 그는 바우어나 포이어바흐와 함께 헤겔 좌파에 주어진 철학 저작의 자리에 좌천되었을 것이다(Schaff, 1970: 28). 반대로 수십 년의 정치적 활동, 중단 없는 연구 그리고 정치경제학, 역사, 다른 분야들에 대한 수백 권의 지속적인 비판 작업이 1844년의 청년 학자를 인류 역사의 가장 빛나는 지성 중 하나로 변화시켰다. 그 결과 [1844년 경제학·철학 수고]에서 뚜렷하게 드러났던 이론적 진보의 첫 번째 단계는 모든 세대의 독자와 연구자를 자극하는 중요성을 획득했다.

8. 1927~1998년의 [1844년 경제학·철학 수고]의 주요한 판본들[35]

1. 1927. *In Arkhiv Marksa I Engel'sa*, vol.III. Translation of part of the 'third' manu-
   script entitled *Preparatory Work for* The Holy Family.

2. 1929. In *La Revue Marxiste*, with the titles *Notes sur le communisme et la propriété
   privé e and Notes sur les besoins, la production et la division du travail*. Translated
   from the Russian of No.1 by Albert Mesnil.

3. 1929. In *K. Marks I F. Engel's Sochineniya*, vol.III. Same version as No.1.

4. 1931. In *Unter dem Banner des Marxismus*, vol.V. First publication in German of
   the fragment *Kritik der Hegelschen Dialektik und der Philosophie überhaupt*.

5. 1932. Under the title *Nationalökonomie und Philosophie*, in Karl Marx, *Der his-
   torische Materialismus. Die Frühschriften*, edited by Siegfried Landshut and Jacob
   Peter Mayer.

6. 1932. In MEGA, vol.III, ed. by Viktor Adoratskii, with the title *Ökonomisch-philo-
   sophische Manuskripte aus dem Jahre 1844*. This edition also included the note
   books of extracts from Levasseur, Engels, Say, Skarbek, Smith, Ricardo, Mill, Mac-
   Culloch, de Tracy and de Boisguillebert.

7. 1932. First partial Japanese translation. This version included the fragment [*Cri-
   tique of Hegel's Dialectic and Philosophy as a Whole*] from the 'third' manuscript
   and the section [*Wages*] from the 'first' manuscript.

8. 1937. In *Œuvres philosophiques*, vol.VI. entitled *Manuscrits économico-philoso-*

---

35 이 참고문헌 기록은 다음 문헌의 [1844년 경제학·철학 수고]에 대한 1982년까지의 판본 목록을
   고려했다. Bert Andréas(ed.), *Karl Marx/Friedrich Engels. Das elende der klassischen deut-
   schen Philosophie. Bibliographie*(Trier: Schriften aus dem Karl-Marx-Haus, 1983), pp.64~72.

phiques de 1844. The translation, by Jules Molitor, was based on the Landshut Mayer edition(No.5).

9. 1946. First Japanese translation, by Togo Kusaka.

10. 1947. In *La Revue Socialiste*. Translation by Maximilien Rubel of two fragments from the 'first' manuscript not previously published in French.

11. 1947. In *Three Essays by Karl Marx. Selected from the Economic Philosophical Manuscripts*, translation by Ria Stone. First partial English translation from the MEGA.

12. 1949. Italian translation, *Manoscritti economico-filosofici del 1844*, by Norberto Bobbio from the MEGA edition.

13. 1950. Italian translation, *Manoscritti economico-filosofici del 1844*, by Galvano della Volpe.

14. 1953. Revised edition of the 1932 text *National ökonomie und Philosophie*, ed. by Landshut Mayer(No.5).

15. 1953. *Ökonomisch-philosophische Manuskripte aus dem Jahre 1844*. New Dietz Verlage dition, with important corrections of MEGA transcription errors in parts of the 'third' manuscript.

16. 1955. In *Kleine ökonomische Schriften*. Edition containing corrections of the main in accuracies in the MEGA version.

17. 1956. First edition in Chinese.

18. 1956. *Iz rannikh proizvedennii*. Russian translation from the MEGA version.

19. 1956. *Economic and Philosophical Manuscripts of 1844*. English translation by Martin Milligan from the Russian version(No.18).

20. 1960. Spanish translation from the English version(No.19).

21. 1962. *Manuscripts de 1844*. Translation by Émile Bottigelli from the MEGA version,

incorporating corrections from the editions in Nos. 15 and 16.

22. 1962. In *Marx-Studienausgabe*, vol. I. Edited by Hans-Joachim Lieber and Peter Furth.

23. 1966. In *Texte zu Methode und Praxis*. Edited by Günther Hillmann. Version very similar to No. 22.

24. 1968. *Ökonomisch-philosophische Manuskripte*, ed. by Joachim Höppner. Edition following Marx's own pagination of the three manuscripts, with the addition of his remarks on the text by James Mill.

25. 1968. In *Marx-Engels-Werke*. Edition based on the MEGA version, incorporating the revisions in No. 16.

26. 1968. In *Œuvres. Économie. II*. Translation by Maximilien Rubel. This version, which appeared with the title *Ébauche d'une critique de l'économie politique*, was based on the MEGA edition and also included the Notes de lecture(that is, Marx's comments on works he read during his period in Paris).

27. 1974. Publication of the text in the second *K. Marks i F. Engel's Sochineniya*, vol. XLII.

28. 1975. Publication of the text in *Marx-Engels Collected Works*, vol. III.

29. 1976. Publication of the Della Volpe version(No. 13)—and of the remarks on James Mil—in *Marx Engels Opere*, vol. III.

30. 1981. In MEGA^2 vol. IV/2: first publication of the extracts from Senofonte, Prevost, Schüz, List, Osiander and Buret.

31. 1982. *Ökonomisch-philosophische Manuskripte* in MEGA^2 vol. I/2. The edition contained two versions of the text, one respecting the exact page sequence of the original manuscripts, the other following the repagination generally used by previous editions.

32. 1990. *La scoperta dell'economia politica*. Partial Italian translation of Marx's comments in the Parisnotebooks of extracts.

33. 1998. MEGA^2 vol.IV/3: first publication of the extracts from Law and Lauderdale.

9
이탈리아에서『공산당선언』
기원에서 1945년까지

1. 이탈리아인들의 오해

　이탈리아에서 마르크스의 이론은 특별한 인기를 누려왔다. 이 이론은 다른 어떤 이론과는 달리 정당, 노동조합과 사회운동을 고무하며, 전국적 정치 생활의 변형에 영향을 미쳤다. 이 이론은 과학과 문화의 모든 영역들에 유포되면서, 그 분야의 방향성과 용어 자체를 되돌릴 수 없을 만큼 변경시켰다. 이 이론은 하위subaltern계급들의 새로운 자각에 기여하면서, 수백만 명의 남성과 여성의 해방 과정에서 주요한 이론적 도구였다.

　이탈리아에서 도달한 마르크스 이론의 유포 수준에 버금갈 나라는 거의 없다. 따라서 그 이유를 탐구하는 것이 필수적이다. 사람들이 처음으로 'Carlo Marx'에 대해 말하기 시작한 것은 언제인가? 그의 이름이 최초로 번역된 저작들의 영향 아래 잡지에 출현한 것은 언제인가? 그의 명성이 사회주의 노동자와 투사들의 집단적 상상 속에 퍼진 것은 언제인가? 무엇보다 그의 사상은 어떤 방법으로, 어떤 환경에서 이탈리아에서 존재를 확립했는가?

마르크스에 관한 최초의 번역물들은 기껏해야 1860년대 후반에야 나왔다(그는 1848년 혁명적 대변동의 시기 동안 거의 알려지지 않았다). 그러나 이 번역물들도 극히 적었을 뿐더러, 겨우 국제노동자협회의 '연설'과 '규약'에 관련된 것뿐이었다. 이런 지체는 부분적으로 마르크스와 엥겔스의 이탈리아에서의 부재에 따른 것이었다. 그들이 이탈리아 역사와 문화에 매력을 느꼈고 당시의 현실에 관심을 보였음에도, 1860년 이후에야 편지를 교환하는 사람이 생겼고 1870년에서야 실질적인 정치적 관계를 맺었기 때문이다.

마르크스라는 인물에 대한 관심의 최초 신호는 파리 코뮌의 혁명적 경험과 관련하여 나타났다. 몇 주 만에 전국적 언론뿐만 아니라 노동계급의 수많은 소식지들이 "인터내셔널의 창립자이자 전반적 지도자"[1]에 관한 약전을 발행했고 편지와 정치적 저술들―『프랑스 내전』을 포함한다―을 발췌해 실었다. 그렇지만 그래도 출판된 저술들의 목록―1871~1872년에만 엥겔스의 것과 합해 총 85종에 달했다―은 배타적으로 인터내셔널의 문건에만 관련되었다. 관심의 초점은 애초에 정치적이었고 오직 나중에야 이론적이 되었다.[2] 일부 신문은 또 그에게 신화적 아우라aura를 부여하는 데 기여하는 환상적 묘사를 게재했다. "카를 마르크스는 모든 시련과 고난을 이겨내는 명민하고 용감한 사람이다. 계속 분장을 바꾸면서 이 나라에서 저 나라로 번개같이 이동하며 유럽의 모든 경찰 스파이들의 감시를 따돌린다."[3]

마르크스의 이름을 둘러싸기 시작한 권위는 분명히 규정되지 않을 만큼 커졌다.[4] 왜냐하면 이 시기의 선전용 설명서들은 마르크스의―혹은 마르크스의 것이

---

1   "Carlo Marx capo supremo dell'Internazionale", *Il proletario Italiano*(Turin), 27 July 1871.

2   Roberto Michels, *Storia del marxismo in Italia*(Rome: Luigi Mongini Editore, 1909), p.15, 미헬스(Roberto Michels)는 "점차 이탈리아인들을 과학적 마르크스에게 몰두하게 한 것은 처음에는 정치적 마르크스"였다고 강조한다.

3   'Carlo Marx capo supremo dell' Internazionale', *Il proletario Italiano*(Turin), 27 July 1871.

라고 간주한— 이미지를 다윈이나 스펜서^{Hubert Spencer}의 이미지와 함께 유포시켰기 때문이다.[5] 마르크스의 사상은 합법주의^{legalism}나 실증주의와 같다고 여겨졌다.[6] 말이 안 되게도 그의 사상은 푸리에^{Charles Fourier}, 마치니, 바스티아의 사상 같은 극단적 대립물들과 통합되었다. 또한 다른 다양한 오해 속에서 그의 모습은 가리발디[7]나 셰플레^{Albert Schäffle8}의 모습에 비유되기도 했다.

이렇게 마르크스를 대충 알게 되는 것은 그 자체로 그의 정치적 위상을 높이

---

4   Renato Zangheri, *Storia del socialismo italiano*, vol.1(Turin: Einaudi, 1993), p.338.

5   한 예는 Oddino Morgari, *L'arte della propaganda socialista*, 2nd ed.(Florence: Libr. Editr. Luigi Contigli, 1908), p.15이다. 이것은 당 선전 활동가들이 다음과 같은 교육 방법을 사용했음을 시사한다. 즉, 우선 다윈과 스펜서 요약집의 독서가 학생들에게 근대사상에 대한 일반적 관념을 제공하고, 그다음에 마르크스가 '현대 사회주의자의 복음'을 훌륭하게 완성할 '감명 깊은 삼인조'에 합류하는 교육 방법 말이다. Roberto Michels, *Storia del marxismo in Italia*(Rome: Luigi Mongini Editore, 1909), p.102. 참조.

6   폭넓게 읽혔던 Enrico Ferri, *Socialism and Positive Science*(*Darwin-Spencer-Marx*)[London: Independent Labour Party, 1905(1894)]을 참조. 서문에서 저자는 다음과 같이 적었다. "나는 어떻게 마르크스주의 사회주의 …… 가 단지 다윈과 스펜서에 의해 정연한 형태로 초래되고 주어진 …… 근대 과학혁명의 사회생활에서의 결실 있는 실천적 완성일 뿐인지를 증명하려고 한다"(p.xi, trans. modified).

7   예를 들어 1871년 12월 22일 '마세리타민주주의협회'가 마르크스에게 보낸 편지를 보면, 이 조직은 가리발디와 마치니와 함께 마르크스를 명예 집정관으로 제안했다. Giuseppe del Bo(ed.), *La corrispondenza di Marx e Engels con italiani. 1848-1895*(Milan: Feltrinelli, 1964), p.166. 이것을 1872년 1월 2일 리프크네히트에게 알리며 엥겔스는 다음과 같이 썼다. "로마냐에 있는 마세리타협회에서 명예 집정관 3인으로 가리발디, 마르크스, 마치니를 지정했다. 바쿠닌의 이름만 들어온다면 혼동은 완벽하다." *Marx-Engels Collected Works*[hereafter MECW], vol.44(London: Lawrence & Wishart, 1989), p.289, *Marx-Engels-Werke*[hereafter MEW], vol.33(Berlin: Dietz-Verlag,1966), p.368.

8   독일의 사회학자, 경제학자, 재정학자로 사회유기체론적 관점에서 사회과학과 자연과학의 종합을 시도했고, 고전경제학에 반대한 역사학파이자, 사회주의로의 전환을 낙관적으로 확신한 오언주의자였다. — 옮긴이 주 "많은 사람들의 눈에는 모든 이들 중에서 셰플레가 가장 진정한 마르크스주의자로 보인다"고 언급하는 Roberto Michels, *Storia del marxismo in Italia*(Rome: Luigi Mongini Editore, 1909), p.101을 참조.

는 데 아무 소용도 없었다. 인터내셔널의 이탈리아 지지자들은 마르크스와 대립한 바쿠닌을 거의 만장일치로 편들었으며, 마르크스의 정식화는 사실상 알려지지 않았고, 인터내셔널 내 갈등은 이론적인 경쟁이라기보다 두 사람 사이의 개인적 논쟁으로 인식되었다.[9]

근대 산업 자본주의가 부재하고 전체 인구에서 노동자의 밀도가 낮았으며 최근의 혁명과 밀접히 연결된 음모의 전통이 생생한 나라에서, 아나키즘 사상이 그 후 10년에 걸쳐 헤게모니를 확립하기는 쉬웠다. 따라서 마르크스의 이론적 분석은 노동자운동의 대오에서 매우 천천히 발휘되기 시작했다. 역설적으로 그의 분석은 인터내셔널의 '규약'과 '연설'에 담긴 계급투쟁과 노동자의 자기해방 사상을 완전히 공유했던 아나키스트들을 통해 널리 퍼지게 되었다. 이런 식으로 사람들은 마르크스를 계속 출판했다. 흔히 논쟁에서 말로는 혁명적이지만 실천에서는 합법주의이며 '수정주의'적인 사회주의였지만 말이다. 가장 중요한 시작은 분명히 1879년에 카피에로Carlo Cafiero가 『자본론』 제1권을 요약해서 출판한 것이었다. 비록 속류적인 형태일지라도, 최초로 마르크스의 주요한 이론적 개념들이 유포되기 시작했다.

2. 1880년대와 마르크스 없는 '마르크스주의'

1880년대에는 마르크스의 저작들이 번역되지 않았다.[10] 사회주의 언론의 몇

---

9   Paolo Favilli, *Storia del marxismo italiano. Dalle origini alla grande guerra*[Milan: Franco Angeli, 2000(1996)], p. 50.

10   이 말은 뒤에서 보듯이 『자본론』과 『공산당선언』의 번역이 있었으므로 엄밀히 말하자면 틀린 이야기이지만, 번역의 부족과 그 일부 번역조차 수준이 낮았음을 강조하는 의미로 이해된다.
    — 옮긴이 주

몇 칼럼들을 제외하면 출판된 저작물은 엥겔스의 두 저작이 전부였다[『공상적 사회주의와 과학적 사회주의』(1883), 『가족, 사유재산, 국가의 기원』(1885)]. 그리고 이조차도 베네벤토의 사회주의자 마티그네티Pasquale Martignetti의 완고하고 고결한 체하는 작업에 의존한 문고판이었다. 다른 한편 문화, 정치, 학술 엘리트들이 마르크스에게 흥미를 보이기 시작했다. 이 점에서는 독일의 엘리트들보다 더 거리낌이 없었다. 일류 출판업자와 학자들의 주도로 매우 명망 있는 『경제학자 총서 Biblioteca dell' Economista』—마르크스가 대영박물관에서 연구할 때 여러 번 참고했던 것—가 1882년에서 1884년 사이에 『자본론』 제1권을 분책으로, 그 뒤 1886년에 단행본으로 출판했다. 이탈리아 사회주의운동의 우둔함의 한 지표는, 제2차 세계대전 후까지의 최초이자 유일한 이 저작의 번역이 마르크스에게는 그가 죽기 두 달 전에 알려졌으며, 엥겔스에게는 1893년에서야 겨우 알려졌다(!)는 것이다.

앞에서 간략히 묘사한 수많은 한계들에도, '마르크스주의'는 이 시기 동안 유포되기 시작했다. 그럼에도 마르크스의 저술들 중 소수만 번역되고 또 그것도 찾기 어려웠기 때문에, 유포는 원전에 근거하기보다 한 무리의 아류와 표면상 계승자들이 성급하게 편찬하고 출판한 간접 참조, 2차 인용 또는 요약본을 통해 거의 진행되었다.[11]

이 시기 이탈리아에는 다양한 사회주의 구상들뿐 아니라 사회주의와 아무런 공통점이 없는 이데올로기까지도 포괄하는 진정한 문화적 삼투현상이 발전했다. 연구자, 정치 선동가, 언론인들은 자기 마음대로 사회주의를 온갖 종류의 이론적 관념들과 교배시켜서 자신들 고유의 잡종을 창조했다.[12] 그리고 만약 '마

---

11 Roberto Michels, *Storia critica del movimento socialista italiano. Dagli inizi fino al 1911*(Florence: Lavoce, 1926), p.135. 여기서 미헬스는 이탈리아 마르크스주의에서 "거의 모든 추종자들의 경우, 창설자의 심오한 과학적 저작으로부터가 아니라 중요성이 적은 정치적 저작과 경제학 요약본 일부를, 종종 최악의 경우 아류들을 통해 띄엄띄엄 접촉하는 것으로부터 나왔다"고 주장한다.

르크스주의'가 다른 교의들보다 급격히 두드러지기 시작했다면, 이는 부분적으로는 이탈리아 토종 사회주의의 부재 덕분이었고, 이런 문화적 동질화는 저열하고 기형적인 사회주의를 탄생시켰다. 다르게 표현하면 엉클어진passe-partout 사회주의였다. 마르크스의 원전을 하나라도 읽은 이탈리아 사회주의자들을 여전히 한 손에 꼽을 수 있었던 것을 고려하면, 무엇보다 마르크스에 무지한 '마르크스주의'였다.[13] 비록 당시의 정치 환경에 결부되어서 초보적이고 불순하며 결정론적이고 기능주의적이었지만, 그래도 이 '마르크스주의'는 노동자운동에 정체성을 부여할 수 있었으며 1892년에 건설된 이탈리아 노동자당Partito dei Lavoratori Italiani 내에서 득세할 수 있었고 마침내 이탈리아 문화와 학계에서 헤게모니를 확립할 수 있었다.

『공산당선언』에 대해서 말하자면 1880년대 말까지는 아직 아무 흔적도 없었다. 그럼에도 『공산당선언』은 그 주요한 해석자인 라브리올라와 함께 이탈리아의 상황을 특징지었던 불순한 마르크스주의로부터의 단절에 중요한 역할을 할 것이었다. 그렇지만 이것으로 가기 전에 한 걸음 물러서는 것이 필요하다.

3. 이탈리아에서 『공산당선언』의 초판들

1848년의 『공산당선언』의 초판 서문에서 그것은 '영어, 프랑스어, 독일어, 이

---

12 Antonio Labriola, *Socialism and Philosophy*(St Louis: Telos Press, 1980), p. 120. "이탈리아에서 사회주의를 열렬히 수용한 많은 이들, 그리고 단지 단순 선동가, 강사, 입후보자로서 수용한 것이 아닌 이들은, 사회주의를 과학적 확신으로 수용하는 것은 사회주의가 다른 모든 과학들의 근저에 거의 놓여 있는, 사물에 대한 유전학적 이해의 나머지와 어떤 방식으로든 결합할 수 없다면 불가능할 것이라고 느낀다. 이것이 사회주의 영역 내에 그들이 처리할 수 있는 나머지 모든 과학을 도입하려는 이들의 열광을 설명해준다."

13 Roberto Michels, *Storia del marxismo in Italia*(Rome: Luigi Mongini Editore, 1909), p. 99.

탈리아어, 플라망어(네덜란드 방언 — 옮긴이), 덴마크어'로 출판될 예정임이 선포되었다.[14] 실제로 이 야심은 실현되지 않았다. 또는 더 좋게 말해서 『공산당선언』은 인류 역사에서 가장 널리 유포된 저작의 하나가 되었지만, 두 저자의 계획과 일치하지는 않았다. '『공산당선언』을 이탈리아어와 스페인어로 번역하는' 첫 번째 시도는 파리에서 공산주의동맹의 지도적 구성원이었던 에베르벡Hermann Ewerbeck이 수행했다.[15] 그러나 몇 년 뒤 『포크트 씨』에서 마르크스가 이탈리아어 판이 존재한다고 잘못 언급했지만, 이 프로젝트는 결코 결실을 거두지 못했다.[16] 계획대로 실제로 실행된 유일한 번역은 1850년의 영어 판이었는데 이에 앞서 1848년 스웨덴어 판이 출판되었다. 이후에는 1848~1849년 혁명의 패배에 따라 『공산당선언』은 망각 속에 묻혔다. 유일한 새 판은 독일어 판이었으며(2판 1850년대, 3판 1860년대), 새로운 번역판이 나오기까지 20년을 기다려야 했다. 러시아어 판은 1869년에, 세르비아어 판은 1871년에 출판되었다면, 최초의 미국 판은 뉴욕에서 1871년에, 최초의 프랑스어 판은 1872년에 나왔다. 최초의 스페인어 번역은 1872년에 출판되었으며, 다음 해에 포르투갈어 판이 뒤따랐다.[17]

이 기간에 이탈리아에서 『공산당선언』은 여전히 알려지지 않았다. 원문에 대한 요약과 발췌로 구성된 최초의 간략한 설명이 1875년 쿠수마노Vito Cusumano의 작업 『사회적 문제에 관한 독일 경제학파들Le scuole economiche della Germania in rapporto alla questione sociale』에서 겨우 빛을 보았다. 여기서 "프롤레타리아트의 관점에서 이 강령은 인권선언Déclaration des droits des homme이 부르주아지에게 중요한 만큼

---

14 Friedrich Engels and Karl Marx, *Manifesto of the Communist Party*, MECW 6(London: Lawrence & Wishart, 1976), p.481, MEW 4, p.461.

15 Friedrich Engels to Karl Marx, 25 April 1848, MECW 38, p.173, MEGA III/2, p.153.

16 Karl Marx, *Herr Vogt*, MECW 17(London: Lawrence & Wishart, 1981), p.80, MEGA I/18, p.107.

17 『공산당선언』의 서지학과 출판의 역사에 관해서는 Bert Andréas, *Le Manifeste Communiste de Marx et Engels*(Milan: Feltrinelli, 1963) 참조.

이나 중요하다. 이것은 19세기 가장 중요한 사건들 중 하나, 한 세기를 특징짓고 이름과 방향을 주는 사건들 중 하나"[18]라는 표현을 볼 수 있다. 이후 여러 해 동안 『공산당선언』에 대한 언급은, 1883년 마르크스의 죽음을 보도하는 여러 기사에서 인용되기는 했지만, 거의 없었다. 사회주의 신문 ≪인민La Plebe≫은 그것을 "현대 사회주의의 근본적 문서" 중 하나, " …… 서구와 북유럽 대다수 사회주의 프롤레타리아트의 상징"이라고 말했다.[19] 부르주아 일간지 ≪피에몬테 저널Gazzetta Piemontese≫은 자기 입장에서 마르크스를 "전투적 사회주의의 깃발, 강탈당한 자들의 교리문답서, 대다수 독일 노동자와 영국 노동자들이 투표하고 맹세하며 싸우는 복음이 된 유명한 『공산주의자 선언』"의 저자로 표현했다.[20] 그렇지만 그런 평가에도 이탈리아어 판이 나오기 위해서는 아직 더 기다려야 했다.

1885년에 마티그네티는 엥겔스로부터 『공산당선언』 사본을 받은 후 번역을 완료했지만 자금 부족으로 출판하지는 못했다. 최초의 『공산당선언』 번역본이 40년 후인 1889년에 마침내 출판되었다. 그 때까지 이미 독일어 판 21종, 러시아어 판 12종, 프랑스어 판 11종, 영어 판 8종, 스페인어 판 4종, 덴마크어 판 3종(초판 1884년), 스웨덴어 판 2종, 포르투갈어와 체코어 판(1882), 폴란드어 판(1883), 노르웨이어 판(1886) 그리고 이디시어(1889)(독일어에 유대어 등을 섞어서 유럽 유대인이 주로 사용하는 언어 – 옮긴이) 판이 각각 1종씩이 있었다. 이탈리아어 판은 '마르크스와 엥겔스의 사회주의자 선언Manifesto dei socialisti redatto da Marx e Engels'이라는 제목으로 크레모나 기반의 민주주의 신문, ≪인민의 함성L'Eco del popolo≫에 8월부터 11월에 걸쳐 열 번에 나누어 실렸다. 그러나 이 판본의 질은 매우 낮았다.

---

18 Vito Cusumano, *Le scuole economiche della Germania in rapporto alla questione sociale* (Prato: Giuseppe Marghieri Editore, 1875), p. 278.

19 *La Plebe*(Milan), April, No. 4(1883).

20 Dall'Enza, 'Carlo Marx e il socialismo scientifico e razionale', *Gazzetta Piemontese*(Turin), 22 March 1883.

마르크스와 엥겔스의 서문은 생략되었고, 3부('사회주의와 공산주의 문헌')도 마찬가지였으며 다른 수많은 부분도 생략되거나 요약되었다. 1883년의 독일어 판과 1885년 라파르그의 프랑스어 판도 사용했던 비솔라티^{Leonida Bissolati}의 번역은 매우 복합적인 표현을 단순화시켰다. 따라서 이것은 전체적으로 보아 번역이라기보다, 단지 얼마간의 문장을 이탈리아어로 바꾼 원문의 통속화였다.[21]

두 번째 이탈리아어 판이자 최초의 소책자 형태는 1891년에 나왔다. 번역(1885년 파리에서 ≪사회주의자^{Le Socialiste}≫가 간행한 프랑스어 판에 근거했다)과 서문은 아나키스트 고리^{Pietro Gori}의 작업이었다. 그러나 텍스트 자체의 서문은 생략되었으며, 여러 가지 터무니없는 오류들도 있었다. 출판업자인 판투지^{Flaminio Fantuzzi}도 아나키스트 입장에 경도되어 있어서 엥겔스에게 출판을 기정사실화^{fait accompli}해서 보여주었다. 엥겔스는 마티그네티에게 보낸 한 편지에서 "모르는 인물 고리의 서문"[22]에 대한 그의 특별한 짜증을 나타냈다.

세 번째 이탈리아어 번역이 1892년에 밀라노의 잡지 ≪계급투쟁^{Lotta di classe}≫의 부록으로 나왔다. 이 번역본은 "기대를 저버리지 않는 최초이자 유일한 『공산당선언』의 번역"[23]이라고 자신을 표현했다. 베티니^{Pompeo Bettini}가 1883년의 독일어 판에 근거해 번역한 것이었다. 이 번역도 오류를 포함했으며 다수의 문장들을 단순화시켰지만, 다른 판에 비해 명확한 우위를 확립해 1926년까지 여러 차례 다시 간행되었다. 따라서 이것은 이탈리아에서 마르크스주의 용어를 형성하는 과정을 출발시켰다. 1893년에 이 번역은 다수의 교정과 문체의 개선 및 "다섯 번째 독일어 판(1891년, 베를린)에 근거해 완벽한 판이 만들어졌다"[24]는 표시와

---

21 Bert Andréas, *Le Manifeste Communiste de Marx et Engels*(Milan: Feltrinelli, 1963), p.145.

22 Friedrich Engels to Pasquale Martignetti, 2 April 1891, in MEW 38, p.72.

23 *Lotta di classe*(Milan), I:8, 17-18 September 1892.

24 Carlo Marx and Friedrich Engels, *Il Manifesto del Partito Comunista*(Milan: Uffici della Critica Sociale,1893), p.2.

함께, 소책자로 1,000부가 발행되었다. 1896년에는 2,000부가 재간행되었다. 이 책자는 ≪사회 비판Critica Sociale≫(당시 이탈리아 사회주의의 주요 잡지)의 편집자였던 투라티Filippo Turati가 번역한 1872년 서문, 1883년 서문, 1890년 서문뿐 아니라, 이탈리아 역자가 엥겔스로부터 확인을 받았으므로 이전 판들과 차별화될 수 있다는 특별한 안내문인 '이탈리아 독자들에게'도 포함했다. 이 이탈리아어 서문은 『공산당선언』의 두 저자 중 1명에 의해서라도 써진, 마지막 서문이었다.

다음 몇 해 동안 2개의 추가적 판본이 비록 번역자를 밝히지 않았지만 분명 베티니의 판에 근거해 출간되었다. 서문과 3부를 생략한 첫 번째 판본은 『공산당선언』을 값싼 대중판으로 이용할 수 있도록 고안되었다. 잡지 ≪신시대Era Nuova≫가 1897년 5월 1일(메이데이 — 옮긴이)을 위해 발간했고 디아노 마리나(리구리아 주)에서 8,000부가 출판되었다. 서문들을 생략한 두 번째 추가 판은 1901년에 플로렌스의 너비니Nerbini 출판사에서 나왔다.

4. 19세기 말과 파시스트 시대 사이의 『공산당선언』

1890년대에 마르크스-엥겔스 저작의 유포에 거대한 진전이 있었다. 이탈리아 사회당 내에서 편집 기구의 통합, 수많은 잡지와 군소 출판사들의 작업, 그리고 엥겔스의 ≪사회 비판≫에 대한 협력 등은 마르크스의 저술들에 대한 더 많은 지식을 갖기 좋게 하는 환경이었다. 그러나 이와 병행했던 왜곡 과정을 바로잡을 만큼 충분하지는 않았다. 마르크스의 사상을 극도로 양립 불가능한 이론과 결합시키려는 시도는 '학술적 사회주의Kathedersozialismus'와 노동자운동 양쪽에 모두 공통적이었다. 그들의 이론적 기여는 지금으로서는 중요한 차원이 있지만 아직은 마르크스의 원전에 피상적 이해만 있었던 것이다.

마르크스의 명성은 논쟁의 여지가 없었지만, 아직도 당시의 사회주의자 무리

중에서 일인자primus inter pares로 간주되지는 않았다. 무엇보다 그의 사상을 번역할 번역가가 매우 빈약했다. 로리아Achille Loria가 좋은 사례였다. 그는 어떤 방식으로도 교정하거나 완성할지 말할 수 있기에는 아무도 충분히 익숙하지 않았던 어떤 마르크스를 교정하고 완성했던, '이탈리아 경제학자들 중 최고의 사회주의자, 최고의 마르크스주의자'[25]였다. 로리아는 엥겔스가 『자본론』제3권 서문에서 했던 묘사―"진퇴양난을 미꾸라지처럼 빠져나가는 재주를 겸비한 끝없는 뻔뻔스러움, 비난을 받아도 태연자약하는 영웅적 태도, 타인의 업적을 재빨리 가로채기"[26]―로 유명하다. 마찬가지로 1896년 크로체Benedetto Croce가 마르크스에 대해 말했던 한 일화가 마르크스가 겪었던 곡해에 대해 더 잘 알려줄 것이다. 1867년 나폴리에서 인터내셔널 제1차 이탈리아 지부 건설에 즈음해 '매우 키가 크고 진한 금발이며 노련한 음모가의 냄새를 풍기며 불가사의하게 말하는' 정체불명의 외국인이 그 지부의 출범을 승인하기 위해 개입했다. 여러 해가 흐른 뒤에도 그 회의에 참석했던 어떤 나폴리아인 변호사는, "그 키 큰 금발의 남자는 카를 마르크스였다"[27]고 여전히 확신했는데, 이러한 그의 확신이 잘못된 것임을 납득시키는 데 엄청난 노력이 들었다. 마르크스의 많은 개념들이 **걸출한** 로리아'에 의해 이탈리아에 도입되었으므로[28], 최초로 알려진 마르크스는 왜곡된 마르크스, 또한 "키도 크고 금발인(!)'[29] 마르크스였다고 결론 내릴 수 있다.

---

25 Filippo Turati to Achille Loria, 26 December 1890, in 'Appendice' to Paolo Favilli, *Il social-ismo italiano e la teoria economica di Marx*(1892-1902)(Naples: Bibliopolis, 1980), pp. 181~182.

26 Friedrich Engels, 'Preface' to Karl Marx, Bert Andréas, *Le Manifeste Communiste de Marx et Engels*(Milan: Feltrinelli, 1963) p. 109.

27 Benedetto Croce, *Materialismo storico ed economia marxistica*(Naples: Bibliopolis, 2001), p. 65.

28 Friedrich Engels, 'Preface' to Karl Marx, Bert Andréas, *Le Manifeste Communiste de Marx et Engels*(Milan: Feltrinelli, 1963) p. 109.

이런 사정은 오직 라브리올라의 작업을 통해서만 변화했다. 그는 마르크스의 사상을 해석하거나 갱신하거나 다른 저자의 도움을 통해 '완성하는' 대신, 있는 그대로 이탈리아에 소개한 최초의 인물이었다.[30] 여기에 핵심적 문헌은 1895년에서 1897년 사이 라브리올라가 간행한 『유물론적 역사 이해에 관한 논문들Saggi sulla concezione materialistica della storia』이었다. 이 가운데 첫 번째 논문 「공산주의 선언을 기념하여」는 정확히 『공산당선언』의 발생에 초점을 맞추었다. 엥겔스는 죽기 직전에[31] 이 논문을 승인했다. 이는 이 논문이 '마르크스주의' 진영에서 가장 중요한 논평이자 공식적 해석이 된다는 의미였다.

이탈리아의 한계들 중 많은 것에 대해 이런 식으로 맞설 수 있었다. 라브리올라에 따르면 혁명은 "소수에 의해 지도되는 다수의 봉기에서 기원할 수 없으며, 프롤레타리아 자신의 작업이 될 것이고 반드시 그렇게 되어야 한다".[32] "비판적 공산주의"―이 용어는 이 나폴리의 철학자에게 마르크스와 엥겔스의 이론을 가장 잘 묘사하는 용어이다―는 "혁명을 제조하지 않고 폭동을 준비하지 않으며 반란을 위한 무기를 제공하지 않는다. …… 한마디로 비판적 공산주의는 프롤레타리아의 상관을 양성하는 학교가 아니라 정확히 이 혁명의 의식이다".[33] 따라서 『공산당

---

29 Benedetto Croce, *Materialismo storico ed economia marxistica*(Naples: Bibliopolis, 2001), p.65.

30 'Antonio Labriola a Benedetto Croce, 25-V-1895', in Croce, *Materialismo storico ed economiamarxistica*(Naples: Bibliopolis, 2001), p.269.

31 "모두 매우 좋고, 단지 약간의 작은 사실적 잘못들과 초반부에 다소 너무 박식한 체하는 문체(의 문제가 있다). 나는 나머지가 매우 궁금했다." Friedrich Engels to Antonio Labriola, 8 July 1895, MEW 39, p.498.

32 Antonio Labriola, 'In Memory of the Communist Manifesto', in idem, *Essays on the Materialistic Conception of History*[New York: Monthly Review Press, 1966(1903)], p.59. trans. modified.

33 Antonio Labriola, 'In Memory of the Communist Manifesto', in idem, *Essays on the Materialistic Conception of History*[New York: Monthly Review Press, 1966(1903)], p.53.

선언』은 "프롤레타리아 혁명의 교본"[34]이 아니라, 오히려 "혁명이 없이, 즉 사회의 일반적인 기본 구조의 근본적인 변화 없이"[35] 사회주의가 가능하다고 생각하는 어떤 사회주의의 순진함을 폭로하는 도구이다.

이탈리아 노동자운동은 마침내 라브리올라에서 동시에 사회주의에 과학적 위엄을 부여하고 민족 문화를 관통하면서 새로운 힘을 불어넣으며 최상의 유럽 철학이나 마르크스주의와 대등하게 경쟁할 수 있는 이론가를 얻었다. 그럼에도 당면한 정치 환경에 대해서는 문제적이었고, 이론적 타협에 비판적이었던 그의 마르크스주의의 엄격함 때문에 이 역시 이탈리아 노동운동에 비시사적인 성격을 띠었다.

두 세기의 접점에 젠틸레Giovanne Gentile의 『마르크스의 철학La filosofia di Marx』(레닌이 나중에 '주목할 가치가 있다'고 쓴 책)[36]의 간행, '사회주의의 죽음'[37]을 선언한 크로체의 저술 그리고 메리노Francesco Saverio Merlino와 그라지아데이Antonio Graziadei의 전투적인 정치적 저서들은 '마르크스주의의 위기'의 바람을 이탈리아에서도 불게 했다. 그렇지만 독일에서와 달리, 이탈리아 사회당에서는 어떤 '정통' 마르크스주의 조류도 없었다. 전투는 개량주의를 한편으로 하고, 혁명적 생디칼리스트를 다른 한편으로 하는 두 '수정주의' 사이에서 벌어졌다.[38]

---

34 Antonio Labriola, 'In Memory of the Communist Manifesto', in idem, *Essays on the Materialistic Conception of History*(New York: Monthly Review Press, 1966(1903)], p.40.

35 Antonio Labriola, 'In Memory of the Communist Manifesto', in idem, *Essays on the Materialistic Conception of History*(New York: Monthly Review Press, 1966(1903)], p.84.

36 Vladimir Ilyich Lenin, 'Karl Marx: A Brief Biographical Sketch with an Exposition of Marxism-Bibliography', *Collected Works*, Vol.21(Moscow: Progress Publishers, 1980), p.88.

37 이와 관련해 크로체의 논문 "Come nacque e come morì il marxismo teorico in Italia(1895-1900)", in *Materialismo storico ed economia marxistica*(Naples: Bibliopolis, 2001), pp.265~305 참조.

38 Roberto Michels, *Storia del marxismo in Italia*(Rome: Luigi Mongini Editore, 1909), p.120.

같은 시기 1899년에서 1902년 사이에 번역의 새로운 분출이 이탈리아 독자로 하여금 마르크스와 엥겔스의 당시 이용 가능했던 저작의 많은 부분들에 접근할 수 있도록 했다. 이런 맥락에서『공산당선언』의 새로운 번역이 라브리올라의 「공산주의 선언을 기념하여」의 세 번째 판의 부록으로 출간되었다. 그것은 이탈리아에서 제2차 세계대전이 끝날 때까지 간행된 마지막이 될 것이었다. 그 판은, 어떤 이들은 라브리올라의 탓으로, 다른 이들은 그의 부인 스프렝거Rosalia Carolina De Sprenger 탓으로 돌렸던, 다수의 부정확함과 생략들을 드러냈으며 다른 많은 판에서는 사용되지 않았다.

따라서 베네티의 판은 1940년대 후반까지 가장 널리 사용된 판이 되었다. 이 판은 많은 판들의 출판이 사회당의 주요 선전 기구인 전진 출판사Società editrice Avanti의 후원으로 진행되었던 1910년부터 여러 차례 재간행되었다. 특히 주목할 가치가 있는 것은 1914년에 출간된 두 버전이었다. 그중에 두 번째는 엥겔스의『공산주의의 원리』도 포함했다. 1914년에서 1916년 사이(다시 1921년에서 1922년 사이) 이 판은 마르크스-엥겔스 저작집Opere의 첫 번째 권으로 활용되었다. 이 저작집은 당시에 만연했던 혼동을 확인해주는 흔적으로서, 독일에서처럼 라살레의 다양한 저술들을 포함했다. 이어서 키엔탈 회의의 14개 항목들과 짐머발트 회의의 선언을 포함한 부록이 있는 한 개의 판이 1917년에, 2개의 판이 1918년에, 사세르도트Gustavo Sacerdote에 의한 개정 번역판이 1920년에(1922년에 두 번 다시 간행되었다), 마지막 판이 1925년에 나왔다. 이 전진 사의 판들에 더해 1920년에서 1926년 사이 소형 출판사들이 일곱 번 재간행을 했다.

20세기 첫 10년 동안 마르크스주의는 이탈리아 사회당의 일상적 실천으로부터 묵살되었다. 1911년의 유명한 의회 논쟁에서 수상 지올리티Giovanni Giolitti는 다음처럼 말할 수 있었다. "사회당은 강령을 매우 온건하게 했다. 카를 마르크스는 다락방에 처박혔다."[39] 직전까지 책 시장에 넘쳐흘렀던 마르크스의 저작에 대한 논평들은 이제 바싹 말라버렸다. 몬돌포Rodolfo Mondolfo의 철학적 연구와 소수의 예외에서 '마르크스로의 귀환'을 제외하면 같은 조류가 1910년대에도 지속되었다. 한편 부르주아 진영에서 '마르크스주의의 붕괴'를 축하했다면, 가톨릭교회에서는 편견을 풍기는 비난들이 분석 시도를 오랫동안 압도했다.

1922년 파시스트 야만주의가 무대에 불쑥 등장했고, 그 이후 수년 동안 모든 판의 『공산당선언』이 공공 및 대학 도서관에서 제거되었다. 1924년 마르크스의 출판물들이나 노동자운동과 관련된 모든 것이 블랙리스트에 등재되었다. 결국 1926년의 '초超파시스트' 법이 야당의 해체를 공포했으며 이탈리아 현대사의 가장 비극적 시대를 열었다.

비합법적으로 타이핑되었거나 톱니바퀴식 철필로 긁는 등사기로 인쇄된 한 줌의 판들 외에는 1926년에서 1943년 사이 이탈리아어로 출간된 소수의 마르크스 저작들이 해외에서 발간되었다. 이 중에서 프랑스에서 1931년과 1939년에 2개의 판이, 모스크바에서 1944년에 톨리아티의 새로운 번역으로 다른 판의 『공산당선언』이 나왔다. 그렇지만 『공산당선언』의 별도 판 3개는 침묵 모의에서 예외였다. 이 중 2개 판이 사전 요청에 따라 '학자들의 사용을 위해' 1934년에 나왔다. 첫 번째 판은 또한 라브리올라, 로리아, 파레토Vilfredo Pareto, 베버Max Weber, 지멜Georg Simmel의 저서들도 포함했다. 이는 미헬스가 한 권으로 편집한 『정치학과 경제학Politica ed economia』에 실렸다(그는 개인적으로 베네티의 번역을 수정했다).[40] 두 번째 판은 라브리올라의 판으로 플로렌스에서 출판되었고 또 다른 선집 작업, 즉 『권리헌장Le carte dei diritti』의 '자유주의와 사회주의의 고전' 시리즈 첫 번째 권으로 나왔다. 세 번째 판은 다시 라브리올라의 판이었지만 이번에는 크로체의 편집에 의해, 라브리올라의 『유물론적 역사 이해에 관한 논문들』의 부록으

---

39 이 어구는 지올리티가 의회에서 1911년 4월 8일에 말한 것이다.
40 이 베티니의 신판에 담긴 변화는 텍스트의 일부를 왜곡하고 숨기려는 실제 시도를 나타났기 때문에, 그것은 덜 위협적이고 더욱 파시스트 이데올로기와 일치했을 것이다.

로서 1938년에 출판했다. 이 책은 또한 가장 명료한 제목 「이탈리아에서 어떻게 이론적 마르크스주의가 탄생하고 사망했는가 Come nacque e come mori il marxismo teorico in Italia」(1850~1900)로 나중에 유명해질 크로체의 논문도 포함했다. 그렇지만 이 관념론 철학자는 이탈리아 '마르크스주의'가 사망한 것이 아니라 그람시의 『옥중수고』에 갇혔을 뿐이었다는 것을 잘 몰랐다. 이 저작은 곧 그 모든 이론적이고 정치적 진가를 드러낼 것이었다.

파시즘으로부터의 해방은 더불어 『공산당선언』의 새로운 판이 나오게 했다. 이탈리아 공산당의 지역 조직들은 남부 이탈리아의 해방된 지역에서 소형 개인 출판사를 설립해 1943년에 3개의 판, 1944년에 8개 판을 간행하면서 마르크스와 엥겔스의 그 저서에 새 삶을 주었다. 이 현상이 후속 연도에도 계속되어 전쟁이 끝난 1945년에 9개 판으로부터 1948년, 출판 100주년의 위업 tour de force까지 계속되었다.

5. 『공산당선언』의 현재적 중요성

이런 역사적 검토는 이탈리아가 『공산당선언』에서 얼마나 뒤쳐졌는지를 명확히 보여준다. 많은 나라에서 『공산당선언』은 마르크스와 엥겔스 저작 중 최초로 번역된 반면, 이탈리아에서는 다른 여러 저술들 이후에야 겨우 출판되었다.[41] 『공산당선언』은 대수롭지 않은 정치적 영향을 지녔으며 결코 노동자운동

---

41 이탈리아에서 『공산당선언』 출판까지 도달했던 마르크스와 엥겔스의 주요 저작의 출판 연대기는 다음과 같다. Karl Marx, *La guerra civile in Francia*(1871), Friedrich Engels, *Dell'autorità* (1873), Karl Marx, *Dell'indifferenza in materia politica*(1873), Carlo Cafiero, *Il capitale di Carlo Marx brevemente compendiato da Carlo Cafiero*(1879), Karl Marx, *Il capitale*(1882~ 1884), Friedrich Engels, *L'evoluzione del socialismo dall'utopia alla scienza*(1883), Friedrich

의 주요한 문서가 되지는 못했다. 또 사회주의 지도자들의 정치의식을 형성하는 데 결정적이지도 못했다. 그럼에도 이것은 학자들에게 몹시 필요했으며(라브리올라의 사례를 언급했다), 다양한 판을 통해 대중 사이에 중요한 역할을 했고 마침내 그들의 (이론적으로) 지도적인 참고문헌이 되었다.

최초의 출판 이후 160년, 수많은 마르크스의 옹호자, 반대자, 추종자들이 연구한 『공산당선언』은 매우 다양한 국면들을 통과했으며 '과학적 사회주의'의 이정표로 혹은 콩시데랑트Victor Considerant의 『민주주의 선언』의 표절 행위로, 세상의 계급 증오를 조장한 죄가 있는 선동적인 저작으로 혹은 국제 노동자운동을 위한 해방의 상징으로, 과거로부터 전해진 고전으로 혹은 '오늘날의 자본주의 지구화'의 현실을 미리 내다본 저작 등으로 매우 다양한 방식으로 읽혔다. 어떤 해석을 선호할지라도 한 가지는 분명하다. 역사상 어떤 다른 저작도 그런 활력을 낳고 그렇게 폭넓게 유포될 수 없었다는 것이다. 왜냐하면 『공산당선언』은 라틴 아메리카와 일본, 미국, 유럽 전체에서 계속해서 출판되고 이야기되어왔기 때문이다. 만약 어떤 저서의 영원한 젊음이 어떻게 나이 들어가는지를 알거나, 혹은 항상 새로운 사상을 자극할 수 있다는 데 놓여 있다면, 『공산당선언』이야말로 확실히 이런 덕을 갖추고 있다고 말할 수 있다.

Engels, *L'origine della famiglia, della proprietà privata e dello Stato*(1885), Karl Marx and Friedrich Engels, *Manifesto del partito comunista*(1889), Karl Marx and Friedrich Engels, *Manifesto del partito comunista*(1891), Karl Marx and Friedrich Engels, *Manifesto del partito comunista*(1892).

10
세계적 차원에서 [그룬트리세] 유포와 수용

1. 1858~1953년: 100년 동안의 고독

　1858년 5월에『정치경제학 비판을 위하여』의 작업을 위해 [그룬트리세]를 그만두고 난 뒤, 마르크스는 전자를 구성하기 위해 이 수고의 일부를 이용했을 뿐 거의 다시는 쓰지 않았다. 사실 마르크스는 자신의 이전 연구를 들먹이고 심지어 문장 전체를 가져오는 것이 습관적이었음에도, 1861~1863년의 예외를 제외하면『자본론』의 수고들에는 [그룬트리세]에 대한 어떠한 언급도 없다. 그가 이전에 탐구했던 것보다 더 특수한 문제를 푸는 데 몰두함에 따라, 이 수고는 용도 폐기된 다른 원고 속에 파묻혔다.

　확실하지 않지만 엥겔스도 [그룬트리세]를 읽었을 것 같지 않다. 잘 알려졌듯이 마르크스는 죽을 때까지『자본론』제1권만 겨우 완성할 수 있었으며, 제2, 3권의 미완성 수고는 엥겔스가 선별하고 편집해서 출판했다. 이 작업 과정에서 엥겔스는『자본론』의 수고들을 담은 노트 수십 권을 검토했음이 틀림없다. 그리고 산더미같이 쌓인 원고를 정돈했을 때, 그는 [그룬트리세]를 대충 넘겨보면서 이것이 친구의 미성숙한 작업 판본—심지어 1859년『정치경제학 비판을 위하여』보다 선행한—이며, 따라서 자기의 목적에는 맞지 않는다고 결론 내렸을 것이라고 보는 게 타당하다. 그뿐만 아니라 엥겔스는 그가 출판한『자본론』제2, 3권 서문에서도, 자신의 엄청난 분량의 편지에서도, 결코 [그룬트리세]를 언급한 적이 없다.

엥겔스 사후에 마르크스 저작의 원본 대부분은 베를린에 있는 독일 사민당 문서보관소에 보관되었고 극도로 방치되었다. 당내 정치투쟁이 마르크스가 남긴 수많은 중요한 문서들의 출판을 방해했다. 실제로 그 투쟁들은 수고를 흩어지게 했고, 오랫동안 그의 저작의 완전한 판본을 생산하지 못하게 했다. 아무도 마르크스의 지적 유산의 보고를 책임지지 않았으며, [그룬트리세]가 그의 다른 원고와 같이 묻혀 있게 했다.

이 시기에 빛을 본 유일한 [그룬트리세]의 원고 부분은 [서설]로서, 1903년 카우츠키가 ≪신시대≫에 1857년 8월 23일의 '단편적 원고'라는 간략한 표시와 함께 실었다. 카우츠키는 그것이 마르크스의 대표작에 대한 서문임을 주장하면서 '정치경제학 비판의 서문Einleitung zu einer Kritik der politischen Ökonomie'이라는 제목을 달았고, "그것의 단편적 성격"에도 "수많은 새로운 관점을 제공한다"고 주장했다 (Marx, 1903: 710 n. 1). 이 저작은 상당한 관심을 받았다. 최초의 외국어 번역이 프랑스(1903)와 영국(1904)에서 나왔고, 1907년에 카우츠키가『정치경제학 비판을 위하여』의 부록으로 출판한 이후 광범하게 알려졌다. 러시아(1922), 일본(1926), 그리스(1927), 중국(1930)을 포함해 더 많은 번역이 뒤따르면서, [서설]은 마르크스의 이론적 생산 중에서 가장 잘 언급되는 저작의 하나가 되었다.

그렇지만 운명의 여신이 [서설]에 미소 짓는 동안, [그룬트리세]는 오랫동안 알려지지 않은 채로 남았다. 카우츠키가 [서설]과 함께 [그룬트리세] 전체 원고를 발견하지 못했다고 보기 어렵지만, 이 수고에 대헤 언급한 적이 한 번도 없다. 얼마 뒤인 1905년에서 1910년 사이에 마르크스의 미출판 원고 일부를 출판하기로 결심했을 때, 카우츠키는 그가 『잉여가치학설사』란 제목을 붙였던 1861~1863년 원고에 집중했다.

[그룬트리세]는 1923년에 모스크바의 마르크스-엥겔스 연구소 소장이자 MEGA의 조직자였던, 리야자노프 덕분에 발견되었다. 베를린에 있던 유고들을 검토한 후 모스크바에 있는 사회주의 아카데미에 보낸 마르크스와 엥겔스의 문헌 유산 보고서에서 그는 [그룬트리세]의 존재를 밝혔다.

나는 마르크스의 저술들 중에 또 다른 여덟 권의 경제학 연구 노트를 찾았다. …… 이 수고는 1850년대 중반으로 상정될 수 있으며 마르크스 저작 [『자본론』]의 초고를 담고 있다. 마르크스는 당시에 제목을 달지 않았었다. 이것은 [또] 『정치경제학 비판을 위하여』의 첫 번째 판본에 해당한다(Ryazanov, 1925: 393~394).[1]

리야자노프는 "이 노트들 중 하나에서" "카우츠키가 『정치경제학 비판을 위하여』의 '서문'을 발견했다"고 계속 말했다. 이 『자본론』의 예비 수고가 "마르크스의 지적 발전의 역사와 그의 특유의 연구와 저술 방법을 알려주기 때문에 비상하게 흥미롭다"고 생각했다(Ryazanov, 1925: 394).

마르크스-엥겔스 연구소MEI, 프랑크푸르트의 사회연구소, (독일) 사민당SPD(마르크스와 엥겔스 유고에 대한 보호권을 여전히 보유했던) 간의 MEGA 출판에 대한 합의 아래, [그룬트리세]는 다른 많은 미간행 저술들과 함께 촬영되었으며 모스크바의 전문가들에 의해 연구되기 시작했다. 1925년에서 1927년 사이에 MEI의 벨러Pavel Veller는 『자본론』의 모든 예비 초고들의 목록을 작성했다. 그중 첫 번째가 [그룬트리세] 자체였다. 이 수고는 1931년까지 완전 해독되어 활자화되었으

---

1 이 보고서의 러시아어 판은 1923년에 출판되었다.

며, 1933년 러시아에서 일부가 [화폐에 관한 장]으로 출판되었고, 2년 뒤 독일에서 한 판본이 뒤따랐다. 최종적으로 1936년에 마르크스-엥겔스-레닌 연구소MELI (MEI의 후신)는 [그룬트리세]의 노트 여덟 권 중 여섯 권을 문헌학적으로 연구해 냈는데 이는 남은 편집상의 문제를 해결할 수 있게끔 하는 것이었다.

그 후 1939년 모스크바에서 마르크스의 마지막 중요한 수고—그의 생애에서 지적으로 가장 왕성한 시기 중 하나에서 나온 방대한 저작—가 벨러에 의해 출판되었다. 그는 이 저작의 제목을 『1857~1858년 정치경제학 비판 요강(초고)Grundrisse der Kritik der politischen Ökonomie(Rohentwurf)』이라고 달았다. 2년 뒤 리카도의 『정치경제학과 과세』에 대한 마르크스의 1850~1851년 논평, 바스티아와 캐리에 대한 그의 논평, [그룬트리세]에 대한 벨러 자신의 목록 그리고 1859년 『정치경제학 비판을 위하여』를 위한 원초고Urtext로 구성된 부록이 뒤따랐다. 1939년 판본의 마르크스-엥겔스-레닌 연구소의 서문은 이것의 비상한 가치를 부각했다. "이번에 처음으로 완본을 출간하는 1857~1858년 수고는 마르크스의 경제학 작업에서 결정적인 단계를 나타낸다"(Marx-Engels-Lenin Institute, 1939: VII).

비록 편집 방침과 출판 형식이 유사했어도 [그룬트리세]는 MEGA의 책으로 포함되지 않고 별도로 출판되었다. 더욱이 제2차 세계대전에 임박해 출판되었다는 점은 이 저작이 사실상 알려지지 않게 되었다는 것을 뜻했다. 3,000부는 곧 희소해졌고 겨우 몇 부만 소련 국경을 넘을 수 있었다. [그룬트리세]는 러시아 최초의 마르크스-엥겔스 저작집인 1928~1947년 전집 판본에 없었으며, 1953년에야 독일에서 최초로 재출판되었다. 한편 [그룬트리세] 같은 텍스트가 스탈린 시절에 출판되었다는 사실이 놀라운데, 왜냐하면 당시 소련에서 논쟁 불가였던 '변유', 소련식 '변증법적 유물론'의 경전에 비해 이단적임이 틀림없었기 때문이다. 다른 한편으로 [그룬트리세]는 당시 독일에서 유포되지 않고 있었던 마르크스 저작들 중 가장 중요한 것이었다는 사실을 명심해야 한다. 동베를린에서 이 수고 3만 부의 최종적인 출판은 마르크스의 해Karl Marx Jahr—마르크스의 사망 70주년과 탄생 150주년[2]―를 기념하는 행사의 일부였다.

1857~1858년에 저술되었던 [그룬트리세]는 100년 동안의 고독 이후, 겨우 1953년 이후에야 전 세계에서 읽을 수 있었다.

2. 전 세계에 50만 부 유포

『자본론』에 선행한 이 중대한 신규 수고의 반향과 이것에 부여된 이론적 가치에도 다른 언어 판본들의 출간은 늦어졌다.

[서설] 이후, 가장 먼저 흥미를 불러일으켰던 또 하나의 [그룬트리세] 발췌 원고는 [자본주의 생산양식에 선행하는 제 형태](이하 [제 형태])였다. 이것은 1939년에 러시아어로 번역되었으며, 그 뒤 1947~1948년에 러시아어 판이 일본어로 번역되었다. 그 뒤 이 부분을 독립시킨 독일어 판과 영어 번역본은 폭넓은 독자를 확보하는 데 도움이 되었다. 전자(독일어 판)는 1952년에 마르크스-레닌주의 문고Kleine Bücherei des Marxismus-Leninismus의 일부로 출판되었고, 헝가리어 판(1953)과 이탈리아어 판(1954)의 기준이 되었다. 1964년에 출판되었던 후자(영어 판)는 영어권 국가에서 이것을 전파하는 데 도움이 되었으며, 아르헨티나(1966)와 스페인(1967)에서의 번역을 경유해 스페인어권에 전파되는 데 도움이 되었다. 영어 판 편집자, 홉스봄Eric John Ernst Hobsbawm은 이것([제 형태])의 중요성을 강조하는 데 도움이 되는 서문을 추가했다. 그는 다음처럼 썼다. [제 형태]는 "역사의 진화 문제를 파악하려는 마르크스의 가장 체계적인 시도"이며, "[이것을] 고려하지 않

---

2   1953년이 마르크스의 사망 70주년인 것은 맞지만 탄생 150주년은 1968년이다. 그래서 3만 부
     출판은 사망 70주년 행사였다고 보인다. 1968년에 탄생 150주년 행사는 있었겠지만 [그룬트리
     세] 출판과의 연관 관계는 불명확하다. ― 옮긴이 주

은 마르크스주의 역사학 논의는 어떤 논의라도 …… 반드시 이것을 감인해 제고되어야 한다고 주저 없이 말할 수 있다"(Hobsbawm, 1964: 10). 전 세계의 점점 더 많은 학자들이 이 저작에 진정으로 관심을 나타내기 시작했으며, 이 저작은 수많은 다른 나라들에서 출판되었고 모든 나라에서 주요한 역사학적·이론적 논의를 촉발시켰다.

[그룬트리세] 전체의 번역은 1950년대 후반에 시작되었다. 이 수고의 유포는 마침내 마르크스 전 저작에 대한 더욱 철저한, 어떤 측면에서는 다른 평가를 가능케 했던, 느리지만 결코 멈출 수는 없는 과정이었다. [그룬트리세]의 최고 해석자들이 원어로 씨름했지만, 각 국가의 언어로 출판된 이후에야 독일어를 못 읽는 학자들과, 무엇보다 정치 투사와 대학생들 사이에서 [그룬트리세]에 관한 광범위한 연구가 출현했다.

최초의 출판은 일본(1958~1965)과 중국(1962~1978)에서 이루어졌다. 러시아어 판은 소련에서 1968~1969년에 2차 전집의 확대 판본의 증보판으로 겨우 출판되었다. 그 전집 판본(1955~1966)에서 원래의 [그룬트리세] 배제는, 소련의 텍스트 선별을 재생산했던 1956~1968년의 MEW에서도 동일한 [그룬트리세] 부재를 초래했기 때문에 그만큼 더 심각했다. 따라서 대부분의 다른 나라 언어로 번역되는 원본이자 가장 광범하게 사용되는 마르크스와 엥겔스 저작의 판본인 MEW는 1983년에 증보판으로 출판될 때까지 [그룬트리세]를 박탈당했다.

[그룬트리세는 또한 1960년대 후반에 서유럽에서 유포되기 시작했다. 최초의 번역본은 프랑스(1967~1968)에서 출간되었지만, 질이 낮아서 1980년에 더욱 충실한 판본으로 대체되어야 했다. 1968년과 1970년 사이에 이탈리아어 판본이 뒤따랐는데, 의미심장하게도 프랑스에서처럼 공산당과는 독립적인 출판사의 주도로 나왔다.

이 텍스트는 1970년대에 스페인어로 출판되었다. 앞의 프랑스어 판본으로부터 번역했기 때문에 가치가 거의 없었고 유포도 그 나라 경계 내에 머무른 쿠바

의 1970~1971년 판을 제외한다면, 진정한 최초의 스페인어 번역은 1971~1976
년 사이 아르헨티나에서 성취되었다. 스페인, 아르헨티나, 멕시코가 공동으로
출판한 또 다른 번역 3개가 뒤따랐기 때문에, 스페인어가 [그룬트리세] 번역에
서 가장 큰 숫자를 차지한 언어가 되었다.

영어 번역은 이에 선행해 1971년 발췌 원고들의 선별집이 먼저 나왔는데, 그
편집자 맥렐란은 독자의 텍스트에 대한 기대를 높였다. "[그룬트리세는『자본
론』의 초고 그 이상이다"(McLellan, 1971: 2). 참으로 다른 어떤 저작들보다 이 수
고는 "마르크스 사상의 다양한 조류의 종합을 담고 있다 …… 어떤 의미에서 마
르크스의 저작들은 하나도 완성된 것이 없지만, 그중에서 가장 완성된 것이 [그
룬트리세]이다"(McLellan, 1971: 14~15). 마침내 완전한 번역이 독일어 원어 판본
이후 만 20년 만인 1973년에 나왔다. 번역자 니콜라스^{Martin Nicolaus}는 서문에서
다음과 같이 썼다.

> 전기적이고 역사적인 거대한 가치 외에도, 이것[그룬트리세]은 많은 새로
> 운 내용을 추가하며 마르크스의 완전한 정치경제학 프로젝트의 유일한 개
> 요이다. ……[그룬트리세는 여태까지 품었던 마르크스에 관한 모든 진지한
> 해석들을 시험에 들게 하고 그들에 도전한다(Nicolaus, 1973: 7).

1970년대는 또한 동유럽 번역계에서도 결정적인 10년이었다. 왜냐하면 소련
에서 허가가 남에 따라 '위성'국가들, 헝가리(1972), 체코슬로바키아(체코어 1971~
1977, 슬로바키아어 1971~1977), 루마니아(1972~1974)뿐 아니라, 유고슬라비아(1979)
에서도 출판에 장애 요인이 더는 아무것도 없었기 때문이다. 같은 기간에 두 가
지 대조되는 덴마크어 판본이 거의 동시에 판매되었다. 하나는 공산당과 연결
된 출판사(1974~1978)가 한 것이었고, 다른 하나는 신좌파와 밀접한 출판사(1975~
1977)가 한 것이었다.

1980년대에 [그룬트리세]는 또한 이란(1985~1987)에서 번역되었다. 이것은 이란에서 어느 정도 분량을 갖춘 마르크스 저작의 최초의 진지한 페르시아어 판본을 구성했고, 여러 비유럽 국가들에서도 마찬가지였다. 슬로베니아어 판은 1985년, 폴란드어 판과 핀란드어 판은 1986년에 나왔다(후자는 소련의 지원을 받았다).

소련의 해체 그리고 실제로는 마르크스 사상의 통명스러운 부정이었던 '현존 사회주의'의 몰락과 함께, 마르크스 저작의 출판에 소강 상태가 있었다. 그럼에도 이 수고의 저자를 둘러싼 침묵이 오직 절대적인 확신하에 이 수고를 망각하는 사람들에 의해서만 깨어지는 때조차, [그룬트리세]는 다른 언어로 계속 번역되었다. 그리스(1989~1992), 터키(1999~2003), 한국(2000), 브라질(2008년 예정)[3]에서의 판본은 이 수고를 지난 20년간 가장 많이, 새로 번역된 마르크스의 저서로 만들었다.

[그룬트리세] 전체를 온전히 번역한 판본은 총 32개이며, 22개 국어[4]로 번역되었다. 일부를 번역한 판본을 제외하고도 50만 부[5] 이상—당시까지 진행된 경제학 연구를 매우 급하게 요약하려고 저술했던 사람을 아주 깜짝 놀라게 할 숫자—이 출판되었다.

---

3   저자가 글을 작성할 때 내용이라서 현재는 번역 완료되었을 것이다. 브라질이 포르투갈어를 사용하므로 4절의 '[그룬트리세] 번역판들의 연대표'(276쪽 참조)에서는 2008년 포르투갈어 판을 가리킨다. — 옮긴이 주

4   4절의 '[그룬트리세] 번역판들의 연대표'(276쪽)를 참조하라. 위에서 언급한 완역 외에 아랍어, 네덜란드어 및 불가리아어에 더해, 베트남어에서 노르웨이어까지의 [서설]과 [자본주의 생산양식에 선행하는 제 형태]의 수많은 번역본뿐 아니라, 스위스어에[Karl Marx, *Grunddragen I kritiken av den politiska ekonomin*(Stockholm: Zenit/R & S, 1971)]와 마케도니아어에[Karl Marx, *Osnovi na kritikata na političkata ekonomija(grub nafrlok): 1857–1858*(Skopje: Komunist, 1989)]에서의 선집도 추가되어야 한다.

5   총계는 연구하는 동안 확인된 문제의 국가들에서의 인쇄 부수를 모두 합해서 계산했다.

3. 독자와 해석자들

[그룬트리세]의 유포뿐 아니라 수용의 역사 역시 출발이 매우 늦은 것이 특징이다. 이것의 결정적 이유는, 재발견에 관련된 우여곡절과는 별도로, 확실히 단편적이고 개략적으로 묘사된 수고 자체의 복잡성 때문이다. 이 때문에 다른 언어로 번역하기에 매우 어려웠다. 이와 관련해 권위 있는 학자인 로스돌스키Roman Rosdolsky는 다음과 같이 말했다.

> 1948년 내가 당시 매우 희귀했던 사본 중 하나를 볼 행운을 얻었을 때 ……
> 처음부터 이것은 마르크스주의 이론에 근본적으로 중요한 저작이라는 것이
> 명확했다. 그렇지만 특이한 형식과 어느 정도 모호한 표현 방식 때문에, 이것
> 은 폭넓은 독자층에서 읽히기에는 전혀 적합하지 않았다(Rosdolsky, 1977: xi).

이런 생각은 로스돌스키로 하여금 텍스트를 명확하게 설명하고 비판적으로 검토하게끔 했다. 그 결과, 1968년 독일에서 출간된『자본론의 형성Zur Entstehungs geschichte des Marxschen 'Kapital', Der Rohentwurf des 'Kapital' 1857-1858』은 [그룬트리세]에 헌정된 최초이자 여전히 핵심적인 저작이다. 이 저작은 여러 언어로 번역되면서, 마르크스 저작의 출판과 유포를 자극했고, 모든 후속 해석에 상당한 영향력을 미쳤다.

1968년은 [그룬트리세]에 중요한 해였다. 로스돌스키의 책 외에도 최초의 영어 논문이 ≪뉴레프트리뷰≫ 3~4월호에 게재되었다. 이는 니콜라스의 논문, 「미지의 마르크스」로서 [그룬트리세]를 더 널리 알리고 완역의 필요를 강조한 장점이 있었다. 한편 독일과 이탈리아에서는 [그룬트리세]가 학생 봉기의 일부 지도적 활동가 사이에서 지지를 획득했다. 이들은 [그룬트리세]를 끝까지 읽어나가면서 급진적이고 폭발적인 내용에 고무되었다. 특히 마르크스-레닌주의가 제공

했던 마르크스 해석을 전복하려 했던 신좌파 학생들 사이에서 [그룬드리세]의 매력은 거부할 수 없는 것이었다.

다른 한편, 시대는 동방에서도 변하고 있었다. [그룬트리세가 거의 완전히 무시되었거나 불신되었던 시초의 시기 이후, 비고드스키Vitali Vygodski의 입문적인 연구, 소련에서 1965년, 독일에서 1967년에 출판된 『위대한 발견의 이야기: 어떻게 마르크스는 '자본론'을 썼나Istoriya odnogo velikogo otkrytiya Karla Marksa』는 급격히 다른 방향을 취했다. 그는 이 수고를 일컬어 "우리를 마르크스의 '창조적 실험실'로 데려다주며, 마르크스가 경제학 이론을 연구한 과정을 한 걸음 한 걸음 따라갈 수 있게 해주며" 따라서 마땅한 주의를 기울일 필요가 있는 "천재적인 작업"으로 정의했다(Vygodski, 1974: 44).

몇 년 만에 [그룬트리세는 영향력 있는 여러 마르크스주의자들에게 핵심적인 텍스트가 되었다. 이미 언급된 학자 외에도, 특히 이와 관련 있는 학자로는 동독의 투흐쉬어러, 서독의 슈미트Alfred Schmidt, 헝가리 부다페스트 학파 구성원들, 프랑스의 세브Lucien Sève, 일본의 히라타Kiyoaki Hirata, 유고슬라비아의 페트로비치Gajo Petrovic, 이탈리아의 네그리Antonio Negri, 폴란드의 샤프, 오스트레일리아의 오클리Allen Oakley가 있다. 일반적으로 [그룬트리세는 어떤 진지한 마르크스 연구자라도 이해해야 하는 저작이 되었다. 여러 가지 미묘한 차이들을 지니는 가운데, [그룬트리세]의 해석자들은 이것을 개념적으로 자체 완결적인 독립된 저작으로 보는 이들과, 단지 『자본론』을 위한 초석을 닦은 초기 수고로 보는 이들로 나뉜다. [그룬트리세] 논의들―논쟁의 핵심은 마르크스에 대한 접근법들의 정당성과 부당성이었는데, 커다란 정치적 반향들을 지녔다―의 이데올로기적 배경은 불충분하고 오늘날에서 보면 터무니없어 보이는 해석들의 전개를 선호했다. 왜냐하면 [그룬트리세에 대한 가장 열성적인 논평자들 일부는 『자본론』을 형성했던 후속 10년간의 강도 높은 연구에도 [그룬트리세가 『자본론』보다 이론적으로 우월하다고 주장했기 때문이다. 유사하게 [그룬트리세를 혐담했던 일부는 마르크스와 헤겔의 관계에 대한 이해에서 중요한 부분들과 또 소외에 관한 중요한 문장들의 존재에도 이것이 마르크스에 관해 이미 알려진 것에 하나도 보탠 것이 없다고 주장했다.

[그룬트리세]에 대한 대립적인 독해뿐 아니라 비非독해도 있었다. 가장 대표적이고 현저한 사례는 알튀세르의 것이었다. 특히 그가 마르크스의, 이른바 침묵을 깨게 하고 "『자본론』안에 남아 있는 비가시적인 잔존물들 중 무엇이나 가시화하기"(Althusser and Balibar, 1979: 32)를 위한 방식으로 독해하려는 시도를 할 때조차 [그룬트리세]에 적혀 있는 수백 쪽의 분량을 간과하면서 마르크스 사상을 청년기 저작과 성숙기 저작으로 분리(나중에 뜨겁게 논쟁된)하는 결과를 초래했고, 1857~1858년 수고의 내용과 중요성을 인정하지 않았다.[6]

그렇지만 1970년대 중반부터 [그룬트리세]에 대한 훨씬 더 확대된 독자와 해석자들이 출현했다. 광범위한 두 가지 논의 중에 하나는 1974년 일본에서(Morita and Yamada, 1974), 다른 하나는 1978년 독일에서(Projektgruppe Entwicklung des Marxschen Systems, 1978) 나타났다. 그러나 다른 여러 저자들 또한 이것에 관해 저술했다. 몇몇 학자는 이것을 마르크스 사상에서 가장 폭넓게 논쟁된 이슈들 중 하나ー그의 헤겔에 대한 지적 부채ー에서도 특별히 중요한 텍스트로 보았다. 다른 이들은 기계와 자동화에 관한 단상에 있는 거의 예언적 언급에 매료되었으며, 일본에서는 또 [그룬트리세]가 근대성을 이해하기 위한 매우 시사적인 텍스트로 읽혔다. 1980년대 중국에서는 최초의 상세한 연구가 출현하기 시작했다. 거기

---

6 세브는 "[서설] 같은 텍스트들을 예외로 하면 [……] 알튀세르가 독해라는 문자 그대로 의미에서 [그룬트리세]를 얼마나 읽지 않았는지"를 회상한다. Lucien Sève, *Penser avec Marx au jourd'-hui*(Paris: La Dispute, 2004), p.29. 세브는 바슐라르의 용어 '인식론적 단절(coupure épisté mologique)'을 차용하면서ー이 용어는 알튀세르 자신이 차용해서 사용했던 바슐라르(Gaston Bachelard)의 용어이다ー 그것(인식론적 단절)의 생성과, 그것과 마르크스의 성숙한 사상과의 일관성에 관해 가장 잘못된 관점으로 향하게 된 '인위적인 서지학적 단절(coupure bibliographique)'에 관해 이야기한다(p.30).

서 그 저작은 『자본론』의 기원을 밝히는 데 사용되었다. 한편 소련에서는 전적으로 [그룬트리세]에 관련한 모음집이 출판되었다(Vv. Aa. 1987).

최근에는 자본주의 생산양식을 설명하는 (또한 비판하는) 마르크스 저작의 지속적 능력이 여러 국제학자의 관심을 불러일으켰다(Musto, 2007, cf.). 이런 부활이 지속되고 정치학 분야에서 마르크스에 관한 새로운 수요가 동반된다면, [그룬트리세는 틀림없이 다시 한 번 중대한 주목을 받는 그의 저작들 중 하나임이 드러날 것이다.

한편 "마르크스의 이론이 지식과 그 지식이 이끄는 정치적 실천의 살아 있는 원천이 될 것"(Rosdolsky, 1977: xiv)이라는 희망에서, 여기서 나타난 [그룬트리세]의 지구적인 유포와 수용 이야기는 그 저자에 대한 온당한 인정으로서 마르크스주의의 역사에 관해 여전히 작성되지 않은 장을 재구성하려는 시도로서 의도된 것이다.

4. [그룬트리세] 번역판들의 연대표

1939~1941 최초의 독일어 판	1953 제2차 독일어 판
1958~1965 일본어 판	1962~1978 중국어 판
1967~1968 프랑스어 판	1968~1969 러시아어 판
1968~1970 이탈리아어 판	1970~1971 스페인어 판
1971~1977 체코어 판	1972 헝가리어 판
1972~1974 루마니아어 판	1973 영어 판
1974~1975 슬로바키아어 판	1974~1978 덴마크어 판
1979 세르비아어/세르비아-크로아티아어 판	1985 슬로베니아어 판
1985~1987 페르시아어 판	1986 폴란드어 판
1986 핀란드어 판	1989~1992 고대 그리스어 판
1999~2003 터키어 판	2000 한국어 판
2008 포르투갈어 판	

11
마르크스의 소외 개념 재논의

1. 소외 개념의 기원

소외는 20세기에 가장 중요하고 널리 논쟁되었던 주제들 중 하나이며, 마르크스의 이론화가 이 논쟁에서 핵심 역할을 했다. 하지만 일반적인 생각과 반대로 소외 개념 자체는 직선적으로 발전하지 않았으며, 이전까지 알려지지 않았던 마르크스의 소외에 대한 사상을 담은 텍스트의 출판이 이 이론의 변화와 확산에 중대한 계기가 되었다.

소외라는 용어의 의미는 몇 세기를 거치면서 여러 차례 변했다. 신학 논의에서 소외는 인간과 신과의 거리를 일컬었으며, 사회계약론에서는 개인의 원초적 자유가 상실되는 것을 의미했고, 영국 정치경제학에서는 재산소유권의 이전을 뜻했다. 소외에 대한 최초의 체계적 설명은『정신현상학』(1807)에서 외화疏外, Entäusserung(문자 그대로 자기 외화 또는 포기)와 소외疏遠, Entfremdung라는 용어를 채택해 정신이 대상성의 영역에서 자신이 아닌 것으로 되는 것을 표현했던, 헤겔에서 나타났다. 소외 문제 전체는 주로 헤겔 좌파의 저술에서 다루어졌다.『기독교의 본질』(1841)에서 포이어바흐의 종교적 소외론—인간이 자신의 본질을 상상 속의 신에 투사한다는 이론—이 이 개념의 발전에 크게 기여했다. 그 후 소외는 철학적 사고에서 사라졌으며, 19세기 후반의 주요 사상가 중 누구도 크게 관심을 보이지 않았다. 심지어 마르크스도 살아 있는 동안 출판한 저작에서 소외라는 용어를 거의 사용하지 않았으며, 제2인터내셔널(1889~1914)의 마르크스주의에서는 전혀 나타나지 않았다.

그렇지만 이 시기 동안 몇몇 사상가가 나중에 소외와 연결되는 개념을 발전시켰다. 뒤르켕Émile Durkheim은 『사회분업론』(1893)과 『자살론』(1897)에서 노동분업이 거대하게 확대되면서 사회적 결속을 보장하던 규범이 위기에 이르는 일련의 현상을 나타내는 '아노미anomie'라는 용어를 도입했다. 생산과정에 거대한 변화를 수반하는 사회적 추세는 또한 독일 사회학자들의 사상에 근간을 이루어서, 지멜이 『화폐의 철학』(1900)에서 개인을 압도하는 사회제도와 인간관계의 점증하는 비인간화에 큰 주의를 기울였다면, 베버는 『경제와 사회』(1922)에서 사회에서 '관료화'와 인간관계에서 '합리적 계산'의 현상에 천착하며 이 두 가지를 자본주의의 본질로 생각했다. 그러나 이들은 이것을 멈출 수 없는 흐름으로 묘사했으며, 이들의 사고는 종종 존재하는 사회정치적 질서를 개선하고자 하는 희망에 의해 이끌린 것이지 존재하는 질서를 다른 것으로 대체하려는 것은 전혀 아니었다.

2. 소외의 재발견

소외 이론은 『역사와 계급의식』(1923)에서 마르크스 『자본론』(1867)의 특정 구절, 특히 '상품물신성Der Fetischcharakter der Ware'에 관한 부분을 언급하며, '물화 혹은 사물화Verdinglichung, Versachlichung'라는 용어를 노동 활동이 인간들에게 대상적이고 독립적인 것으로서 맞서면서 외적인 자율적 법칙으로 인간을 지배하는 현상을 묘사하는 데 사용했던 루카치에 의해 재발견되었다. 하지만 루카치의 이론은 핵심에서 물화를 구조적으로 주어진 것으로 생각했기 때문에, 여전히 헤겔 이론과 비슷했다. 훨씬 나중에 프랑스어 번역판(1960)이 출간된 이후 그의 이론이 학생과 좌파 활동가들 사이에서 광범위한 반향을 얻자, 루카치는 장문의 자기비판이 담긴 서문(1967)을 달아 재출판하기로 결정했다. 이 서문에서 그는 "『역사와 계급의식』은 헤겔을 따라 지나치게 소외를 대상화와 동일시했다"고 설명했다(Lukács, 1971).

1920년대 이 주제에 집중했던 또 다른 저자는 루빈Isaak Rubin이었다. 그는 『마르크스의 가치론』(1928)에서, 상품물신성 이론이 "마르크스의 전체 경제학 체계와 특히 가치론의 근간"(Rubin, 1972)을 이룬다고 주장했다. 이 러시아 저자의 입장에 따르면, 사회적 관계의 물화가 "상품-자본주의 경제의 실제 현실"(Rubin, 1972: 28)이었다. 이는 "생산관계의 물질화와 연관되며, 단지 '신비화' 혹은 '환상'만이 아니었다. …… 이는 현대 사회의 경제구조의 특징들 중 하나이다. …… 물신성은 사회적 의식의 현상일 뿐 아니라 사회적 존재의 현상이기도 하다"(Rubin, 1972: 59).

이런 통찰력에도—글이 써진 시점을 고려한다면 탁월한 선견지명이 있었지만— 루빈의 저작의 소외 이론과의 거대한 친화성은 주목받지 못했다. 루빈의 저작이 영어로 번역(1972)된 이후에야(그리고 영어로부터 다른 언어로 번역되고서야) 서방에서 수용되기 시작했다.

마침내 소외 개념이 혁명적으로 확산된 결정적인 사건은, 이전에 출판되지 않았던 마르크스의 청년기 텍스트인 [1844년 경제학·철학 수고]가 1932년에 출판된 것이었다. 이 책은 순식간에 20세기에서 가장 널리 번역되고 유포되며 토론된 철학 서적의 하나가 되었다. 이 책은 마르크스의 경제학 사상이 형성되는 중요한 시기에, 즉 정치경제학의 발견에서 소외 이론이 핵심적 역할을 했다는 것을 보여주었다.[1] 마르크스는 소외된 노동entfremdete Arbeit[2]이라는 범주를 통해 소외 문제를 철학, 종교나 정치 영역으로부터 물질적 생산의 경제 영역으로 넓혔을 뿐 아니라, 또한 경제 영역이 다른 영역에서의 소외를 이해하고 극복하는 데 핵심이라는 것을 보여주었다. [1844년 경제학·철학 수고]에서 소외는, 노동 생산물이 '생산자와 독립적인 힘으로, 낯선 것으로' 노동과 대립하는 현상으로 제시되었다.

> …… 노동자의 생산물에서 외화[Entäusserung]는 그의 노동이 **외부적** 존재인 대상이 된다는 것일 뿐 아니라, 그와 독립하고 그에게 낯설게 **그의 외부에** 존재하며 자립적 힘으로 그에게 대립하기 시작한다는 것, 즉 그가 대상에게 부여했던 생명이 적대적이고 낯설게 그에게 대립한다는 것을 의미하는 것이기도 하다(Marx, 1992b: 324).

이 일반적 정의와 더불어, 마르크스는 부르주아 사회에서 노동자가 소외되는 네 가지 방식—① "그를 압도하는 낯선 대상"이 되는, 그의 노동의 생산물로부터, ② 마치 "자신에게 속하지 않는 것"(Marx, 1992b: 77)처럼, "직접적으로 자신에게 적대하는 것"으

---

1   사실 마르크스는 [1844년 경제학·철학 수고]를 쓰기 전에 이미 소외 개념을 사용했다. 1844년 2월 ≪독불연보≫ 한 구절에서 다음과 같이 썼다. "그러므로 진리의 피안이 사라진 뒤에 차안의 진리를 확립하는 것이 역사의 임무 ……]이다. 인간의 자기소외의 신성한 형태가 폭로된 뒤에 그 신성하지 않은 형태의 자기소외를 폭로하는 것이 무엇보다 바로 역사에 봉사하는 철학의 직접적 임무이다. 이리하여 천상의 비판은 지상의 비판으로, 종교 비판은 법률 비판으로, 그리고 신학 비판은 정치 비판으로 전환된다." Karl Marx, *Early Writings*(London: Penguin, 1992), p.244~245.
2   마르크스의 저술에서 외화(Entäusserung)뿐 아니라 소외(Entfremdung)라는 용어도 발견된다. 이들은 헤겔에서 상이한 의미이지만, 마르크스는 동의어로 사용한다. Marcella D'Abbiero, Alienazione in Hegel. *Usi e significati di Entäusserung, Entfremdung Veräusserung*(Rome: Edizioni dell'Ateneo, 1970), p.25~27.

로 그가 느끼는 그의 노동 활동에서, ③ "그에게 낯선 존재"로 변형되는 "인간의 유적 존재"로부터, ④ 다른 인간으로부터, 그들의 노동과의 그리고 그들의 노동대상과의 관계에서 (Marx, 1992b: 80)—을 열거했다.[3]

헤겔과 달리 마르크스에게 소외는 대상화 그 자체와 유사한 것이 아니라, 임금노동과 노동 생산물이 생산자에게 대립하는 대상으로 변하는, 특정한 경제 형태 내의 특별한 현상이었다. 이 두 입장의 정치적 차이는 매우 크다. 헤겔이 소외를 노동의 존재론적 표현이라고 보았다면, 마르크스는 특별한 자본주의 생산 시대의 특징으로 여겼으며 "사회를 사적 소유로부터의 해방"(Marx, 1992b: 83)시킴으로써 이 소외를 극복할 수 있다고 생각했다. 마르크스는 제임스 밀의 『정치경제학 요강』으로부터의 발췌를 담은 노트에서 비슷한 점을 지적했다.

> 노동은 생명의 자유로운 표현이 되며, 따라서 생명의 즐거움이 될 수 있다. 사적 소유의 틀 내에서 노동은, 내가 자신을 위한 생활 수단을 제공하기 위해서, 살기 위해서, 노동해야 하기 때문에, 생명의 소외이다. 나의 노동은 생명이 아니다. 더욱이 나의 노동에서, 나의 개성의 특별한 성격은 나의 개인적 생명일 것이기 때문에, 나의 개성의 특별한 성격이 긍정될 수 있다. 노동은 진정성 있고, 활동적인 속성일 수 있다. 사적 소유의 틀 내에서는 내가 이 활동을 혐오하고 그것이 나에게 고문인 수준까지 나의 개성은 소외된다. 사실상 이 활동은 단지 활동의 외관에 지나지 않게 되며, 이 때문에 그 활동은 내적 필연성이 아니라 외적·자의적 필요를 통해 나에게 부과되는 강제적 노동일 따름이다(Marx, 1992c: 278).

---

3 마르크스의 소외의 네 가지 유형에 대해서는 Bertell Ollman, *Alienation*(New York: Cambridge University Press, 1971), p.136~152 참조.

따라서 이런 단편적이고 때로는 머뭇거리는 것 같은 초기 저작에서조차, 마르크스는 항상 소외를 자연적이 아닌 역사적 관점으로부터 논했다.

3. 비마르크스주의적 소외의 이해

그렇지만 소외에 대한 역사적·비존재론적non-ontological 이해가 다시 부상하는 데는 많은 시간이 걸렸다. 20세기 초에 이 현상을 다룬 대부분의 저자들은 소외를 인간 존재의 보편적인 양상으로 보았다. 예를 들면 하이데거Martin Heidegger는 『존재와 시간』(1927)에서 소외를 순수한 철학적 용어로서 접근했다. 그가 소외의 현상학에서 사용한 '타락verfallen'이라는 범주는 인간 존재를 존재론적으로 구성하는 현존재Dasein가 참되지 않은 주변 세계에 순응해 자신을 잃어버리는 경향을 뜻했다. 하이데거에게 "그 세계로 타락한다는 것은 서로 함께 존재Being-with-one-another하는 것, 즉 잡담, 호기심, 모호함에 의해 이끌리는 것에 몰두하는 것을 의미한다". 이는 마르크스의 이론적 천착의 핵심이었던 공장 노동자의 조건과는 매우 달랐다. 특히 하이데거는 이 '타락'을 "아마도 인간 문명의 더욱 진보한 단계에서는 제거할 수 있는, 나쁘고 개탄스러운 존재적ontical 속성"이 아니라, 오히려 "세계 내 존재Being-in-the-world의 **실존주의적 양식**인 존재론적 특징"으로 간주했다(Heidegger, 1962: 220~221).[4]

---

4   루카치는 1967년 재출판된 『역사와 계급의식』의 서문에서, 하이데거의 소외는 "사회에 대한 비판을 순전히 철학적인 문제로 승화시켜" 정치적으로 무해한 개념이 되었다고 평가했다. Georg Lukács, *History and Class Consciousness*(Cambridge: MIT Press, 1971), p.xxiv. 하이데거는 또한 『"인간주의"에 관한 편지』(1946)에서 마르크스 소외 개념의 의미를 왜곡시키려 했는데, 그는 "소외를 경험하는 것을 통해 [마르크스개역사의 본질적 차원에 도달한다"고 마르크스를 인정하는 것처럼 썼다. Martin Heidegger, "Letter on Humanism," in *Basic Writings*(London: Routledge, 1993), p.243. 하지만 이것은 마르크스의 저술들에 근거하지 않은 잘못된 정식화였다.

마르쿠제는, 하이데거와 달리 마르크스의 작업을 잘 알았지만, 소외를 대상화 자체와 동일시했지, 자본주의 생산관계 내의 표현과 동일시하지 않았다. 1933년에 발표한 논문에서, 그는 "노동의 고통스러운 성격은"(Marcuse, 1973: 25) 단지 "노동 수행의 특정한 조건, 노동의 특수한 사회-기술적 구조화"에 기인한다고 볼 수 없으며, 노동의 근본적 특징의 하나로 보아야 한다고 주장했다.

> 노동하는 데서 노동자는 항상 '사물과 함께'한다. 노동자는 기계 옆에 서 있건, 기술적 계획을 세우건, 조직적 조치들에 관계하건, 과학적 문제를 탐구하건, 사람들에게 지시를 내리건, 인간의 활동에서 인간은 사물의 지시를 받고 자신을 복종시키며 사물의 법칙을 따르게 허용한다. 심지어 그가 대상을 지배할 때조차 그러하다. …… 각각의 경우에 인간은 '자신과 함께'가 아니며, …… 심지어 이런 활동이, 자유롭다고 가정하는 자신의 삶을 성취할 때조차 '자신이 아닌 타자'와 함께한다. 이런 인간 실존의 외화와 소외는 …… 근본적으로 제거할 수 없다(Marcuse, 1973: 25).

마르쿠제에게는 "인간 실존의 그 본질"에 속하는 "노동 활동의 근원적 부정성"(Marcuse, 1973)이 있었다. 따라서 소외에 대한 비판은 기술과 노동 일반에 대한 비판이 되었으며, 소외의 극복은 사람들이 생산적 활동에서는 부정당했던 자유를 획득할 수 있을 때, 유희의 순간에서만 오직 가능한 것이라고 여겼다. "공을 던져 올리는 바로 그 한 번의 행위에서, 운동선수는 기술적 노동의 가장 강력한 성취와 비교할 수 없이 더 높게, 대상화를 넘어선 인간 자유의 거대한 승리를 성취한다"(Marcuse, 1973: 14~15).

『에로스와 문명』(1955)에서 마르쿠제는 마르크스의 소외 이해와는 확연히 다른 입장을 취하면서, 인간 해방은 오직 노동의 폐지와 사회적 관계에서 성욕(리비도)과 유희의 긍정을 통해서만 성취될 수 있다고 주장했다. 그는 생산수단의 공동 소유에 근거한 사회가 소외를 극복할 수 있는 가능성을 기각했다. 그 이유는 임금노동만이 아니라 노동 일반이 다음과 같은 노동이다.

…… 그들이[인구의 대다수가] 통제하지 못하는 어떤 기구apparatus를 위한, 개인이 살기를 원한다면 반드시 복종해야 하는 독립적인 권력으로 작동하는 기구를 위한, 노동이다. 그리고 그 기구는 노동 분업이 더욱 세분화될수록 **더욱더 낯설게 된다. …… 개인들은 소외 속에서, 만족감의 부재와 쾌락 원리의 부정성 속에서 작업한다**(Marcuse, 1966: 45).

인간이 반란을 일으켜야 할 근본적인 규범은 사회가 부과하는 '성취의 원리performance principle'이다. 왜냐하면 마르쿠제의 관점에서 다음 때문이다.

성생활sexuality과 문명 간의 갈등이 이런 지배의 발전과 함께 전개되기 때문이다. 성취의 원리의 지배 밑에서 몸과 마음은 소외된 노동의 도구로 전락하는데, 몸과 마음은 인간 유기체의 본래 상태이자 이 유기체가 욕구하는 것인 성적인 주체-객체의 자유를 포기할 경우에만 이런 도구로 기능할 수 있다. …… 인간은 소외된 성취를 위한 도구로서 …… 실존한다(Marcuse, 1966: 46~47).[5]

따라서 물질적 생산이 평등하고 합리적으로 조직된다고 해도 "자유와 만족의 왕국은 결코 존재할 수 없다. …… 노동 밖의 영역이 자유와 성취를 정의한다"(Marcuse, 1966: 156). 마르쿠제의 대안은 마르크스에게 그렇게 중요했던 프로메

---

5   프리드만(Georges Friedmann)도 『노동의 해부』(1964)에서 소외의 극복은 노동으로부터 해방 이후에만 가능하다고 주장하며 같은 입장을 보였다.

테우스 신화를 버리고 디오니소스 관점에 다가가는 것, 즉 '에로스의 해방'이었다. 프로이트Sigmund Freud가 『문명 속의 불만』(1929)에서 사회의 비억압적 조직화는 인간관계에서 확보된 문명의 수준으로부터 위험한 퇴보를 내포할 것이라고 주장했던 것과는 대조적으로, 마르쿠제는 기술적으로 진보된 '자유 사회'에서 인류에게 봉사하는 방식으로 본능의 해방이 이루어진다면 그것은 진보의 행진을 위해서 유리할 뿐 아니라 '새롭고 지속가능한 노동관계'를 창조할 것이라고 확신했다(Marcuse, 1966: 155).[6] 하지만 어떻게 새로운 사회가 도래할 것인지에 대한 그의 주장은 모호했고 유토피아적이었다. 마르쿠제는 기술 지배 일반에 반대하며 결론을 맺었으며, 따라서 그의 소외에 대한 비판은 자본주의 생산관계로 더 이상 향하지 않았으며 그의 사회 변화에 대한 생각은 노동계급을 자본주의체제를 수호하는 주체들에 포함시킬 만큼 매우 비관적이었다.

프랑크푸르트학파의 주요 인물인 호르크하이머Max Horkheimer와 아도르노Theodor Adorno 또한 극심한 사회통제와 대중매체에 의한 욕구의 조작이 초래하는, 일반화된 소외estrangement의 이론을 발전시켰다. 『부정의 변증법』(1944)에서 그들은 "기술적 원리rationale는 지배 자체의 원리이며, 자기소외된 사회의 강압적 본성"(Horkheimer and Theodor, 1972: 121)이라고 주장했다. 이것의 의미는 현대 자본주의에서 자유롭고 일터 외부에 있는, 여가 시간의 영역조차도 재생산적 합의의 기제 속으로 흡수되었다는 것이다.

제2차 세계대전 후 소외 개념은 또한 정신분석에서 그 길을 찾았다. 정신분석으로 소외 개념을 다룬 이들은, 인간은 자연과 문명 사이에서 선택하기를 강요당한다는 것과, 문명의 안전을 누리기 위해서는 필연적으로 이 충동을 포기해야

---

6   "문명화된 자유의 더 높은 형태와 양립 가능할 뿐 아니라 더 높은 형태로의 진보를 촉진하는 성욕적 합리성"의 환기도 참조. Herbert Marcuse, *Eros and Civilization*(Boston: Beacon Press, 1966), p.199. 기술과 진보 사이의 관계는 Kostas Axelos, *Alienation, Praxis, and Techné in the Thought of Karl Marx*(Austin/London: University of Texas Press, 1976) 참조.

한다는 프로이트의 이론에서 출발했다(Freud, 1962: 62). 일부 심리학자들은 소외를 이런 갈등 유발적인 선택의 결과로서 특정한 개인에게 나타나는 정신병과 연결시켰으며, 따라서 엄청나게 방대한 소외의 문제를 단지 주관적인 현상으로 환원시켰다.

프롬은 정신분석학으로서 소외를 가장 본격적으로 다룬 저자였다. 대부분의 다른 정신분석학자들과는 달리, 그는 소외의 발생을 자본주의의 역사적 맥락과 결코 분리시키지 않았다. 그는 『건전한 사회』(1955)와 『에리히 프롬, 마르크스를 말하다』(1961)에서 정신분석학과 마르크스주의 사이의 가교를 놓기 위해 소외 개념을 사용했다. 그러나 프롬도 마찬가지로 언제나 주체성에 강조의 중심을 두었으며, 그가 "개인이 자신을 낯설게 체험하는 경험의 양식"(Fromm, 1965a: 111)이라고 요약한 소외 개념은 그 초점이 너무 개인에게 맞춰져 있었다. 더욱이 마르크스의 개념에 대한 그의 설명은 단지 [1844년 경제학·철학 수고]에만 근거했으며, 마르크스의 사상에서 소외된 노동의 특별함과 중심적 성격을 깊이 이해하지 못했다. 이런 빈틈 때문에 프롬은 대상적 소외(노동과정과 노동 생산물에 관한 노동자의 소외)에 마땅히 무게를 두지 못했으며, 그로 하여금 솔직하지 못하게도 근본적인 구조적 관계를 무시하는 입장으로 나아갔다.

> 마르크스는 노동계급을 가장 소외된 계급이라고 믿었다. …… [마르크스]는 소외가 거의 대다수 사람의 운명이 되리라고 예상하지 못했다. …… 오히려 오늘날 사무직, 영업직, 관리직이 숙련 노동자보다 더 심하게 소외되어 있다. 후자의 기능은 여전히 숙련이나 신뢰도 같은 개인적 자질의 표현에 의존하고 있으며 협상에서 그의 '인격', 미소 그리고 의견을 판매하도록 강요되지 않는다(Fromm, 1961: 56~57).[7]

---

7   소외된 노동의 특별한 성격을 이해하지 못한 것은 1960년대 그의 소외에 관한 저술에서 반복

비非마르크스주의 소외 이론 중에 중요한 흐름 하나가 사르트르Jean-Paul Sartre
와 프랑스 실존주의자들과 연결된 것이다. 사실 1940년대는 전쟁의 공포와 그
에 따른 양심의 위기crise de conscience로 아로새겨져 있었기 때문에, 소외 현상은
부분적으로 코제브의 신헤겔주의의 영향하에 그리고 철학과 서사문학 모두에
서 빈번하게 언급되는 것이 되었다(Kojève, 1980: 86). 그러나 다시금 이 개념은
마르크스의 사상에 비해 훨씬 더 일반적인 것이었으며 사회 속의 인간의 광범위
한 불만과 같은 것이고 인간의 개성과 경험의 세계 사이의 분열인 것이며, 따라
서 극복할 수 없는 인간적 조건condition humaine이 되었다. 실존주의자들은 소외의
사회적 기원을 제시하지 않았지만 그것을 모든 '사실성facticity'(당연히 소련의 실패
경험이 이런 입장을 강화시켰다) 그리고 인간적 타자성과 불가피하게 결합된 것으
로 보았다. 1955년에 이폴리트는 이런 경향의 가장 중요한 저작 하나에서 다음
과 같은 입장을 표현했다.

> [소외는] 마르크스가 이해한 것같이 단지 자본주의에서 인간의 소외라는 개
> 념으로 환원될 것 같아 보이지 않는다. 자본주의에서 인간소외는 자신을 고
> 립된 코기토cogito8로서 상정할 수 없어서, 자신이 구성하는 단어에서, 그가
> 인식하고 때때로 절연당하는 타자들의 자아에서, 자신을 인식할 수 있을 뿐
> 인, 더욱 보편적인 인간 자기의식 문제의 특수한 사례일 뿐이다. 그러나 이
> 런 타자, 대상화를 통해 자기를 발견하는 방법은 항상 다소간 하나의 소외,
> **자기 상실과 동시적인 자기 회복이다.** 따라서 대상화와 소외는 분리할 수 없

된다. 1965년에 발표된 논문에서 그는 "소외를 완전히 이해하기 위해서는 소외 현상을 자기도취,
우울증, 광신 그리고 우상숭배와 관련해 검토해야 한다"고 썼다. 「인간주의적 정신분석의 마르크
스 이론에의 적용」 in Erich Fromm, ed., *Socialist Humanism*(New York: Doubleday, 1965), p. 221.

8 코기토는 'cogito ergo sum'에서 나온 '나는 생각한다. 고로 존재한다'라는 뜻으로 '사유하는 나'
나 '인식 주체'를 의미한다. ― 옮긴이 주

으며, 둘의 결합은 역사의 모든 계기에서 관찰되는 변증법적 긴장의 단순한 표현일 뿐이다(Hyppolite, 1969: 88).

마르크스는 자본주의 생산관계에 반대하는 것에 근거해 인간의 예속화에 대한 비판을 발전시켰다. 실존주의자들은 구체적·역사적 비판이라고는 없는 단순한 철학적 토론에서 자신의 접근을 위해 유용하다고 생각한 마르크스 작업의 일부분을 흡수하려 하면서, 정반대의 길을 걸었다(Mészáros, 1970: 241).

4. 마르크스 초기 저술들의 소외론에 관한 논쟁

프랑스에서 진행된 소외 논쟁에서 마르크스의 이론은 큰 주목을 받았다. 그러나 이 논쟁은 [1844년 경제학·철학 수고] 외에는, 심지어 루카치가 물화 이론을 구성하는 데 사용했던 『자본론』의 부분도 거론하지 않았다. 더욱이 이 논쟁은 1844년 수고의 일부 문장을 문맥에서 떼어내 선정적으로 인용했으며, 이른바 철학으로 충만하며 『자본론』에 돌려졌던 비판(대개 읽지도 않고)인 경제결정론으로부터도 자유로운, 근본적으로 다른 '새로운 마르크스'가 존재한다는 것을 입증하려고 했다. 1844년 텍스트에 근거해 다시 한 번 프랑스 실존주의자들이 자기소외Selbstentfremdung라는 개념, 즉 유적 존재로부터, 그리고 자신과 같은 타자들로부터 노동자의 소외—마르크스가 초기 저작에서 논의할 때마다, 정말 논의했지만 항상 대상적 소외와 연결해 논의했던 현상—를 단연 최고로 강조했다.

명백히 같은 잘못이 전후 정치 이론의 주도적 인물인 아렌트Hannah Arendt에서 나온다. 『인간의 조건』(1958)에서 아렌트는 [1844년 경제학·철학 수고]에서 마르크스가 언급한 유형 중 하나인 주체적 소외만 분리해 마르크스의 소외 개념에 대한 자신의 입장을 도출했다. 이 주체적 소외는 그녀가 다음과 같이 주장하는 것을 허용했다.

> …… 수탈과 세계 소외는 일치하며, 연극에서 모든 배우들의 의도들과 철저
> 히 대립하는 현대는 인구의 특정 계층을 세계에서 소외시키는 것으로 시작했
> 다. [……] 마르크스가 생각했던 자기소외가 아니라 세계 소외야말로 현대
> 의 특징이 되었다(Arendt, 1958: 253~254).

아렌트가 마르크스의 성숙기 저작에 익숙하지 않았다는 증거는, 마르크스가
'자본주의 경제에서 세계 소외의 함의를 전혀 모르지는 않았다'는 것을 인정하
면서도『자본론』과 그 수고의 훨씬 더 중요한 수많은 문장이 아니라 단지 그의
초기 언론 기사인「삼림 절도 단속법에 대한 논의」(1842)만 언급했다는 사실이
다. 아렌트의 놀라운 결론은 다음과 같다. "가끔 보이는 이런 고려는, 현대의 극
단적인 주관주의에 확고하게 뿌리내린 마르크스의 저작에서 미미한 역할을 했
다"(Arendt, 1958: 254). 어디서 어떻게 마르크스가 '자기소외'를 그의 자본주의 사
회 분석에서 우선시했는지는 아렌트가 저서들에서 전혀 해명하지 않은 미스터
리로 남아 있다.

[1844년 경제학·철학 수괴의 소외 이론은 1960년대에 벌어진 마르크스 저작
의 더 폭넓은 해석을 둘러싼 논쟁에서 골간이 되었다. '초기 마르크스'와 '성숙기
마르크스' 간의 명확한 구분—초기 철학적 저작을 선호하는 사람들과 자신들에게 진정
한 마르크스는 오직『자본론』의 마르크스뿐이었던 사람들(알튀세르와 러시아 학자들) 양
쪽 모두가 옹호했던 자의적이고 인위적인 대립—이 주장되었다. 전자는 [1844년 경제
학·철학 수괴의 소외 이론을 마르크스의 사회학적 비판의 가장 중요한 부분이라
고 간주했다면, 후자는 종종 진정한 '소외 공포증'을 표출하며 애초에는 소외의
중요성을 축소하다가[9] 이 전략이 더 이상 불가능할 때는 소외란 주제 전체를 나
중에 마르크스가 포기했던, "헤겔주의의 잔재인 젊은이 특유의 무분별함"(Schaff,

1980: 21)으로 깎아내렸다. 전자에 속한 학자들이 1844년 수고가 이제 막 자신의 주요한 연구에 착수했던, 26세의 젊은이에 의해 (진정으로 − 옮긴이) 작성되었다고 쏘아붙였다면, 후자에 속한 학자들은 새로 출판된 마르크스의 저서를 통해 마르크스가 소외에 대한 관심을 잃지 않았고 소외가 그의 평생에 걸친 작업의 주요한 단계들에서 중요한 입장을 점했다는 것이 분명해졌을 때조차도 여전히 마르크스의 소외 이론의 중요성을 받아들이기를 거부했다.

많은 이들이 그랬지만 1844년 수고의 소외 이론이 마르크스 사상의 핵심적 주제라고 주장하는 것은 너무나 명백히 잘못된 것이라서 그의 저작에 대한 무지를 증명하는 것에 지나지 않는다.[10] 다른 한편 마르크스가 새로 출판된 소외에 대한 지면 때문에 다시 한 번 철학 문헌에서 가장 자주 논의되고 인용되는 사람이 되었을 때, 소련의 이 주제 전체와 그와 관련된 논쟁에 대한 침묵은 이 나라가 마르크스의 저술을 어떻게 도구적으로 이용했는지 확실히 보여주는 사례였다. 왜냐하면 소련과 그 위성국가들에서 소외의 실존은 부정되었으며, 이 문제와 관련된 어떠한 텍스트도 의혹을 샀기 때문이다. 르페브르가 지적한 대로 "소련 사회에서 **소외는 더 이상 이슈가 될 수도 없고 되어서도 안 되었다.** 국가적 이유로 위로부터 명령에 의해 소외 개념은 사라져야 했다"(Lefebvre, 1991: 53). 따라서 1970년대가 되어서야 '사회주의 진영'에서 극소수의 저자들이 문제의 저작에 관심을 가졌다.

일련의 저명한 서구 저자들도 또한 이 현상의 복합성을 경시했다. 예를 들면

---

9 베를린의 마르크스-레닌주의 연구소의 임원들은 심지어 [1844년 경제학·철학 수고]를 MEW의 본권에서 제외시켰고, 더 적은 부수의 보충 권에 포함시켰다.

10 벨은 「소외의 재발견: 역사적 마르크스를 위한 탐구에서 몇 가지 논평」에서 "소외 이론에 동조할 수도 있지만, 이 개념을 마르크스의 핵심적 주제로 독해하는 것은 단지 더 한 신화 만들기일 뿐이다"라고 결론 내린다. Daniel Bell, "The Rediscovery of Alienation: Some notes along the quest for the historical Marx," *Journal of Philosophy*, vol.LVI, 24(November, 1959), p.935.

골드망Lucien Goldmann은 당시 사회경제적 상태에서 소외를 극복하는 것이 가능하다고 생각했으며, 『변증법 연구』(1959)에서 단지 계획의 영향에 의해 소외는 사라지거나 퇴보할 것이라고 주장했다. 그는 "물화는 사실 계획의 부재나 시장을 위한 생산과 밀접히 연결된 현상이라서," 동방의 소련 사회주의와 서방의 케인스주의 정책을 통해 "첫 번째 경우 물화가 사라지고 두 번째 경우 점진적 약화"(Goldmann, 1959: 101)를 낳고 있다고 썼다. 역사는 그의 예측이 오류였음을 증명했다.

5. 소외론의 저항할 수 없는 매력

1960년대에 소외 이론의 진정한 유행이 시작되었고, 소외에 관한 수백 편의 책과 논문이 전 세계에서 발간되었다. 한마디로tout court 소외의 시대였다. 다양한 정치적 입장과 학문 영역들의 저자들이, 소외의 원인을 상품화, 과잉 특화, 아노미, 관료화, 순응주의, 소비주의, 신기술들에서 자기 감각의 상실, 심지어 개인적 고립, 무감각, 사회적 혹은 소수민족적 주변화와 환경오염으로 꼽았다.

소외 개념은 시대정신을 가장 잘 표현하는 듯 보였으며, 실제로 자본주의 사회 비판에서 소외 개념은 반反소련의 철학적 마르크스주의와 가장 민주적이고 진보적인 가톨릭 내 조류가 만나는 장소가 되었다. 그러나 이 개념의 인기와 무분별한 적용이 용어상의 심각한 모호함을 낳았다.[11] 따라서 소외는 몇 년 지나지 않아 인간 불행의 전 영역을 포괄하고, 모든 것을 포괄하므로 결코 바꿀 수 없

---

11 따라서 샤흐트는 "현대 생활에서 '소외'로 논의되지 않은 측면이 거의 없다"고 언급했고[Richard Schacht, *Alienation*(Garden City: Doubleday, 1970)], 반면에 루즈는 "그 개념의 대중성은 용어상의 모호함을 더욱 증가시킨다"고 발언했다. Peter C. Ludz, reprinted in Felix Geyer and David Schweitzer, eds,, *Theories of Alienation*(Leiden: Martinus Nijhoff, 1976).

다는 믿음을 내포하는 공허한 공식이 되었다.[12]

드보르Guy Debord의 『스펙터클의 사회』가 1967년 첫 출판된 이후 체제에 맞서던 학생 세대를 진정으로 대변하는 선언이 되면서, 소외 이론은 비물질적 생산에 대한 비판과 연결되었다. 사회질서에 대한 동의의 생성이 레저산업에까지 확산되었다고 주장하는 호르크하이머와 아도르노의 테제에 근거해 이론을 구성한 드보르는 비非노동의 영역도 더 이상 생산적 활동과 분리된 것으로 생각할 수 없다고 주장했다.

> 자본주의 축적의 시초 단계 동안 '정치경제학은 프롤레타리아를 단지 **노동자**로서', 그의 노동력을 유지하기 위한 최소한의 필수품만 단지 할당될 필요만 있는 사람으로서 생각하고 결코 '여가와 인간성을 지닌' 사람으로 여기지 않았다. 이런 지배계급의 시각은 상품이 노동자로부터 부가적인 협력이 요구되는 수준에 도달할 만큼 풍부해지자마자 역전된다. 노동일이 끝나자마자 노동자는 생산의 조직과 감시의 모든 측면에서 그토록 노골적으로 가해지던 총체적·전면적 멸시로부터 벗어나 소비자라는 이름으로 지극히 공손하게 어른 취급을 받게 된다. 바로 이 순간 상품의 인간주의가 노동자의 '여가와 인간성'을 책임진다. 그 이유는 단지 정치경제학이 이제 이 영역을 지배할 수 있고 지배해야 하기 때문이다(Debord, 2002: 13).

따라서 드보르에게 경제의 사회생활에 대한 지배는 시초에 '**존재**의 **소유**having로의 쇠퇴'라는 형태를 취했지만, '현 단계'에서는 '**소유**로부터 **현상**appearing'으로

---

12 슈바이처는 "소외의 바로 그 의미가 종종 사실상 무의미해지는 지점까지 회석된다"고 했다. David Schweitzer, in Giora Shoham, ed., *Alienation and Anomie Revisited*(Tel Aviv: Ramot, 1982), p.57.

일반적 이동이 있었다(Debord, 2002: 9). 이 생각에 따라, 그는 스펙터클spectacle13의 세계를 분석의 중심에 두게 했다. "스펙터클의 사회적 기능은 소외의 구체적인 생성"(Debord, 2002: 11), 즉 "상품물신성이 …… 궁극적으로 완성되는"(Debord, 2002: 12) 현상이다. 이런 환경에서 소외는 사실상 개인에게 흥분된 경험이 될 정도로 발휘된다. 따라서 소외는 사람이 자신의 바람과 실제 존재로부터 더욱 멀어지게 하는 한편, 자신을 "지배적인 이미지와 동일시하고"(Debord, 2002: 11) 그 이미지를 소비하게 하는 새로운 아편이 된다.

> 스펙터클은 상품이 사회생활을 총체적으로 식민화하는 데 성공한 단계이다. …… 현대의 경제적 생산은 독재를 외연적·내포적 양쪽으로 확장한다. [……] '제2차 산업혁명'과 함께 소외된 소비는 소외된 생산만큼이나 대중에게 의무가 되었다(Debord, 2002: 13).

드보르의 뒤를 따라 보드리야르Jean Baudrillard도 또한 소외 개념을 사용해 성숙한 자본주의에서 나타난 사회적 변화를 비판적으로 해석했다. 『소비사회』(1970)에서 보드리야르는 마르크스주의의 생산 중심성과 거리를 두면서, 소비를 현대사회의 제일의 요소로 보았다. 광고와 여론 조사가 허구적인 필요와 대중적 합의를 창조하는 '소비의 시대'는 또한 '근본적인 소외의 시대'였다.

> 상품 논리는 일반화되어 오늘날 노동과정과 물질적 생산뿐 아니라 문화, 성, 인간관계, 심지어 환상과 개인적 충동까지 포함한 전체를 지배한다. ……

---

13 스펙터클은 우리말로 새로운 볼거리, 광경쯤이 되겠으나 여기서는 단순한 시각적 이미지라기보다 사람들 간의 사회적 관계가 상품 관계에 의해 대체된, 사회에 대한 전도된 이미지이며, 이런 사회에서 사람들은 스펙터클에 수동적으로 자신을 동일시하게 된다. 이런 의미를 살리기 위해 영어를 그대로 사용했다. ― 옮긴이 주

모든 것이 스펙터클화된다. 즉, 다른 말로, 이미지, 상징, 소비할 수 있는 모형으로 환기되고 도발되며 지휘된다(Baudrillard, 1998: 191).

그러나 보드리야르의 정치적 결론은 상당히 혼란스럽고 비관적이다. 대규모 사회적 소요에 직면해 보드리야르는, "1968년 5월의 반란"은 "대상들과 소비에게 너무 악마적인 가치를 부여해 대상들과 소비를 과도하게 물화하는" 함정에 빠졌다고 생각했다. 그는 또한 "소외에 관한 모든 논문들과 팝과 반反예술을 조롱하는 모든 세력들을" 단지 "게임의 일부인 기소, 비판적인 환상, 우화를 완성하는 반反-우화"(Baudrillard, 1998: 195~196)에 지나지 않는다고 비판했다. 이제 그는 노동계급이 세계 변화의 사회적 준거점인 마르크스주의로부터 멀리 벗어나서 메시아적 호소—덧없을 만큼 일반적인—로 그의 책을 끝맺었다. "우리는 1968년 5월처럼 예측할 수 없지만 확실히 와서 이러한 화이트 미사white Mass[14]를 망가뜨릴 폭력적인 분출과 갑작스러운 붕괴를 기다려야 한다"(Baudrillard, 1998: 196).

6. 북미 사회학에서의 소외론

1950년대에 소외 개념은 또한 북미 사회학계에도 진입했지만 이 주제에 대한 접근법은 당시 유럽에서 유행하던 방식과 매우 달랐다. 주류 사회학은 소외를 사회적 관계의 문제가 아닌 개별 인간의 문제로 취급했으며(Clark, 1959: 849~852), 그 해결책도 사회를 바꾸는 집단적 실천이 아니라 현존하는 질서에 개인이 적응하는 능력으로 집중되었다(Schweitzer, 1982: 36~37).

---

14 화이트 미사는 가톨릭의 특수한 미사를 뜻한다. 구체적인 내용은 잘 모르겠다. 참고로 러시아의 작곡가 스크랴빈(Alexander Scriabin)의 소나타 7번 제목이 화이트 미사이다. ― 옮긴이 주

여기서도 또한 소외 개념에 대한 명확하고 공유된 정의가 형성되기까지 장기간의 모호한 상태가 소요되었다. 일부 저자는 소외를 긍정적인 현상, 인간 조건 일반에 내재적인 창조성을 표현하는 수단으로 보았다.[15] 또 다른 일반적인 관점은 소외가 개인과 사회 사이의 균열에서 나온다고 보는 것이었다(Schacht, 1970: 155). 예를 들면 멜먼Seymour Melman은 의사 결정의 공식화와 실행 사이의 분열에서 찾았으며, 소외가 노동자와 경영자에게 똑같이 영향을 미친다고 보았다(Melman, 1958: 18, 165~166). ≪미국 사회학 리뷰American Sociological Review≫에서 소외 개념에 대한 논쟁을 촉발했던 「소외의 척도」(1957)에서, 네틀러Gwynn Nettler는 개념의 정의를 확립하기 위한 방법으로 설문 조사를 사용했다. 그렇지만 노동 조건 조사에 엄격했던 노동운동 전통과는 아주 다르게, 그의 설문지는 과학적 조사의 원리라기보다 당시의 매카시즘에 더 큰 영감을 받아 작성된 것으로 보인다.[16] 사실상 그는 소외를 미국 사회의 보수적 원칙을 거부하는 것, "가족주의, 대중매체와 대중적 기호, 사사적 사건, 대중 교육, 전통적 종교와 목적론적 세계관, 민족주의 그리고 투표 절차에 대한 비대중적이고 부정적인 태도를 계속 유지하는 것"(Nettler, 1957: 674)과 동일시했다.[17]

---

15 이런 입장에 대한 좋은 예는 Richard Schacht, *Alienation*(Garden City: Doubleday, 1970), p.vi. 참조. 그는 "소외(estrangement) 없는 삶이란 살아갈 가치가 없다. 중요한 것은 인간이 소외를 대처할 능력을 증대시키는 것이다"라고 말했다.

16 네틀러가 소외 성향에 민감하다고 간주되는 표본에게 한 질문들에 "TV 시청을 즐깁니까? 미국 자동차 신형 모델에 대해 어떻게 생각합니까? ≪리더스 다이제스트≫를 읽습니까? …… 교회 활동에 참가할 의사가 있습니까? 국민적 스포츠(미식축구와 야구)에 흥미가 있습니까?" 등이 있다. Gwynn Nettler, "A measure of alienation," *American Sociological Review*, vol.22, no.6 (December, 1957), p.675. 그는 부정적 답변들을 소외의 증거로 결론짓고, 다른 곳에서 "미국 사회로부터 소외의 수준을 측정하기 위한 이 잣대에 대해 의심의 여지가 없다"고 덧붙였다.

17 네틀러는 결론을 증명하기 위해 다음과 같이 언급했다. "'미국의 현재 정부 형태 아래에서와 마찬가지로 또 다른 정부형태 아래에서도 그대로 살아가겠는가?'라는 질문에 대해 모든 사람들이 거절하지 않고 일정한 긍정을 표시했다." Gwynn Nettler, "A measure of alienation," *American*

미국 사회학 연구에서 소외 개념의 협소함은 시먼Melvin Seeman의 짧은 논문, 「소외의 의미에 관하여」가 발표된 후 변화했다. 이 논문은 곧 이 분야의 모든 학자들의 필수적인 참조 글이 되었다. 시먼의 소외의 다섯 가지 주요 유형—무기력함, 무의미함(즉, 자신이 처한 상황을 이해할 수 없음을 의미), 무규범성, 고립성, 그리고 자기소외(Seeman, 1959: 783~791)[18]—은 또한 소외 현상을 주로 주체의 관점에서 접근하고 있다는 것을 보여주었다. 브라우너Robert Blauner는 『소외와 자유』(1964)에서 방대한 연구를 통해, "모든 산업사회들이 만연한 거대 조직과 비인간적 관료제의 채택"(Blauner, 1964: 3)에서 소외의 원인을 찾게 되었을지라도 소외를 "사회적 배열의 특수한 종류로부터 초래된 개인적 경험의 성질"로서 비슷하게 정의했다.

이때 미국 사회학에서는 소외를 일반적으로 자본주의적이든 사회주의적이든 산업 생산 체제에 연결된 문제이며, 주로 인간 의식에 영향을 미치는 문제로 보았다(Heinz, 1992: 217). 접근법의 이런 주요한 변화는 결국 소외를 규정하는 역사사회적 요인의 분석을 약화시키거나 심지어 제외시켜서, 소외를 사회적 문제가 아니라 개인적 차원에서 치유 가능한, 개인의 병리적 증상으로서 취급하는 일종의 초超심리학화 경향을 낳았다(Geyer and Schweitzer, 1976: xxi~xxii; Geyer, 1982: 141). 마르크스주의 전통에서는 소외 개념이 자본주의 생산양식에 대한 가장 날카로운 비판에 기여했다면, 사회학 영역으로 제도화되면서는 사회적 규범에 개인이 부적응하는 현상으로 환원되었다. 마찬가지 방식으로 철학에서 소외

Sociological Review, vol.22, no.6(December, 1957), p.674. 그는 심지어 다음처럼 주장하기까지 했다. "소외는 창조성에 관련된다. 창조적인 과학자와 예술가는 …… 소외된 개인이며 …… 소외는 이타주의에 관련되며 [그리고 그들의 소외는 결국 범죄 행위에 이른다는 것이 가설로 성립된다." Gwynn Nettler, "A measure of alienation," *American Sociological Review*, vol. 22, no.6(December, 1957), p.676~677.

18 1972년에 시먼은 여섯 번째 유형인 '문화적 소외'를 덧붙인다. Melvin Seeman, "Alienation and Engagement," in Angus Campbell and Philip E. Converse, eds., *The Human Meaning of Social Change*(New York: Russell Sage, 1972), pp.467~527.

개념의 비판적 차원은(심지어 소외를 결코 초월할 수 없는 지평으로 보았던 저자들에게도) 이제 환상적인 중립성에 굴복했다(Geyer and Schweitzer, 1976: xx~xxi).

이런 변형의 또 다른 효과는 이 개념의 이론적인 불모화였다. 인간의 노동 활동과 사회적 지적 실존에 관련된 복합적 현상으로부터 소외는 학문적 연구의 전문화에 따라 쪼개진 부분적 범주가 되었다(Schweitzer, 1996: 23). 미국 사회학자들은 이런 방법론적 선택을 통해 소외 연구로부터, 어떠한 정치적 함축으로부터 자유로워지고 과학적 객관성을 부여할 수 있게 되었다고 주장했다. 그러나 현실에서 이런 몰؟정치적인 '전환'은 탈정치화와 가치 중립성의 기치 뒤에 놓인, 지배적인 가치와 사회적 질서에 대한 지지 때문에 명백히 이데올로기적인 함의를 띠고 있었다.

따라서 마르크스주의와 미국 사회학의 소외에 대한 이해 간 차이점은 전자가 정치적이고 후자가 과학적이라는 점이 아니라, 마르크스주의자는 미국 사회의 헤게모니적인 가치에 대항하는 대항적 가치의 담지자였다면, 미국 사회학자는 인류의 영원한 가치로서 교묘히 포장된 현존 사회질서의 가치를 지지했다는 점이었다(Horton, 1964: 283~300; Schweitzer, 1996: 23). 미국 학계라는 맥락에서 소외 개념은 실질적으로 왜곡되었으며, 그렇게 오랫동안 대립했던 바로 그 사회계급의 옹호자들에 의해 소외 개념이 이용되는 것으로 귀결되었다.[19]

---

19 이 테제는 호로비츠에 의해 자랑스럽게 옹호되었다. Irving Louis Horowitz in "The Strange Career of Alienation: how a concept is transformed without permission of its founders," in Felix Geyer, ed.(note 63, 1996), pp.17~19. 그에 따르면 "소외는 이제 사회적 저항보다 사회과학의 전통의 일부가 되었다. 이런 변화는, '**소외된 존재**' 같은 용어에 '**통합된 존재**'라는 용어보다 더 이상의 더 이하의 가치도 담겨 있지 않다는 것을 광범위하게 깨달았기 때문에 초래되었다." 따라서 소외 개념은 " …… 부정적이기보다 긍정적 힘의 …… 인간 조건의 개념으로 둘러싸였다. 소외는 산업 자본주의의 일련의 잔인한 요구의 결과로서 인간 존재의 본질적인 성격으로부터의 '소외'로 규정되기보다, 어떤 이에게는 창조적인 에너지의 원천이고 다른 이에게는 개인적 특이함의 표현인 양도 불가능한 권리가 되었다"(p.18).

7. 『자본론』과 그 초고들에서의 소외

이런 상황에 대한 반격을 추구하는 사람들에게 마르크스의 저술이 중요한 역할을 했다. [1844년 경제학·철학 수고]에 대한 애초의 집중은 새로운 텍스트의 발간에 따라 방향이 이동했고, 그의 사상 발전을 더욱 정확하게 재구성할 수 있게 해주었다.

1840년대 후반부에 마르크스는 더 이상 '소외'라는 용어를 자주 사용하지 않았다. 주요한 예외는 엥겔스와 공저이자 그의 첫 번째 책인 『신성 가족』(1845)으로서, 바우어 형제(브루노와 에드가)에 대한 논쟁에서 소외라는 용어가 몇 번 나타났고, 역시 엥겔스와 공저였던 [독일 이데올로기](1845~1846)에서도 한 문장이 있었다. 마르크스는 [독일 이데올로기]의 출판을 포기한 후, 1847년 브뤼셀의 독일노동자협회에서 연설했던 강연에 근거한 논문집인 『임금노동과 자본』에서 소외 이론으로 돌아왔다. 그러나 소외라는 용어 자체는 드러나지 않는데, 이것은 그 용어가 청중에게 너무 추상적인 느낌을 주었기 때문이다. 이 텍스트에서 마르크스는 임금노동은 노동자의 "자신의 생명 활동"에 포함되지 않으며 오히려 "그의 생명의 희생"을 대변한다고 썼다. 노동력은 "살기 위해" 판매하도록 노동자에게 강요되는 상품이며, "그의 활동에서 나온 생산물[은] 그의 활동의 목적이 아니다"(Marx, 1977: 202).

> 12시간 동안 천을 짜고, 실을 잣고, 구멍을 뚫고, 선반을 돌리고, 집을 짓고, 돌을 부수고, 짐을 나르는 노동자는 이 12시간의 직조, 방적, 천공, 선반 작업, 건축과 석조 노동을 그의 생명의 발현, 그의 생명으로 생각하는가? 정반대로 그에게 생명은 활동이 멈추는 곳, 식탁, 선술집 및 침대에서 시작된다. 다른 한편, 12시간의 노동은 그를 식탁으로, 선술집으로, 침대로 데려다 주는 돈벌이로서가 아니면 직조, 방적, 천공 등으로서는 아무 의미가 없다. 누

에가 애벌레로 계속 존속하기 위해서 실을 자아야 한다면, 그 누에는 영락 없는 임금노동자일 것이다 (Marx, 1977: 203).

마르크스의 작업에서 1850년대 후반까지 더 이상 소외 이론에 대한 언급이 없었다. 1848년 혁명의 패배에 뒤이어 마르크스는 런던으로 추방되었다. 그는 런던에 간 후 자신의 모든 에너지를 정치경제학 연구에 쏟아부었으며 역사적 주제에 관한 약간의 작업들[20]을 별도로 한다면 또 다른 책은 발간하지 않았다. 그러나 마르크스가 ([그룬트리세]로 더 잘 알려진) [정치경제학 비판 요강]에서 다시 경제학에 관해 쓰기 시작했을 때, '소외'란 용어를 여러 번 사용했다. 이 텍스트는 비록 대영박물관에서 약 10년간의 연구 덕분에 마르크스가 더욱 심오하게 발전시켰을지라도, 여러모로 [1844년 경제학·철학 수고]에서의 분석을 떠올리게 한다.

활동의 사회적 성격, 그뿐만 아니라 생산물의 사회적 형태, 그리고 생산에서 개인들의 몫은 여기서 낯설고 대상화된 것으로 나타나면서 개인에게 상호 간의 관계로서가 아니라 그들과 별도로 존속하며 상호 무관심한 개인들 간의 충돌에서 발생하는 관계에 대한 그들의 종속으로서 개인들에게 대립한다. 각 개인에게 핵심적인 조건이 된 활동들과 생산물들의 일반적인 교환—상호적인 연결—은 여기서 개인에게 낯선 것, 자율적인 것, 사물로서 나타난다. 교환가치에서 개인들 간의 사회적 연결은 사물들 간의 사회적 관계로, 즉 인격적 능력이 대상적 부로 변형된다 (Marx, 1993: 157).

그때 [그룬트리세]의 소외에 대한 설명은 경제적 범주에 대한 더 확장된 이해

---

20 『루이 보나파르트의 브뤼메르 18일』, 『쾰른에서의 공산주의자 재판』, 『18세기 외교사』.

와 더욱 엄격한 사회적 분석에 의해 풍부해졌다. [그룬트리세가 소외와 교환가치 간에 확립한 고리는 이것의 중요한 측면이다. 현대 사회의 이런 현상에 대한 가장 뛰어난 구절 중 하나에서 마르크스는 자본과 '산 노동력' 간의 적대에 소외를 연결한다.

> 산 노동의 대상적 조건은 주체적인 존재로서의 산 노동능력에 적대하는 **분리된, 자립적인** 가치들로서 나타난다. …… 산 노동능력의 대상적 조건은 산 노동에 자립적인 실존을 가지는 것으로, 산 노동능력과 구분되며, 산 노동에 대립해 자립적으로 마주 서는 주체의 대상성으로서 정립된다. 따라서 재생산과 **증식**, 즉 이 대상적 조건의 확대는 동시에 노동능력에 대립해 무차별적이고 자립적으로 마주 서는, 낯선 주체의 부로서의 가치들 스스로의 재생산과 신규 생산이다. 재생산되고 신규로 생산되는 것은 산 노동의 이런 대상적 조건의 **현존**일 뿐 아니라, 자립적인 가치로서, 즉 이 산 노동능력에 대립하는 낯선 주체에 속하는 가치로서의 대상적 조건의 현존이기도 하다. 노동의 대상적 조건은 산 노동능력**에 비교해**, 주체적 실존―자본의 자본가로의 전환―을 획득한다(Marx, 1993: 461~462).

[그룬트리세는 소외에 대한 설명을 표현하는 마르크스의 성숙기의 유일한 텍스트가 아니었다. 5년 뒤에 또한 '『자본론』 제1권의 출판되지 않은 6장(1863~1864)'으로 알려진 [직접적 생산과정의 제 결과는 소외에 대한 경제적·정치적 분석을 더욱 밀접하게 결합시켰다. 마르크스는 "노동자에 대한 자본가의 지배는 인간에 대한 사물의, 산 노동에 대한 죽은 노동의, 생산자에 대한 생산물의 지배이다"(Marx, 1976: 990)라고 썼다. 자본주의 사회에서 "노동의 사회적 생산성의 자본의 물질적 속성으로의 전위"(Marx, 1976: 1058) 때문에 **노동의 물질적 조건**이 노동자에게 종속되지 않으며, 노동자가 그 물질적 조건에 종속되는" 현상을

창조하면서, 진정한 "사물의 인격화와 인격의 물화"가 나타난다(Marx, 1976: 1054). 현실에서, 그는 다음과 같이 주장한다.

> (현실에서) 화폐가 사물이 아니듯이, 자본도 사물이 아니다. 화폐에서처럼, 자본에서도 사람 사이의 특정한 사회적 생산관계는 사람에 대한 사물의 관계로서 나타나거나, 특정한 사회적 관계가 사회에서 사물들의 자연적인 속성으로 나타난다. 임금에 의존적인 계급, 개인들이 자유로운 인격으로 상호대립하는 계기 없이 잉여가치의 생산이 있을 수 없으며, 잉여가치의 생산없이 자본주의 생산이 있을 수 없고, 따라서 자본도 자본가도 마찬가지이다! 자본과 임금노동(이것은 자신의 노동력을 판매하는 노동자의 노동을 지칭함)은 단지 스스로 동일한 관계의 두 측면을 표현할 뿐이다. 화폐는 노동자 자신이 판매하는 상품, 즉 노동력과 교환되지 않는다면 자본이 될 수 없다. 반대로 노동은 오직 **자신의** 물질적 조건이 자율적인 권력으로서, 낯선 소유로서 스스로 존재하고 스스로 유지하는 가치, 한마디로 자본으로서 노동에게 대립할 때만 임금노동이 될 수 있다. 자본은 그 물질적 측면들에서, 즉 자신이 그 속에서 자신의 존재를 유지하는 사용가치 측면에서 자신의 실존을 위해 노동의 물질적 조건에 반드시 의존해야 한다면, 이 물질적 조건도 동등하게 형태적 측면에서 **낯선, 자율적인 권력으로서**, 스스로를 유지하고 증가하기 위한 단순한 수단으로 산 노동을 취급하는 가치―대상화된 노동―로서 노동에게 대립해야 한다(Marx, 1976: 1005~1006)(강조 ― 마르크스).

자본주의 생산양식에서 인간 노동은 자본의 가치 증식 과정의 도구가 된다. 자본은 "산 노동력을 자본의 물질적 구성 요소로서 통합함에 따라 …… 생기 찬 괴물이 되며 …… '사랑을 듬뿍 받은 듯이' 행동하기 시작한다"(Marx, 1976: 1007). 이런 기제는 계속 확대되어 생산과정의 협업, 과학적 발견과 기계류의 도입―이런 모든 사회적 과정은 집합적 노동에 속하지만—이 그 자연적 속성으로서 나타나는 자본의 힘이 되면서, 자본주의 질서 형태에서 노동자들과 대립한다.

> 사회적 노동[에 의해] 발전된 …… 생산력은 …… 마치 자본주의의 생산적 힘인 것처럼 나타난다. [……] 협업에서 집합적 통일, 노동 분업에서 결합, 자연과 과학의 힘의 사용, 노동의 생산물의 기계로서 사용, 이런 모든 것들이 **낯선, 대상적인, 이미 만들어진 것으로**, 노동자의 개입 없이도 실존하고, 종종 노동자에게 적대적이기까지 한 것으로서, 개별 노동자와 대립한다. 이것들은 모두 단지 노동 도구의 지배적 형태로서 나타난다. 대상으로서 이것들은 이들이 지배하는 노동자와 독립적이다. 비록 작업장은 일정 정도 노동자 결합의 생산물임에도, 작업장의 전체적인 지능과 의지는 자본가에게 혹은 자본가의 하수인에게 속한 것처럼 보이며, 노동자는 자본가 안에서 살아 있는 자본의 **기능들**과 자신이 대립한다는 것을 알게 된다(Marx, 1976: 1054)(강조 ─ 마르크스).

이런 과정을 통해 자본은 '고도로 신비한' 어떤 것이 된다. "노동 조건은 노동자 앞에서 사회적 힘으로서 쌓이며 이 노동 조건은 자본화된 형태를 띤다"(Marx, 1976: 1056).

1960년대부터 '『자본론』 제1권의 미출판된 6장'의 보급과 무엇보다 [그룬트리세](Musto, 2008: 177~280)의 보급은, 사회학과 심리학에서 헤게모니적이었던 방식과는 다른 소외에 대한 이해의 길을 열었다. 그것은 실천에서 소외를 극복하는 것과 결합된, 즉 사회운동, 정당 그리고 노동조합의 정치적 행동이 노동계급의 노동과 생활 조건을 변화시키는 것과 결합된 이해였다. 따라서 마르크스의 저술들에서 소외에 관한 '2세대'로 생각할 수 있는(1930년대의 [1844년 경제학·철학 수고] 이후) 것의 출판은 소외에 대한 새로운 연구의 정합적인 이론적 기반

뿐 아니라, 무엇보다 전 세계에서 당시 수년간 폭발했던 모든 비상한 정치·사회 운동을 위한 반자본주의 이데올로기의 강령을 제공했다. 소외는 철학자의 책과 대학 강의실을 나와서 거리로, 노동자 투쟁의 현장으로 갔으며 부르주아 사회 일반에 대한 비판이 되었다.

8. 상품물신성과 탈소외

마르크스의 소외에 대한 가장 뛰어난 설명의 하나가 『자본론』의 유명한 '상품물신성과 그 비밀' 절에 있다. 여기서 마르크스는 자본주의 사회에서 사람들이 자신이 생산한 생산물에 의해 지배된다는 것을 보여준다. 여기서 사람들 간의 관계는 "인격 간의 직접적인 사회적 관계로서가 아니라 …… 인격 간의 물질적 관계로서, 사물들 간의 사회적 관계로서"(Marx, 1981a: 166) 나타난다.

> 상품 형태의 신비한 성격은 …… 상품이 인간 자신의 노동의 사회적 성격을 노동 생산물 자체의 대상적 성격으로서, 이 사물의 사회적·자연적인 속성으로서 반영한다는 사실에 있다. 따라서 상품은 또한 총 노동에 대한 생산자들의 사회적 관계를 대상들 간의 사회적 관계로서, 생산자의 외부에 존재하는 관계로서 반영한다. 이러한 대체를 통해 노동 생산물은 상품, 즉 동시에 초감각적이거나 사회적이자 감각적 사물이 된다. [……] 여기서 다름 아닌 사람들 자신들 간의 분명한 사회적 관계가 사물들 간의 관계라는 환상적 형태를 띤다. 따라서 유사한 비유를 찾기 위해서, 우리는 종교라는 환상의 왕국으로 가야 한다. 거기서는 인간 두뇌의 생산물이 자체의 생명을 부여받은 자율적 인물로 나타나서 서로 간의 관계와 인류와의 관계를 모두 맺는다. 상품의 세계에서 인간 손에 의한 생산물도 마찬가지이다. 나는 이것을 물신

성이라고 부른다. 물신성은 노동 생산물이 상품으로 생산되자마자 밀착되며, 따라서 상품 생산과 분리할 수 없는 것이다(Marx, 1981a: 164~165).

이런 정의에서 마르크스의 소외에 대한 이해는 두 가지 점에서 우리가 논의했던 대부분의 다른 저자가 지지하는 방식과 명확히 구별된다. 첫 번째, 마르크스는 물신성을 개인적 문제로서가 아니라 사회적 현상으로, 마음의 문제로서가 아니라 실제 권력으로, 시장경제에서 대상을 주체로 변형시킨 결과로 확립된 지배의 특수한 형태로서 상정한다. 이 때문에 마르크스의 소외 분석은 개별 남녀의 불안에 한정되지 않고 사회적 과정과 그것의 기저를 이루는 생산적 활동으로 확대된다. 두 번째, 마르크스의 물신성은 생산의 정확한 역사적 현실, 즉 임금노동의 현실에서 표현된다. 물신성은 사람과 사물 그 자체 간의 관계의 일부분이 아니라 오히려 사람과 특정한 종류의 대상성, 즉 상품 형태 간의 관계의 일부분이다.

부르주아 사회에서 인간성과 인간관계는 사물 간의 성질과 관계로 변한다. 루카치가 물화라고 불렀던 이 현상에 관한 이론이 인간관계의 관점에서 소외를 설명한 것이었다면, 물신성 개념은 상품과 관련해 이 현상을 설명한다. 마르크스의 성숙기의 저작에 소외 이론이 있다는 것을 부정하는 이들에게는 안 된 일이지만, 상품물신성이 소외를 대체했던 것이 아니라 단지 소외의 한 측면이었을 뿐이라는 점을 강조할 필요가 있다(Schaff, 1980: 81).

그렇지만 [1844년 경제학·철학 수고]로부터 『자본론』과 이에 관련된 소재로의 이론적 진보는 단지 마르크스의 소외에 대한 설명이 더욱 정치해졌다는 데 있는 것만이 아니다. 또한 그가 소외를 극복하는 데 필수라고 생각했던 조치의 재구성에도 있다. 그가 1844년에는 인간이 사적 소유와 노동 분업을 폐지함으로써 소외를 극복할 수 있다고 주장했다면, 『자본론』과 그 초고들에서 소외 없는 사회로의 길은 훨씬 더 복잡해졌다. 마르크스는 자본주의는 노동자가 자본과 자본이 부과하는 조건에 종속되는 체제라고 주장했다. 그럼에도 자본주의는 더욱 진보된 사회를 위한 토대를 창조했으며, 혜택을 일반화함에 따라 이 체제가 열어놓은 사회 발전의 길을 따라 인류가 더 빨리 진보할 수 있게 했다. 마르크스에 따르면 소수를 위한 거대한 부의 축적과 노동자 대중 일반에 대한 수탈과 착취를 낳은 체제는, 반드시 "공통으로 보유한 생산수단으로 노동하고 자신의 수많은 상이한 노동력 형태들을 하나의 단일한 사회적 노동력으로 완전히 자각해 사용하는 자유인들의 연합"(Marx, 1981a: 171)으로 대체되어야 한다. 이런 유형의 생산은, 그 결정 요소를 집합적 통제하에 놓아두고 직접적으로 일반적 성격을 띠며 노동을 진정으로 사회적인 활동으로 전환시킬 것이기 때문에, 임금노동과 달라질 것이다. 이것은 홉스Thomas Hobbes의 '만인의 만인에 대한 투쟁'과 반대 극점에 있는 사회에 대한 이해였다. 이런 사회의 창조는 단지 정치적 과정만 요구하는 것이 아니라 생산의 영역을 변혁하는 것이 포함된다. 그러나 노동과정의 이런 변화에는 자체의 한계가 있었다.

> 이 영역에서 자유는 오직 이것에서, 사회적 인간, 연합한 생산자들이 합리적 방식으로 인간과 자연 간의 신진대사를 통제해 맹목적인 힘으로서의 신진대사에 의해 지배받는 것이 아니라 이런 신진대사를 그들의 집단적 통제 아래 두는 것, 그리하여 인간 에너지의 지출을 최소화하고 인간 본성에 가장 가치 있고 적절한 조건에서 신진대사를 한다는 것에서 존재한다(Marx, 1981b: 959).

이 자본주의 이후 생산 체제는 과학기술적 진보와 그에 따른 노동일의 축소와 더불어, 자본에 의해 부과되었고, 자본의 법칙에 종속된 강제적이고 소외된 노동이 점차 필요의 지배를 넘어서 의식적·창조적 활동으로 대체되고, 상품과 화폐의 법칙에 의해 지배되는 무작위적이고 무차별적인 교환을 완전한 사회적 관계가 대체하는 새로운 사회 구성체의 가능성을 창조한다.[21] 이것은 더 이상 자본을 위한 자유의 왕국이 아니라 진정한 인간적 자유의 왕국이다.

---

21 지면상의 이유로 마르크스의 소외를 넘어선 사회에 대한 묘사의 미완성적이고 부분적으로 모순적인 성격에 대한 고찰은 미래의 연구로 남겨둔다.

오늘날의 좌파를 위한 또 다른 마르크스[*]

Q : 당신은 이미 마르크스에 관한 여러 가지 연구들을 발표했고 그중 많은 부분
들이 MEGA^2(마르크스와 엥겔스의 전집의 역사적·비판적 판본)의 출판에 의해 조성
된 최근의 연구 상황에서 출발한다. 당신은 이 새롭고 여태까지 알려지지 않은 문헌
들이 정말 마르크스와 마르크스주의에 대한 우리의 인식을 크게 바꿀 것이라고 생
각하는가?

A : 나는 여러 해 동안 MEGA^{2}의 책들을 연구해왔고, 지난 몇 년간 출판된, 이
미 알려졌지만 이전에는 부정확한 방식으로 편집되었던 마르크스의 저술들뿐
만 아니라 『자본론』의 예비 초고들이나 마르크스의 발췌 노트들 같은 이전에 미
출판되었던 문헌들과 관련한 최근의 문헌학적 발견들에 커다란 주의를 기울이

---

[*] 『마르크스와 마르크스주의들을 다시 생각한다』의 저자인 무스토(Marcello Musto)와의 인터뷰
는 오티넨(Vesa Oттinen)과 메이단스키(Andrey Maidansky)의 진행으로 2010년 10월에 진행되
었다. 오티넨은 핀란드 헬싱키 대학 알렉산더연구소의 교수이며, 메이단스키는 러시아 타간로
크 대학 경제경영연구소의 철학 교수이다.

려고 애써왔다. 이 문헌들은, 한 예를 들자면, 마르크스의 대표작에 대하여 엥겔스가 범한 편집상에서의 수천 가지 개입들을 드러냈고, 『자본론』 제2, 3권이 포괄적인 경제학적 이론임을 옹호하기는커녕, 대개가 임시적으로 발전 중인 기록들이었다는 것을 증명했다.

나의 개인적 경험이, MEGA^{2}가 마르크스 연구자들에게 미쳤을 영향의 작은 사례가 될 것이다. 왜냐하면 나는 당신들에게 다음과 같은 사실을 확인시켜줄 수 있기 때문이다. 나는 박사과정 중에 베를린의 베를린-브란덴부르크학술원—MEGA^2 판본의 본부가 있는 연구소—에서 연구했고, 암스테르담의 국제사회사연구소—마르크스의 수고들 중 3분의 2가 소장된 곳(나머지 3분의 1은 러시아 사회정치사국립문서보관소에 있다)—에서 수행했던 연구들은 나의 마르크스 해석을 크게 심화시켰을 뿐 아니라 여러 가지 견해들에서 그 해석을 변화시켰다.

나는 내가 결코 다른 일부 마르크스 해석자들과 이른바 '발견의 드라마'라고 불리는 것을 공유하지 않는다고 말한 바 있다. 1960년대 말부터 —나는 《뉴레프트리뷰》에 실린 니콜라스$^{Martin Nicholas}$의 1968년의 유명한 논문 「미지의 마르크스」를 생각하고 있다. 이 논문은 [그룬트리세] 최초 영어 번역본의 편집자 서문이 되었다—[1] 많은 저자들이 반복적으로 '미지의 마르크스'에 대해 말해왔다. 지난 10년간, 예를 들면, 똑같은 이름으로 두 권의 책이 출판되었다. 하나는 유명한 스페인계 미국인 학자 두셀$^{Enrique Dussel}$의 책[2]이고 다른 하나는 일본인 학자 다카히사$^{Takahisa Oishi}$의 책[3]이다. 나는 최근에 마르크스의 이전에 미출판되었던 문헌들의 새로운 판본들에 대해 지나치게 강조하는 사람들에 결코 동의하지 않는다. 왜냐하면 [그룬트리세] 이후 어떤 '미지의 마르크스'에 대해 말해야 할 정도로 마르크스에 대한

---

1 이 논문은 펭귄사(Penguin Publishing)가 출판한 [그룬트리세]의 번역판 서문으로 다시 실렸다.

2 Enrique Dussel, *Towards an unknown Marx. A commentary on the manuscripts of 1861-1863* (Routledge, 2001).

3 Takahisa Oishi, *The Unknown Marx*(Pluto, 2001).

우리의 이해를 변화시킬 수 있는 또 다른 방대한 양의 중요한 수고가 있다고 믿지 않기 때문이다. 이 주제에 관한 더 많은 정보는『카를 마르크스의 그룬트리세 150년 이후Karl Marx's Grundrisse, Foundations of the Critique of Political Economy 150 Years After』[4]에서 찾을 수 있을 것이다.

MEGA²에 의해 출판된 새로운 수고들은 마르크스의 사상의 중요한 국면들을 재건축할 수 있게 해주었다. 이 작업은 지금까지는 단지 소수의 해석자들만 연구했다. 마르크스의 정치경제학 비판을 예로 들어보자. 이 분야의 학자들 중 거의 대부분은 마르크스의 발전에서 특정 시기들만 고려했다. 종종 [1844년 경제학·철학수고][5]로부터 바로 건너뛰어 [그룬트리세](1857~1858)로, 그리고 후자에서『자본론』제1권으로 가거나 잘해야『철학의 빈곤』(1847)을 연구하고는 했다. 오늘날, MEGA² 덕분에, 최소한 진지한 마르크스 해석자들 내에서는 사태가 변했다. 새로운 연구용 문헌들을 사용함에 의해, 마르크스의 정치경제학 비판의 모든 단계들을 재건축하는 것이 가능해졌고, 그래서 마르크스의 사상의 형성에 관해 때로는 매우 이데올로기적인 설명들―과거에 만들어졌던―보다 훨씬 더 포괄적인 설명을 제공할 수 있게 되었다. 그리고 이는 세계를 이해하고 비판하고 변화시키는 데 마르크스의 사상을 이용하려는 사람들에게 매우 중요하고 유용할 것이다.

MEGA²에 의해 열리게 된 가능성들을 한 마디로 표현해야 한다면, 나는 이 판본은 우리에게 '또 다른 마르크스'를 읽을 학술적 토대를 제공한다고 말할 것이다. 그리고 이 표현은 정치나 계급투쟁과 전혀 상관없는 낡은 고전 사상가를 의

---

[4] Marcello Musto(ed.), *Karl Marx's Grundrisse, Foundations of the Critique of Political Economy 150 Years After*(Routledge, 2008).

[5] 여기서 단행본을 뜻하는 겹낫표(『 』) 대신 대괄호([ ])를 사용한 것(모든 미출판 마르크스의 수고는 이렇게 표시한다)은 제2장 각주 1(33쪽)에서도 언급했듯이, 편집자들이 붙인 제목에 지나지 않을 뿐 미완성 수고라는 의미를 드러내기 위해서이다.

미하는 것이 아니다. 마르크스의 저작이 소련이나 이른바 '현실 사회주의 국가들'에서 성경 같은 암송 구절로 활용되었던 것과는 다른, 매우 다른 마르크스를 뜻한다.

Q : 당신이 생각하기에 마르크스의 사상들 중 어느 것이 그의 후계자들에 의해 특별히 왜곡되거나 이해되지 못했다고 보는가? 예를 들면『유령의 흔적Sulle tracce di un fantasma』6의 서문에서, 당신은 마르크스주의는 '완전한 세계관'이라는 플레하노프의 견해를 비판했다.

A : 플레하노프에게는 그 이후의 많은 마르크스주의자들이 그런 것처럼 사회와 역사에 대한 엄격한 이해를 만든 책임이 있다. 그리고 그의 사상은 러시아 혁명가들에게—그리고 당시 그의 국제적 명성 덕분에 러시아 혁명가들뿐 아니라— 매우 영향력이 있었다. 내 생각에 이런 이해는, 경제 발전이 사회 변혁에 결정적이라는 단순주의적 일원론에 근거한다. 하지만 이는 마르크스 자신의 이해와는 거의 상관이 없다. 그것은 실증주의와 결정론이 큰 역할을 한 당대의 문화적 풍토와 훨씬 더 관련이 있다.

『자본론』 제3권의 예비적 수고들에서, 마르크스는 "자본주의 생산양식의 조직을 그 이상적 평균에서" 그래서 가장 완전하고 일반적인 형태에서 나타내려고 노력하고 있다고 적었다. 그러므로 나는 마르크스가 '완전한 세계관'에 도달하는 데 관심이 없었다거나, 말하자면 그가 체계적인 사상가가 되기를 원하지 않았다고 말하고 있는 것이 아니다. 내가 주장하는 것은 마르크스의 일반화가 플레하노프에 의한 일반화나 더 심하게는 그 이후의 변증법적 유물론이라고 불

---

6 Marcello Musto(ed.). *Sulle tracce di un fantasma*(Roma, Manifestolibri, 2005). Spanish trans. (Mexico City, Siglo XXI, 2011).

린, 완고한 일원론의 아버지들에 의한 일반화와는 매우 달랐다는 것이다.

　마르크스의 일부 후계자들이나 마르크스의 사상의 자칭 관리인들에 의해 잘 못 이해되었거나 완전히 왜곡된 마르크스의 사상들의 목록은 매우 길다. 상이 한 시각들에 의해 왜곡되어 상황적·정치적 필요성들의 함수가 되었기 때문에, 그는 이 정치적 필요성들에 의해 흡수되었고 이것들의 이름으로 매도되었다. 비판적이었던 그의 이론은 성경 같은 암송 구절로 활용되었다. 이 관리인들은 '미래의 무료 식당을 위한 조리법들을 작성하는 것'에 대한 그의 경고에 주의하 기는커녕 그를 변형하여 새로운 사회체제라는 사생아의 부정한 아버지로 변형 시켰다. 매우 엄격한 비판가이며 자신의 결론에 결코 안주하지 않았던 마르크 스는 가장 완고한 교조주의의 원천이 되어버렸다. 역사의 유물론적 이해의 확 고한 신봉자였던 그는 다른 어떤 저자들보다 더 역사적 맥락이 박탈되었다. 그 는 '노동계급 해방이 노동자들 자신의 과업임'을 확신하는 것으로부터 정반대로 정치적 전위들의 최고 지위와 당이 계급의식의 옹호자와 혁명의 지도자로서 그 들의 역할에서 승리한다는 것을 보여주었던 이데올로기에 포획되었다. 인간 능 력의 성숙을 위한 기본 조건은 노동일의 단축이라는 견해를 옹호했던 마르크스 는 스타하노비즘이라는 생산력주의 신념에 동화되었다. 국가 폐지의 필요성을 확신했던 그는 국가의 보호자로서 오히려 국가와 동일시되는 자신을 발견하게 되었다.

　나는 여기서 이 문제에 대해 답하는 데 마땅히 필요한 여유가 충분하지 않다 고 생각한다. 그러므로 단 하나의 주제—아마도 20세기 사회주의에서 발생했던, 무 엇보다 가장 중요한 측면—에 집중하겠다. 공산주의 사회에서 개인을 위한 공간이 없었다는 이해, 마르크스가 상정한 노동자들의 자본주의 이후 연합은 자유 파괴 자의 사회, 시민권이나 정치적 보호가 없는 억압의 체제였다는 이해 말이다. 이 것은 마르크스에게 발생할 수 있었던 가장 거대한 역설이다. 그리고 그것은 그 의 전 저작을 아는 사람들에게는 언어도단이다. 나는 많은 철학자들과 정치사상의 고전들을 읽었지만 남녀 모두의(특권계급만이 아닌) 개성들의 완전한 자유로운 발전에 관심 있는(그리고 정치적으로 개입한) 사상가들과 거의 마주칠 수 없었다. 그리고 나는 이 요점이 마르크스를 여전히 영감의 원천으로서 생각하는 정당들과 사회운동들에게 근본적이라고 믿는다. 그 정당들과 운동들은 오늘날 우파의 손에 점유되어 있는 자유의 깃발을 되찾기 위해 우파 정당들과 이데올로기들에 도전할 수 있어야 한다. 한 가지 사례를 제시하자면, 이탈리아의 베를루스코니Silvio Berlusconi의 새로운 인민주의 정당의 이름이 자유의 인민이다. 이런 신성모독이 어디 있는가!

Q : 당신은 여러 차례에 걸쳐 불완전성과 단편성이 마르크스의 이론적 유산의 본질적인 특징이라고 주장했고 마르크스가 선호한 모토—모든 것을 의심하다de omnibus dubitandum—를 인용했다. 그런 사실들을 상기하는 것이 마르크스의 유산을 독단적인 해석에서 보호할 때는 아주 적절할지라도 우리가 보기에는 독단주의라는 스퀼라를 피하려고 노력하다가 상대주의라는 카뤼브디스에 빠지지 않을까 우려스럽다.[7]

A : 동의한다. 특히 상대주의와 포스트모던주의 접근법이 매우 만연하고 영향력 있는 시대에, 상대주의는 구체적인 위험이자 위태로운 잘못이 될 수 있을 것이다. 우리는 이런 잘못을 피하도록 노력해야 한다. 그리고 이것은 우리가 등식의 양변을 잊지 않는다면 가능할 것이다. 우리는 늘 마르크스가 헤라클레스적인(엄청나게 힘든) 그의 작업을 완성하고 싶어 했다는 것을 상기해야 한다. 불완전성과 단편성이 마르크스의 전 저작의 특징인 것은 그의 저술들을 위한 비판적 연구의 주제가 너무나 자주, 방대해서 그가 지닌 진지함과 비판적 의식으로

7　스퀼라와 카뤼브디스는 그리스 신화에 나오는 두 괴물들로, 한 가지 위험을 피하려고 선택한 길에 도사리는 다른 위험을 뜻한다. —옮긴이 주

그 주제에 천착하는 데 수많은 시간들이 걸렸을 것이기 때문이다. 그리고 최근 수십 년간 [1844년 경제학·철학수고를 하나의 책(일부에게는 『자본론』 제1권보다 훨씬 더 중요하고 유용한 책)이라거나, 『자본론』 제2, 3권을 마르크스가 그 수고들에서 연구된 주제들에 관해 해야 했던 최종적인 말이라고 간주했던 수많은 마르크스주의자들과 동일한 잘못을 범하기를 원하지 않는다면, 우리는 그 사실을 잊지 않아야 한다.

다른 측면에서, 나는 독단주의적 마르크스주의를 비판하는 것, 그것도 엄격히 비판하는 것이 절대적으로 필요했다고 믿는다. 이것은 마르크스가 세상을 이해하고 변화시키는 데 말할 것이 여전히 많다고 믿는 새 세대의 학자들과 정치적 활동가들의 명백한 과제들 중 하나였고, 그리고 지금도 해야 할 일이 여전히 많이 있다. 오늘날, 우리가 마르크스-레닌주의의 교조주의를 토대에서 일소하지 않는다면, 어떻게 좌파 정당들과 사회운동들, 여전히 마르크스를 자본주의에 대항한 투쟁에서 필수인 비판적 원천으로 보는 이들을 위하여 마르크스적인 자본주의 비판을 위한 공간—소수파의, 주변적이고, 단지 진술적인 것이 아니라 실질적인—을 다시 열수 있을까? 예를 들어, 우리가 20세기 후반에 사회주의의 이름으로 건설된 대부분의 사회들과 거의 관계없다고(마르크스는 더욱더 관계없다고) 말할 수 없다면, 어떻게 반자본주의 좌파가 노동자들과 청년 세대들에게 발언하기 위해 귀환할 수 있을까? 그리고 이것은 저 역사적 장들이 노동자운동의 일부가 아니라고 생각하기 때문이 아니라, 우리가 '마르크스로의 귀환', 그의 비판적 이해로의 귀환이 자본주의를 이해하고 비판하기 위한 가장 좋은 도구들의 일부를 사용할 기회를 표현하는 것이라고 믿기 때문이다. 특히 소련 붕괴와 지구상의 새로운 지역들(중국, 인도)로의 자본주의 생산양식의 확장 이후에 자본주의는 진정으로 세계적 체제가 되었고 마르크스의 분석들 중 일부는 그 중요성을 그 자신의 시대에서보다 더 명확히 드러냈다. 이것은 물론 이 저자에 대한 새로운 옹호론적인 접근을 채택하는 것이나, 그가 150년 전에 만든 저술들이 오늘날의 세계를 정확히 묘사한다고 믿는 것이나, 진정으로 마르크스의 모순이나 잘못들을 소홀히 하는 것이 없다는 조건에서다.

나는 현재 편집 중이고 조만간 출판될(2013년 예정) 『마르크스 부활: 현대 사회 비판에 관하여』에 이러한 정신을 담기 위해 노력 중이다. 이 기획의 의도는 다수의 저명한 국제학자들(월러스틴Immanuel Wallerstein, 포스톤Moishe Postone, 우드Ellen Meiksins Wood 등)이, 오늘날 마르크스를 다시 읽어서, 어떻게 그의 사상이 세계를 비판적으로 이해하는 데 여전히 적절하고 유용한지에 대해 성찰하는 논문들의 모음집을 만드는 것이다. 학술 서적, 그러나 특히 매우 어려운 시간 겪고 있는 반자본주의 좌파를 위해 쓴 책이다.

Q : 당신은 마르크스의 사상들이 새로운 좌파 정당들과 사회운동들에게 유용함을 언급한다. 정말, 특히 유럽과 미국에서 마르크스의 이론적 유산에 대한 몇 가지 새로운 접근법들이 있다. 예를 하나 들면, 네그리는 『제국Empire』으로 유명한데, 마르크스를 '산 노동'(그는 이것을 나중에 이른바 스피노자주의의 다중의 사상과 융합시켰다)이나 일반적 지성(이것은 마르크스가 [그룬트리세]에서 사용했던 표현이다)의 개념들과 분리시켜서 재해석하려고 노력했다. 하지만 이런 발전들은 이미 우리가 마르크스주의라고 부를 수 있는 한계를 넘어선 것으로 보인다.

A : 네그리 저작에 대한 비판에 그리고 그의 이론의 모호함과 정치적 모순들(아마도 이것들이 그가 성공한 이유들 중 하나일지도 모른다)에 너무 몰두하지 않고도, 여기에 대해서는 최근 몇 년간 많은 논문들이 써졌으므로, 확실히, 지난 20년 동안에 가장 저명한 마르크스주의자들이라고 간주되는 사상가들 중 일부는 그들의 이론들을 종종 마르크스의 사상과는 매우 동떨어진 어떤 방식으로 발전시켰다는 데 주목하는 것은 흥미로울 것이다. 과거의 분석적 마르크스주의자들과 데리다나 오늘날의 네그리와 지젝Slavoj zizek이, 내 생각에는, 이런 현상의 사례들

을 대표한다. 이제 문제는 마르크스를 넘어서거나, 그의 잘못을 바로잡는 것이 잘못이거나 신성모독인지, 혹은 그의 죽음 이후 세계에서 벌어진 거대한 변화들에 맞추어 그의 이해를 갱신하려고 노력해야 하는지 여부가 아니다(우리는 항상 마르크스 자신이 『자본론』제2, 3권의 수고들에 담겨 있는 20년 이상의 정교화의 결실들을 출판하지 않기로 결심했을 뿐 아니라, 그의 생애의 마지막 불안정한 시기 동안에도 『자본론』제1권의 많은 부분들을 다시 작성하고 갱신하는 데 많은 시간과 정력을 쏟았다는 점을 명심해야 한다).

요점은 오늘날, 여전히 자본주의에 대한 대안에 관심을 보이는 작은 정당들과 (과거와 비교할 때) 사회운동들에서 네그리의 것과 같은 이론들이 자본주의 사회의 문제들에 대한 '진정한' (내가 이 말을 사용할 수 있다면) 마르크스적인 대안으로 간주된다는 것이다. 그리고 너무나 자주, 이런 이론들은 마르크스와 노동자 운동의 역사보다 다른 사상가들과 문화들(지젝의 경우 라캉Jacques Lacan과 정신분석)과 훨씬 더 관련이 있다.

그러나 이 문제와 관련한 또 다른, 아마도 더 심각한 문제가 있다. 20년 이상 마르크스는 사라졌었다. 『공산당선언』을 제외하면 그의 저작들은 더 이상 서점에서 구할 수 없고, 마르크스가 신세대 정치 활동가들과 학생들 사이에서(공장노동자들이나 노동조합 활동가들과 지도자들은 말할 것도 없이) 거의 알려지지 않았다고 단언하는 것이 과장이 아니라고 믿는다. 그리고 이것은 북미 대륙의 비참한 정치적 현장에서뿐 아니라 아시아나 유럽에서도 마찬가지이다. 그는 심지어 프랑스, 이탈리아, 독일의 최후의 영향력 있는 공산당들의 청년들 사이에서도 알려지지 않았다. 이 공산당들은 최근 몇 년 동안 그 이름을 더 수용 가능하고 일반적인 용어—좌파당—로 바꾸었다.[8] 만약 우리가 이런 모든 주체들에게 '마르크스

---

8   이것은 독일에서 민주사회주의당이 좌파당이 되고, 프랑스에서 혁명적공산주의자동맹이 해산하여 반자본주의신당이라는 새로운 형태가 되고, 프랑스 공산당이 좌파전선이라는 선거동맹을

가 누구냐?'―그리고 그의 비판 이론에 대해 무엇을 아는가?―라고 묻는다면, 슬프게도, 작은 서클들을 제외하면, 노동자운동에서 그의 사상의 지위가 심지어 20세기 초반의 다른 사회주의 사상가들(라살레, 프루동 등)의 이론들도 영향력이 있었지만 마르크스가 그들 중 일인자였던 때와 같지 않다는 것을 발견할지도 모른다. 아마도 오늘날의 상황은 1848년 이전의 맥락, 절충주의와 그리고 사회주의 자체의 의미에 대한 거대한 혼동으로 특징되는 상황과 더 유사할 것이다. 유행하는 공식―요즘 매우 유행하는― '21세기 사회주의'가 무엇을 의미할까? 사람들이 달력상의 모호하고 공허한 구분을 사용한다는 사실이 나에게는 정치적 기획을 정의하는 데 있는 약점의 사례로 보인다. 원래 질문으로 돌아가서, 마르크스-레닌주의나 마오주의 교과서들을 통해 전파된 이후 마르크스의 사상이 네그리 같은 저자들을 경유하여 잘못 이해될지도 모른다는 점이 위험이다. 그리고 그것은 위험 이상이다. 그것은 이미 벌어지고 있다. 우리가 지난 몇 년간, 때로 마르크스의 사상이 '공정무역' 같은 일반적 개념이나 자본주의에 완전히 종속된 미소신용이나 미소금융 같은 다른 종류의 신프루동주의 이론들과―그것들은 마르크스가 전 생애에 걸쳐 투쟁했던 것이다― 융합되었다는 점을 고려한다면 실제 위험 상황이다. 또는 우리가―물론 선전체계 때문이지만― 지난 20년간의 가장 최대의 좌파사회운동이 '반세계화운동'이라고 불렀던 일―마르크스가 무덤에서 일어날 일―을 고려한다면 실제 위험 상황이다(요점은 원리적으로 '세계화'에 반대하는 것이 아니라, 오늘날의 자본주의에 의해서 만들어지는 종류의 세계화를 비판하는 것이다). 혼동이 거대하다는 점과 지난 수십 년간 겪은 패배의 잔해 후에 우리가 다시 한 번 바닥에서 시작해야 한다는 점은 분명하다. 이것이, 오늘날 우리의 우선적인 일

건설하기로 결정하고, 이탈리아에서는 재건공산당이 좌파연맹에 결합한 것에서 발생했다. 우리는 여기서 여전히 공산주의라는 말을 사용하지만 이론적으로 스탈린주의와 연결된, 그리스의 공산당 같은 정당들에 대해 말하고 있는 것이 아니다.

들 중에서도, 마르크스의 저술들을 재출판하고 그것들을, 비판적 방식으로 그리고 불가침 영역에 두지 않으면서, 이 시대의 모순들과 문제들을 더 잘 이해하기 위해서 사용해야 하는 필연적인 이유이다.

Q : 이탈리아 마르크스주의의 전통은 그람시를 따라, 무엇보다 역사가로서의, 역사유물론의 창시자로서의 마르크스의 중요성을 강조한다. 당신 생각에 역사가로서 마르크스의 주요한 새로운 통찰들은 어떤 것인가?

A : 마르크스는 위대한 역사가였다. 그는 생애 동안 그가 작성한 역사학적 소책자들에서 혹은 《신라인신문》이나 《뉴욕 트리뷴》에서 당대의 여러 가지 가장 중요한 정치적 사건들―1848년 혁명, 영국 제국의 인도에서의 결과, 크림 전쟁, 유럽 국가들의 외교적 관계들, 1857년 금융위기, 미국의 내전, 파리 코뮌 등―을 묘사했다. 그리고 그는 그 작업을 19세기 정치적 논쟁의 가장 빛나는 지면들의 일부, 예를 들면 『루이 보나파르트의 브뤼메르 18일』, 『팔머스톤 경』, 『프랑스 내전』을 작성함으로써 수행했다. 그의 역사적 저술들 중 일부는 실제로 그것들이 지금까지 받았던 것보다 더 큰 주목을 받을 가치가 있다. 나는 특히, 미국에서 가장 널리 읽혔던 신문인 《뉴욕 트리뷴》에 썼던 칼럼들을 생각하고 있다.

그다음에는 역사 이론이 있다. 마르크스의 역사에 대한 유물론적 이해는 아마도 사회과학에 대한 그의 가장 큰 기여 중 하나일 것이다. 이것은 거대한 영향력이 있었고―물론 이탈리아에서만이 아니었다― 여러 번 비판받았다. 그러나 다시 한 번 이런 비판들을 자세히 보면 그것은 마르크스에게라기보다 마르크스와 절대적으로 관계없던 스탈린의 속류적인 '변증법적 유물론'을 명확히 겨냥한 것이거나(나는 넓게 유포되고 읽힌 1938년의 『변증법적 유물론과 역사유물론』을 생각하고 있다) 아니면 마르크스의 추종자들의 '역사유물론'(마르크스가 한 번도 사용하지 않은 표현)을 겨냥한 것이었다. 이것들은 전혀 마르크스적이지 않은 것―사회 구성체들의 단계들의 사회주의를 향한 엄격하고 불가피한 진전―을 마르크스에게 돌린다. 아마도 또한 이런 관점에서 보면, MEGA^{2}가 도움이 될 것이다. 왜냐하면 [독일 이데올로기]의 첫 부분(제1장. 포이어바흐에 관하여9)의 최근 판본에서 이 수고들의 단편성이 회복되었고, '마르크스-레닌주의'의 해석적인 허구성―정치경제학 연구의 바로 초입에서 젊은 한 학자에 의해 쓰인 이 수고들을 '역사유물론'의 포괄적인 설명으로 전환시켰던 것―에 대한 증거를 주었기 때문이다.

Q : 앞의 질문과 연관하여, 1852년 3월 5일 마르크스가 바데마이어에게 보낸 편지를 언급하고 싶다. 그 편지에서 마르크스는 다음과 같이 썼다. "그리고 나에 관해 말하자면, 나 덕분에 현대 사회에서 계급들의 실존이나 이들 간의 투쟁을 발견한 것이 아니다. 나보다 오래전에 부르주아 역사가들이 이런 계급투쟁의 역사적 발전을 묘사했고, 부르주아 경제학자들은 계급들의 경제학적인 경제를 묘사했다. 내가 했던 새로운 것은 다음과 같다. 첫 번째, 계급들의 실존이 오직 생산의 발전에서의 특수한 역사적 국면들과 결합되어 있다는 점, 두 번째, 계급투쟁은 필연적으로 프롤레타리아 독재로 이른다는 점, 세 번째, 이 독재 자체는 오직 모든 계급들의 폐지와 계급 없는 사회로의 이행을 구성한다는 점이다." 당신은 이런 마르크스의 사상들이 오늘날에도 여전히 적절하다고 생각하는가?

A : 잠시 동안 이전 질문으로 돌아가서, 나는 마르크스의 사상들에 대한 오해들의 이유 중 하나가 그의 저술들이 너무 자주―그것들이 읽힐 때― 역사적 맥락 밖에서 읽혔다는 사실이라고 믿는다. 이 바데마이어에게 쓴 편지의 경우를 보

---

9 다음을 참조하라. Karl Marx-Friedrich Engels-Joseph Weydemeyer, *Die deutsche Ideologie. Artikel, Druckvorlagen, Entwürfe, Reinschriftenfragmente und Notizen zu, I. Feuerbach' und, II. Sankt Bruno'*, in *Marx-Engels-Jahrbuch* 2003(Akademie, 2004).

자. 그 편지는 1852년 마르크스가 33세일 때, 즉 매우 젊고 아직 그의 이론들을 정교화하는 과정 중에 있을 때 작성되었다. 또한 우리는 이것이 단지 그의 동지에게 쓴 편지이지, 어떤 책에서 쓴 그의 입장에 대한 개관이 아니라는 점을 늘 명심해야 한다. 틀림없이 (내 생각에는) 그 편지에서 설명된 것은 그 문제들에 대한 마르크스의 최종적인 생각이 아니다. 그럼에도 당신들에 의해 인용된 이 편지의 문장들은 폭넓게 재생산되어왔다. 예를 들어, 동독에서 그 문장들은 또한 여러 정치 포스터들에 출현해서, 마르크스에서 프롤레타리아 독재 개념의 추정된 중요성을 강조했다. 그러나 진실은 다르다. 당신들에게 원전의 예를 하나 든다면, 드레이퍼Hal Draper는 마르크스의 혁명 이론에 헌정된 그의 책들 중 하나에서[10], 마르크스가 '프롤레타리아 독재'라는 표현을 거의 사용하지 않았다는 것을 증명했다. 실제로 오직 일곱 번, 그것도 출판된 저술들뿐 아니라 이런 바데마이어에게 보낸 서신들을 포함해서이다. 이에 반해, 이 표현은 수많은 마르크스주의자들에 의해 널리—예를 들면, 레닌에 의해서 수백 번— 사용되었다. 그래서 당신들이 볼 수 있듯이, 거대한 차이가 있다! 차이는 양적인 것만이 아니다. 차이는 반反마르크스주의자들, 마르크스를 도구적으로 비판하기를 원했던 자들뿐만 아니라, 자칭 마르크스주의자들, 마르크스 자신의 것과는 매우 다른 그들의 입장이나 행동들에 대한 정당화를 찾기 원했던 자들 양쪽에 의해서 그 용어의 오용으로 연결되었다.

나는 마르크스가—1867년 『자본론』 제1권의 출판 이후나 그의 생애의 말기에— 사회과학에서 그 자신의 발견들에 대한 의견을 표명할 기회가 있었다면, 그의 발견들을 묘사하기 위해 다른 상들을 보여주었을 것이라고 믿는다. 확실히 1852년 바데마이어에게 보낸 편지에서 묘사된 계급투쟁과 프롤레타리아 독재 간의

---

10 다음을 참조하라. Hal Draper, *The dictatorship of the proletariat: from Marx to Lenin*(Monthly Review Press, 1987), pp. 385~386.

엄격한 연결이 아니었을 것이다. 또한 프롤레타리아 독재와 계급 없는 사회라는 최종 목표 간의 관계에 관한 정식화에도 더 좋은 표현이 필요했을 것이고, 그것은 유토피아적이거나 헤겔주의적인 언급으로 해석될 수 있었기 때문이다(나는 잘 알려진 역사의 종말에 관한 논쟁 등을 생각하고 있다). 현실은 훨씬 더 복합적이다. 우리가 20세기로부터 배웠듯이, 정치 혁명은 사회 변혁의 자동적인 실현, 역사의 종말을 전혀 뜻하지 않고, 탈脫소외와 해방의 영구적 과정의 출발점으로서 간주되어야 한다. 자본주의의 불평등한 계급 관계로의 복귀나 사회주의 실현의 '행복한 결말' 간의 선택 가능한 대안이 전혀 보장되지 않는 끝없는 과정이다.

Q : 당신은 마르크스가 그의 생애 말기에 "그의 발견들을 묘사하기 위해서 다른 상들을 보여주었을 것"이라고 말했다. 그 말이 매우 흥미롭다. 그것에 대해 좀 더 자세히 설명해달라.

A : 마르크스의 사회과학에 대한 공헌은 매우 풍부하다. 비록 그의 발견들이 한순간의 분출의 결실이 아니라 어떤 과정의 결과, 그 속에서 그가 읽었던 원천들이 때로 중요한 역할도 했던 그러한 과정의 결과였다. 나는 두 가지 주제에만 집중할 것이다. 첫 번째는 그의 유명한 잉여가치 이론─착취가 자본주의 생산양식에서 발생하는 특별한 방식에 대한 이론─으로서 여기서, 잉여가치는 생산에서 지불되지 않은 잉여노동에 의해 창조된 가치이며, 이 잉여가치는 자본의 축적의 토대를 표현한다.

내가 언급하고 싶은 두 번째 요점이, 역사유물론에 대한 답변에서 이미 조금 말했는데, 모든 사회적 구성체들의 역사적 성격에 대한 마르크스의 사상이다. 마르크스의 전 저작에서 그의 초기 경제학 저술들부터 1850년대 말의 [그룬트리세]와 10년 뒤의 『자본론』 제1권을 꿰뚫는 붉은 실들 중 하나는 자본주의 생산양식의 역사적 특수성을 증명하는 것이었다. 그는 할 수 있을 때마다, 매번 경제학자들이 역사적 범주들을 '자연적인' 현실들로서 묘사하는 방식을, 부르주아 시대의 전형적인 현상들을 태곳적부터 존재했던 모든 다른 사회들로 투사하는 방식을, 18세기의 고립적이고 개인주의적인 개인을 인간 본성의 원형으로서 묘사하는 방식을 엄격하게 비판했다. 특히 중요하게도 경제학자들의 이론들에 대한 마르크스의 비판은 이중적 가치를 지녔다. 그 비판은 역사적 성격이 현실을 이해하는 데 필수라는 것을 강조하면서, 자본주의 생산양식의 불변성이라는 독단을 반격하는 정확히 정치적인 목표를 지닌 것만이 아니었다. 자본주의 질서의 역사성의 증명은 또한 그것의 일시적 성격과 그것의 제거 가능성의 증거일 것이다. 마르크스에게 자본주의 경제는, 고전파 정치경제학자들이 선포했듯이, 어떤 초역사적·몰역사적인 '인간 본성'에서 나온 것이 아니라, 장기적인 역사적 발전의 결과였다. 이것은 자본주의가 인간 역사의 유일한 단계도, 최종 단계도 아니라는 것을 증명한다.

  무스토는 『마르크스와 마르크스주의들을 다시 생각한다』의 한국어판 서문을 쓰는 대신—이 책을 기획한 정성진 교수와 이 책에 수록된 논문의 일부를 미리 출판해 준 ≪마르크스주의 연구≫ 및 번역자인 본인에게 감사를 표한다는 간단한 인사와 함께—'오늘날의 좌파를 위한 또 다른 마르크스'라는 인터뷰의 전문을 싣고자 했다. 이 글에 앞선 '저자와의 인터뷰'는 한국어판 서문을 대신해 이 책의 내용을 포함하여 마르크스 연구자로서 지은이의 전반적인 견해를 알리는 장인 셈이다.

  무스토는 1976년 이탈리아 나폴리에서 태어난 소장학자이다. 그는 이탈리아어 외에도 영어, 독일어, 스페인어, 프랑스어를 구사하며, 나이에 비해 학술적 경력이 화려하다. 그는 2006년 박사논문 「카를 마르크스의 1844년 경제학·철학 수고. 문헌학적 검토, 비판적 이론, 출판의 우여곡절」로 이탈리아 나폴리 'L' 오리엔탈 대학에서 철학과 정치학 박사학위를 받았다. 2011년에는 『마르크스와 마르크스주의들을 다시 생각한다』의 이탈리아어 원본 *Ripensare Marx e i marxismi. Studi e saggi*(2011, Carocci editore S.p.A., Roma)를 출판했으며, 그가 편집한 책으로는 그룬트리세 150주년 기념 논문 모음집, 『카를 마르크스의 그룬트리세

150년 이후』외 6권, 논문 60여 편, 단행본에서 개별 장으로 포함된 글 30여 편, 책 리뷰와 간단한 글 30여 편에 이를 정도로 왕성한 활동을 하고 있다(2011년 말 기준). 또한 한국의 ≪마르크스주의 연구≫와 중국의 *Register of Critical Theory of Society* 등 전 세계 주요 잡지 6개의 편집위원을 맡고 있다. 현재는 캐나다의 요크 대학에서 정치학과 사회학을 강의 중이다. 이런 경력에서 보듯이 무스토 는 마르크스의 원전에 대한 해박한 지식과 문헌학적 연구를 바탕으로 마르크스 의 이론과 사상, 그리고 마르크스주의에 대한 참신한 해석을 생산해내고 있는 학자이다.

『마르크스와 마르크스주의들을 다시 생각한다』는 무스토가 2005년부터 2010 년 사이에 여러 경로를 통해 출판한 논문들을 모은 것으로서, 마르크스의 미발 행 수고들과 출판 원고들에 대한 문헌학적 연구를 비롯해 마르크스의 지적 생애 에 대한 연구 및 이 같은 마르크스 이론과 사상에 대한 마르크스 이후 마르크스 주의들의 발전 과정에 대한 비판적 연구가 주된 내용이다. 책은 2개 부로 구성되 어 있다. 제1부는 1818년 마르크스의 탄생부터 1860년대 [1861~1863년 경제학 초고]를 작성하는 시기까지 마르크스가 걸은 지적 생애를 대상으로 한다. 제1장 에서는 고대 로마 시대까지 거슬러 가는 마르크스의 고향 트리어의 역사적 형성 과 마르크스의 당시 모습을 묘사하는 데서 시작해, 마르크스가 김나지움에서 중 등학교(요즘으로 치면 중고등학교)를 마치고 본 대학 법학과를 거쳐 베를린 대학 으로 옮기고 청년 헤겔주의자가 되는 과정을 묘사하고 있다. 제2장에서는 마르 크스가 정치경제학을 본격적으로 연구하게 되는 파리 시기를 집중하여 다룬다. 문헌학적 검토에 근거하여 이 시기에 작성한 발췌 노트인 [파리 수고]와 유명한 [1844년 경제학·철학 수고] 간의 밀접한 상관 관계를 드러내면서, 이 두 가지는 서로가 미완성인 발췌이자 수고들로서 하나만 보아서는 전모를 알 수 없는 상호 보완적 저술들임을 분명히 알려준다. 장의 말미에 이 시기의 수십 권에 달하는 발췌 노트 목록이 수록되어 있는데, [1844년 경제학·철학 수고]만으로는 마르크스의 지적 형성 과정을 피상적으로 알 수밖에 없음을 실감하게 된다.

제3장에서는 1845년부터 1857년 [그룬트리세]를 작성하는 시기까지의 마르크스의 정치경제학 연구를 위한 지적 분투 과정을 보여준다. 파리에서 추방되어 브뤼셀로 이주하고 맨체스터를 다녀오며 정치경제학 연구에 집중하던 시기와—이때 [브뤼셀 노트]와 [맨체스터 노트]가 나왔다— 1848년 유럽 혁명의 와중에 정치적 활동에 헌신하던 모습, 그리고 혁명의 열기가 가라앉고 보수 반동이 지배하는 1849년에 런던으로 망명하여 일생을 보내는 모습이 생생히 그려진다. [그룬트리세]가 나오기까지 중요한 계기들 중 하나인 [런던 노트], 이 시점의 쾰른 공산주의자 재판에 대한 대응, ≪뉴욕 트리뷴≫에 기고한 칼럼 등이 이 시기의 주요한 삽화들이다. 특히 1848년 같은 위기와 혁명의 도래를 기다리며 가치와 화폐 개념에서 리카도를 비판적으로 극복하고 위기에 대한 연구에 집중한 모습([위기에 관한 노트])은 1840년대 중반부터 준비하여 15년 만에 정리한 정치경제학 비판의 결정판, [그룬트리세]의 모습을 상상할 수 있게 한다. 이 장의 말미에 1845~1858년 시기의 주요한 발췌, 수고, 칼럼, 책 들의 연대표가 제시되면서 마르크스의 연구 이력을 짐작하게 한다.

제4장에서는 [그룬트리세]의 [서설]([서설]은 원래 [그룬트리세]와 별도로 작성된 노트이다)에 집중한다. [서설]은 마르크스의 정치경제학 방법론에 대한 가장 집중적인 고민이 담긴 글이지만 미완성된 것으로, 모호한 표현도 포함하고 있기 때문에 마르크스주의 내에서 그 내용에 대한 논쟁이 많다. 여기서는 이런 논쟁들을 포함하여 무스토의 시각에서 이 [서설]이 제시하는 마르크스의 정치경제학 방법론에 대한 몇 가지 쟁점들—생산과 분배, 교환, 소비 간의 관계, 추상과 구체 간의 관계, 물질적 생산과 지적 생산 간의 관계 등—에 대한 잘 정리된 견해를 볼 수 있다. 보통 '추상에서 구체로의 상승'이라고 표현되는 [그룬트리세]에서의 마르크스의 방법론이 『정치경제학 비판을 위하여』의 서문에서 제시된 '개별에서 일반으로' 와 『자본론』의 2판 후기에서 제시되는 '연구의 방법과 서술의 방법'과 맺고 있는

관계에 대해서도 무스토는 명확한 설명을 제공한다. 제5장에서는 [그룬트리세] 의 시기를 다룬다. 여기서는 마르크스가 기대하던 국제적 경제위기가 발발하자 혁명의 시대가 올 것으로 믿고 '대홍수가 오기 전에 개요([그룬트리세])를 분명히 서술하려고' 미친 듯이 밤을 새며 1857년 8월부터 1858년 5월까지 대작을 작성 하는 과정이 묘사된다. 마르크스의 청년기 이후, 특히 런던으로 망명한 이후인 1850년대부터 그가 생을 마감한 1883년까지 병마와 지독한 가난은 마르크스를 괴롭혔다. 그런 고통과 투쟁하며 작성해낸 것이 [그룬트리세]였다. 제6장에서 는 『정치경제학 비판을 위하여』로 출판한 [그룬트리세]의 제1분책—화폐에 관한 장—의 후속 작업에 몰두해야 할 시기에 1년간을 포크트라는 부르주아 정치인이 자 마르크스를 중상모략한 자에 대항해 벌인 논쟁과 저술에 소요된 시간을 다룬 다. 이런 과정은 마르크스의 집요한 성격을 드러낸다. 이 같은 외도를 거쳐 새롭 게 『자본론』의 초고 작성이 시작될 수 있었다. 이 장의 말미에는 마르크스의 일 생 동안의 주요한 저술들—출판된 것과 미출판된 초고들을 망라하여—의 목록이 제 시되어 있다.

제2부는 마르크스의 저작들의 유포와 수용의 역사를 다룬다. 여기서 마르크 스의 주요한 개념적 쟁점들—특히 소외 개념—에 대한 여러 가지 마르크스주의 조 류의 견해들이 비판적으로 검토된다. 제7장에서는 마르크스의 저술들이 제2인 터내셔널과 스탈린주의를 거치면서 교리문답을 위한 체계화된 정전으로 자리 잡는 과정을 비판적으로 검토하면서 마르크스 저술들의 미완성성과 단편성을 부각한다. 이와 관련하여 MEGA^{2}의 의의와 그 4개 부 114권의 출판 계획—1부는 『자본론』을 제외한 저작들, 논문들, 초고들, 2부는 [그룬트리세]부터 시작되는 『자본론』의 초고들과 『자본론』 자체, 3부는 편지들, 4부는 발췌들과 장서 방주들—과 그에 따른 MEGA^{2}의 신규 출판서들의 검토를 통해 드러나는 마르크스 미출판 수고들과 과 거에 정전으로서 출판된 저술들의 원래 모습을 보여준다. 특히 [독일 이데올로 기]는 원래 일곱 편의 미완성 수고들의 모음이었다는 성격에서 역사유물론의 과

학적 마르크스주의의 결정적 문헌이 되기에는 부족하다는 점이 유추된다. 『자본론』제2권도 엥겔스의 공언과는 달리 마르크스의 미완성 초고들을 5,000군데 이상 고쳐서 체계적인 저작으로 만든 엥겔스의 작품이라는 점을 분명히 보여준다. 마르크스의 전 저작의 출판—수고들과 편지들, 발췌들, 방주들은 물론, 출판된 저서들도 역사적 편집본들과 원문들을 있는 그대로 망라한—은, 19세기 말『자본론』제3권의 출판 이전부터 회자되었던 '마르크스주의의 위기'들을 매번 딛고 르네상스를 일으키는 마르크스로의 '귀환들' 중에서도 1990년대 이후의 '귀환'에서 특별히 다른 의미를 가지게 됨을 무스토는 주장한다. 무스토는, 영국과 독일 등지에서 2000년대 중반을 전후하여 신문과 방송의 여론조사들에서 1,000년 동안 전 세계에서 가장 존경받거나 영향력이 큰 지성으로 나타나는 마르크스는 과거 스탈린주의에 찌든 하나의 박제화된 마르크스가 아니라 여러 명의 마르크스들이라고 주장한다. 그중에서도 자본주의 생산양식을 분석한 마르크스와 사회주의 대안을 논의한 마르크스가 가장 중요하다는 것이 저자의 주장이다.

제8장에서는 [1844년 경제학·철학 수고] 해석에서—소외 개념을 중심으로 한 해석에서— 기인한 '청년 마르크스의 신화'에 대한 1930년대 초 수고의 출판 직후부터 독일에서 시작하여 제2차 세계대전을 거치며 1970년대까지 프랑스와 사회주의권을 포함한 유럽 전역과 북미에서 광범위하게 진행되었던 여러 논쟁들을 비판적으로 검토한다. 무스토는 청년 마르크스의 후기 마르크스 대비 우위를 주장하는 극단적 관점과 청년 마르크스의 미숙함과 후기 마르크스와의 단절을 주장하는 알튀세르 등의 극단적 견해들을 논박하면서 청년기와 성숙기 간의 마르크스 사상의 '연속성 속의 발전'이라는 해석을 설득력 있게 제시한다. 더불어 이 장의 말미에 [1844년 경제학·철학 수고]에 관한 1927년에서 1998년까지의 주요한 판본들의 목록을 제공한다. 제9장에서는 유럽에서 가장 마르크스주의가 발전한 나라 중 하나인, 무스토의 모국 이탈리아에서 마르크스주의의 발전 과정, 특히 『공산당선언』의 전파와 보급을 중심으로 한 마르크스 저작들의 역사

적 번역 과정의 전개를 짚어본다. 다른 유럽보다 늦은 1880년대 말에야『공산당 선언』이 번역되고 그마저도 이탈리아 특유의 문화적 풍토에 융합되면서 벌어지는 마르크스의 사상에 대한 일정한 왜곡과 파시스트 지배하의 탄압 과정이 묘사된다. 이런 역사를 보면서 한국의 1910년대와 1920년대 마르크스주의 전파 과정을 떠올리는 것은 번역자만의 상상력이 아닐 것이다. 세계 모든 나라에서 마르크스 사상의 수용과 마르크스주의의 발전 과정은 번역 과정에서 오는 왜곡과 일정한 지역적·역사적·문화적 특수성에서 비롯되는 왜곡이 겹치면서 굴곡을 겪는다는 점이 보편적임을 유추할 수 있다.

제10장에서는[그룬트리세]의 전 세계적 유포와 수용 과정이 묘사된다. [1844년 경제학·철학 수고]에서도 그랬듯이 마르크스-레닌주의 정설에 비해 이단적인 초고들은 소련의 전집Sočinenjia이나 동독의 전집MEW들에서 배제되고 나중에 보충권으로 들어가는 홀대를 받았다. 반면 정통주의에 반대하는 서구의 마르크스주의는 앞서 본[1844년 경제학·철학 수고]와 마찬가지로[그룬트리세]에도 열광했다. 무스토가 2008년[그룬트리세] 작성 150주년 기념서를 편집하면서 전 세계를 대상으로 조사한 데서 알 수 있듯이, 그 원문의 난해함에 불구하고[그룬트리세]는 20여 개국에서 50만 부가 출판된 마르크스의 사상 해석에서 이론가와 실천가 공히 가장 중대히 여기는 참조서 중 하나이다. 이 장의 말미에는 세계 각국의[그룬트리세] 판본들의 출판 내역이 나와 있다. 마지막 제11장은 다시 소외가 주제이다. [1844년 경제학·철학 수고]를 통해 청년 마르크스의 신화와 연관해 가장 중요한 논쟁 주제였던 소외는 이제 소외 자체에 대한 전체 학술 진영의 논쟁의 맥락에서 검토된다. 헤겔을 통해 명시화된 소외 개념의 기원부터, 미출판된 수고(1844년 수고)의 출판을 통한 마르크스주의 소외 개념의 발견 과정, 비마르크스주의의 소외론의 전개, 북미 사회학의 소외론 등을 검토한다. 그리고『자본론』초고들과『자본론』의 소외론을 상품물신성과의 관련 속에서 검토한 뒤, 소외는『자본론』으로 대표되는 성숙기 마르크스의 논의에서도 발전

되었고 구체화된 것임을 주장한다. 이런 소외와 상품물신성에 의한 자본주의 이해는 대안 사회로서 자유로운 개인들의 연합에 대한 전망으로 표현된다. 무스토는 이런 대안에 대한 자세한 논의는 다음으로 미루면서 이 책을 끝낸다.

이상에서 무스토가 소개하는 마르크스와 여러 가지 마르크스주의들에서 우리는 무엇을 느끼고 배울 수 있을까? 우선 마르크스의 사상이 지닌 미완성성과 확장 가능성을 실감할 수 있다. 무스토가 책에서 잘 묘사하듯이 마르크스의 사상은 결코 완성된 것이 아니고 그에 대한 해석이 완결된 것도 아니다. 마르크스와 엥겔스의 진정한 전집 MEGA^{2}의 114권 출판 계획으로부터 마르크스의 사후 130년이 지난 현재에도 이 중 겨우 절반이 넘는 정도만 출판된 사실이 이를 단적으로 증명한다. 70년 이상 존속했던 '마르크스주의' 국가 소련이 있었음에도, 전 세계 수많은 마르크스주의자들이 100여 년 이상 활동했음에도 그러하다. 이에 대한 일차적 책임은 독일사민당과ㅡ마르크스 사후의 문헌 유산을 물려받았고 모국어를 능숙하게 구사할 인력을 보유했지만 출판에는 관심 없었던 집단ㅡ 이런 경향성을 더욱 발전시킨 소련에 있었다. 이들이 마르크스주의자라고 자부했던 근거는 몇 안 되는 출판된 서적에 근거한 것이었고, 그것도 대부분 원서 자체보다 축약된 해설서나 요약서, 특히 그것보다는 이를 근거로 해석하여 만든 자칭 마르크스주의 정전들에 있었다. 실천과 결합된 사상의 운명이 대중적 유포를 위해 축약과 요약을 피할 수 없는 것이었다고 해도 그런 축약과 요약을 실행하고 정전을 만든 사람들 자신이 마르크스의 사상을 옳게 이해하지 못했다면ㅡ다 읽어볼 수 없었기 때문에ㅡ 무슨 의미가 있을까? 이런 왜곡의 역사가 사실상 전 세계 마르크스주의의 지난 100년의 역사였다. 돌이켜보면 한국의 1980년대가 이와 비슷한 이미지로 살아난다. 1980년대 초 종속 이론에서 시작해 점차 일본의 마르크스주의 해설서들의 번역본, 소련의 마르크스-레닌주의 교과서의 번역본, 그리고 나중에 쏟아졌던 원전 자체 등으로 이어지는 일련의 마르크스주의 저서들의 출판과 그에 따른 해석과 실천은 번역 자체의 오류는 논외로 하고 애초에 원전 자체에 이런 왜곡 요인을 담고 있었다. 이런 역사에서 볼 때 마르크스의 미완성성은 여전히 강조되어야 할 요점으로 보인다.

하지만 이것이 마르크스의 사상의 수준이 낮다거나 체계가 없다는 뜻은 전혀 아니다. 거듭 고쳐 쓰고 스스로 완벽하다고 생각하지 않으면 출판하지 않는 그의 성격 때문에, 그리고 일생을 실천과 연결하여 자본주의 생산양식을 분석하고 대안 사회를 구상한 방대한 기획에 몰두했기 때문에, 그 기획에 비해 완성도가 미치지 못한다는 의미일 뿐이다. 오히려 그의 사상은 현재 남겨진 것만으로도—모두가 공인하듯이— 누구 못지않게 체계적일 뿐 아니라 그에 더해 추가로 사상적 원재료를 풍부하게 내포하고 있다. 이런 의미에서 그의 사상의 특징은 또한 확장 가능성이라고 할 수 있다. 이렇게 확장 가능하고 발전시켜야 할 방대한 사상이 나온 것은 그가 어릴 때부터 천재였기 때문이 아니다. 마르크스는 공부를 잘하기는 했지만 남들을 압도하는 뛰어난 성적을 기록하지는 않았다. 10대 말에 큰 뜻을 세운 뒤, 일생을 혁명적 실천과 결합하여 연구에 매진했던 인생이—가난과 질병이라는 두 적과 항상 싸우면서도— 그것을 가능하게 한 것이다. 보존된 그의 발췌문들은 8개 국어—독일어, 고대 그리스어, 라틴어, 프랑스어, 영어, 이탈리아어, 스페인어, 러시아어—로 된 철학, 예술, 종교, 정치, 법, 문학, 역사, 정치경제, 국제관계, 기술, 수학, 생리학, 지질학, 광물학, 농업경제학, 인종학, 화학 및 물리학의 텍스트들뿐 아니라 신문, 잡지, 의회 보고서 등 방대한 분야에 걸쳐 있다. 일례로 말년의 마르크스는 1870년대 중반부터 1883년 초까지 유기화학, 무기화학 등 자연과학에 관한 발췌도 했다. 『자본론』의 기획이 미완성인데도 자연과학으로까지 연구를 확대한 그의 사상의 깊이와 폭은 너무나 광대할 것으로 보인다.

이런 시각을 지니고 돌아보면 무스토가 이 책의 제목에서도 강조하는 여러 가지 마르크스주의들의 지난 100여 년의 역사가 다시 보인다. 이 책의 또 다른 장점은 이런 여러 가지 마르크스주의들을 볼 수 있는 좌표를 제공한다는 점이다. 독일사민당으로 대표되는 제2인터내셔널의 자동적인 진화론적이고 대기주의적인 마르크스주의부터, 제3인터내셔널의 사적 유물론과 변증법적 유물론의, 결정론적 마르크스-레닌주의의, 스탈린주의의 일면성은 재론할 필요가 없을 정도로 잘 알려져 있다. 그렇지만 소련 붕괴와 함께 몰락한 마르크스-레닌주의 외에도 청년 마르크스의 인간주의를 배격하는 알튀세르주의, 프랑크푸르트학파의 비판 이론 전통과 결부되어 인간주의, 문화주의에만 집중하는 이론적 경향, 결정론을 배격하면서 다른 극단으로 간 포스트주의와 결합한 마르크스주의는 우리의 주변에 아직도 건재하다. 이런 이론적 경향들의 일면성과 사실상의 마르크스에 대한 왜곡은 소외 개념에 대한 논쟁을 꼼꼼히 검토하고 청년 마르크스의 소외 개념이 성숙한 마르크스에서 자본주의 생산양식과 결부된 상품물신성 개념으로 구체화된 과정을 논증하거나 청년 마르크스의 신화를 비판적으로 검토한 무스토의 논의를 통해 충분히 엿볼 수 있다.

마지막으로 무스토가 철학과 정치학을 전공한 경력에서도 연유하겠지만 앞서 논의한 소외 개념─무스토가 정리한 마르크스의 소외론은 한마디로, 대상적 소외를 바탕으로 한 대상적 소외와 자기소외와의 밀접한 상관성이다─과 더불어 마르크스의 정치경제학 비판의 방법론에 대한 잘 정리된 견해를 이 책에서 볼 수 있다. 마르크스의 방법론 자체는 마르크스가 변증법에 관해 일정한 분량의 글을 쓰겠다고 생각했음에도 실행하지 못한 한계 때문에 논쟁이 많은 분야 중 하나이다. 무스토의 견해에 동의하든 동의하지 않든 문헌적 증거에 근거한 그의 개괄적인 정리가 일목요연하게 제시된다. 이를 바탕으로 추가적인 연구를 진행할 수 있는 근거가 주어진다고 하겠다. 이상에서 결론적으로 이런 장점들을 종합하면 무스토의 종합적인 묘사 덕분에 마르크스의 사상적 유산에서 어떤 개념들이나 쟁점들이 앞으로 연구가 진행되고 발전되어야 하는지에 대한 개괄적 그림이 드러난다고 하겠다.

하지만 몇 가지 아쉬운 점도 있다. 우선, 논의의 방대함에 비해─어쩌면 방대함 때문에─구체적인 이론적 쟁점들에 대한 독자적인 입론이 부족하다. 사실 책에서 설명한 소외론이나 방법론도 그의 독창적인 견해라기보다 기존의 견해를 잘 정리한 것이다. 특히 무스토가 마르크스의 일생을 정치경제학 비판의 연구라는 관점에서 제시한 데 비해, 정치경제학의 구체적인 쟁점들, 예를 들어 가치론, 화폐론, 위기론 등의 분야에서 마르크스의 연구 과정에 관련된 개념들이나 이론들이 발전하는 모습이 정교하게 제시되거나 이론적 쟁점에 대한 자신의 견해가 보이지는 않는다.

또 이 책은 마르크스의 지적 생애에 집중한 탓에 정치적 활동과의 관련에 대한 언급이 거의 없는 것도 불만이다. 마르크스-레닌주의의 위인전적인 신화─이론이 완벽할 뿐 아니라 이를 실천과도 거의 완전히 통일했던 영웅에 대한 신화─를 거부하는 입장에서 마르크스의 정치 활동의 성공이나 실패 자체와 이것과 이론적 연구 간의 상관 관계는 중요한 쟁점일 텐데 말이다.

하지만 이런 문제점도 이 책 자체가 추구하는 방향에서 비롯된 것으로 보인다. 사실 이런 쟁점들은 이미 다른 연구자들이 각 분야에서 생산하고 있거나 무스토를 포함한 미래 연구자들이 생산할 대상일 것이다

이상의 이 책의 번역 과정에서 도움을 주신 분들에게 감사의 인사를 전한다. 우선 이 책의 번역을 기획하고 번역 과정에서 무스토와의 모든 커뮤니케이션을 맡아주신 경상대학교 정성진 교수에게 감사 드린다. 옮긴이는 정성진 교수의 의뢰로 2010년 이후 ≪마르크스주의 연구≫에 연재된 무스토의 논문들─5편이 실렸었다─을 번역하는 작업을 맡았다가 이 책의 번역까지 이르게 되었다. 그동안 번역된 원고를 꼼꼼히 검토해준 많은 동료들─경상대학교 대학원 정치경제학과의 연구자들인 권오범, 류홍석, 박현상, 이진, 장용준, 정윤광, 최용찬, 한규한 학형─에게 감사 드린다. 특히, 최용찬 학형은 제11장의 초벌 번역을 맡아주었다. 그 당시 본인이 석사논문에 집중할 때라서 최용찬 학형은 이중으로 도움을 준 셈이다. 그리고 이 책이 나오기까지 수고해준 편집자 배유진 씨 이외에 도서출판 한울의 모든 식구들에게도 감사 드린다.

이 책의 번역 작업에는 이탈리아어 원본이 아니라 영어 번역본—영어로 옮긴이는 카밀러(Patrick Camiller)이다. 이 영어판은 *Rethinking Marx and Marxisms*라는 제목으로 Palgrave에서 근간 예정이다—을 사용했고, 이 때문에 적절한 용어를 선택하는 데 어려움이 많았다. 이런 어려움에 부딪칠 때마다 이메일을 통해 신속하게 문제를 해결해준 정성진 교수와 저자 무스토에게 감사의 인사를 전한다.

끝으로 MEGA^{2}의 연구에 기초하여 21세기 마르크스 연구의 새로운 지평을 연 이 책의 한국어판 출판을 계기로, 2007년 이후 글로벌 경제위기 정세에서 한국에서도 확산되고 있는 마르크스 르네상스가 더욱 빛을 내기를 기대해본다.

2013년 8월 안암동에서
하태규

참고문헌

Althusser, Louis. 1969. *For Marx*. Harmondsworth, England: Penguin.

_____. 1971. *Essays in Self-Criticism*. London: New Books.

_____. 1976. "Reply to John Lewis." in Louis Althusser. *Essays in Self-Criticism*. London: New Left Books.

Althusser, Louis and Balibar, Étienne. 1979(1968). *Reading Capital*. London: Verso.

_____. 1979. *Reading Capital*. London: Verso.

Andreucci, F. 1979. "La diffusione e la volgarizzazione del marxismo." *Storia del marxismo* vol 2. Eric J. Hobsbawn et al.(eds.). Turin.

Arendt, H. 1958. *The Human Condition*. University of Chicago Press.

Aron, Raymond. 1969. *D'une Sainte Famille à l'autre. Essais sur les marxismes imaginaires*. Paris: Gallimard.

Avineri, Shlomo. 1968. *The Social and Political Thought of Karl Marx*. Cambridge: CUP.

Axelos, Kostas. 1976. *Alienation, Praxis and Techné in the Thought of Karl Marx*. Austin: University of Texas Press.

Bakunin, Michail. 1982. "Ein Briefwechsel von 1843." MEGA^2 I/2. Berlin: Dietz.

Balzac, Honoré de. 1972. *The History of the Thirteen*. Ferragus/Harmondsworth, England: Penguin.

Bastiat, Frédéric. 1964(1850). *Economic Harmonies*. Princeton, NJ: D. van Nostrand Co. Inc.

Baudrillard, J. 1998. *The Consumer Society*. Sage.

Bauer, Bruno. (ed.) 1844. *Allgemeine Literatur-Zeitung* Vol.6. Charlottenburg, Germany: Verlag von Egbert Bauer.

Bell, Daniel. 1959. "The Rediscovery of Alienation: Some notes along the quest for the historical Marx." *Journal of Philosophy* vol.LVI, 24, Nov.

Berlin, Isaiah. 1963. *Karl Marx* 3rd edn. London: Oxford University Press.

Bigo, Pierre. 1953. *Marxisme et humanisme*. Paris: Presses universitaires de France.

Blauner, R. 1964. *Alienation and Freedom*. University of Chicago Press.

Bottigelli, Émile. 1962. 'Présentation' to Karl Marx, *Manuscrits de1844*. Paris: Éditions Sociales.

Brouchlinski, Vladimir. 1960. "Note sur l'histoire de la rédaction et de la publication des Manuscrits économico-philosophiques de Karl Marx." in varii, *Sur le jeune Marx*, special issue of the journal *Recherches Internationales à la lumiere du marxisme* vol.V~VI, no.19.

Bukharin, N. I. 1921. *Theory of Historical Materialism*. Moscow.

Calvez, Jean-Yves. 1956. *La Pensée de Karl Marx*. Paris: Seuil.

Carver, Terrell. 1975. *Karl Marx: Texts on Method*. Oxford: Blackwell.

_____. 2012. "Marx and the politics of sarcasm." in Marcello Musto(ed.). *Marx for Today*. London/NewYork: Routledge, pp.117~133.

Cingoli, Mario. 2001. *Ilprimo Marx(1835-1841)*. Milan: Unicopli.

Clark, J. 1959. "Measuring alienation within a social system." *American Sociological Review* vol.24, no.6, Dec.

Cornu, Auguste. 1934. *Karl Marx-L'homme et l'oeuvre. Del'hégélianisme au matérialisme historique*. Paris: Felix Alcan.

_____. 1955~1970. *Marx et Engels* 4vols. Paris: Presses universitaires de France.

_____. 1962. *Marx e Engels*. Turin: Feltrinelli.

D'Abbiero, M. 1970. *Alienazione in Hegel. Usi e significati di Entaeusserung, Entfremdung, Veraeusserung*. Libreria Chiari.

Dal Pra, Mario. 1965. *La dialettica in Marx*. Bari: Laterza.

Debord, G. 2002. *The Society of the Spectacle*. Hobgoblin.

Della Volpe, Galvano. 1971(1956). *Rousseau e Marx*. Rome: Editori Riuniti.

Derrida, J. 1993. *Spectres de Marx*. Paris.

Duichin, Marco. 1982. *Il primo Marx*. Rome: Cadmo.

Dunayevskaya, Raya. 1975. in *Marxism and Freedom: From 1776 until Today*. London: Pluto Press.

Engels, Friedrich. 1963. "Vort to Karl Marx, Das Kapital, Zweiter Band." Marx-Engels-Werke. Band 24, Berlin.

_____. 1963. "Vortwort" to Karl Marx, *Das Kapital*, Zweiter Band.

_____. 1979. "Critical Review of Proudhon's Book Idée générale de la Révolution au XIX e siécle." MECW 11, pp.545~570.

_____. 1980(1859). "Karl Marx, A Contribution to the Critique of Political Economy." in Marx-Engels Collected Works vol.16. *Marx and Engels 1858-1860*. London: Lawrence & Wishart, pp.465~477.

_____. 1988. "Vorworte zu den drei Auflagen." *Herr Eugen Dürings Umwälzung der Wis-senschaft* MEGA^2 I/27. Berlin.

_____. 1990. "Preface to Pamphlet Ludwig Feuerbach and the End of Classical German Philosophy." MECW 26, p.519.

_____. 1990. "Introduction to Karl Marx's The Class Struggle in France 1848 to 1850." MECW 27, p.510.

_____. 2002. Marx-Engels Collected Works vol.49. *Letters 1890-1892*. London: Lawrence and Wishart.

_____. 2004, "Vortwort" to Karl Marx, *Das Kapital*, Dritter Band, MEGA^2 II/15. Berlin.

Enzensberger, Hans Magnus.(ed.) 1973. "Heinrich Bürgers, Autumn 1844-Winter 1845." *Gespräche mit Marx und Engels*. Frankfurt/Main: Suhrkamp, p.46.

_____. 1973. *Gespräche mit Marx und Engels*, vol.1. Frankfurt/Main: insel taschenbuch.

Faracovi, Ornella Pompeo. *Il marxismo francese contemporaneo fra dialettica e strut-tura(1945-1968)*. Milan: Feltrinelli.

Fessard, Gaston. 1937. *Le dialogue catholique-communiste est-possible?* Paris: Grasset.

Fetscher, Iring. 1971. *Marx and Marxism.* New York: Herder and Herder.

Finelli, Roberto. 2004. *Unparricidiomancato. Hegeleilgiovane Marx.* Turin: Bollati Boring-
hieri.

Freud, S. 1962. *Civilization and its Discontents.* Norton.

Friedmann, G. 1964. *The Anatomy of Work.* Glencoe Press.

Fromm, Erich. 1961. *Marx's Concept of Man.* New York: Frederick Ungar.

_____. 1965a. *The Sane Society.* Fawcett.

_____.(ed.) 1965b. *Socialist Humanism.* Doubleday.

Garaudy, Roger. 1967. *From Anathema to Dialogue: The Challenge of Marxist-Chris-
tian Cooperation.* London: Collins.

Geyer, F. 1982. "A General Systems Approach to Psychiatric and Sociological De-alie-
nation." in Shoham et al.(eds.). *Alienation and Anomie Revisited.* Ramot.

Geyer, F. and Schweitzer, D. 1976. "Introduction." in Geyer and Schweitzer(eds.). *Theo-
ries of Alienation.* Martinus Nijhoff.

Goethe, Johann Wolfgang von. 1849. *Campaign in France in the Year 1792.* London:
Chapman and Hall.

Goldmann, L. 1959. *Recherches dialectiques.* Gallimard.

Gramsci, A. 1975. *Quaderni del carcere.* Valendino Gerratana.(ed.) Turin.

Grandjonc, Jacques. 1974. *Marx et les communistes allemands à Paris 1844.* Paris: Mas-
pero.

Grünberg, Carl. 1925. "Marx als Abiturient." *Archiv für die Geschichte des Sozialismus
und der Arbeiterbewegung*, vol. XI.

_____. 1973. *Der unbekannte junge Marx.* Mainz: Institut für staatsbürgerliche Bildung in
Rheinland-Pfalz.

Hall, Stuart. 2003(1974). "Marx's Notes on Method: A 'Reading' of the '1857 Introduction'."
Cultural Studies, vol. 17, No. 2, pp. 113~149.

Haupt, G. 1986. "From Marx to Marxism." *Aspects of International Socialism, 1871~*

1914. Cambridge: Cambridge University Press, p. 2.

Hegel, G. F. W. 1892(1817). *The Logic of Hegel[Encyclopedia of the Philosophical Sciences]* 2nd edn. London: Oxford University Press.

_____. 1952(1821). *Philosophy of Right.* London: Oxford University Press.

_____. 1969(1812, 1813, 1816). *Science of Logic.* London: George Allen & Unwin.

Heidegger, M. 1962. *Being and Time.* Harper.

_____. 1993. "Letter on Humanism." in *Basic Writings.* Routledge.

Heins, Oliver and Sperl, Richard. 2003. "Editorische und überlieferungsgeschichtliche Anmerkungen." in ibid.. Stuttgart: Kröner.

Heinz, W. R. 1992. "Changes in the Methodology of Alienation Research." in Geyer and Heinz.(eds.) *Alienation, Society and the Individual.* Transaction.

Hobsbawm, Eric J. 1964. "Introduction." in Karl Marx. *Pre-Capitalist Economic Formations.* London: Lawrence & Wishart, pp. 9~65.

Hommes, Jakob. 1955. *Der technische Eros: Das Wesen der materialistischen Geschichtsauffassung.* Freiburg: Herder.

Hook, Sidney. 1933. in his *Towardsan Understanding of Karl Marx.* London: Gollancz.

Horace. 1994. *Odes and Epodes.* Ann Arbor: University of Michigan Press.

Horkheimer, M. and Theodor, W. A. 1972. *Dialectic of Enlightenment.* Seabury Press.

Horowitz, H. 1928. "'Die Familie Lwów." *Monatsschrift für Geschichte und Wissenschaft des Judentums*, vol. 5.

Horowitz, I. L. 1996. "The Strange Career of Alienation: how a concept is transformed without permission of its founders." in Geyer.(ed.) *Alienation, Ethnicity, and Postmodernism.* Greenwood Press.

Horton, J. 1964. "The Dehumanization of Anomie and Alienation: a problem in the ideology of sociology." *The British Journal of Sociology* vol. XV, no. 4.

Hunink, Maria. 1986. *De Papieren van de Revolutie.* Amsterdam: International Instituut voor Sociale Geschiedenis.

Hyppolite, Jean. 1969. *Studies on Marx and Hegel.* NewYork: Harper & Row.

Jahn, W. and Noske, D. (eds.) 1979. "Fragen der Entwicklung der Forschungsmethode von Karl Marx in den Londoner Exzerptheften von 1850-1853." *Arbeitsblätter zur Marx-Engelsforschung.* Krätke, M. "Marx's 'Books of Crisis' of 1857-1858". *Karl Marx's Grudrisse*(M. Musto ed.), pp. 169~175.

Jánoska, Judith, and Bondeli, Martin and Kindle, Konrad and Hofer, Marc. 1994. *Das «Methodenkapitel» von Karl Marx.* Basel: Schwabe & Co.

Kaufman, W. 1970. "The Inevitability of Alienation." in R. Schacht. *Alienation.* Doubleday.

Kautsky, K. 1955. "Mein Erster Aufentbalt in Lodon." *Freidrich Engels's Briefwechsel mit Karl Kautsky.* in Benedict Kaustsky(ed.). Vienna.

_____. 1964. *Das Erfurter Programm, in seinem grundsätzlichen Teil erläutert.* Hanover.

Kojève, Alexandre. 1980. *Introduction to the Reading of Hegel: Lectures on the Phenomenology of Spirit.* Cornell University Press.

Korsch, Karl 1938. *Karl Marx.* London: Chapman & Hall.

Labriola, A. 1973. *Discorrendo di socialismo e filosofia, scritti filosofici e politici.* Franco Sbaberi(ed.). Turin.

Lafargue, P. 1965. "Karl Marx. Persönliche Erinnerungen." *Erinnerungen an Karl Marx.* Berlin.

Landshut, Siegfried. 1932. *Karl Marx.* Lübeck: Charles Coleman.

Landshut, Siegfried and Mayer, Jacob Peter. "Vorwort der Herausgeber." in Marx, *Der historische Materialismus*, op. cit.

Lapin, Nikolai. 1974. *Der junge Marx.* Berlin: Dietz.

Lefebvre, Henri. 1991. *The Critique of Everyday Life* vol. 1, London: Verso.

_____. 1972. *Marx.* Paris: Presses universitaires de France.

Lenin, V. I. 1972. "Materialism and Emprio-Criticism." *Lenin Collected Works* XIV. Progress Publishers.

Leopold, David. 2007. *The Young Karl Marx.* Cambridge: Cambridge University Press.

Liebknecht, Wilhelm. 1896. *Karl Marx zum Gedächtnis*. Nuremberg: Wörlein & Co.

Löwith, Karl. 1965. *From Hegel to Nietzsche* 3rd rev. edn. London: Constable.

Löwy, Michael. 2003. *The Theory of Revolution in the Young Marx*. Boston, Massachusetts: Brill.

Ludz, P. C. 1976. "Alienation as a Concept in the Social Sciences." reprinted in Geyer and Schweitzer.(eds.) *Theories of Alienation*. Martinus Nijhoff.

Lukács, Georg. 1956(1954). "Karl Marx und Friedrich Theodor Vischer." *Beiträge zur Geschichte der Ästhetik*. Berlin: Aufbau Verlag.

_____. 1960. *Histoire et conscience de classe*. trans, Kostas Axelos and Jacqueline Bois. Minuit.

_____. 1965. *Der junge Marx*. Pfullingen: Neske.

_____. 1971. *History and Class Consciousness*. MIT Press.

_____. 1971. "Lukács on his Life and Work." *New Left Review* No.68.

_____. 1975. *The Young Hegel: Studies in the Relations between Dialectics and Economics*. London: Merlin Press, London.

Man, Henri de. 1932. "Der neu entdeckte Marx." *Der Kampf vol.XXV*, nos.5~6.

Mandel, Ernest. 1971. *The Formation of the Economic Thought of Karl Marx*. London: New Left Books.

Marcuse, Herbert. 1966. *Eros and Civilization*. Beacon Press.

_____. 1972. *Studies in Critical Philosophy*. London: New Left Books.

_____. 1973. "On the Philosophical Foundation of the Concept of Labor in Economics." *Telos* 16, Summer.

_____. 1999. *Reason and Revolution*. NewYork: Humanity Books.

Marx, Eleanor. 1883. "Erinnerungen von Eleanor Marx." *Die Neue Zeit*, vol.I.

_____. 1898. "Marx' Briefanseinen Vater." *Die Neue Zeit,* vol.16, no.1.

Marx, Jenny. 1970. "Umrisse eines bewegten Lebens." in *Mohr und General. Erinnerungen an Marx und Engels*. Berlin: Dietz Verlag.

Marx, Karl. 1841(1987). *Quaderno Spinoza*. by Bruno Bongiovanni.(ed.) Turin: Bollati

Boringhieri.

Marx, K. 미출판. *"Exzerpte und Notizen. August 1845 bis Dezember 1850."* MEGA^2 IV/5.

_____. 1903. "Einleitung zu einer Kritik der politischen Ökonomie." *Die Neue Zeit* 21, 1: 710~718, 741~745 and 772~781.

_____. 1927. "Podgotovitel'nye raboty dlya Svyatogo Semeistva." by David Ryazanov. (ed.) in *Arkhiv K. Marksai F. Engel'sa*, 3.

_____. 1929. "Podgotovitel'nye raboty dlya Svyatogo Semeistva." by David Ryazanov. (ed.) in *K. Marks-F. Engels Sochineniya* vol.3. Moscow- Leningrad.

_____. 1931. "Kritik der Hegelschen Dialektik und der Philosophie überhaupt." Marx, Karl. 1932, *Unter dem Banner des Marxismus*, vol.5, no.3. *Ökonomisch- philosophische Manuskripte aus dem Jahre 1844*, MEGA I/3. Berlin:Marx- Engels-Verlag.

_____. 1932a. *Der historische Materialismus. Die Frühschriften.* in Siegfried Landshut and Jacob Peter Mayer. (ed.) Leipzig, Germany: Alfred Kröner.

_____. 1932b. *"Ökonomisch-philosophische Manuskripte aus dem Jahre 1844."* MEGA I/3. Berlin: Marx-Engels-Verlag.

_____. 1950. *National ökonomie und Philosophie.* in Erich Thier(ed.). Cologne: Kiepen-heuer.

_____. 1953. Die *Frühschriften.* in Siegfried Landshut.(ed.) Stuttgart: Kröner.

_____. 1962. "Kritik des Gothaer Programms." *Marx-Engels-Werke.* Band 19, Berlin.

_____. 1965. "Maxim Kovalevsky's testimony in varii." *Mohr und General. Erinnerungen an Marx und Engels.* Berlin: Dietz.

_____. 1968. "Ökonomisch-philosophische Manuskripte aus dem Jahre 1844.'" in *Marx-Engels-Werke. Ergänzungsband. Erster Teil.* Berlin: Dietz.

_____. 1973(1857~1858). *Grundrisse: Foundations of the Critique of Political Econo-my(Rough Draft).* Harmondsworth: Penguin.

_____. 1975. "Draft of an Article on Friedrich List' book Das Nationale System der Politischen Oekonomie." MECW 4, pp.256~293. Lawrence & Wishart.

_____. 1975. "Economic and Philosophical Manuscripts of 1844." MECW 3. Lawrence & Wishart.

_____. 1975. "Economic-Philosophic Manuscripts of 1844." in Marx-Engels Collected Works vol.3. London: Lawrence & Wishart.

_____. 1975. "Marx's Undertaking Not to Publish Anything in Belgium on Current Politics." MECW 4, p.677. Lawrence & Wishart.

_____. 1975. "Plan of the 'Library of the Best Foreign Socialist Writers." MECW 4, p.677.

_____. 1975a(1843). "Contribution to the Critique of Hegel's Philosophy of Law." in Marx-Engels Collected Works vol.3. *Marx and Engels 1843-1844*. Moscow: Progress Publishers, pp.3~129.

_____. 1975a. "Contribution to the Critique of Hegel's Philosophy of Law. Introduction." MECW 3, pp.3~129. Moscow/London: Lawrence & Wishart.

_____. 1975b(1844). "Economic and Philosophic Manuscripts of 1844." in Marx-Engels Collected Works vol.3. *Marx and Engels 1843-1844*. Moscow: Progress Publishers, pp.229~346.

_____. 1975b. "Critical Marginal Notes on the Article 'The King of Prussia and Social Reform. By a Prussian'." MECW 3, pp.189~206. Moscow/London: Lawrence & Wishart.

_____. 1975c. "Comments on James Mill, Élémens d'économie politique." MECW 3, pp.211~228. Moscow/London: Lawrence & Wishart.

_____. 1975d. "Economic and Philosophic Manuscripts of 1844." MECW 3, pp.229~346. Moscow/London: Lawrence & Wishart.

_____. 1976(1847). "The Poverty of Philosophy." in Marx-Engels Collected Works vol.6. *Marx and Engels 1845-1848*. Moscow: Progress Publishers.

_____. 1976. "Declaration against Karl Grün." MECW 6, p.72. Lawrence & Wishart.

_____. 1976. "Results of the Immediate Process of Production." in Marx. *Capital* vol 1. Penguin.

_____. 1976. Ökonomische Manuskripte 1857/58, MEGA^2 II/1.1, p.4. Berlin: Dietz.

_____. 1977(1848). "The Bourgeoisie and the Counter-Revolution." in Marx-Engels Collected Works vol.8. *Articles from 'Neue Rheinische Zeitung'.* London: Lawrence and Wishart.

_____. 1977. "Wage Labour and Capital." in Marx-Engels Collected Works vol.9. International Publishers.

_____. 1978. "Reflections." MECW 10, pp.584~592. Lawrence & Wishart.

_____. 1978. "Review: May-October 1850." MECW 10, pp.529f. Lawrence & Wishart.

_____. 1978. "Reviews from the Neue Rheinische Zeitung Revue No.4." MECW 10, p.318. Lawrence & Wishart.

_____. 1978. "The Class Struggle in France, 1848 to 1850." MECW 10, pp.134~135. Lawrence & Wishart.

_____. 1978. "Wage Labor and Capital." MECW 9, p.198. Lawrence & Wishart.

_____. 1979. "Political Movements: Scarcity of Bread in Europe." MECW 12, p.308. Lawrence & Wishart.

_____. 1979. "Revolution in China and Europe." MECW 12, pp.95f. 98~99. Lawrence & Wishart.

_____. 1980(1858). "Mazzini's New Manifesto." in Marx-Engels Collected Works vol.16. *Letters 1858-1860.* London: Lawrence and Wishart.

_____. 1980. "The Commercial Crisis in Britain." MECW 13, p.585. Lawrence & Wishart.

_____. 1980. "The Crisis in England." MECW 14, p.61. Lawrence & Wishart.

_____. 1980. "Zur Kritik der politischen Ökonomie." Erstes Heft, MEGA^2 II/2. Berlin.

_____. 1981. "Exzerpte aus Jean Baptiste Say: Traité d'économie politique." MEGA^2 IV/2. Berlin: Dietz.

_____. 1981. "Exzerpte und Notizen. 1843 bis Januar 1845." MEGA^2 IV/2. Berlin: Dietz.

_____. 1981a(1843-1844). "Exzerpte aus Jean-Baptiste Say: Traité d'économie politique." in MEGA^2 IV/2. Berlin: Dietz, pp.301~327.

_____. 1981a. *Capital* volume 1. Penguin.

_____. 1981b(1844). "Exzerpte aus James Mill: Élemens d'économie politique'." in MEGA^2

vol.IV/2. Berlin: Dietz, pp.428~470.

_____. 1981b. *Capital* volume 3. Penguin.

_____. 1982a. "Ein Briefwechsel von 1843." MEGA^2 I/2. Berlin: Dietz.

_____. 1983(1850). "Exzerpte aus John Stuart Mill: Principles of Political Economy." MEGA^2 vol.IV/7. *Karl Marx Friedrich Engels Exzerpte und Notizen September 1849 bis Februar 1851*. Berlin: Dietz Verlag, pp.39~41.

_____. 1983. "Exzerpte und Notizen. September 1846 bis Dezember 1847." MEGA^2 IV/6. Berlin: Dietz.

_____. 1983. "Exzerpte und Notizen. September 1849 bis Februar 1851." MEGA^2 IV/7. Berlin: Dietz.

_____. 1986(1851). "Exzerpte aus James Steuart: An Inquiry into the Principles of Political Economy." MEGA^2 vol.IV/8. *Karl Marx Exzerpte und Notizen März bis Juni 1851*. Berlin: Dietz Verlag, pp.304, 312~325, 332~349, 373~380, 400~401, 405~408, 429~445.

_____. 1986. "Bullion. Das vollendete Geldsystem." MEGA^2 IV/8, pp.3~85. Berlin: Dietz.

_____. 1986. "Exzerpte aus David Ricardo: On the principles of political economy." MEGA^2 IV/8, pp.326~331, 350~372, 381~395, 402~404, 409~426. Berlin: Dietz.

_____. 1986. "Exzerpte und Notizen. März bis Juni 1851." MEGA^2 IV/8. Berlin: Dietz.

_____. 1986. "The European Crisis." MECW 15, p.136. Lawrence & Wishart.

_____. 1986. "The French Crédit Mobilier." MECW 15, p.10. Lawrence & Wishart.

_____. 1986. "The Monetary Crisis in Europe." MECW 15, p.113. Lawrence & Wishart.

_____. 1987. "A Contribution to the Critique of Political Economy. Part One." MECW 29. Lawrence & Wishart.

_____. 1987. "Nachwort to Das Kapital, Erster Band." MEGA^2 II/6. Berlin.

_____. 1987a(1859). "A Contribution to the Critique of Political Economy." in Marx-Engels Collected Works vol.29. *Marx 1857-1861*. Moscow: Progress Publishers, pp.257~417.

_____. 1987b(1958). "Original Text of the Second and the Beginning of the Third Chapter of A Contribution to the Critique of Political Economy." Marx-Engels Collected Works vol.29. *Marx 1857-1861*. Moscow: Progress Publishers, pp.430~510.

_____. 1989a(1861-1863). "Theories of Surplus Value." Marx-Engels Collected Works vol.31. *Economic Manuscripts of 1861-1863*. Moscow: Progress Publishers.

_____. 1989b(1872-1875). "Le Capital." MEGA^2 vol.II/7. Berlin: Dietz.

_____. 1991. "Exzerpte und Notizen. Juli bis September 1851." MEGA^2 IV/9. Berlin: Dietz.

_____. 1992a. "A Contribution to the Critique of Hegel's Philosophy of Right." *Early Writings*. Penguin.

_____. 1992b. "Economic and Philosophical Manuscripts(1844)." *Early Writings*. Penguin.

_____. 1992c. "Excerpts from James Mill's Elements of Political Economy." *Early Writings*. Penguin.

_____. 1993. "Bastiat and Carey" *Grundrisse: Foundations of the Critiques Political Economy(Draft)*. London, Penguin Books. p.886.

_____. 1993. *Grundrisse*. Penguin.

_____. 1996(1867). "Capital vol.I." Marx-Engels Collected Works vol.35. *Capital* vol.I. New York: International Publishers.

_____. 1998(1863-1867). "Capital vol.III." Marx-Engels Collected Works vol.37. *Capital* vol.III. New York: International Publishers.

_____. 1998. "Exzerpte und Notizen. Juli bis August 1845." MEGA^2 IV/4. Berlin: Dietz.

_____. 1998. "Exzerpte und Notizen. Sommer 1844 bis Anfang 1847." MEGA^2 IV/3. Berlin: Akademie.

_____. 2003. "Provisional Rules of the International Working Men's Association." MEGA^2 I/20. Berlin.

_____. 2007. "Exzerpte und Notizen. September 1853 bis Januar 1855. MEGA^2 IV/12 Berlin: Akademie.

Marx, Karl. and Engels, Friedrich. 1955. *Kleine ökonomische Schriften*. Berlin: Dietz.

_____. 1956. *Iz rannikh proizvedennii*. Moscow: Marx Engels Verlag.

_____. 1962. "Die heilige Familie." Marx-Engels-Werke. Band 2, Berlin.

_____. 1963. MEW 27, p.669, n.365. Berlin: Dietz Verlag, Lawrence & Wishart.

_____. 1974. *Sochineniya* vol.XLII. Moscow: Politizdat.

_____. 1975. "Proceedings of the Sixth Rhine Province Assembly. Third Article. Debates on the Law on Thefts of Wood" and "Justification of the Correspondent from the Mosel." MECW 1. London: Lawrence & Wishart, pp.224~263, 332~358.

_____. 1975. "The Holy Family." MECW 4. Moscow/London: Lawrence & Wishart, pp.3~235.

_____. 1976(1845-1846). "German Ideology." MECW 5. *Marx and Engels April 1845-April 1847*. Moscow: Progress Publishers.

_____. 1976. "The Manifesto of the Communist Party." MECW 6. Lawrence & Wishart, pp.481~482.

_____. 1978. "Announcement of the Neue Rheinische Zeitung. Politisch-okonomische Revue." MECW 10. Lawrence & Wishart, p.5.

_____. 1978. "Review: January-February 1850." MECW 10. Lawrence & Wishart, pp.264f.

_____. 1978. "Review: March-April 1850." MECW 10. Lawrence & Wishart, pp.340~341.

_____. 1978. "Review: May-October 1850." MECW 10. Lawrence & Wishart, p.497, 503, 529f.

_____. 1982. MECW 38. Lawrence & Wishart, p.6.

_____. 1982b. MECW 38. *Letters. October 1844-December 1851*. Moscow/London: Lawrence & Wishart.

_____. 1983. MECW 40. *Letters 1856-1859*. London: Lawrence and Wishart.

_____. 1983. MECW 40. *Letters 1856-1859*. Moscow: Progress Publishers.

Marx-Engels-Lenin Institute. 1939. "Vorwort"["Foreword"]. in Karl Marx, *Grundrisse der Kritik der politischen Ökonomie(Rohentwurf) 1857-1858*. Moscow: Verlag für Fremdsprachige Literatur, pp.vii~xvi.

Matthias, E. 1957. "Kautsky und der Kautskyanismus." *Marxismusstudien* II. Tübingen.

Mayer, Jacob Peter. 1930~1931, "Über eine unveröffentlichte Schrift von Karl Marx." *Rote Revue* vol.5.

McLellan, David. 1971. *Marx's Grundrisse*. London: Macmillan.

_____. 1972. *Marx before Marxism* 2nd rev. edn. Harmondsworth: Penguin.

_____. 2006. *Karl Marx: A Biography* 4th edn. Basingstoke: Palgrave Macmillan.

MECW 1. 1975. "Reflections of a Young Man on the Choice of a Profession." London: Lawrence & Wishart.

_____. 1975. "Certificate of Maturity for Pupil of the Gymnasium in Trier." London: Lawrence & Wishart.

_____. 1975. "Certificate of Release from Bonn University." London: Lawrence & Wishart.

MEGA^2 I/1 . 1975. *Gedichte. Auseinem Notizbuch von Sophie Marx.* Berlin: Dietz.

_____. 1975, *Buch der Liebe.* Berlin: Dietz.

_____. 1975. *The Story of His Life*, Berlin: Dietz.

MEGA^2 IV/1. 1976. *Exzerpte und Notizen bis 1842.* Berlin: Dietz.

Mehring, Franz. 1902. "Einleitung." in Mehring(ed.). *Ausdem literarischen Nachlass von Karl Marx, Friedrich Engels und Ferdinand Lassalle*, vol.1. Dietz, Stuttgart.

Melman, S. 1958. *Decision-making and Productivity.* Basil Blackwell.

Mende, Georg. 1960, Karl Marx' *Entwicklung von revolutionären Demokraten zum Kommunisten.* Berlin: Dietz.

Merleau-Ponty, Maurice. 1964. S*ense and Non-sense.* Evanston, Ill.: Northwestern.

Mészáros, István. 1970. *Marx's Theory of Alienation.* Merlin Press.

_____. 1975. *Marx's Theory of Alienation.* London: Merlin Press.

_____. 1978. "Marx filosofo." in Eric Hobsbawm.(ed.) *Storia del arxismo*, vol.1. Turin: Einaudi.

Mill, John Stuart. 1965(1848). *Principles of Political Economy* vol.I. London: Routledge & Kegan Paul.

Miller, Sepp and Sawadzki, Bruno. 1956. *Karl Marx in Berlin.* Berlin: Das Neue Berlin.

Monz, Heinz. 1973. *Karl Marx. Grundlagen der Entwicklung zu Leben und Werk.* Trier: NCO.

Morita, Kiriro and Yamada, Toshio. 1974. *Komentaru keizaigakuhihan'yoko [Commentaries on the Grundrisse].* Tokyo: Nihonhyoronsha.

346

Müller, H. P. 1982. *Die technologisch-historischen Exzerpte. Karl Marx collection*. Frankfurt/Main: Ullstein.

_____. 1992. *Karl Marx über Maschinerie, Kapital und industrielle Revolution*. Opladen: Westdeutscher, p.64.

Musto, Marcello. 2007. "The Rediscovery of Karl Marx." *International Review of Social History* 52/3: 477~498.

_____.(ed.) 2008. *Karl Marx's Grundrisse: Foundations of the Critique of Political Economy 150 years Later*. London: Routledge.

_____. 2009. "Marx in Paris: Manuscripts and Notebooks of 1844." *Science & Society*, vol.73, no.3, July, pp.386~402.

_____. 2010. "Revisiting Marx's Concept of Alienation." *Socialism and Democracy* vol.24, no.3, Nov.

Naville, Pierre. 1967. *Le nouveau Léviathan 1. De l'aliénation à la jouissance*. Paris: Anthropos.

Negri, Antonio. 1991(1979). *Marx beyond Marx: Lessons on the Grundrisse*. New York: Autonomedia.

Nettler, G. 1957. "A Measure of Alienation." *American Sociological Review* vol.22, no.6, Dec.

Nicolaus, Martin . 1973. "Foreword." Karl Marx, *Grundrisse: Foundations of the Critique of Political Economy(Rough Draft)*. Harmondsworth: Penguin, pp.7~63.

Nikolaevsky, Boris and Maenchen-Helfen, Otto. 1976. *Karl Marx: Man and Fighter*. Harmondsworth: Penguin.

Ollman, Bertell. 1971. *Alienation: Marx's Conception of Man in Capitalist Society*. New-York: Cambridge University Press.

Ossobowa, I. 1990. "Über einige Probleme der ökonomischen Studien von Marx im Jahre 1857 vom Standpunkt des Historikers." *Beiträge zur Marx-Engels-Forschung* 29: 147~161.

Pajitnov, Léonide. 1960. "Les Manuscrits économico-philosophiques de 1844." *Sur le jeune Marx*, op. cit.

Plekhanov, G. V. 1973. *Fundamental Problems of Marxism*. London, s.a.

Popitz, Heinrich. 1953. *Der entfremdete Mensch. Zeitkritik und Geschichtsphilosophie des jungen Marx*. Basle: Verlag fur Recht und Gesellschaft.

Projektgruppe Entwicklung des Marxschen Systems. 1978. *Grundrisse der Kritik der politischen Ökonomie(Rohentwurf). Kommentar[Outlines of the Critique of Political Economy. Rough Draft. Commentary]*. Hamburg: VSA.

Proudhon, Pierre-Joseph. 1890. *What is Property?* Humboldt Publishing Company.

_____. 1972(1846). "System of Economical Contradictions or, The Philosophy of Misery." *Works of P. J. Proudhon* vol.IV. *The Evolution of Capitalism*. New York: Arno Press.

Rancière, Jacques. "The Concept of 'Critique' and the 'Critique of Political Economy'(from the 1844 Manuscript to Capital)." *Economy and Society* 5:3.

Ricardo, David. 1973(1817). *The Principles of Political Economy and Taxation*. London: J. M. Dent & Sons.

Rjazanov, David(ed.). 1971. *Karl Marx als Denker*. Frankfurt/Main: Makol.

Rojahn, Jürgen. 1983. "Der Fall der sog. 'Ökonomisch-philosophischen Manuskripte aus dem Jahre 1844'", *International Review of Social History* vol.28/1, April.

_____. 1983. "Marxismus-Marx-Geschichtswissenschaft: Der Fall der sog. 'Ökonomisch-philosophische Manuskripte aus dem Jahre 1844'. " *International Review of Social History*, XXVIII, Part 1.

Rojahn, Jürgen. 2002. "The Emergence of a Theory: The Importance of Marx' Notebooks Exemplified by Those from 1844." *Rethinking Marxism*, 14:4.

Roscher, Wilhelm. 1972(1854). *Principles of Political Economy*. New York: Arno Press.

Rosdolsky, Roman. 1977. *The Making of Marx's 'Capital'* vol.1. London: Pluto Press.

Rosen, Zvi. 1977. *Bruno Bauer and Karl Marx*. The Hague: Martinus Nijhoff.

_____. 2003. *Moses Hess und Karl Marx*. Hamburg: Christians.

Rosenberg, D. I. 1958. *Die Entwicklung der ökonomischen Lehre von Marx und Engels in den vierziger Jahren des 19. Jahrhunderts*. Berlin: Dietz.

Rossi, Mario. 1977. *Da Hege la Marx. IIIL ascuola hegeliana. Ilgiovane Marx.* Milan: Feltri-nelli.

Rubel, Maximilien. 1956. *Bibliographie des oeuvres de Karl Marx.* Parris.

_____.1957(1971). *Karl Marx: Essai de biographie intellectuelle.* Paris: Rivière.

_____. 1968. "Introduction," to Karl Marx, *OEuvres. Economie II.* Paris: Gallimard.

_____. 1974(2000). *Marx, Critique du Marxisme.* Payot.

_____.(ed.) 1982. "Philosophie Épicurienne. Notice." Karl Marx. *Œuvres III. Philoso-phie.* Paris: Gallimard.

Rubin, I. 1972. *Essays on Marx's Theory of Value.* Black & Red.

Ruge, Arnold. 1975. *Zwei Jahre in Paris. Etudien und erinnerungen.* Leipzig, Germany: Zentralantiquariat der DDR.

Ruggeri, Giovanni.(ed.) 1969. *Larivoltadel 'Praxis'.* Milan: Longanesi.

Ryazanov, David. "Ot reinskoi Gazety do Svyatogo Semeistva(Vstupitel'naya stat'ya)." in ibid.

Ryazanov, David. 1925. "Neueste Mitteilungen über den literarischen Nachlaβ von Karl Marx und Friedrich Engels." *Archiv für die Geschichte des sozialismus und der Arbeiterbewegung.* 11: 385~400. Leipzig.

_____. 1929. "Einleitung," to MEGA I/1.2. Berlin, Germnay: Marx-Engels-Verlag.

Schacht, R. 1970. *Alienation.* Doubleday.

Schaff, Adam. 1970. *Marxism and the Human Individual.* New York: McGraw-Hill.

_____. 1980. *Alienation as a Social Phenomenon.* Oxford: Pergamon Press.

Schöncke, Mannfred(ed.). 1993. *Karl und Heinrich Marx und ihre Geschwister.* Bonn: Pahl-Rugenstean Nachfolger. Trierische Kronik, 1818.

Schrader, F. E. 1980. *Restauration und Revolution.* Hildesheim: Gerstenberg, p.99.

Schweitzer, D. 1982. "Alienation, De-alienation, and Change: A critical overview of current perspectives in philosophy and the social sciences." Shoham et al.(eds.). *Alienation and Anomie Revisited.* Ramot.

_____. 1996. "The Fetishization of Alienation: Unpacking a Problem of Science, Knowledge, and Reified Practices in the Workplace." Geyer.(ed.) *Alienation, Ethnicity, and Postmodernism.* Greenwood Press.

Seeman, M. 1959. "On the Meaning of Alienation." *American Sociological Review* vol. 24, no.6, Dec.

_____. 1972. "Alienation and Engagement." Campbell and Converse.(eds.) *The Human Meaning of Social Change.* Russell Sage.

Sève, Lucien. 2004. *Penser avec Marx aujourd'hui.* Paris: La Dispute.

Smith, Adam. 1961(1776). *The Wealth of Nations* vol.1. London: Methuen.

Spinoza, Baruch. 1955. "Letter to Jarig Jellis, 2 June 1674." *On the Improvement of the Understanding and Other Works.* New York: Dover.

Stalin, J. 1941(1938). *Dialectical and Historical Materialism.* London: Lawrence & Wishart.

Stathis Kouvelakis. 1983. *Philosophy and Revolution.* London: Verso.

Stein, Lorenz von. 1848. *Der Socialismus und Communismus des heutigen Frankreichs. Ein Beitrag zur Zeitgeschichte.* Leipzig, Germany: Otto Wigand.

Sweezy, P. M. 1942. *The Theory of Capitalist Development.* New York[etc.].

Terence. 2002. *Andria.* Bristol: Bristol Classical Press.

Thier, Erich. 1957. *Das Menschenbild des jungen Marx.* Göttingen: Vandenhoeck & Ruprecht.

Tuchscheerer, Walter. 1968. *Bevor "Das Kapital" entstand.* Berlin: Dietz.

_____. 1973. *Bevor "Das Kapital" entstand: die Entstehung der ökonomischen Theorie von Karl Marx.* Cologne: Pahl-Rugenstein.

_____. 1973. *Bevor "Das Kapital" enstand.* Berlin: Alkademie, p.318.

Tucker, Robert C. 2001. *Philosophy & Myth in Karl Marx.* London: Transaction.

Victor, Walter. 1951. *Marx und Heine.* Berlin: Bruno Henschel und Sohn.

Vischer, Friedrich Theodor. 1975(1846-1857). *Ästhetik oder Wissenschaft des Schönen.* Hildesheim: Olms.

Vv. Aa. 1987. *Pervonachal'ny variant 'Kapitala'. Ekonomicheskie rukopisi K. Marksa*

1857-1858 godov[The first version of Capital, K. Marx's Economic Manuscripts of 1857-1858]. Moscow: Politizdat.

Vygodski, Vitali S. 1974. *The Story of a Great Discovery: How Marx Wrote 'Capital'*. Tunbridge Wells: Abacus Press.

Watt, Ian. 1951. "Robinson Crusoe as a Myth." *Essays in Criticism* vol.I, no.2: 95~119.

Weber, Max. 1949(1904). "'Objectivity' in Social Science and Social Policy." *The Methodology of the Social Sciences*. New York: The Free Press.

Wendling, A. E. 2009. *Karl Marx on Technology and Alienation*. New York: Palgrave.

Zenz, Emil. 1979, *Geschichte der Stadt Trier im 19 Jahrhundert*. Trier: Spee.

바우어, 에드가Edgar Bauer 298

바이런, 조지Geroge Byron 159

바이틀링, 빌헬름Wilhelm Weitling 51, 74n

바쿠닌, 미하일Michail Bakunin 34, 160, 172, 250n, 251

발자크, 오노레 드Honoré de Balzac 34, 159

방야, 야노시János Bangya 71

배비지, 찰스Charles Babbage 53

베닝-잉엔하임, 요한Johann N. von Wenning-Ingenheim 27

베른슈타인, 에두아르트Eduard Bernstein 180, 189

베버, 막스Max Weber 95n, 262, 278

베이컨, 프란시스Francis Bacon 27

베티니, 폼페오Pompeo Bettini 256, 257, 262n

벤담, 제레미Jeremy Bentham 42

벨, 다니엘Daniel Bell 234, 290n

벨러, 파블Pavel Veller 267, 268

보드리야르, 장Jean Baudrillard 293, 294

보비오, 노베르토Norberto Bobbio 209

보이아르도, 마테오 마리아Matteo Maria Boiardo 159

볼테르Voltaire 14, 22, 126, 159

볼프, 빌헬름Wilhelm Wolff 74, 158

부아기유베르, 피에레 르 프장 드Pierre Le Pesant de Boisguillebert 42, 51, 111, 196, 208

부울, 루드비히Ludwig Buhl 28

부하린, 니콜라이Nikolai Bukharin 181

뷔레, 외젠Eugène Buret 42, 48, 51, 212

브레이, 존 프란시스John Francis Bray 53

비고, 피에레Pierre Bigo 220, 221, 242n

비솔라티, 레오니다Leonida Bissolati 256

비텐바흐, 유고Hugo Wyttenbach 16, 20n

빈켈만, 요한Johann J. Winckelmann 25

빌레가델, 프랑코Franco Villegardelle 51

ⓢ

사르트르, 장-폴Jean-Paul Sartre 287

사비니, 프리드리히Friedrich C. von Savigny 23, 27

사세르도트, 구스타보Gustavo Sacerdote 261

생-시몽, 루이 드Louis de Saint-Simon 22, 23

샤프, 아담Adam Schaff 232, 237, 274

샤흐트, 리처드Richard Schacht 291n

세르반테스, 미겔 데Miguel de Cervantes 159

세이, 장 바티스트Jean Baptiste Say 37, 42, 50, 51, 104, 106, 208

셰플레, 알베르트Albert Schäffle 250, 250n

셸링, 프리드리히Friedrich W. J. Schelling 19, 27, 114

손턴, 헨리Henry Thornton 63

숄레머, 카를Karl Schorlemmer 197

쉴러, 요한Johann Schiller 159

슈미트, 알프레드Alfred Schmidt 274

슈람, 콘라드Conrad Schramm 139

슈바이처, 다비드David Schweitzer 292n

슈발리에, 미카엘Michael Chevalier 42, 51

슈타인, 로렌츠Lorenz von Stein 34

슈티르너, 막스Max Stirner 48, 54

슐레겔, 아우구스트August W. Schlegel 19

슐츠, 빌헬름Wilhelm Schulz 42, 50

스미스, 애덤Adam Smith 42, 48, 50, 51, 63, 63n, 64n, 65, 92, 93, 97, 100, 112,

지은이
옮긴이

지은이 _ 마르셀로 무스토(Marcello Musto)

이탈리아 태생의 마르크스학자로서 마르크스의 [1844년 경제학·철학 수괴에 대한 연구로 박사학위를 받았다. 마르크스의 모든 미출판 원고들을 망라한 MEGA^{2}에 근거한 연구로 마르크스와 마르크스주의에 대한 참신한 해석을 생산하고 있으며, 주요 편집 저서로는 *Karl Marx's Grundrisse. Foundations of the Critique of Political Economy 150 Years After*(2008), *Marx for Today*(2012) 등이 있고, 그 외에 마르크스와 관련한 논문 100여 편을 생산하는 등 왕성하게 활동 중이다. 현재는 캐나다의 요크 대학에서 정치학과 사회학을 강의하고 있다.

옮긴이 _ 하태규

고려대학교 정치외교학과와 경상대학교 대학원 정치경제학과 박사과정을 수료했다. 역서로는 『자본주의 생산의 실패: 세계대침체의 원인』(공역, 2012) 등이 있고, 주요 논문으로는 「마르크스주의 제국주의론 연구」(2011), 「자본주의 위기와 대안, 참여계획경제와 직접민주주의로서의 사회주의」(2013) 등이 있다.

한울아카데미 1579
경상대학교 사회과학연구원 사회과학연구총서 40

마르크스와 마르크스주의들을 다시 생각한다

ⓒ 하태규, 2013

지은이 ┃ 마르셀로 무스토
옮긴이 ┃ 하태규
펴낸이 ┃ 김종수
펴낸곳 ┃ 도서출판 한울
편집 ┃ 배유진

초판 1쇄 인쇄 ┃ 2013년 8월 12일
초판 1쇄 발행 ┃ 2013년 8월 26일

주소 ┃ 413-756 경기도 파주시 파주출판도시 광인사길 153(문발동 507-14) 한울시소빌딩 3층
전화 ┃ 031-955-0655
팩스 ┃ 031-955-0656
홈페이지 ┃ www.hanulbooks.co.kr
등록번호 ┃ 제406-2003-000051호

Printed in Korea
ISBN 978-89-460-5579-7 93300 (양장)
ISBN 978-89-460-4731-0 93300 (학생판)

* 책값은 겉표지에 표시되어 있습니다.